Adolescent Psychology and Counseling

청소년 심리 및 상담

이미리 · 김춘경 · 여종일 공저

학지사

머리말

인간의 생애 중에서 청소년기는 아동기에서 성인기로 전환하는 과도기적 시기이면서 두 시기와는 구분되는 독특한 특성을 가진다. 신체적 · 정신적으로 급격한 변화를 겪으면서 청소년은 감정의 변화가 심하고 미숙하며 때로는 무모하거나 문제가 되는 행동을 하기도 하지만, 어른보다 더 감성적이고 창의적이며 민첩하다. 한편으로, 사이버문화가 지배적인 현대사회에서 청소년은 어른보다 더 많은 자원을 가지고 있는 만큼 더욱 적응적이다. 청소년기 삶은 성인기 삶의 질을 결정하는 데 큰 영향을 주는 동시에 아동기 삶의 결과이기도 하다. 그러므로 청소년기를 이해하는 것은 인간의 전 생애를 이해하는 데 큰 도움을 준다.

이 책에서는 청소년기를 이해하고 그것을 바탕으로 청소년들의 적응적 행동뿐 아니라 부적응적 행동에 개입하기 위해 필요한 이론과 연구결과들을 소개하고자 노력하였다. 이 책은 다음의 네 가지 목적을 가진다. 첫째, 청소년기에 일어나는 신체적 · 인지적 · 사회정서적인 발달적 변화에 대한 이론과 연구결과를 소개한다. 둘째, 이러한 변화와 영향을 주고받는 가족, 또래, 학교, 매체, 일과 여가 환경 등 맥락의 특성을 설명하는 이론과 연구결과를 소개한다. 셋째, 청소년기에 발생할 수 있는 부적응적 문제행동에 대한 이론과 연구결과를 소개한다. 넷째, 청소년기 부적응적 문제행동에 대한 심리적 이론과 연구결과에 기초한 상담이론과 방법을 소개한다.

이러한 목적을 바탕으로 이 책은 구체적으로 총 2부 12장으로 구성되었다. 제1부는 청소년 심리의 이해, 제2부는 청소년상담의 이해로 나누어져 있는데, 제1부는 이 책의 서론에 해당하는 제1장, 청소년 심리이론을 소개하는 제2장과 제3장, 청소년기 신체적 · 인지적 · 사회정서적 발달 특징을 소개하는 제4장, 이러한 발달 특징과 밀접하게 관련되어 있는 맥락들을 소개하는 제5장, 청소년기 심리적 부적응 문제를 소개하는 제6장과 제7장으로 구성되어 있다. 제2부는 제1부에서 소개한 청소년 심리이론과 발달 및 맥락의 특성과 연관된 청소년상담이론과 방법들을 소개하고 있다. 청소년상담의 개념과 구성요소를 설명하는 제8장, 청소년상담이론을 소개하는 제9장, 청소년상담방법을 설명하는 제10장, 청소년상담의 유형을 소개하는 제11장, 마지막으로 청소년 부적응 문제행동 유형별 상담 사례를 소개하는 제12장으로 구성되어 있다. 제1, 2, 3, 4장과 제5장의 1절, 제12장의 2절과 3절은 이미리 교수가, 제5장의 2절에서 6절까지, 제6, 7장과 제12장의 1절, 4절, 5절은 여종일 교수가, 제8, 9, 10, 11장은 김춘경 교수가 각각 집필하였다.

이 책을 통해 청소년학이나 관련 학문을 전공하는 학부생 혹은 대학원생들이 청소년기의 독특성을 이해하고 청소년의 삶을 개선하는 데 도움을 줄 기회를 얻기를 바란다. 청소년지도사, 청소년상담사를 비롯한 청소년 교육 현장 전문가나 예비 전문가들이 현장에서 청소년과 상호작용하거나 이를 준비할 때 도움이 되는 지식을 얻기를 바란다. 또한 청소년 자녀를 키우는 부모들이 자녀와의 갈등을 해결하고 친밀한 관계를 갖는 데 도움이 되는 정보를 얻기를 바란다. 끝으로 이 책의 출간을 맡아 주신 학지사 김진환 사장님께 감사드리며 오랜 기간 동안 집필을 포기하지 않도록 독려하고 기다려 주신 한승희 부장님, 그리고 꼼꼼한 편집으로 책을 돋보이게 해 준 편집부 관계자 여러분께 깊은 감사의 마음을 전한다.

2019년 1월

집필진 일동

차례

Chapter 3 정신분석이론 • 47

Chapter 4 청소년기 발달적 특징 • 69

Chapter 12 청소년문제 유형별 상담 • 327

part 1

청소년 심리의 이해

Chapter

1 청소년기의 이해와 개입

이 장은 책의 각 장들이 '청소년 심리와 상담'을 다루기 위해서 어떤 개념적인 틀 안에서 구성되었는지 소개하는 개론적인 부분이다. 청소년기는 아동기에서 성인기로의 전환적인 시기이면서 급격한 발달적 변화를 경험하는 시기이고 발달적 부적응 문제에 대한 개입이 중요한 시기다. 이 장의 1절에서는 청소년기의 다양한 정의와 청소년기의 특성에 대한 긍정적, 부정적 관점을 살펴본다. 2절에서는 청소년기 신체적 변화, 인지적 변화, 사회정서적 변화 등의 발달적 변화와 청소년을 둘러싼 맥락의 변화에 대해 살펴본다. 3절에서는 청소년기의 발달 특성상 위험행동이나 부적응의 문제가 발생하는 이유가 무엇인지, 그리고 이러한 문제의 해결을 위해 어떠한 개입을 할 수 있는지 살펴본다.

1. 청소년기의 정의와 관점

1) 청소년기의 시작과 끝

청소년기는 아동에서 성인으로 성장해 나가는 과도기이며 아동기나 성인기와 구분되는 독특한 특성을 보이는 시기다. 이러한 의미는 청소년기를 지칭하는 adolescence라는 용어의 의미에 잘 나타나고 있다. adolescence는 '어른으로 성장해 나간다'는 의미의 라틴어 adolescere에서 비롯되었다(Steinberg, 2011). 청소년심리학의 아버지라고 불리는 Stanley Hall이 청소년기에 대해 심리학적, 생리학적, 인류학적, 사회학적 관점에서 실시한 방대한 연구를 집대성하여 1904년에 발간한 책의 제목에 adolescence라는 용어를 사용함으로써 오늘날 adolescence는 청소년기를 지칭하는 용어로 사용되고 있다.

청소년기는 아동기에서 성인기로 넘어가는 전환적 시기이지만 신체적, 인지적, 사회정서적인 면에서 아동기나 성인기와 다른 독특한 특성을 보인다. 그러므로 청소년기를 성숙한 아동이나 미숙한 성인의 개념으로 간단하게 이해할 수 없다. 또한 청소년기의 독특한 발달 특성을 한두 가지 발달영역에서만 설명하기도 어렵다. 왜냐하면 발달영역별로 청소년기의 시작과 끝이 동일하지 않기 때문이다. 예를 들어, 신체적 측면에서 청소년기를 설명한다면 사춘기가 시작되면서 아동기에서 청소년기로 진입했고 사춘기가 끝나면서 청소년기에서 성인기로 진입했다고 볼 수 있지만 사회정서적 측면에서는 사춘기가 끝났다고 해서 부모로부터 사회적, 정서적으로 독립적인 존재인 성인기로 진입했다고 보기 어렵다.

〈표 1-1〉은 다양한 발달영역의 관점에서 청소년기의 시작과 끝을 정의한 것이다(Steinberg, 2011, p. 6). 신체적인 관점에서는 앞서 말한 바와 같이 청소년기의 시작과 끝을 사춘기의 시작과 임신 가능 여부로 경계 짓는다. 정서적인 관점에서는 아동이 부모로부터 거리를 두고 정서적인 독립을 시도하면서 청소년기에 진입했다고 보고 부모로부터 독립된 정체감을 형성했을 때 청소년기가 끝났다고 본다. 인지적으로는 합리적이고 추상적인 사고 능력이 나타나면서 청소년기에 진입했고 이러한 사고 능력이 공고해지면서 성인기에 진입했다고 본다.

대인관계적 관점에서는 친밀감의 대상이 부모로부터 친구로 옮겨 가기 시작하면서 청소년기가 시작되었고 친구에 대한 친밀감을 형성하는 능력이 발달되면 성인기로 진입했다고 본다. 사회적 관점에서는 직업훈련과 가족구성원 및 시민으로서의 성인의 역할을 훈련하면서 청소년기가 시작되고, 훈련을 통해서 성인의 지위와 특권을 달성하게 되면 성인이 되었다고 본다. 교육적인 관점에서는 중학교에 입학하면서 청소년기에 진입했고 고등학교를 졸업하면서 청소년기가 끝난다고 본다. 법적인 관점에서는 청소년기를 법에 명시된 청소년의 지위로 정의할 수 있다.

연령적인 관점에서는 일반적으로 10대를 청소년기, 20대 이후를 성인기로 본다. 문화적인 관점에서는 성인으로 진입하기 위한 통과의례를 준비하기 시작하는 시기가 청소년기의 시작이고 통과의례를 거치게 되면 성인기의 시작으로 본다. 〈표 1-1〉에 제시한 내용이 주는 메시지는 어떤 관점에서 보는가에 따라 청소년기의 시작과 끝이 달라질 수 있으므로 중요한 것은 청소년기는 미숙하고 의존적인 상태에서 성숙되고 독립적인 상태로 전환되는 의미 있는 시기임과 동시에 단일 차원에서 정의되거나 이해될 수 없는 시기라는 것이다.

분명한 것은 청소년기가 시작되면서 부모와 사회로부터 받은 보살핌을 통해 성인이 될 준비를 하고 자립을 하게 되면 청소년기가 마무리된다는 것이다. 그러나 현대사회는 청소년기와 성인기의 불연속성의 증가로 인해 자립이 점점 어려워지고 있다(조용환, 1993; 최윤진, 2000; Larson, Wilson, & Rickman, 2009). 노동이 전문화되고 복잡해지면서 경제적 자립을 위한 직업을 갖는 데 시간이 오래 걸리고, 결혼도 늦어지면서 청소년기가 연장되고 있다(Larson, 2002). 이렇게 연장된 청소년기를 '신흥 성인기(emerging adulthood)'라고 한다(Arnett, 2004). 즉, 연령상으로는 성인이지만 사회적 자립을 하지 못해 부모를 비롯한 가족에게 의존하는, 청소년도 아니고 성인도 아닌 시기를 말한다. 청소년기의 범위 안에 이러한 시기도 포함시켜야 하지만 이 책에서는 사춘기로부터 시작된 청소년기가 20대 초반에 마무리된다는 입장을 가지고 청소년 심리 특성과 이를 기초로 한 상담에 대한 내용을 이론과 선행연구 결과들을 기초로 기술하고자 한다.

〈표 1-1〉 청소년기의 시작과 끝

관점	청소년기의 시작	청소년기의 끝
신체적	사춘기의 시작	임신 가능
정서적	부모로부터 정서적 분리 시작	부모로부터 분리된 정체감 성취
인지적	합리적, 추상적 사고의 시작	합리적, 추상적 사고의 강화
대인관계적	부모로부터 친구로 관심 전환	친구에 대한 친밀감 발달
사회적	성인, 가족구성원, 시민의 역할 수행을 위한 훈련 시작	성인의 지위와 특권 달성
교육적	중학교 입학	고등학교 졸업
법적	청소년 지위 달성	성인 지위 달성
연령적	10대	20대
문화적	통과의례를 위한 훈련 시작	통과의례 완료

출처: Steinberg (2011), p. 6

2) 청소년기에 대한 관점: 긍정적 관점과 부정적 관점

청소년은 아동과 성인의 특성을 부분적으로 가지고 있으면서 어디에도 속하지 않는 과도기적 존재로 신체적, 지적, 정서적인 면에서 미성숙의 상태에서 성숙의 상태로 발달되어 가는 과정에 있다(한상철, 2008, pp. 36–37). 청소년기의 이러한 특성 때문에 심리학자들은 청소년기를 신체적, 인지적, 정의적 발달 등 다양한 영역에서 설명한다. 청소년기를 설명하는 이론은 두 가지 관점으로 분류할 수 있는데, 청소년기를 안정적이고 성숙된 시기로 설명하는 긍정적 관점과, 스트레스가 많고 심리적으로 불안정한 시기로 설명하는 부정적 관점이 공존한다. 부정적 관점의 이론가들은 청소년기를 반항과 방황의 시기로 보며, 긍정적 관점의 이론가는 청소년기를 성숙된 사고 능력이 발휘되는 시기로 본다. 여기서는 두 가지 관점을 대표하는 이론의 특징적인 면을 간단히 비교해 보겠다. 청소년기를 설명하는 이론들은 제2~3장 그리고 제5장의 1절에서 구체적으로 살펴볼 것이다.

인지발달론자인 Piaget에 의하면, 청소년기는 아동기에 비해서 비약적으로 성숙된 사고 능력을 보이는 시기다. 아동기에는 가능하지 않던 가설적인 사고와 추상적 사고가 가능해서 다양한 가능성을 고려할 수 있고 논리적으로 예측할 수 있다. 이러한 사고 능력으로 인해서 미래에 대한 목표를 설정하고 계획할 수 있으며 융통성이 있는 문제해결이 가능하다.

반면에 청소년심리학의 아버지인 Hall, 성격심리학자인 Freud와 Erikson에 의하면 청소년기는 스트레스가 많고 심리적으로 불안정하며 방황하는 시기다. Hall은 청소년기를 호르몬 분비의 영향과 어른도 아니고 아이도 아닌 모호한 지위의 경험으로 인해 혼란스러운 감정과 긴장을 경험하는 질풍노도(storm and stress)의 시기라고 정의하였다. Freud은 청소년기를 호르몬 분비의 변화가 아동기에 잠재되어 있던 성적 충동을 자극하여 불안하고 심리적 갈등을 경험하게 되는 시기라고 설명하였다. Erikson도 청소년기를 심리적 혼란과 불안을 경험하는 시기라고 설명하는데 그 이유는 자아정체감 형성을 위해 반드시 겪어야 하는 많은 의사결정과정에서 혼란과 불안을 경험할 수밖에 없기 때문이다.

이와 같이 생애주기에 있어서 청소년기는 사고 능력에 있어서 비약적 발전을 보이는 시기임과 동시에 사회정서적으로 혼란스럽고 불안한 시기다. 긍정적이든 부정적이든 청소년기를 '제2의 탄생기'라고 명명할 정도로 청소년기에는 발달적 변화가 급격하게 진행된다. 청소년심리학자인 Steinberg(2011)는 청소년기에 누구나 겪는 급격하지만 기본적인 변화를, 첫째, 사춘기의 시작으로 인한 신체적인 변화, 둘째, 사고 능력의 변화, 셋째, 사회적 역할이나 지위의 변화라는 세 가지로 제시하였다. 이러한 청소년기의 세 가지 기본적 변화에 대해 다음 절에서 살펴보기로 한다.

2. 청소년기의 기본적인 변화

1) 신체적 변화

아동은 사춘기(puberty)가 시작되면서 청소년이 되어 간다. 신체적으로 급격한 성장이 일어나고 2차 성징이 나타나면서 몸의 변화와 외모의 변화를 경험한 청소년은 자기에 대해서 이전과 다르게 많은 관심을 기울이게 된다. 이로 인해 아동기에 비해 청소년기에는 혼자 보내는 시간이 길어지고(이미리, 2013) 이전에는 자각하지 못했던 성적 욕구의 증가로 인해 불안감과 죄의식을 느끼기도 한다. 부모와 신체적, 심리적 거리를 두려고 하는 반면에 이성친구와의 친밀한 관계를 더욱 원하게 된다(이미리, 2009a).

사춘기에는 정서 상태가 이전에 비해 더욱 우울하거나 변덕스러워진다(이미리, 1996; 이미리, 김진한, 2005). 특히 여아의 경우, 초경을 경험한 청소년들이 아직 경험하지 않은 친구들에 비해서 우울한 정서를 더 많이 경험한다(이미리, 2012). 그 이유에 대해서는 호르몬의 영향이라고 설명하기도 하지만 명확하지 않고 오히려 청소년기에 겪게 되는 복합적인 스트레스로 인해서 정서가 부정적이라고 설명하는 입장이 더욱 설득력이 있다(이미리, 2009b). 이와 같이 사춘기 자체가 청소년들에게 심리사회적 변화를 유발하지만 사춘기를 친구들에 비해 빨리 혹은 늦게 경험하는 시기적 요인도 청소년들에게 심리사회적 변화를 유발한다.

청소년기 심리사회적 발달에 있어서 조숙과 만숙의 영향을 연구하는 학자들의 공통적인 결과는 성별에 따라 다르기는 하지만 일반적으로 친구들보다 신체적 변화 속도가 빠르거나 늦은 청소년들이 비슷한 속도로 신체적 변화를 경험하는 청소년들에 비해 불안감이나 심리사회적 부적응 증상을 더 많이 경험한다는 것이다(송명자, 2016; 장휘숙, 2004). 이러한 점은 청소년기를 이해하기 위해서 사춘기에 겪는 신체적 변화의 특성을 알아야 하지만 동시에 신체적 변화에 동반하는 심리적, 사회적 변화나 영향을 함께 알아야 함을 말해 준다. 제4장에서 그 내용들을 구체적으로 살펴볼 것이다.

2) 인지적 변화

인지(cognition)는 사고를 의미한다. 청소년기 사고 능력의 발달은 놀랄 만한 수준이다. 아동기에 비해서 추상적인 개념에 대한 가설적이고 복합적인 사고가 훨씬 논리적이다. 이상을 추구하고 진리가 무엇인지 고민하고 나아가 정치, 종교, 철학 등에 관심을 갖게 된다. 이뿐만 아니라 자신을 객관적인 대상으로 보고 복합적으로 생각할 수 있게 된다. 나의 외모, 성격, 대인관계, 능력, 취향 등 다양한 면을 동시에 고려해서 평가할 수 있다. 또한 다양한 맥락에서의 나를 복합적으로 평가할 수 있는데, 가족과 함께 있을 때, 친구와 함께 있을 때, 수업시간에, 공적인 장소에서, 혹은 혼자 있을 때 다양한 나의 모습을 객관적으로 평가할 수 있게 된다. 나아가 나의 미래에 대해 생각할 수 있고 목표를 세우고 실천 전략을 생각할 수 있다.

인지발달론자인 Piaget는 이러한 비약적인 발달을 이룬 청소년기 사고 특성을 형식적 조작기로 명명하고 설명하였다. Piaget에 의하면 구체적인 대상에 대해서만 논리적 사고가 가능하며 시행착오적으로 문제를 해결하는 아동기의 사고 한계를 벗어나 청소년기는 가능한 사태에 대해 예측하고 가설을 설정하여 경험적으로 검증해 나가는 사고가 가능하다(송명자, 1995). 또한 아동기에 비해서 창의적이고 융통성 있는 사고가 발달한다(박연정, 정옥분, 김경은, 2006; Steinberg, 2011). 이러한 사고 능력의 비약적인 발전은 청소년으로 하여금 복잡한 과학적 문제를 풀고 성숙한 행동을 하게 하는 기초가 되지만 반대로 정서적으로 불안하게 하는 원인이 되기도 한다(이희연, 하은혜, 2015; Steinberg, 2011). 청소년기에 우울증이 증가하는 이유에 대해 일부 연구자들은 자신에 대해 복합적이고 미래 전망적으로 사고할 수 있는 능력 때문이라고 설명한다(송명자, 2016; 이희연, 하은혜, 2015; Steinberg, 2011). 청소년들은 이러한 사고 능력으로 인해서 자신의 부족한 점에 대해 더 걱정하게 되고 미래의 불확실성에 대해 더 불안을 느낀다. 또한 청소년기에 사태를 예측하고 가정할 수 있는 사고 능력은 이상주의적인 사고로 확장되어 나의 관념이나 이상과 맞지 않는 현실에 대해 비판하고 파괴하고자 하는 성향을 갖게 하기도 한다(강승희, 김대현, 2006; 김상균, 2005; 송명자, 1995, 장휘숙, 2004).

청소년기 사고 능력을 이해하기 위해서 청소년기의 특징적인 성향이라고 볼 수 있는 충동적인 행동과 자의식적인 감정을 설명하는 자아중심적 사고를 빼놓을 수 없다. 청소년기 자아중심적 사고는 개인적 우화(personal fable)와 상상적 청중(imaginary audience)의 개념으로 설명되고 있다(Elkind, 1978). 개인적 우화란 나의 경험이나 감정은 타인과 다르다고 생각하는 것이며 상상적 청중은 내가 타인의 집중적인 관심의 대상이 되고 있다고 생각하는 것이다. 이러한 자아중심적인 사고 경향이 지나치면 위험행동에 몰입하거나 우울감에 빠지고 자아존중감 발달에 부정적인 영향을 준다(김선아, 김춘경, 2006; 박영신, 2017; 조아미, 권두승, 1998). 제4장에서 이러한 내용들을 구체적으로 살펴볼 것이다.

3) 사회정서적 변화

신체적, 인지적 변화는 정의적 변화를 불러일으킨다. 정의적 변화란 성격, 자아, 정서, 성역할 등 사회정서적 측면의 변화를 의미한다. 청소년기는 신체적, 인지적 변화뿐 아니라 사회적 맥락의 변화가 빠르게 일어나기 때문에 아동기나 성인기에 비해서 상대적으로 스트레스가 많은 시기다(Achenbach, 1991; Steinberg, 2011). 그런데 증가한 스트레스를 감당할 준비가 덜 된 상태이기 때문에 청소년기 스트레스의 부정적 영향은 더 크다(이미리, 2002, 2006c).

청소년심리학의 아버지라 불릴 만큼 청소년기를 심리학적, 생리학적, 인류학적, 사회학적, 그리고 교육학적 관점에서 연구하여 『청소년기: 심리학 그리고 청소년기와 생리학, 인류학, 사회학, 성, 범죄, 종교 및 교육의 관계(Adolescence: Its psychology and its relations to physiology, anthropology, sociology, sex, crime, religion, and education)』라는 제목의 방대한 저서를 집필한 Hall은 청소년기를 '질풍노도(storm and stress)의 시기'라고 하였다. 질풍노도라는 의미는 스트레스가 많고 불안정한 상태를 말한다. 이는 사회정서적 변화가 청소년기 발달의 가장 특징적인 면임을 말해 주는 것이다.

청소년들은 사춘기의 시작으로 인해 신체적으로 급격한 변화를 경험하고, 생각이 많아지면서 사회정서적으로 불안정한 특성을 보인다. 성격심리학자인 Freud는 아동기에는 안정적이고 과업지향적인 성격 특성을 보이지만 청소년기가 되면 억압되어 있던 성적 욕구가 증가하면서 불안정하고 일탈추구적인 성격 특성을 보인다고 한다(송명자, 1995; 장휘숙, 2004). 이러한 신체적 변화뿐 아니라 사회적 대우의 변화를 경험하면서 사회적 역할 수행에 시행착오를 경험하고 이로 인해 불안정한 사회정서적 특성을 보이기도 한다.

청소년기는 사회적 역할과 지위에 있어서 변화를 경험하게 된다. 아동기에는 허용되지 않았던 행동이 허용되기도 하고, 하지 않아도 되었던 행동을 해야 할 책임이 부여되기도 한다. 더구나 이러한 사회적 기대가 상황에 따라서 다르게 부여되기도 한다. 이러한 변화 때문에 청소년들은 내가 누구인지에 대해 많은 생각을 하게 되고 자신의 다양한 모습에 대해 혼란을 겪거나 미래에 대해 불안감을 느끼기도 한다.

청소년기 자아개념은 아동기에 비해서 복합적이고 인지적으로 성숙하지만 자신의 다양한 모습 간의 모순을 발견하고 이들을 통합해 나가는 과정에서 혼란을 경험하게 되면서 자신을 부정적으로 평가하게 된다(송명자, 1995; 장휘숙, 2004). 많은 연구자가 아동기에 비해 청소년기의 자아존중감이 낮다는 실태를 보고한다(정은석, 이주연, 2014). 청소년들 사이에 성형열풍이 일거나 청소년기 대표적인 부적응 증상으로 섭식장애가 보고되는 것도 이러한 부정적인 자아개념으로 인해서 발생하는 문제들이다(박정혜, 김춘경, 2013; 변영순, 이난희, 이경희, 2014).

우울증과 같은 정서적 부적응 문제가 청소년기에 급증하는 것도 청소년기의 사회정서적 변화 특성을 보여 준다. 아동들에 비해서 청소년들은 부정적인 정서를 더 많이 경험한다(양재원, 김근영, 2009; 이미리, 2009b). 부정적인 정서경험이 주요 증상인 우울증은 청소년기 정신적 부적응의 대표적인 증상으로서 삶을 긍정적이고 적극적으로 살아가는 데 큰 지장을 준다(김선미, 고하영, 박수현, 양은주, 2012; 김은경, 양재원, 정유숙, 홍성도, 김지혜, 2005; 이미리, 2006b; 이미리, 김진한,

2005). 이와 같이 청소년기는 사회정서적 측면에서도 많은 변화를 경험하는 시기다. 청소년기 사회정서적 발달 특성은 제4장에서 구체적으로 살펴볼 것이다.

4) 맥락의 변화

모든 청소년이 신체적 변화, 사고의 변화, 사회정서적 변화를 경험하지만 변화의 과정이나 결과가 다 같은 것은 아니다. 사춘기의 신체적 변화에 만족하는 청소년들이 있는가 하면 그렇지 않은 청소년들도 있다. 추상적이고 복합적인 사고가 가능한 사고 능력이 합리적인 판단을 하거나 미래를 계획하는 능력의 발달로 이어지는 청소년들이 있는가 하면 질풍노도와 방황의 원인이 되는 청소년들도 있다. 불안정한 정서나 부정적인 자아개념을 긍정적인 발달의 원동력으로 사용하는 청소년들이 있는가 하면 여러 가지 부적응의 문제를 경험하면서 불행한 성인기를 맞는 청소년들도 있다. 이와 같이 청소년기에 누구나 겪게 되는 신체적 변화, 사고의 변화 그리고 사회정서적 변화의 과정과 결과에 있어서 개인차가 발생하는 이유는 환경에 있다고 본다(Steinberg, 2011). 그러므로 청소년의 발달 특성을 이해하고 그에 기초한 양육과 교육을 하기 위해서는 청소년이 처한 환경을 이해해야 한다.

개인의 행동을 이해하기 위해서는 타고난 특성과 그가 처한 환경, 그리고 개인과 환경 간의 상호작용을 이해해야 한다. Bronfenbrenner(1977)는 개인이 성장하는 환경을 물리적, 심리적, 관계적 특성을 포괄하는 개념으로 설명했으며 맥락(context)이라는 용어로 표현하였다. Bronfenbrenner의 이론을 생태학적 이론(ecological theory)이라고 하는데 인간을 둘러싼 환경을 가장 근접한 환경에서부터 미시체계, 중간체계, 외체계, 거시체계로 분류하여 이러한 체계들이 어떻게 인간의 행동에 영향을 주고받는지 설명한다. Bronfenbrenner의 이론은 제5장에서 구체적으로 살펴볼 것이다.

오늘날 청소년들이 성장하는 주요 맥락은 가족, 또래, 학교, 매체, 일, 여가로 요약될 수 있다(Steinberg, 2011). 이러한 맥락들 중 일부는 아동기보다는 청소년기에 더욱 중요한 영향을 준다. 예를 들면, 청소년기가 되면 아동기에 비해서 가족구성원과 함께 있는 시간에 비해 또래들과 함께 있는 시간이 길어지고 그만큼 가족에 비해 또래와의 관계를 더 중요하게 생각한다(도금혜, 2008; 황혜정, 2002). 또한 청소년기는 매체의 영향에 매우 민감하게 반응하는 시기다(이미리, 2006b; 한국인터넷진흥원, 2017). 인터넷중독의 문제가 유독 청소년들에게 심각하게 나타나는 이유는 이 때문일 수 있다(강희양, 손정락, 2007; 김성은, 박산하, 김진석, 2014).

아동기에서 청소년기로 성장하면서 다양한 맥락이 주는 효과가 변화하기도 하지만 시대적으로도 청소년기 주요 맥락의 특성이 변화하고 있다(Larson, Wilson, & Mortimer, 2002). 주요 맥락 중에서 가족의 예를 들어 보자. 과거에 비해 오늘날 가족의 유형은 핵가족, 확대가족, 한부모가족, 재혼가족, 동거가족, 분거가족, 조손가족, 소년소녀가장가족 등 다양하며 구조의 다양성으로 인해 기능도 다양하다(정현숙, 2004). 그러므로 가족맥락이 청소년 발달에 미치는 영향을 양친부모 핵가족을 기준으로 판단하기 어려울 뿐 아니라 양친가족 이외의 가족을 결손가족으로 보고 청소년 발달에 부정적인 영향을 줄 것이라고 속단할 수도 없다(이미리, 박주희, 정현숙, 2015). 오늘날 가족과 청소년 발달의 관계를 이해하기 위해서는 이러한 다양한 가족 유형별로 청소년 발달과의 관련성이 어떻게 나타나는지 살펴보아야 하며 가족구조의 다양성을 인정하는 시각이 필요하다(정현숙, 2004). 제5장에서는 청소년기 발달의 주요 맥락별 특성이 어떠한지, 그리고 맥락의 특성에 따라서 청소년 발달이 어떻게 이루어지는지에 대해 살펴볼 것이다.

3. 청소년기 부적응 문제와 개입

1) 부적응 문제

발달이론에 의하면 청소년기는 심리적으로 부적응의 문제를 경험하기 쉬운 시기라고 볼 수 있다. 1절에서 말한 바와 같이 Hall, Freud, Erikson에 의하면 생애주기 중에서 청소년기는 심리적으로 불안정하고 스트레스가 많은 시기다. 그래서 Hall은 청소년기를 질풍노도의 시기라고 하였다. Freud도 호르몬 분비의 변화 등 생리적 변화로 인해 청소년기에는 잠재되어 있던 성적 충동이 강해져서 심리적으로 불안한 시기라고 하였다. Erikson은 청소년기를 자신에 대해 많은 생각을 하게 되고 여러 가지 역할 실험을 통해 자신을 알아 가는 과정에서 겪는 혼란과 갈등을 경험하는 불안정한 시기라고 하였다. 그러므로 청소년기는 심리사회적 혹은 행동적 부적응의 문제에 취약한 시기라고 볼 수 있다.

청소년기 부적응의 문제는 내재화 문제와 외현화 문제로 분류할 수 있다(Achenbach, 1991; Steinberg, 2011). 내재화 문제는 부적응의 표현이 과잉 통제되어 소극적이고 억압적으로 나타나는 증상으로 우울, 불안, 섭식장애 등 정서적, 인지적 부적응 증상을 예로 들 수 있다(정문자, 이미리, 전연진, 2007). 이와 반대로 외현화 문제는 감정이나 행동의 적절한 통제가 결여된 부적응으로 약물중독, 비행, 학교폭력 등의 문제행동 등을 예로 들 수 있다(정문자, 이미리, 전연진, 2007). 이렇게 부적응의 문제를 내재화, 외현화로 분류하는 것은 증상이나 원인이 유사한 문제들을 함께 묶어서 이해하기 쉽기 때문이지 각 유형에 속하는 부적응의 문제가 독립적으로 발생하는 것은 아니다. 다시 말해서 내재화 문제와 외현화 문제를 동시에 경험할 수도 있다. 예를 들어, 청소년이 우울증을 경험하는 경우 약물중독의 문제도 함께 경험할 수 있다.

이러한 부적응 문제를 경험하게 되면 행복한 청소년기를 보내기 어려울 뿐 아니라 성인기를 준비해야 하는 중요한 시기를 헛되게 보냄으로써 성인이 되어서의 삶까지 부정적일 수 있다. 그렇기 때문에 사회는 청소년의 부적응 문제에 대해 많은 관심을 쏟는다. 이러한 관심들은 청소년기가 문제가 많은 시기임을 시사하는 것일 수 있으나 이러한 생각이 편견이라고 주장하는 학자들이 있다(한상철, 2015, Steinberg, 2011). 다시 말해서 부적응의 문제가 청소년기에 특히 많이 발생한다고 단정 짓기 어렵다. Steinberg(2011)는 청소년기에 발생하는 부적응의 문제에 대해 다음과 같이 설명하였다.

첫째, 청소년기 발생하는 부적응의 문제가 청소년기가 아니라 이전 시기에 시작된 문제도 많고 청소년기에 발생한 문제가 모두 성인기까지 지속되는 것도 아니기 때문에 청소년기 부적응 문제의 원인을 청소년기 발달 특성상의 문제로 단정해서는 안 된다.

둘째, 청소년기에 발생하는 대부분의 문제는 신체적, 인지적, 정서적으로 급격하고 주요한 변화를 겪는 발달적 전환기에 발생하는 실험행동이므로 크게 문제될 것이 없다. 예를 들어, 청소년들이 호기심이나 친구들의 강요로 술을 마시고 취할 수 있으나 이런 경험을 한다고 해서 모두 알코올중독자가 되거나 비행 청소년이 되는 것은 아니라는 것이다(한상철, 2015). 이러한 행동을 '위험행동(risk behavior)'이라고 하는데 위험행동이 문제행동으로 전환될 가능성은 높지만 정상적인 청소년기 행동의 한 부분이라는 견해다. 이뿐만 아니라 청소년기 위험행동의 긍정적인 발달 측면이 있기 때문에 청소년들의 위험행동을 부적응 행동으로 단정 지을 것이 아니라 건강한 발달을 위해서 위험행동의 기능적인 측면을 이해하고 활용할 필요가 있다(한상철, 2015). 위험행동의 긍정적, 부정적인 의미와 부적응과의 관련성에 대해서는 다음 절에서 구체적으로 살펴보기로 한다.

청소년기 부적응의 문제는 청소년기에 발생하는 신체적 변화, 인지적 변화, 사회정서적 변화와 관련이 있지만 가족, 또래, 학교, 지역사회, 매체 등의 환경적 영향을 많이 받는다(이미리, 2009b; 이미리, 이명숙, 2010; 정문자 외, 2007). 그러므로 청소년기 부적응 문제의 해결을 위해서는 청소년기 특유의 발달 특성뿐 아니라 맥락적 요인의 효과를 알아야 한다. 제6장과 제7장에서 청소년기 부적응의 문제를 설명하는 발달적 부적응이론, 그리고 내재화와 외현화 문제의 종류와 맥락과의 관련성에 대해서 구체적으로 다룰 것이다.

2) 위험행동

청소년기는 앞서 살펴본 바와 같이 신체적, 인지적, 사회정서적인 면에서 아동기나 성인기에 비해 급격한 변화를 경험하는 시기이며 타인에게 의존적이었던 아동기에서 자립해야 하는 성인기로 이행하는 발달적 전환기다. 이 때문에 청소년기는 발달 특성상 불안정성을 갖고 있으며 홀로서기를 위해 다양한 역할 실험을 하려는 욕구를 갖는다(송명자, 1995; 장휘숙, 2004; Erikson, 1968). 또한 청소년은 아동이나 성인에 비해 모험적이며 무모하고 때로는 반사회적인 행동을 선택하는 경향이 높다. 이러한 행동을 위험행동이라고 한다(한상철, 2004, 2006). 위험행동은 청소년기 정상적인 발달의 결과이지만 부적응 행동으로 전환될 가능성이 높다(한상철, 2004).

위험행동이란 신체적, 심리적, 법적, 경제적 부담을 감수하는 무모한 행동으로 사회적 규범에 저촉되거나 사회적 지위를 위협하는 행동이지만 반드시 문제행동으로 발전되는 행동만을 지칭하는 것이 아니라 모험적인 행동 등 사회문화적으로 허용되는 행동까지 포함한다(한상철, 2015). 신체적인 부담을 주는 행동의 예를 들면, 싸움, 흡연, 음주 등이 있고 사회적 지위를 위협하는 행동의 예로는 가출, 결석, 학업중단 등을 들 수 있다. 일반적으로 이러한 행동들을 비행 혹은 문제행동이라고 보지만 사회와 문화에 따라 반드시 법에 저촉되는 행동이라고 보기도 어렵다(모경환, 이미리, 김명정, 2014).

청소년기 위험행동은 또래에게 받아들여지고 부모로부터 독립하며 정체성을 형성함으로써 아동기에서 벗어나 성숙한 성인기로 이행하게 하는 긍정적인 기능도 있다(한상철, 2015; Engels & Bogt, 2001). 그렇기 때문에 위험행동의 부정적인 결과가 부적응 행동이며 긍정적인 결과는 적극적이고 적응적인 행동이다. 따라서 청소년기의 정상적인 발달과정에서 발생하는 위험행동에 대해서 단순하게 일탈행동 혹은 문제행동으로 낙인찍고 행동을 처벌하는 방향으로 대처할 것이 아니라 위험행동의 발달적, 사회적 기능을 파악하고 문제행동으로 발전하지 않게 중재하는 노력이 필요하다(한상철, 2015). 그러기 위해서는 청소년기 위험행동 발생의 원인과 기능을 살펴보아야 한다.

청소년기에 위험행동이 발생하는 원인은 개인적 요인과 환경적 요인으로 나누어 볼 수 있다. 청소년 위험행동과 관련 있는 개인적 요인은 성호르몬 분비의 증가, 자기중심적인 사고, 감각추구성향 등이 있다(한상철, 2015). 사춘기에 성호르몬 분비의 증가는 성적 욕구나 충동성을 증가시키고 이로 인해서 무모한 성적 위험행동이 발생할 수 있다(Campbell, Prossinger, & Mbzivo, 2005). 청소년기 자기중심적인 사고는 자의식적이고 자신을 특별한 존재라고 믿는 비합리적인 사고를 말한다(Elkind, 1978). 이러한 사고를 통해 청소년들이 자신감을 갖거나 스스로에게 위안을 부여하는 면도 있으나 심해지면 자신을 특별한 존재라고 보는 믿음이 자신에 대한 불멸성에 대한 믿음으로 발전하여 위험행동을 서슴지 않게 되는 경향을 보이기도 한다. 청소년기 자기중심적 사고에 대해서는 제4장에서 구체적으로 살펴볼 것이다.

이와 같이 청소년기 성호르몬 분비의 증가와 자기중심적인 사고의 증가는 감각추구성향의 증가로 이어진다. 감각추구성향이란 '신체적, 사회적, 법적, 재정적 위험을 감수하면서 다양하고 신기한, 그리고 복잡하고 강한 감각이나 경험을 추구하는 요구'다(Zuckerman, Kolin, Price, & Zoob, 1964; 유진, 강필중, 2003, p. 250에서 재인용). 청소년기에 증가하는 이러한 감각추구성향이 과속운전, 성행동, 약물사용 등의 위험행동의 발생이나 증가와 관련이 있다.

개인적 요인뿐 아니라 환경적 요인도 청소년기 위험행동의 발생과 관련이 있다. 2절에서 소개한 바와 같이 Bronfenbrenner(1977)는 환경을 물리적, 심리적, 관계적 특성을 포괄하는 다양한 체계의 개념으로 설명했다. 이러한 체계들이 청소년기 위험행동과 관련이 있는데, 미시체계에 속하는 가족, 또래, 학교의 특성들이 청소년기 위험행동의 발생에 영향을 준다. 예를 들어, 가족의 경제적 빈곤, 부모의 부적절한 양육, 위험행동을 부추기는 또래들의 압력, 안전하지 않은 학교나 지역사회의 분위기 등이 청소년들의 위험행동 발생과 관련이 있다(조주영, 김영희, 2006; 한상철, 2015).

앞서 말한 바와 같이 청소년기 위험행동은 부적응 행동으로 발전할 가능성이 크지만 청소년기 정상적인 발달의 한 양상이기도 하다. 그래서 한상철(2015)은 청소년문제의 해결을 위해서는 청소년기 위험행동의 긍정적 기능에 주목할 필요가 있음을 시사하면서, 청소년이 어른에게 복종적이고 사회적 규범을 절대적인 것으로 인식하여 일상적인 생활범주에서 벗어나는 것을 두려워하며 기성사회의 전통적인 사고와 행동을 따르기만 한다면 이들에 대해 청소년으로서의 발전 가능성과 자기창조성을 기대하기 어려울 것이라고 주장한다(p. 8). 즉, 청소년기 위험행동은 반사회성과 무모성의 부정적인 측면과 모험성과 창의성의 긍정적 측면을 함께 가지고 있다(한상철, 2015).

청소년기 위험행동의 이러한 긍정적 기능에 관심을 가진 연구자들은 위험행동이 부적응 행동으로 발전되는 것을 예방하고 오히려 창조적이고 적극적이며 사회적인 행동으로 발달하게 하는 요인이 무엇인지를 찾는 데 관심을 기울이고 있다. 이러한 요인을 보호요인(protective factors)이라고 하는데 위험행동이 부적응 행동으로 발전될 가능성을 완화해 주는 기능을 한다. 청소년기 위험행동의 보호요인으로는 자신에 대한 긍정적인 신념, 위험상황에 대한 적극적이고 긍정적인 대처전략, 부모의 관심, 나에게 의미 있는 사람들의 지지, 안전하고 나에게 관심을 기울여 주는 학교와 지역사회의 분위기 등을 들 수 있다(한상철, 2006, 2015). 이 책에서는 청소년 위험행동의 부정적 결과인 문제행동과 관련된 요인과 예방과 해결대책에 대해서 제6장과 제7장에서 구체적으로 살펴볼 것이다. 청소년 위험행동이나 부적응 문제는 내재화 문제와 외현화 문제로 분류할 수 있다. 청소년기 내재화 문제의 대표적인 예로는 우울문제나 자아정체감의 혼란과 관련된 문제를, 외현화 문제로는 비행, 학교폭력, 위험성행동, 중독 등의 문제를 들 수 있다.

3) 청소년상담

청소년상담은 청소년기 위험행동뿐 아니라 위험행동의 부정적 결과로 발생하는 부적응 문제를 해결하기 위한 전문적인 개입행위다. 청소년상담은 부적응 문제의 해결에 국한되지 않고 문제의 예방과 청소년의 발달적 잠재력을 개발하는 데 궁극적인 목적이 있다. 또한 청소년상담의 대상은 청소년 개인과 환경을 모두 포함한다. 앞서 말한 바와 같이 청소년기 위험행동이나 부적응 문제의 원인은 개인적 요인뿐 아니라 환경적 요인에 있다. 그러므로 청소년기 부적응 문제와 관련된 맥락에 대한 이해를 바탕으로 맥락에 존재하는 위험요인이나 보호요인을 다룰 수 없다면 청소년기 부적응 문제를 해결하기 어렵다. 청소년기는 다른 생애주기에 비해서 맥락의 영향을 민감하게 받는 시기이므로 더욱 그러하다. 이와 같이 청소년상담의 의미와 대상, 그리고 상담의 과정과 관련된 내용은 제8장과 제10장에서 구체적으로 살펴볼 것이다.

청소년상담이론은 부적응 문제의 원인을 찾고 해결을 위한 목표를 정하고 목표달성을 위한 개입방법을 제시한다. 청소년상담을 위한 이론은 다양한데 각 이론은 인간관과 부적응 문제의 원인을 판단하는 관점이 다르다. 따라서 어떤 이론의 관점에서 청소년 부적응의 문제를 다루느냐에 따라서 문제의 원인에 대한 판단이나 개입방법이 달라진다. 다양한 청소년상담이론에 대한 구체적인 내용은 제9장에서 다룰 것이다.

일반적으로 상담은 전문적 상담자와 내담자가 만나서 대화를 나누는 조력적인 면담을 말한다(김춘경, 이수연, 최웅용, 2006). 그런데 청소년상담은 직접적인 대면상담뿐 아니라 인터넷을 활용한 사이버상담과 TV와 책자를 활용하여 교육과 자문활동을 하는 간접적인 상담방법도 포함된다. 청소년 개인뿐 아니라 청소년 발달에 직 · 간접적으로 영향을 주는 맥락을 변화시키기 위해서 이러한 다양한 방법이 활용되고 있다. 청소년상담의 다양한 유형이 갖고 있는 특성에 대해서는 제11장에서 구체적으로 살펴보기로 한다. 제12장에서는 청소년 부적응 문제의 유형별로 어떠한 상담이 적용될 수 있는지 이론과 방법 면에서 구체적으로 다룰 것이다.

Chapter

2 인지발달이론

청소년기는 아동기에서 성인기로의 전환적 시기이며 발달적 변화가 큰 시기다. 그러므로 청소년기를 이해하기 위해서는 변화를 설명하는 이론적 관점이 요구된다. 발달이론(developmental theory)은 시간의 흐름에 따른 인간 행동의 변화를 설명하는 데 초점을 둔 이론으로 이러한 요구에 잘 들어맞는다. 이 장에서는 청소년기 사고의 발달 특성을 설명하는 Piaget의 인지발달이론과 Kohlberg의 도덕성발달이론을 살펴본다. Piaget의 이론을 통해서 청소년기의 복합적이고 추상적인 사고 능력의 발달과정을 이해할 수 있고 Kohlberg의 이론을 통해서 청소년기 도덕적 사고 능력의 발달과정을 이해할 수 있다.

1. Piaget의 인지발달이론

청소년기의 사고 특성을 설명하는 이론들 중 대표적인 이론으로 Jean Piaget의 인지발달이론을 들 수 있다. 인지(cognition)는 사고를 말하는 것으로, Piaget는 인간의 인지 능력은 나이가 들어감에 따라 양적인 증가보다는 질적인 변화를 한다고 하였다. 따라서 청소년의 인지 능력은 아동과 질적으로 다른 특성을 보인다. 청소년기에는 추상적인 개념에 대한 사고, 가능성에 대한 사고, 다차원적인 사고가 논리적으로 가능하다. 이러한 인지 능력은 이전 시기인 영유아기와 아동기의 인지 능력을 기초로 발달한다. 그러므로 청소년기의 사고 특성을 이해하기 위해서는 청소년기뿐 아니라 이전 시기의 사고 특성을 이해할 필요가 있다.

1) 인지발달이론의 주요 개념

Piaget는 인지발달을 구조주의적이고 생물학적인 관점에서 설명하였다. Piaget에 의하면 타고난 인지 구조가 환경과의 상호작용을 통해서 확장, 분화, 통합, 일반화되면서 사고 능력이 질적인 변화를 이룬다(이미리, 조성연, 길은배, 김민, 2014). 인지 구조를 도식 혹은 셰마(Schema)라고 한다. Piaget 이론은 인지의 기본 구조인 셰마들이 어떻게 결합되어서 전체적으로 조직화된 사고를 가능하게 하는지 설명했다는 점에서 구조주의적이며, 도식들이 결합되는 과정을 설명하기 위해서 동화(assimilation), 조절(accommodation), 평형화(equilibrium) 등의 생물학적인 개념을 적용했다는 점에서 생물학적이다(Miller, 1983).

도식 혹은 셰마란 인지의 기본 구조로 사물이나 사건에 대해 갖고 있는 전체적인 윤곽을 말한다. 인간은 도식을 통해 주위세계를 이해하고 경험을 해석하며 조직화한다. 도식은 인간이 태어나서 상호작용하게 되는 세상을 이해하는 데 필요한 지식 기반이다. 인간은 많은 도식을 가지고 태어나며 타고난 도식들은 환경과의 상호작용을 통해서 복잡해지고 세련되어짐으로써 인간의 환경에 대한 적응력이 증가한다. 인지발달이론에서 말하는 적응(adaptation)은 도식이 환경적 요구에 맞춰서 확장되어 가는 과정을 말하는데 동화와 조절이라는 두 가지 기능을 통해 이러한 과정이 진행된다.

동화는 기존의 도식을 사용해 새로운 환경적 자극을 이해하는 것을 말한다(송명자, 2008). 손에 잡히는 것이면 무엇이든 입으로 가져가는 영아의 행동은 동화의 한 예다. 입으로 가져가서는 안 되는 것들도 무조건 입으로 가져가서 빠는데, 이러한 행동은 환경적 자극을 이해하기 위해서 타고난 도식인 '빠는 행동'을 사용하는 것이다. 이와 같이 동화란 새로운 환경적 자극을 자신이 이미 가지고 있는 도식에 통합하여 해석하는 인지과정을 말한다. 한편, 조절은 기존의 도식으로 새로운 환경적 자극을 이해할 수 없을 때 일어나는 인지과정으로서 새로운 환경적 자극을 이해하기 위해서 기존의 도식을 변경하거나 새로운 환경적 자극에 맞는 새로운 도식을 만드는 과정이다(송명자, 2008). 즉, 자신의 생각을 새로운 환경적 자극에 맞추어 바꾸어 나가는 인지과정이다. 이렇게 환경에 적응하기 위해 동화와 조절이라는 인지과정을 반복해 나감으로써 도식이 확장되어 가고 그 결과 인지가 발달한다.

그렇다면 동화와 조절을 계속하게 하는 힘은 무엇일까? Piaget는 평형화를 추구하려는 경향성이라고 하였다(송명자, 1995). 평형화는 인지적 평형을 이루려는 경향성이다. 평형화는 세 단계를 거쳐서 일어나는데(최경숙, 2000), 첫째 단계는 인간이 이미 가지고 있는 도식으로 환경적 자극을 받아들이는 데 아무런 문제가 없는 평형상태에 있는 것, 둘째 단계는 이미 가지고 있는 도식으로 새로운 환경적 자극에 대한 해석을 받아들일 수 없어 인지적으로 불편한 불평형 상태에 이르는 것, 마지막 셋째 단계는 이러한 새로운 환경적 자극을 받아들이기 위해서 이미 가지고 있는 도식을 수정하거나 새로운 도식을 만들어서 새로운 환경적 자극을 받아들여 안정된 평형상태에 이르는 것이다. 이러한 평형화의 단계를 밟아 가면서 인간은 자신의 인지체계와 외부세계 사이에서 인지적으로 안정된 평형상태를 추구해 나가는데 이러한 과정이 곧 인지가 발달해 나가는 과정이다. Piaget는 평형화 추구과정이 인지발달의 모든 단계에서 진행된다고 하였다.

2) 인지발달단계

청소년기 인지발달의 특성을 이해하기 위해서는 청소년기의 인지 능력이 이전의 어떤 인지 능력으로부터 비롯되었는지 알 필요가 있다. 그래야 청소년기 문제해결적이고 적응적이며 융통성 있는 인지 능력의 발달을 위해서 이전 시기부터 어떤 점에 주의를 기울여 양육해야 할 것인지 알 수 있기 때문이다. Piaget의 인지발달단계이론에 의하면 청소년기의 다차원적이고 추상적인 개념에 대한 논리적 사고 능력의 출발점은 영유아기의 타고난 반사행동이다.

인간은 생존을 위한 빨기, 삼키기 등의 반사행동을 통해서 환경과 상호작용하면서 형이상학적인 사고 능력을 발달시키게 된다는 Piaget의 설명은 매우 흥미롭다. 인간의 인지는 감각적이고 운동적인 차원에 그쳤던 수준에서 추상적 개념을 생각할 수 있을 뿐 아니라 논리적으로 가정하고 판단할 수 있는 수준으로까지 발달한다. Piaget는 이러한 과정을 4단계의 인지발달단계로 설명한다. 각 단계의 인지 능력 수준은 질적으로 다르나 다음 단계로의 이행은 반드시 이전 단계의 인지 능력을 완수했을 때 가능하다.

Piaget가 제시한 인지발달단계의 기본적 특성은 다음의 세 가지로 요약할 수 있다. 첫째, 인지발달의 각 단계에 해당되는 연령은 문화권에 따라서 차이를 보인다. 그러나 인지발달단계의 진행 순서와 각 발달단계의 특성은 범문화적으로 유사하다. 둘째, 모든 청년이나 성인이 인지발달단계의 마지막 단계인 형식적 조작기에 도달하는 것은 아니다. 셋째, 문명이 발전되지 않은 문화권에 비해서 문명이 발전된 문화권에서는 여러 가지 학습경험이 아동들에게 제공되므로 형식적 조작기에 도달할 가능성이 상대적으로 더 크다. Piaget는 인지발달단계를 출생부터 청소년기 이후까지 감각운동기, 전조작기, 구체적 조작기, 형식적 조작기로 구분하였다.

(1) 감각운동기

인지발달단계 중 첫 번째 단계는 감각운동기(sensorimotor stage)로 대략 생후 2세까지의 시기에 해당한다. Piaget는 인간의 사고 능력은 타고난 반사행동으로부터 시작된다고 하였다. 이 시기의 영아는 타고난 감각 능력과 신체적인 움직임을 통해서 환경에 적응한다고 해서 감각운동기라고 명명하였다. 이 시기의 사고란 감각과 움직임을 통해서 세상에 존재하는 사물을 발견하고 사물들 간의 관계를 배워 나가는 것으로 빨기, 삼키기 등의 반사행동을 통해서 환경과 접촉하면서 생각하고 환경에 적응하게 된다. 즉, 동화와 조절과정을 통해서 타고난 감각운동 셰마들이 조직화되고 새롭게 발달해 나간다. 감각운동기 초기에는 타고난 셰마를 사용한 반복적인 움직임을 통해서 우연히 세상을 알아 나가지만 생후 1년 6개월 이후쯤인 감각운동기 후반기에 접어들면 영아의 행동은 의도적이 되고 수단과 결과의 관계를 이해하게 되면서 주변 세상과 자신의 경계를 알게 된다.

(2) 전조작기

영아기에 세상을 감각운동적으로 이해하다가 유아기에 상징적 사고 능력을 통해서 이해하기 시작하면 전조작기(preoperational stage)로 접어든 것이다. 전조작기는 대체로 2세부터 7세까지의 시기에 해당된다. 이 시기의 유아는 감각운동기의 영아와 달리 상징 능력을 갖게 된다. 상징 능력이란 하나의 사물을 표현하기 위해서 다른 사물, 말, 움직임, 이미지 등의 상징물을 사용하는 능력을 말한다

(Miller, 1983). 예를 들어, '자.동.차'라는 단어의 사용이나, 나무토막을 가지고 바닥에서 움직이며 자동차가 가는 소리를 내는 등의 행동이 자동차를 상징하는 것임을 이해하는 능력이다. 따라서 인간이 말을 한다는 것은 이러한 상징의 기능을 이해하기 때문에 가능한 것이다. 대체로 2세 정도에 말을 하게 되는데 이는 이 시기에 상징적 사고 능력이 발달되어 있음을 나타낸다.

조작(operation)이란 논리적인 사고를 말하는데 이 시기는 비록 감각운동기에 비해서 비약적으로 발전된 상징적 사고가 가능하지만 아직까지는 논리적인 사고가 어렵고 미숙한 사고를 하는 시기라고 해서 전조작기라고 명명하였다. 전조작기의 미숙한 사고는 자아중심적 사고(egocentrism)와 경직된 사고의 특징을 보인다. 자아중심적 사고란 이기적이거나 오만한 사고를 의미하는 것이 아니라 세상을 '나'의 관점에서 지각하고 이해하고 해석하는 사고 특성을 말한다. 다시 말해, 다른 사람의 관점을 알지 못하는 사고 특성이다.

이러한 자아중심적 사고 특성은 전조작기 유아들의 대화에서 잘 나타난다. 유아들은 다른 사람의 관점을 알지 못하기 때문에 다른 사람이 알아들을 수 있게 말을 해야 한다는 생각을 할 수 없다. 예를 들면, 엄마에게 "그걸로 친구가 친구를 때렸어."라고 말했을 때 그 현장에 없었던 엄마는 그것이 무엇인지, 때린 친구가 누구이며 맞은 친구는 누구인지 모를 것이라는 생각을 할 수 없다. 이 시기 유아들이 친구들과 함께 모여서 놀고 있을 때 서로 대화를 주고받는 것처럼 보여도 사실은 각자 혼자 말을 하는 경우가 많은데 이는 이 시기 아동의 자아중심적 사고 특성을 반영하는 것이다. 이와 같이 전조작기 유아들의 자아중심적 사고는 논리적인 대화나 사고를 하기에는 미숙한 수준이지만 자신에 대한 인식과 자신과 세상의 경계에 대한 불분명한 인식을 가졌던 감각운동기에 비해서는 도약적인 인지발달이 이루어진 수준이다.

전조작기 미숙한 사고의 두 번째 특징은 경직된 사고다. 전조작기의 경직된 사고는 중심화(centration)와 비가역성(irreversibility)으로 설명할 수 있다(곽금주, 2016; 송명자, 1995; Miller, 1983). 중심화란 사물의 한 가지 특성에만 주의를 집중하고 다른 특성은 무시하는 데서 오는 비논리적 사고 특성을 말한다. 예를 들어, 유아에게 2개의 똑같은 용기에 똑같은 양의 물을 확인시킨 후 보는 앞에서 한 개 용기의 물을 높이가 다른 용기에 붓고 어느 쪽의 물이 더 많으냐고 물으면 유아는 보기에 양쪽 용기에 있는 물의 높이가 다르기 때문에 어느 한쪽의 물의 양이 더 많다고 말한다([그림 2-1] 참조). 그 이유는 용기의 높이와 넓이 중 한 면에만 주의를 기울이고 상황을 판단하기 때문이다. 이와 같이 사물이나 사건의 다면적 특성을 동시에 고려하지 못하는 사고 특성을 중심화라고 한다.

경직된 사고의 두 번째 특징은 비가역성이다. 비가역성이란 상황의 변화에 대한 가역적 사고를 하지 못하는 것을 말한다. 가역적 사고가 가능하다면 [그림 2-1]에서 제시한 예에서 한 개 용기의 물을 다른 크기의 용기에 부어서 물의 모양은 달라졌지만 처음에 두 개 용기의 물의 양이 같았고 한 개 용기의 물을 다른 크기의 용기에 붓는 과정에서 물을 더하거나 빼지 않았기 때문에 새로운 용기와 이전 용기 속 물의 양은 같다고 말할 수 있다. 그러나 전조작기에는 상황의 변화에 있어서 이전 단계로 돌아가는 사고가 어렵기 때문에 이러한 과제에 대해 옳은 답을 하기 어렵다.

그러다가 전조작기의 후반기에 들어서면 사물의 외향이 바뀌었다고 해서 본래의 성질이 반드시 바뀌는 것은 아니라는 개념이 생기기 시작한다. 즉, 가역적 사고를 하기 시작하면서 현재의 사물과 과거의 사물 간 동일성을 인식하기 시작한다. 또한 중심화 경향도 줄어들면서 사물의 한 면뿐만 아니라 다른 면도 고려하기 시작한다. 이와 같이 사물의 본성을 이해하기 위한 사고의 융통성이 생기기 시작하면서 논리적 사고가 시작된다. 또한 전조작기 후반기의 이러한 가역적 사고와 탈중심화 경향적 사고는 청소년기의 자아정체감 발달의 기초가 된다. 자아정체감이란 예전의 나와 현재의 나는 같은 정체감을 가진 존재임을 수용하는 것 그리고 나의 다양한 모습을 통합적으로 수용하는 것과 같은 개념을 포함한다. 그

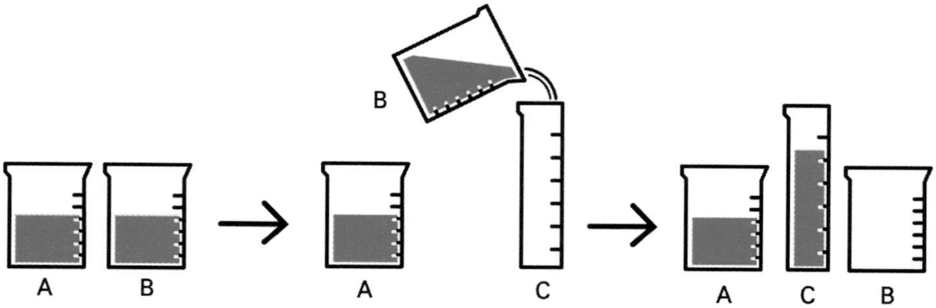

[그림 2-1] 전조작기 사고 특성 발견 실험의 예

러므로 청소년기 자아정체감은 전조작기 후반기인 유아기에 사물의 본성을 이해하기 위한 융통성 있는 사고가 시작되면서 발달하게 된다.

(3) 구체적 조작기

감각운동기와 전조작기를 거쳐서 구체적 조작기에 접어든 학령기 아동은 영유아기에 비해서 더욱 논리적인 사고가 가능해진다. 보고 행동하는 것에 대해 논리적으로 사고할 수 있으며 분류하기, 숫자로 작업하기, 시간과 공간의 개념 다루기, 실체와 환상을 구분하기 등이 이전 시기에 비해서 논리적이다. 또한 유아기의 자아중심적인 사고에서 벗어나 다른 사람의 입장을 이해할 수 있는 능력이 증가하면서 보다 효율적으로 의사소통할 수 있다(송명자, 1995).

앞에서도 말했듯 조작(operation)이란 논리적 사고를 가능하게 하는 내재화된 행동이다. 전조작기의 중심화와 비가역적인 사고에서 탈중심화와 가역적 사고로 전환되면 논리적 사고가 가능하고 비로소 구체적 조작기로 접어들게 된다. 대략 7세 이후에서 11세까지의 시기에 해당된다. Piaget에 의하면 논리적 사고가 시작되었다는 것은 보존(conservation) 개념이 생겼다는 의미다. 보존 개념이란 외양이 바뀌어도 원래의 속성은 바뀌지 않는다는 것을 이해하는 개념이다. [그림 2-1]에서처럼 같은 용기에 든 물에 대한 과제에서 한쪽 용기의 물을 다른 모양의 용기에 옮겨 담아서 물의 높이가 달라졌다 해도 중간에 물을 덜어 내거나 혹은 더하지 않았기 때문에 두 용기의 물의 양은 같다는 것을 이해하게 된다면 보존 개념이 생긴 것이다. 이러한 보존 개념이 발달되지 않으면 논리적 사고가 불가능하다.

구체적 조작기에 발달하는 보존 개념은 액체의 양뿐 아니라 수, 길이, 넓이, 무게, 부피, 전체와 부분, 사물들 간의 관계 등의 물리적 세계를 논리적으로 이해하는 데 적용된다(Miller, 1983). 물리적 세계에 대한 논리적 사고 능력은 사회적 세계를 이해하는 능력으로 확장된다. 구체적 조작기에서는 사회적 역할을 수행하는 데 아직은 미숙하지만 전조작기에 비해서 자아중심적인 사고가 줄어들고 논리적, 도덕적 판단을 하기 시작하며 가족이나 친구관계에 대해 더욱 민감하게 인식하고 반응한다(곽금주, 2016; Miller, 1983). 이와 같이 구체적 조작기의 인지 능력은 감각이나 운동, 혹은 비논리적인 사고로 세상을 이해하던 미숙한 수준에서 논리적인 사고로 세상을 이해하는 성숙된 수준으로 발달된다. 그러나 아직도 인간이 도달할 수 있는 최상의 인지 능력 수준은 아니다. 구체적 조작기라는 명칭이 암시하는 바와 같이 이 시기의 논리적 사고 대상은 현재 존재하는 구체적 대상에 국한되며 존재하지 않는 가정적이고 추상적인 개념에 대한 논리적 사고는 아직 미숙하다. 청소년기가 되면 비로소 이러한 사고 능력이 발달하기 시작한다.

(4) 형식적 조작기

형식적 조작기는 대략 11세 이후인 청소년기에 해당되는 시기로 형식적 조작기에 접어든 청소년은 구체적 조작기 아동에 비해 사고 수준이 높다. 구체적 조작기에는 구체적인 대상이나 사건에 대해 논리적인 사고가 가능하지만 형식적 조작기에는 이러한 구체적 대상이나 사건들 간의 가능한 관계에 대한 가설적 사고가 가능하다. 이뿐만 아니라 추상적인 개념에 대해서도 논리적인 사고와 가설적인 사고가 가능하다. 또한 사건이나 사물에 대한 다양한 관점과 복합적인 관점에서의 논리적 사고가 가능하다.

형식적 조작기(formal operational stage)에서 '형식적(formal)'이란 의미는 공식적이고 형식을 갖추었다는 뜻이 아니라 추상적이라는 뜻을 갖는다. 그러므로 형식적 조작기는 추상적인 대상에 대해서 논리적으로 사고할 수 있다는 의미를 갖는다. 추상적인 대상에 대해서 논리적으로 사고할 수 있다는 의미를 Piaget는 명제적 사고, 결합적 분석, 추상적 추론이 가능한 사고로 설명한다(송명자, 1995; 이미리, 조성연, 길은배, 김민, 2014). 명제적 사고란 가설을 설정하고 이를 전제로 추론하는 사고로, 어떤 문제가 주어졌을 때 해결을 위한 일련의 가설들을 설정해 놓고 그 가설들을 하나씩 검증해 가면서 문제의 해답을 찾는 사고다. 결합적 분석이란 문제해결과정에서 다양한 관련 요인을 생각해 내고 요인들의 상호 관련성을 찾아내 통합적으로 문제를 해결해 나가는 사고다. 추상적 추론이란 구체적으로 존재하는 대상뿐 아니라 구체적으로 존재하지 않는 추상적이고 가상적인 개념들에 대해서도 논리적으로 사고하고 원리를 찾으며 나아가 이론을 형성하는 사고를 말한다. 형식적 조작기에 접어든 청소년기들은 이러한 사고 능력을 갖추게 된다.

2. Kohlberg의 도덕성발달이론

도덕성은 사고, 정서, 행동의 다차원적 특성을 갖는다. 즉, 도덕성은 행동의 옳고 그름을 판단하는 기준이며 사회 정의가 유지되고 증진될 수 있게 하는 개인의 인지적, 정서적, 행동적 특성이다(장휘숙, 2004). 도덕성의 발달은 선과 악에 대한 규범을 개인의 사고와 행동 정서에 적용하는 과정이기 때문에 도덕성이 발달하기 위해서는 도덕적 사고, 도덕적 정서, 그리고 도덕적 행동이 함께 일어나야 한다(곽금주, 2016). 그러므로 도덕성을 설명하는 이론은 도덕적 사고에 초점을 두는 이론과 도덕적 정서에 초점을 두는 이론, 도덕적 행동에 초점을 두는 이론이 있으나 여기서는 도덕적 사고에 초점을 둔 이론인 Kohlberg의 도덕성발달이론을 살펴보고자 한다.

Lawrence Kohlberg는 도덕적 사고를 통해서 도덕적 행동을 할 수 있다는 전제를 가지고 인간의 도덕적 사고 능력의 발달을 설명하였다. Kohlberg의 도덕성발달이론은 Piaget의 연구에 기초한다. 인지발달 심리학자인 Piaget는 도덕성을 규칙을 이해하는 것과 선과 악에 대한 개념이라고 보고 인간의 도덕성은 타율적 도덕성의 단계에서 자율적 도덕성의 단계로 발달한다고 설명하였다(장휘숙, 2004). 타율적 도덕성은 외재적 도덕성이라고도 하는데 규칙은 반드시 지켜져야 하는 것이기 때문에 규칙을 어기는 행동은 악한 것이라고 생각하는 것이다. 또한 행위의 옳고 그름은 행위의 의도보다는 결과를 기초로 판단한다. 대체로 10세 이전의 아동이 가지고 있는 도덕적 사고 수준이다. 반면에 자율적 도덕성은 내재적 도덕성이라고도 하는데 규칙은 지켜져야 하지만 절대적인 것이 아니기 때문에 변경될 수 있다고 생각하며 행위의 옳고 그름을 판단하는 데 있어서 행위의 결과뿐 아니라 의도와 동기를 고려할 수 있는 도덕적 사고의 수준이다. 대체로 11세 이후의 형식적 조작기 사고가 가능한 청소년들에게서 나타나는 도덕적 사고 수준이다. Piaget의 영향으로 Kohlberg는 도덕성을 도덕적 사고 능력을 기초로 설명하였으며 인지가 발달하면서 도덕적 사고 능력이 발달한다고 하였다.

1) Kohlberg의 도덕성발달단계

Kohlberg는 도덕적 사고 능력의 발달 수준을 평가하기 위해 가설적인 도덕적 딜레마 상황을 제시하였다. 도덕적 딜레마 상황에 대한 이야기를 아동과 청소년에게 들려주고 주인공의 행동에 대해 어떻게 판단하는지를 기초로 도덕적 사고 능력 수준을 평가하였다. Kohlberg가 사용한 도덕적 딜레마 상황 이야기 중에서 가장 유명한 이야기인 'Heinz의 딜레마' 이야기를 예로 들겠다.

> 유럽에 사는 한 여인이 희귀 암에 걸려 죽을 위기에 처해 있다. 의사들은 그녀를 살릴 수 있는 방법이 특정한 약을 복용하는 것이라고 말했다. 그 약은 일종의 라듐이었는데 약사는 그 약을 만드는 비용의 10배인 2,000불에 약을 팔고 있었다. 암에 걸린 여성의 남편인 Heinz는 그가 아는 모든 사람에게 돈을 빌려 보았지만 약값의 절반인 1,000불밖에 빌리지 못했다. Heinz는 약사에게 가서 부인이 죽어 가고 있다고 말하며 약을 좀 더 싸게 팔거나 아니면 나중에 돈을 갚겠다고 사정한다. 그러나 약사는 "안 됩니다. 저는 이 약을 개발했고 이 약으로 돈을 벌 것입니다."라고 말한다. 절망한 Heinz는 약국에 침입하여 부인을 위한 약을 훔친다. (곽금주, 2016, pp. 390-391)

이러한 도덕적 딜레마 상황을 들려주고 주인공의 행동이 정당한지 아닌지, 왜 그렇게 생각하는지를 묻고 주인공의 행동에 대한 의도와 결과를 어떻게 이해하고 규칙과 추상적인 개념을 어떻게 적용하는지를 기초로 도덕성 수준을 판단하였다. 이와 같이 도덕성발달을 평가하기 위해 사용된 Kohlberg의 방법은 가설적 상황을 이해하고 결정을 하고, 그에 대한 이유를 말해야 하는 추상적 사고 능력이 가능한 연령에게 적용되어야 할 수준이다. 그러므로 Kohlberg의 도덕성발달이론은 특히 청소년의 도덕성을 평가하기에 적합한 이론이다. 이러한 가설적 도덕적 딜레마 상황에 대한 응답 내용을 기초로 Kohlberg는 3수준 6단계의 도덕성발달단계를 제시하였다(곽금주, 2016; 송명자, 1995; 장휘숙, 2004; Steinberg, 2011).

〈표 2-1〉에 Kohlberg의 도덕성발달단계를 요약하여 제시하였다(곽금주, 2016; 송명자, 1995; 장휘숙, 2004; Steinbeng, 2011). Kohlberg가 제시한 도덕성발달 수준은 전인습적 수준, 인습적 수준, 후인습적 수준의 3개의 수준으로 분류되며 각 수

준은 2개의 단계로 다시 분류되어 총 6단계로 구성된다. 전인습적 수준은 1단계인 처벌과 복종 지향의 단계, 2단계인 도구적 상대주의 지향의 단계, 인습적 수준은 3단계인 대인 간 조화 또는 착한 소년 소녀 지향의 단계, 4단계인 법과 질서 지향의 단계, 후인습적 수준은 5단계인 사회계약 지향의 단계와 6단계인 보편적인 윤리적 지향의 단계로 분류된다.

전인습적 수준은 사회의 규칙이나 관습에 근거하지 않고 행동의 결과가 가져다주는 보상과 처벌을 통해서 도덕적 판단을 하는 수준이다. 이 수준에 해당하는 아동 혹은 청소년은 Heinz의 딜레마 이야기에 대해서 Heinz는 약을 훔쳐서는 안 된다고 생각하는 이유로 약을 훔치면 감옥에 갈 것이기 때문이라고 말할 수 있다. 혹은 약을 훔쳐야 된다고 생각하는 이유로 남편이 아내를 죽게 하면 사람들의 비난을 받기 때문이라고 말할 수 있다. 이와 같이 옳고 그름을 판단하는 데 있어서 사회질서를 유지하기 위한 규칙이나 관습의 준수 혹은 행동의 의도나 동기를 고려하지 않고 행동의 결과가 가져올 보상이나 처벌에 근거한다.

인습적 수준은 사회질서를 유지하고 타인의 기대에 부응하는 행동이 그 결과와는 무관하게 도덕적이라고 판단한다. 그러므로 타인의 기대, 사회나 조직의 규칙과 관습의 준수를 중요하게 생각한다. 이러한 도덕성발달 수준에 있는 청소년은 Heinz가 약을 훔쳐서는 안 된다고 생각하는 이유로 훔치는 것은 법을 어기는 행위이기 때문이라고 말할 수 있다. 혹은 약을 훔쳐야 된다고 생각하는 이유로 아내를 살리는 것은 남편의 도리이기 때문이라고 말할 수 있다. 이와 같이 인습적 수준의 청소년들은 타인의 인정을 받거나 사회질서를 유지하는 행동이 도덕적 행동이라고 생각한다.

후인습적 수준은 단순히 사회질서를 유지하기 위한 도덕성이 아니라 자신이 옳다고 생각하는 도덕적 가치와 원리에 따른 도덕적 판단을 한다. 다시 말해, 사회의 규칙이나 관습은 절대적인 것이 아니라 상대적이고 주관적인 것이라고 생각한다. 사회의 규칙과 관습을 지켜야 하기 때문에 지키는 것이 아니라 자신이 추구하는 도덕적 목표를 지지하는 수단이 되기 때문에 지킨다. 그러므로 인간의 존엄성, 정의, 공정성과 같은 도덕적 이상을 위배하는 규칙은 수정되어야 한다고 본다. Kohlberg는 이러한 후인습적 수준의 도덕성은 형식적 조작사고 능력을 전제로 하는 수준이지만 이 수준에 도달하는 사람은 드물다고 하였다. 후인습적 수준에 도달한 사람은 Heinz가 약을 훔쳐서는 안 되는 이유로 사람은 자유롭게 자신의 생계를 꾸려 갈 수 있는 권리가 있는데 Heinz의 행위는 사회적인 공감대를 침해하는 행위이기 때문이라고 말할 수 있다. 혹은 Heinz가 약을 훔치는 행위가 옳다고 생각하는 이유로 인간의 목숨을 살리는 것이 개인의 자유를 침해하지 않는 것보다 더 중요하기 때문이라고 말할 수 있다.

〈표 2-1〉 Kohlberg의 도덕성발달단계

<table>
<tr><th colspan="2">수준 1: 전인습적 수준(preconventional level)</th></tr>
<tr><td colspan="2">구체적 조작 수준의 도덕적 판단으로 행동의 결과가 가져다주는 보상과 처벌을 통해서 도덕적 판단을 한다. 수준 1은 처벌과 복종 지향의 단계와 도구적 상대주의 지향의 단계로 나누어진다.</td></tr>
<tr><th>1단계: 처벌과 복종 지향의 단계</th><th>2단계: 도구적 상대주의 지향의 단계</th></tr>
<tr><td>행동의 결과에 의해 옳고 그름을 판단한다. 처벌을 피하거나 힘이 있는 사람에게 복종하는 것이 도덕적이라고 판단한다.</td><td>자신이나 타인에게 이익이 되는 행동이 옳다고 판단한다. 자신에게 최고의 이익을 가져다 주면서 공정한 거래를 만들어 내는 행동이 도덕적이라고 판단한다.</td></tr>
<tr><th colspan="2">수준 2: 인습적 수준(conventional level)</th></tr>
<tr><td colspan="2">형식적 조작 수준의 도덕적 판단으로서 사회규범을 이해하고 옳고 그름을 객관적인 기준으로 판단한다. 사회질서를 유지하고 타인의 기대에 부응하는 행동이 도덕적이라고 판단한다. 수준 2는 대인 간 조화 또는 착한 소년 소녀 지향의 단계와 법과 질서 지향의 단계로 나누어진다.</td></tr>
<tr><th>3단계: 대인 간 조화 또는 착한 소년 소녀 지향의 단계</th><th>4단계: 법과 질서 지향의 단계</th></tr>
<tr><td>타인으로부터 칭찬받고 인정받는 행동이 도덕적 행동이라고 판단한다. 행동의 결과보다는 의도와 동기에 의해서 옳고 그름을 판단하기 시작한다.</td><td>자신의 욕구 충족이나 타인으로부터의 인정을 받는 것보다는 사회가 정한 법률과 규칙을 준수하는 것이 옳은 행동이라고 판단한다.</td></tr>
<tr><th colspan="2">수준 3: 후인습적 수준(postconventional level)</th></tr>
<tr><td colspan="2">단순히 사회질서를 유지하기 위한 도덕성이 아니라 자신이 옳다고 생각하는 도덕적 가치와 원리에 따른 도덕적 판단을 한다. 형식적 조작 수준의 사고 능력을 가진 사람이 도달하는 수준이지만 현실적으로 이 수준에 도달하는 사람은 드물다. 수준 3은 사회계약 지향의 단계와 보편적인 윤리적 원리 지향의 단계로 나누어진다.</td></tr>
<tr><th>5단계: 사회계약 지향의 단계</th><th>6단계: 보편적인 윤리적 지향의 단계</th></tr>
<tr><td>사회적 규범이나 법은 절대적인 것이 아니며 대다수 구성원의 보다 나은 이익을 위해서 항상 바뀔 수 있다고 판단하는 도덕적 융통성이 생긴다.</td><td>구체적인 규율에 의해서 옳고 그름을 판단하는 것이 아니라 자신이 스스로 규정한 보편적인 윤리적 원리를 토대로 도덕성 여부를 판단한다.</td></tr>
</table>

도덕적 사고는 부모나 또래의 성숙된 도덕적 사고와 행동을 접하게 되면서 발달한다. 전인습적 수준은 주로 아동기의 도덕적 사고에 해당되며 인습적 수준의 도덕적 사고는 청소년 초기에 나타나기 시작하여 청소년 후기까지 지속되는 경향이 있다. 후인습적 수준의 도덕적 사고는 청소년 후기에도 도달하기 어렵고 일부 지적, 도덕적 성찰 능력이 뛰어난 사람들이 도달할 수 있는 수준이라고 Kohlberg는 설명하였다(Kohlberg, 1969).

2) Kohlberg의 도덕성발달이론에 대한 평가

Kohlberg의 도덕성발달이론은 인간의 도덕적 사고가 어떻게 발달하는지를 설명하는 이론으로서 아동과 청소년기의 도덕성발달을 분석하기 위해서 많은 연구자의 관심을 모았다. Kohlberg는 도덕적 사고가 도덕적 행동이나 정서의 바탕이 된다는 전제를 가지고 인간의 도덕성을 설명하기 위해서 사고의 발달에 초점을 맞추었다.

그러나 도덕적인 판단을 할 수 있다고 해서 반드시 도덕적 행동을 하는 것은 아니다. Kohlberg의 이론을 연구한 학자들은 이러한 점 이외에도 그의 도덕성발달이론의 한계점에 대해 지적하고 있다. 여기서는 Kohlberg의 도덕성발달이론의 한계점들은 무엇인지, 그리고 한계점을 보완하기 위해 어떠한 대안이 제시되고 있는지 살펴보기로 한다.

첫째, 도덕적 사고와 행동의 불일치에 대한 문제다. 도덕적으로 판단한다고 해서 반드시 행동이 따라간다고 보기 어렵다. 그러나 Kohlberg는 도덕적 행동은 도덕적 판단을 기초로 하기 때문에 도덕적 판단 수준이 높은 청소년들은 낮은 청소년들에 비해서 비도덕적인 행동을 할 가능성이 적다고 하면서 도덕성을 평가하기 위해서 도덕적 사고를 평가하는 것이 타당함을 주장한다(Steinberg, 2011). 그럼에도 불구하고 도덕적 사고와 도덕적 행동의 불일치는 Kohlberg 이론의 한계점으로 지적받고 있다.

둘째, Kohlberg의 도덕성발달단계 중 6단계의 적합성 여부의 문제다. 도덕성발달단계의 최종 단계인 보편적인 윤리 지향의 단계에 도달하는 사람이 매우 드물다는 것이다. 이 단계는 인습적 수준에 근거한 판단에서 벗어나 인간의 권리, 존엄성 등의 보편적 기준에 따라서 판단하는데 Kohlberg와 동료들의 연구에 의하면(Colby, Kohlberg, Gibbs, & Lieberman, 1983), 6단계의 도덕적 판단 능력은 성인기까지 출현하지 않았고 성인의 10% 정도가 5단계의 판단 능력을 보였다. 이러한 연구결과들을 기초로 볼 때 Kohlberg 도덕성발달단계이론의 6단계는 현상을 설명하기에 적합하지 않음이 지적되고 있다(송명자, 1995; 장휘숙, 2004).

셋째, Kohlberg의 도덕성발달이론은 남성들만을 대상으로 연구하여 도덕성발달단계를 설정하였기 때문에 도덕성발달에 존재하는 성차를 무시하였다는 비판이 제기되고 있다(송명자, 1995; 장휘숙, 2004). 도덕성발달에 대해서 Kohlberg와 많은 연구를 함께한 Gilligan에 의하면 여성은 남성과 달리 권리, 정의 실현, 공정성보다는 타인에 대한 배려와 보살핌, 동정심의 가치를 더욱 추구하는 경향이 있는데 Kohlberg는 남성적 가치를 여성적 가치보다 더 높은 수준의 도덕성으로 평가함으로써 관계적 측면의 도덕성을 무시하였다고 설명하였다(Gilligan, 1982). 이 부분에 대해서는 다음 소절에서 Gilligan이 제시한 도덕성이론을 살펴봄으로써 Kohlberg 이론을 이해하기 위한 관점을 확대해 보고자 한다.

3) Gilligan의 배려지향적 도덕성발달이론

Carol Gilligan(1982)은 남아는 독립적이고 성취지향적으로 사회화되기 때문에 법과 관습을 준거로 옳고 그름을 판단하지만 여아는 양육적이고 타인에 대한 배려지향적으로 사회화되므로 타인과의 관계를 중심으로 옳고 그름을 판단한다고 하였다. Kohlberg의 도덕성발달단계에 의하면 관계적 가치인 타인에 대한 배려, 동정, 보살핌을 추구하는 전통적 여성적 가치는 3단계에 해당되고 사회질서 유지와 정의 실현을 추구하는 전통적 남성적 가치는 그보다 더 높은 4단계에 해당된다. 그러므로 Kohlberg의 도덕성발달단계이론에 의하면 여성이 남성보다 도덕성발달 수준이 낮은 것으로 평가될 가능성이 높다. 그러나 이는 여성이 남성에 비해서 도덕적 판단이 미숙하기 때문이 아니라 사회화의 결과 추구하는 도덕적 가치가 다르기 때문이다. 즉, 사회화의 결과로 남성은 정의의 도덕성을 지향하게 되고 여성은 배려의 도덕성을 지향한다.

남성들만을 대상으로 해서 제시된 Kohlberg의 도덕성발달이론에 의하면 여성은 남성보다 도덕적 수준이 낮을 수밖에 없다(장휘숙, 2004). 왜냐하면 도덕성을 판단하는 준거 중의 하나인 이타성 차원을 Kohlberg 도덕성발달이론이 간과했기 때문이다. Gilligan(1982)은 이러한 비판적 관점을 가지고 대인관계를 중시하는 협조, 봉사, 보살핌, 희생을 강조하는 배려지향적 도덕성발달단계를 제시하였다. Kohlberg가 남성만을 대상으로 연구하여 남성적 도덕성발달단계이론을 제시한 오류를 범했다고 비판한 Gilligan은 여성만을 대상으로 연구하여 여성의 도덕추론 발달과정을 단계화하였다. 그녀 역시 같은 오류를 범했다고 비판받고 있으나 Kohlberg의 정의의 도덕성과 Gilligan의 배려의 도덕성은 배타적이기보다는 인간의 도덕성이 내포하는 본질적인 두 측면으로 보아야 한다(송명자, 1995).

Gilligan(1982)은 도덕성발달을 3개의 단계로 나누고 다음 단계로 넘어가는 과정에 과도기를 두어 3개의 단계와 2개의 과도기를 포함하는 총 5개의 단계로 구성된 도덕성발달단계이론을 제시하였다. 도덕성발달의 1단계는 개인적 생존 지향의 단계로 자기의 이익과 생존에 도움이 되는지 아닌지가 옳은 행동 여부를 판단하는 준거가 된다. 1단계에서 2단계로 넘어가는 과정에 거치게 되는 제1과도기에는 도덕적 판단의 준거가 이기심에서 책임감으로 전환되기 시작한다. 이 시기에는 1단계의 자기중심적인 이기심에서 타인에 대한 관심이 생기기 시작한다.

2단계는 자기희생으로서의 선(善)에 대한 지향의 단계로 이기심에서 벗어나 타인에 대한 배려와 자기희생이 도덕적 행동의 판단 준거가 된다. 2단계와 3단계로 넘어가는 과정에 거치게 되는 제2과도기는 도덕적 판단의 준거가 선(善)에서 진실로 전환되기 시작하는 단계다. 자신과 타인의 욕구를 모두 고려하여 타인에 대한 배려인 선(善)과 자신에 대한 배려인 진실추구 간 균형의 필요성을 깨닫기 시작한다. 마지막 단계인 3단계는 비폭력적 도덕성 지향의 단계로 자신의 권리 주장과 타인에 대한 배려 간에 조화를 이루는 행동이 도덕적 행동이라고 판단하는 단계다.

이후에 Gilligan의 배려지향적 도덕성발달이론과 Kohlberg의 정의지향적 도덕성발달이론에 근거해서 도덕성발달의 성차를 분석한 연구들이 활발하게 진행되었는데 결과들은 다양하게 나타났다. 청소년의 도덕성을 분석한 일련의 연구들에 의하면 여자가 정의지향적 도덕성보다는 배려지향적 도덕성이 더 발달되어 있으며 또 다른 연구들에 의하면 배려지향적 도덕성과 정의지향적 도덕성 모두 성차가 없거나 오히려 이 두 가지 도덕성발달 수준에 있어서 여자가 남자보다 더 높다는 결과를 보고하고 있다(문용린, 문미희, 1993; 백혜정, 이순묵, 2002, 2004; 정옥분, 곽경화, 2002). 그러므로 Gilligan의 배려지향적 도덕성발달이론이 여성의 도덕성을 민감하게 반영하는지에 대해서는 더욱 심도 있는 검증을 요한다.

앞에서도 말했듯 Kohlberg의 도덕성발달이론이 비판을 받고 있는 점 중의 하나가 Kohlberg가 제시한 도덕성발달단계의 가장 높은 단계인 5, 6단계에 도달하는 사람이 드물기 때문에 이론적으로만 존재할 수 있는 단계이고 실제의 현상을 설명하기에는 적합하지 않은 단계라는 점이다. 그런데 Gilligan의 배려지향적 도덕성발달단계 또한 이러한 문제의 가능성이 있다. 우리나라 고등학생과 30대, 50대 세 집단을 대상으로 Gilligan의 배려지향적 도덕성발달 수준을 분석한 연구에 의하면 Gilligan이 제시한 도덕성발달단계의 가장 높은 단계인 3단계의 비폭력적 도덕성 지향, 즉 자신의 권리 주장과 타인에 대한 배려 간에 조화를 이루는 행동이 도덕적 행동이라고 판단하는 수준의 사고를 하는 사람들이 청소년 집단은 물론, 30대와 50대 성인 집단에서도 없었다(정옥분, 곽경화, 2002). 이러한 결과는 Gilligan의 도덕성발달단계 또한 같은 문제점을 가지고 있을 가능성을 시사한다.

Chapter 3

정신분석이론

이 장에서는 청소년기 성격발달 특성을 설명하는 정신분석이론을 살펴본다. 성격발달을 설명하는 대표적인 이론은 Sigmund Freud의 심리성적 성격발달이론과 Erik Erikson의 심리사회적 성격발달이론을 들 수 있다. Freud의 심리성적 성격발달이론과 Erikson의 심리사회적 성격발달이론을 통해서 청소년기의 불안정한 사회정서적 특성의 원인을 이해할 수 있다. Freud는 성격발달을 타고난 성적 에너지(sexual energy)가 집중되는 신체 부위의 변화에 따라 출생 후 청소년기까지 5단계로 나누어 설명하였다. Erikson은 Freud의 영향을 받았으나 성격발달의 근원이 성적인 에너지나 본능에 있다고 본 Freud와 달리 타인과의 관계에 있다고 설명하였다는 점에서 차이를 보인다. Erikson은 성격발달을 출생 후 사망까지 전 생애에 걸쳐 8단계로 나누어 설명하였다. 두 이론은 청소년기의 충동적인 성향이나 자의식적인 성향을 설명하는 대표적인 이론이다.

1. Freud의 심리성적 성격발달이론

S. Freud의 정신분석이론(psychoanalytic theory)은 성격발달을 성적 충동의 산물로 설명하고 있기 때문에, 심리성적 성격발달이론(psychosexual personality theory)이라고도 한다. Freud의 심리성적 성격발달이론에 의하면 인간의 성격은 합리적이고 이성적인 힘이 아니라 성적이고 충동적인 힘에 의해 발달한다.

1) 심리성적 성격발달이론의 주요 개념

Freud는 성격발달을 설명하기 위해서 많은 추상적 개념을 사용하였다. 성격을 공간적 개념으로 분류하여 의식(consciousness), 전의식(preconsciousness), 무의식

(unconsciousness)으로 구성되어 있다고 설명하였고 이후에 성격을 구조적 개념으로 다시 분류하여 원초아(id), 자아(ego), 초자아(superego)로 구성되어 있다고 설명하였다(Miller, 1983). 성격의 발달은 성격을 구성하는 이러한 요소들 간의 갈등이나 조화, 그리고 타고난 본능이자 성적인 에너지인 리비도(libido)의 작용을 통해서 진행된다고 설명하였다. 또한 스트레스에 대처하는 자아의 기능인 방어기제(defense mechanism)에 대해서도 설명하였다(장휘숙, 2004).

(1) 리비도

Freud는 타고난 성적 충동이 성격발달의 주요 원천이 된다고 설명한다. 리비도(libido)는 본능에 의해 생성되는 에너지로(Miller, 1983), 성적(sexual) 에너지, 혹은 성적 충동이라는 의미를 갖는 용어다. 그러나 Freud가 말하는 성적 에너지는 성적인 행동을 위한 좁은 의미의 개념이 아니라 인간의 심리적 작용을 가능하게 하는 넓은 의미의 정신적 · 심리적 에너지, 변화의 동기를 부여하는 삶의 에너지다(Miller, 1983).

신체적 본능은 신체의 특정 부위에 긴장을 불러일으키고 이러한 신체적 긴장은 정신을 자극하게 되는데 이렇게 정신을 자극하는 힘이 바로 리비도다. 그러므로 신체가 존재하는 한, 다시 말해서 살아 있는 한 리비도의 작용은 계속된다(Miller, 1983). 리비도는 에너지이므로 한곳에 머무는 것이 아니라 여러 가지 모습으로 전환되기도 하고 일부 소실되기도 한다. 예를 들면, 리비도가 걱정이나 우울증과 같은 정신 작용으로 전환되기도 하고 신체적 증상으로 대치되기도 한다.

인간은 리비도의 작용으로 인해 행동하게 되는데 여기에는 쾌락원칙과 현실원칙이 있다(Miller, 1983). 쾌락원칙(pleasure principle)이란 리비도가 우리 몸의 고통을 감소시키고 쾌락을 증가시키기 위해서 즉각적이고 직접적으로 방출되는 방향으로 작용한다는 것이다. 예를 들어, 배고픔이라는 긴장이 조성되면 그로 인한 고통을 줄이고 쾌락을 증가시키기 위해서 다른 사항은 고려하지 않고 즉각적으로 먹게 된다(장휘숙, 2004; Miller, 1983). 현실원칙(reality principle)은 리비도가 방출되기에 앞서 현실을 감안하고 위험을 최소로 할 수 있는 방안을 모색하는 방향으로 작용한다는 것이다(장휘숙, 2004; Miller, 1983). 예를 들어, 상대방에 대한 분노로 인해 우리 몸에 긴장이 조성되면 이로 인한 고통을 줄이기 위해서 상대방을 때리거나 고함을 치는 공격적인 행동을 할 수도 있으나 그렇게 되면 비난을 받을 수 있으므로 추가적으로 발생될 수 있는 긴장을 최소로 하기 위해서 참거나 상대방에게 좋은 말로 분노를 표현할 수 있다. 이 경우에 쾌락원칙이 지배했다면 상대방에 대해 즉각적이고 직접적으로 공격행동을 했을 수 있다.

(2) 성격의 공간적 구성요소: 의식, 무의식, 전의식

정신분석이론을 정립해 나가는 초기에 Freud는 성격의 구성요소를 공간적 개념으로 설명하였다. 인간의 정신세계를 빙산에 비유하여 도식화하였는데([그림 3-1] 참조), 인간의 성격 혹은 정신은 의식(consciousness), 무의식(unconsciousness), 전의식(preconsciousness)이라는 세 가지 구성요소로 이루어져 있다고 하였다. [그림 3-1]에는 의식, 무의식, 전의식과 함께 원초아, 자아, 초자아가 함께 표시되어 있는데 원초아, 자아, 초자아 부분은 나중에 설명할 것이다.

[그림 3-1]에 의하면 빙산의 대부분은 물에 잠겨 있고 일부만 물 위에 떠 있다. 물 위에 떠 있는 부분은 의식, 물에 잠겨 있는 부분은 무의식, 파도가 칠 때마다 수면 위로 떠오르기도 하고 잠기기도 하는 부분은 전의식에 비유할 수 있다. Freud가 정신세계를 빙산에 비유한 이유는 물에 잠겨서 보이지 않고 모르는 부분인 무의식이 정신세계의 대부분을 차지하며 바로 이 부분이 행동을 지배한다는 의미를 갖기 때문이다.

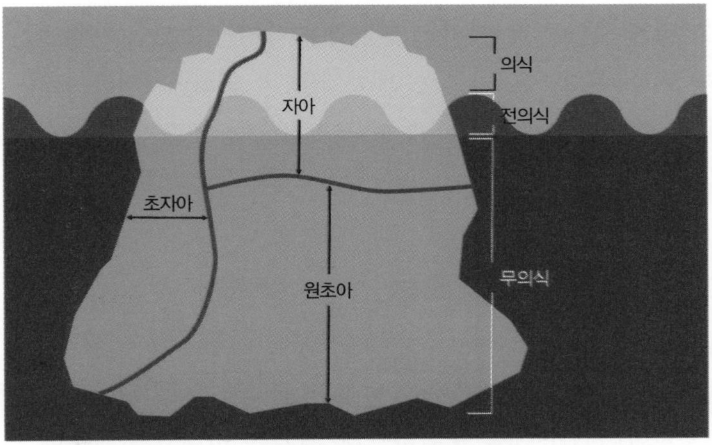

[그림 3-1] 성격의 구조

수면 위에 떠 있는 빙산의 일부분인 의식은 나의 생각을 인식하는 상태를 의미한다(허혜경, 김혜수, 2010). 생각은 한곳에 멈추어 있기보다는 끊임없이 움직이며 한순간에도 수없이 많은 생각이 동시에 떠오르는 속성을 가지고 있다. 이 때문에 나의 생각을 인식하기 위해서는 의도적인 노력이 필요하며 특정 순간에 자각할 수 있는 나의 생각은 그 순간에 일어나는 많은 생각 중 일부에 지나지 않는다. 사람들은 일상생활 속에서 '정신 차리자' '집중하자'는 말을 스스로에게 하게 되는데, 이는 내가 지금 이 순간 무슨 생각을 하고 있는지 알아차리기 위해서 의도적인 노력이 필요함을 보여 주는 예다. 그러므로 우리의 행동을 지배하는 정신세계 혹은 성격의 구성요소 중에서 의식의 내용은 매우 제한적일 수밖에 없다.

무의식은 수면 아래 잠겨 있으면서 빙산의 대부분을 차지하는 영역이다. 무의식이란 억압되어 있어서 의식 수준에서는 자각되지 않는 생각이나 감정을 말하며 특별한 계기가 없으면 의식의 공간으로 떠오를 수 없다. 그럼에도 불구하고 무의식은 인간 행동의 대부분을 지배하며, 특히 이상행동의 원인이 된다. 억압된 무의식의 작용으로 일어나는 이상행동의 문제를 해결하기 위해서는 무의식 속에 억압되어 있는 생각이나 감정이 만드는 긴장을 풀어 주어야 하는데, 이는 혼자 힘으로는 어렵고 상담자의 도움이 필요하다. 이와 관련해서는 이 책의 제2부에서 구체적으로 다룰 것이다.

전의식은 파도가 칠 때마다 수면 위로 떠오르기도 하고 잠기기도 하는 빙산의 일부분에 해당하는 정신세계로, 무의식보다는 의식에 가까운 부분이지만 평소에는 자각하고 있지 못하는 부분이다. 전의식을 차지하고 있는 생각들은 주의를 집중하면 자각할 수 있고 그렇지 않으면 자각할 수 없다. 이러한 의식, 무의식, 전의식의 정신작용은 다음에 설명하게 될 성격의 구조적 구성요소인 원초아, 자아, 초자아의 작용과 밀접하게 관련되어있다.

(3) 성격의 구조적 구성요소: 원초아, 자아, 초자아

리비도는 우리 몸에서 긴장을 불러일으키고 이러한 긴장은 행동이나 증상으로 표출되는데 성격의 구조에 따라 표출방식이 다르다. 성격의 구조는 원초아(id), 자아(ego), 초자아(superego)를 포함하는데, 각각은 리비도의 작용에 의한 긴장의 표출방식이 다르다(허혜경, 김혜수, 2010).

원초아는 [그림 3-1]에서 볼 수 있는 바와 같이 무의식에 자리 잡고 있는 성격의 한 요소다. 원초아는 타고난 본능적 욕구이며 즉각적이고 직접적인 만족을 원하는 성격으로 쾌락원칙에 의해 작동되는 성격의 한 요소다. 그러므로 본능에 의해 지배받는 시기인 영유아기 성격은 주로 원초아가 작동한다. 영유아기에 본능적 욕구가 직접적, 즉각적으로 만족되지 않으면 불쾌감을 울음이나 짜증으로 표현한다. 원초아는 영유아기에 지배적인 성격 요소이지만 아동기, 청소년기, 성인기 등 전 생애에 걸쳐서 계속적으로 작동하는 요소이기 때문에 영유아기 이후에도 본능적 욕구가 충족되지 않을 때 사람들은 충동적 혹은 이기적으로 행동한다.

원초아의 작동으로 인한 욕구 충족 행동은 주위의 비난을 받을 수 있으므로, 사실상 안전하고 완전한 만족을 가져다주지 못한다. 다행히 인간은 성장하면서 이성적이고 현실적인 행동으로 본능적 욕구를 억제해야 한다는 것을 알게 되는데 이러한 성격적 구성요소가 자아다.

자아는 리비도의 작용원칙 중 현실원칙에 따라 욕구를 충족시키는 성격의 한 구성요소다. 성장하면서 세상은 내가 원하는 것을 즉각적이고 직접적으로 제공하는 곳이 아니라는 것을 알게 되는데 이러한 인식이 생기면서 자아가 발달한다. 자아는 원초아와 달리 본능적 욕구를 현실에 맞게 조절해서 표현하고 충족시킨다. 그러므로 자아의 작용에 의한 행동은 이성적이고 논리적이며 문제해결적이다. 여러 가지 요인을 고려하여 현재 상황을 평가하고 욕구 충족 행동을 했을 때 벌어질 긍정적, 부정적 결과를 예측해서 위험요인이 발생하지 않는 방향으로 행동한다. 때로는 욕구를 충족시키기 위한 직접적인 행동을 보류하기도 하는데 이 과정에서 욕구를 즉각적으로 충족시키려는 원초아와 갈등하게 된다. 그 결과 불안감이 형성되기도 한다. 이렇게 직접적인 욕구 충족이 현실적으로 어려울 경우 자아는 불안감을 줄이기 위해서 경우에 따라 현실을 왜곡하는 사고를 작동시키게 되는데 이러한 사고를 방어기제(defense mechanism)라고 한다(장휘숙, 2004; 정옥분, 2008; Miller, 1983). 방어기제에 대해서는 나중에 구체적으로 살펴볼 것이다.

성격의 구조적 구성요소의 마지막 요소인 초자아는 옳고 그름을 판단하고 본능적 욕구를 충동적으로 충족하려는 원초아를 제지하는 역할을 담당한다(장휘숙, 2004; 정옥분, 2008; Miller, 1983). 성격의 다른 구성요소인 원초아나 자아와 달리 초자아는 부모나 사회의 기대, 가치, 규준이 내재화된 도덕적이고 이타적인 성격의 한 특성을 갖는다. 초자아를 세분화하면 두 가지 요소로 구성되어 있는데 양심(consciemce)과 자아이상(ego ideal)이다(송명자, 1995; Miller, 1983). 양심은 부모가 자녀의 잘못된 행동을 벌주는 것처럼 나의 잘못된 행동에 대해서 죄의식을 느끼고 스스로를 벌주는 행동을 하는 초자아의 한 부분이다. 양심이 나의 비도덕적인 행동에 대해 스스로 비난하는 부정적인 관점의 초자아라고 한다면 자아이상은 나의 도덕적인 행동에 대해 스스로 칭찬하는 긍정적 관점의 초자아다. 자아이상은 내가 추구하는 도덕적이고 이상적인 성격의 목표 혹은 기준이라고 볼 수 있는데 나의 행동이 이러한 기준에 도달했을 때 자부심을 느끼고 자존감을 갖게 되는 초자아의 한 부분이다.

우리는 원초아, 자아, 초자아가 함께 작동하는 상황을 일상 속에서 늘 접하게 된다. 예를 들어, 어른이 아이스크림을 빨아 먹는 행동은 원초아의 충동인 배고픔과 구순적 욕구를 충족시키는 것이며 동시에 이러한 욕구를 충족시키기 위해서 주위의 놀림이나 비난을 피할 수 있는 적절한 행동을 선택한 자아의 작용에 의한 행동이고, 마지막으로 이전에 열심히 일을 했다면 그에 대한 칭찬이나 보상으로 선택한 초자아의 작용에 의한 행동일 수 있다(Miller, 1983, p. 121). 다른 예를 들어 보자. 어떤 남학생이 지나가는 여학생을 보고 성적 충동을 느꼈다면 이는 원초아가 작동한 것이고 그럼에도 불구하고 여학생을 못 본 척하고 지나갔다면 자아가 작동한 것이며 자신의 충동에 대해서 스스로를 나무랐다면 초자아가 작동한 것이다(허혜경, 김혜수, 2010, p. 33).

Freud는 성격의 구조적 구성요소인 원초아, 자아, 초자아는 성격의 공간적 구성요소인 의식, 무의식, 전의식과 서로 관련되어 있다고 설명하였다(Miller, 1983). [그림 3-1]에서 보여 주는 바와 같이 모든 원초아는 무의식 속에, 자아는 대부분 의식에 자리 잡고 있으며, 초자아는 의식, 무의식, 전의식에 걸쳐 자리 잡고 있다. 그래서 원초아적 본능은 의식 수준에서 인식되기 어렵고 자아는 대부분 인식되며, 초자아적 성향은 의식 수준에서 인식되는 부분도 있고 인식되지 못하는 부분도 있다. 문제는 인간 행동의 대부분을 지배하는 성격의 구성요소는 우리가 인식할 수 없는 무의식 속에 자리 잡고 있으며 통제가 어려운 원초아라는 것이다. 이러한 Freud의 심리성적 성격발달이론에 근거한 상담은 인간의 부적응 행동을 치료하기 위해서 그 행동의 원인이 되는 무의식 속의 원초아적 욕구를 자각하게 하는 것을 목표로 하고 있다.

(4) 방어기제

방어기제(defense mechanism)는 원초아의 본능적 욕구를 직접적, 즉각적으로 충족할 수 없을 때 조성되는 불안감을 극복하기 위해서 현실왜곡적 사고를 하는 것을 말한다. 정상적이고 건강한 성격을 발달시키기 위해서는 원초아, 자아, 초자아 간의 조화가 중요하며, 특히 자아의 역할이 중요하다. 원초아와 초자아는 서로 상충되는 목적을 추구하는 성격의 요소들이기 때문에 서로 갈등하게 된다. 자아가 이들 간의 갈등을 중재 혹은 조절하는 역할을 하게 되는데, 이러한 역할을 잘할 수 없을 때 자아는 다양한 방어기제를 사용하게 된다. 방어기제의 사용은 본능적 욕구를 부분적으로 만족시켜 줌으로써 불안감을 줄여 주는 기능을 하지만 지나치면 부적응적이고 현실도피적인 성격의 한 특성이 되기도 하다. 왜냐하면 불안감을 줄이기 위해서 지나치게 혹은 습관적으로 현실왜곡적이거나 자신을 속이는 사고를 계속하게 되면 성격이 정상적으로 발달되기 어렵기 때문이다(Miller, 1983).

Freud가 제시한 대표적인 방어기제의 종류로는 억압(repression), 반동형성(reaction formation), 투사(projection), 퇴행(regression), 고착(fixation)을 들 수 있다(장휘숙, 2004; 정옥분, 2008; Miller, 1983). 억압이란 위협적인 생각을 무의식적으로 억누르는 것으로, 위협적이고 스트레스를 불러일으키는 생각을 자각할 수 없으면 그로 인한 불안감이 생기지 않기 때문이다. 미워하는 사람이 내게 한 말을 잊어버리거나 내게 준 물건을 잃어버리는 행동을 억압의 한 예로 들 수 있다. 미워하는 사람의 말이나 물건은 그에 대한 고통스런 기억을 불러일으키고 불안감을 느끼게 하기 때문이다.

반동형성은 용납하기 어려운 부정적인 감정을 감추기 위해서 반대의 감정으로 위장하는 것을 말한다. 예를 들어, 상대방에 대한 적개심을 감추기 위해서 지나친 애정 공세를 퍼붓는 행동, 질투심을 감추기 위해서 지나치게 관대한 행동을 하는 것이 그것이다. 투사는 내 안에서 일어나는 불안이 유발되는 부정적인 생각 혹은 용납될 수 없는 공격적인 생각의 원인을 남의 탓으로 돌리는 것을 말한다.

예를 들어, "다들 나만 미워해."라고 말하는 것은 사실은 '나는 다 미워.'라는 생각에 대한 책임회피적인 방어기제의 작동 결과라고 볼 수 있다.

퇴행은 현재 느끼는 불안감이 너무 커서 감당할 수 없을 때 비교적 내 멋대로 행동하는 것이 용납되었던 더 어린 시절로 돌아가서 아이처럼 행동하는 것이다. 어른들이 아이처럼 몸싸움을 하거나 소리를 지르는 행동을 하는 것 또는 어른이 아니어도 동생을 본 아이들이 밤에 오줌을 싸거나 부모에게 어리광을 부리는 행동을 하는 것 등을 예로 들 수 있다. 퇴행과 밀접하게 관련된 방어기제로서 고착을 들 수 있다. 고착은 성격발달이 진행되지 않고 한 시점에 머물러 있는 것을 말한다. 현재 경험하는 욕구 충족의 상태가 극단적으로 불만족스럽거나 과잉만족되는 경우 성격발달의 다음 단계로 진행하려고 하지 않는 것을 말하는데, 이유를 해야 하는 시기인데도 계속 엄마 젖을 빨려고 하는 유아의 행동을 예로 들 수 있다. 이 외에도 합리화, 전이, 동일시, 부정, 승화 등의 방어기제가 있다.

(5) 청소년기 특징적인 방어기제

방어기제는 앞에서 설명한 바와 같이 원초아의 본능적이고 충동적 욕구를 현실에서 충족시킬 수 없을 때 발생하는 불안감을 완화하기 위해 자아가 사용하는 현실왜곡적인 사고 특성이다. 방어기제는 전 생애를 통해 활용되지만, 특히 청소년기는 신체발달 특성상 본능적 욕구인 원초아가 강해지는 시기이기 때문에 방어기제를 작동하는 경향이 강해진다. Freud의 딸인 Anna Freud는 청소년기의 성격발달에 관심이 많은 정신분석학자다(장휘숙, 2004; Miller, 1983).

A. Freud에 의하면, 청소년기는 성호르몬 분비의 증가로 인해 아동기에 억압되어 있었던 성적 충동이 증가하게 되고 이로 인한 불안감을 해소하기 위해서 독특한 방어기제를 작동하게 된다. 그녀가 제시한 청소년기의 특징적인 방어기제는 금욕주의(asceticism)와 주지화 혹은 지성화(intellectualization)다.

금욕주의란 성적 욕구의 출현으로 인한 두려움을 해결하기 위해서 성적 욕구충족과 관련된 행동을 하는 것을 철저하게 부정하는 청소년기 특유의 행동을 말한다. 이러한 행동은 성적 욕구 충족과 관련된 행동뿐 아니라 신체와 관련된 모든 본능적 욕구 충족 행동에 대한 부정으로 확장된다. 그래서 금욕주의의 방어기제를 쓰는 청소년들은 성적인 행동은 물론이고 먹고 잠자는 등의 일상생활 속 신체적 행동들에 대한 거부와 혐오의 감정이나 행동을 나타낸다(송명자, 2008; 장휘숙, 2004).

주지화 혹은 지성화는 성적 충동 혹은 본능적 충동으로 인한 감정의 혼란상태를 벗어나기 위해서 종교, 철학, 도덕, 정치 등과 관련된 문제들에 대한 탐구활동이나 토론활동 등 지적인 활동에 몰두하는 것을 말한다. 난해한 관념적인 서적에 몰두하거나 학구적이며 추상적인 용어의 사용을 즐기는 것은 청소년기 주지화의 한 양상으로 볼 수 있다(송명자, 1995). 앞서 Piaget의 이론에서 살펴본 바와 같이 청소년기가 되면 형식적 조작 사고의 발달로 인해 추상적, 논리적 사고가 가능해지기 때문에 이러한 방어기제의 작동이 아동기에 비해서 더욱 가능해진다. A. Freud에 의하면 청소년들은 지적 활동에 몰두함으로써 성적 충동을 비롯한 본능적 충동으로 인한 감정의 혼란상태에서 어느 정도 벗어날 수 있기 때문에 주지화는 청소년기에 빈번하게 나타나는 방어기제다(정옥분, 2008).

2) 심리성적 성격발달단계

성격은 욕구를 충족시키는 방법과 자신과 타인에 대한 태도, 대상이나 활동에 대한 관심을 통해서 표현된다(Miller, 1983). Freud는 태어나서 청소년기까지 5단계를 걸쳐 성격이 발달한다고 설명하였다. 성장함에 따라 심리성적 에너지인 리비도가 신체의 일정 부위에 집중되는데, 그 신체 부위에 따라서 욕구 충족 행동이나 자신과 타인에 대한 태도, 그리고 대상이나 활동에 대한 관심 등이 달리 나타난다. 즉, 리비도가 집중되는 신체 부위가 변화하면 성격도 변화한다는 가정을 하고 성격발달을 5단계로 설명하였다. 각 단계는 리비도가 집중되는 신체 부위의 명칭을 사용하여 구순기(oral stage), 항문기(anal stage), 남근기(phallic stage), 잠재기(latent stage), 성기기(genital stage)로 명명하였다.

생후 1세까지는 리비도가 입에 집중되므로 구순기라고 한다. 1세에서 2, 3세까지는 리비도가 항문에 집중되므로 항문기, 3세에서 5세까지는 남근에 집중되므로 남근기라고 하였다. Freud는 이와 같이 리비도가 구강, 항문, 남근에 집중되는 생후 5세까지의 시기가 성격발달에 있어서 결정적인 시기라고 하였다(곽금주, 2016; 송명자, 1995). 남근기 이후의 아동기에는 리비도가 특정 신체 부위에 집중되지 않는 잠재기를 거쳐 청소년기가 되면 다시 리비도가 성기에 집중되는 성기기에 도달한다.

Freud는 청소년기 이후의 성격발달단계는 제시하지 않았다. 그 이유는 청소년기 이후에는 성격에 있어서 질적인 변화를 보이지 않는다고 판단했기 때문이라는 해석과 성격발달에 있어서 초기경험의 중요성을 강조하였기 때문이라는 해석이 있다(Miller, 1983). Freud는 아동뿐 아니라 성인의 모든 정상 혹은 이상행동은 성격의 기본 구조가 형성되는 생후 5세까지의 초기경험에 뿌리를 가지고 있기 때문에 5세 이후의 성격발달 특성들은 초기경험을 이해함으로써 설명될 수 있다고 보았다(장휘숙, 2004; Miller, 1983). 그러므로 청소년기 성격 특성을 이해하기 위해서는 청소년기의 성격발달 특성뿐 아니라 이전 시기의 발달 특성을 알아야 한다. 각 단계별 특성을 구체적으로 살펴보자.

(1) 구순기

구순기는 대략 생후 1년까지로 리비도가 입에 집중되는 시기로, 이 시기의 영아들은 입을 통해 세상의 쾌락과 고통을 경험하게 된다. 빨기, 씹기, 먹기, 깨물기 등의 구강경험을 통해 입에 집중되어 있는 리비도의 긴장을 풀 수 있고 쾌락을 추구할 수 있다. 그러나 이러한 구강을 통한 경험들이 리비도의 긴장을 풀어 줄 수 없다면 고통을 경험하게 된다. 예를 들어서 영아가 엄마 젖을 빨고 싶으나 그럴 수 없다면 좌절 혹은 고통을 경험하게 된다. 엄마젖 대신에 자기의 손가락을 빨거나 장난감, 이불 등을 빠는 행동을 할 수도 있는데, 이러한 행동들은 구강에 집중되어 있는 리비도의 긴장을 일시적, 간접적으로 풀어 줄 수는 있으나 직접적으로 풀어 줄 수는 없다(신명희 외, 2017; Miller, 1983).

영아가 밤에 깨서 젖을 달라고 울 때 부모는 수면 습관을 들인다고 젖을 주지 않을 수도 있다. 영아가 이것저것 손에 잡히는 것을 가져다 빨 때 부모가 때로는 뺏기도 한다. 이유식을 할 때가 되면 엄마 젖이나 젖병 대신에 익숙하지 않은 컵이나 숟가락을 사용해야 한다. 이러한 일련의 행동들은 영아기 구순기적 욕구에 대한 만족스런 충족경험을 일시적으로 박탈하는 것이다. 이러한 박탈경험을 통해서 영아는 삶이 즐거움뿐 아니라 고통을 가져다주는 것임을 알게 되고 고통에 대한 대처 행동을 발달시키게 되는데 이러한 행동이 성인기 성격발달의 기초가 된다. 타인에 대해 강한 애정을 느끼거나 반대로 강한 공격 성향을 보이고 혹은 지식이나 재산, 힘 등을 집요하게 추구하는 성격 특성을 예로 들 수 있다(Miller, 1983).

Freud는 욕구 충족 행동에 있어서 중요한 법칙을 제시하였는데 욕구 충족 정도가 불만족스러울 때 문제가 발생하지만 지나친 만족도 문제가 있다는 것이다(Miller, 1983). 영아가 구순기적 욕구불만이 있다면 자라서도 여러 가지 부적응 행동을 보이게 된다. 예를 들어, 자주 불안해한다거나 손가락을 계속 빤다거나 손톱을 깨문다거나 비관적인 성격 특성을 보이게 된다. 반대로 구순기적 욕구에 대해서 지나치게 만족해도 부적응 행동을 보일 수 있다. 예를 들어, 현재 단계에서 지나치게 만족하기 때문에 다음 단계로 성장하고 싶지 않아 현 단계에 대한 고착 행동을 보일 수 있다. 배변훈련을 할 시기에 이전 단계에 대한 고착 행동으로 손가락을 빠는 행동을 예로 들 수 있다.

(2) 항문기

리비도가 항문에 집중되는 항문기는 대략 생후 1년에서 3년까지의 시기로 구순기가 끝날 무렵에 시작되어 성격의 기본 골격이 형성되는 시기다. 이 시기에는 구순기적 욕구가 여전히 멈추지 않고 지속되는 가운데 새로운 강한 욕구가 생겨난다. 즉, 항문 주위에 집중되는 긴장의 생성과 배설로 인한 긴장 완화 행동을 통해 쾌락을 경험하게 되는데 구순기와 마찬가지로 항문에 집중되는 욕구에 대한 충족 행동이 만족스러우냐 아니냐에 따라서 쾌락을 느끼기도 하지만 좌절을 경험하기도 한다.

항문기는 대체로 배변훈련을 받는 시기다. 이전에는 영아가 배설을 하고 싶을 때 마음대로 함으로써 배설을 통해서 항문 주변의 긴장을 해소할 수 있었으나 배변훈련을 받기 시작하면서 마음대로 배설할 수 없게 된다. 때문에 원할 때 배설함으로써 얻게 되는 직접적인 욕구충족이 좌절된다. 이러한 경험을 통해 유아는 주변 환경의 요구와 갈등하게 되는데 갈등을 느끼는 정도나 갈등에 대처하는 행동 등을 통해서 긍정적이거나 부정적인 성격이 형성된다. 지나치게 엄격한 배변훈련의 결과로 형성되는 부적응적인 성격으로는 강박적이고 결벽증적으로 인색하며 지나치게 인내하는 성향이 발달되거나 반대로 지저분하고 무책임한 성향이 발달되기도 한다. 전자를 항문기 강박적 성격, 후자를 항문기 폭발적 성격이라고 한다(송명자, 1995; Miller, 1983). 한편, 배변훈련이 적절했고 유아가 적절한 시간에 적절한 장소에서 배변을 성공적으로 했을 때 어머니로부터 칭찬을 받는 경험은 관대하고 창의적이며 생산적인 성격을 발달시키게 되어 다음 단계로의 발달이 순조롭게 진행된다.

(3) 남근기

남근기는 생후 3년에서 5년까지의 시기로 리비도가 남근에 집중되는 시기다. 성기 주위에 집중된 리비도로 인해 긴장이 생성되며 긴장을 해소하기 위해서 반대 성의 부모에 대해 강한 애정적 관심을 갖게 되고 동시에 이러한 강한 애정적 감정에 대해 불안감을 느낀다. Freud는 이러한 불안감을 오이디푸스 콤플렉스(Oedipus complex)라고 명명하였다. 그리스 신화에 나오는 오이디푸스 왕자는 아버지인 왕을 죽이고 왕비인 어머니와 결혼한 죄책감으로 자살을 하게 되는 비극적인 인물로 오이디푸스 콤플렉스는 반대 성의 부모에 대한 공격적 감정과 관련된다.

오이디푸스 콤플렉스란 남근기의 남아가 어머니를 혼자 독차지하고 싶지만 그럴 경우에 아버지가 자신의 남근을 거세할지 모른다는 공포감 때문에 어머니에 대한 욕구와 아버지에 대한 적개심을 억누르게 되는 상황을 말한다. 남아는 오이디푸스 콤플렉스로 인한 극도의 불안감을 극복하기 위해서 아버지를 좋아하려고 노력하게 되는데, 그 결과 아버지에 대해 강한 애정을 발달시키게 되며 여기에 그치지 않고 아버지의 가치관, 관심, 태도 등을 내재화하게 된다. 이러한 내재화 과정을 동일시(identification)라고 한다. 동일시란 타인의 행동을 모방하는 데 그치지 않고 태도, 신념, 가치관 등을 내 것으로 채택하여 타인의 성격을 나의 성격에 흡수하는 것을 말한다(정옥분, 2008). 남근기 유아의 이러한 동일시는 자기의 성에 적합한 행동이 발달하고 나아가 초자아가 발달하는 기초가 된다.

여아도 남아와 마찬가지로 아버지에 대한 강한 애정과 이로 인한 어머니에 대한 갈등을 경험하게 된다. 남아의 오이디푸스 콤플렉스에 해당하는 감정으로, Freud는 이를 엘렉트라 콤플렉스(Electra complex)라고 명명하였다. 엘렉트라는 트로이 전쟁에 참가한 장군이었던 아버지를 살해한 어머니를 죽임으로써 복수를 하는 그리스 신화 속 인물이다. 남근기 여아는 엘렉트라 콤플렉스를 극복하기 위해서 어머니를 동일시하게 된다. Freud는 남아와 여아가 남근기의 동성 혹은 반대 성의 부모에 대해 갖게 되는 이러한 감정들은 성장해서 권위를 가지고 있는 사람들에 대한 태도나 이성에 대한 태도를 결정한다고 설명하였다(Miller, 1983).

(4) 잠재기

잠재기는 생후 5년에서 사춘기 이전까지의 시기다. 구순기, 항문기, 남근기의 성적인 욕구들이 현실적으로 직접적이고 즉각적으로 충족될 수 없는 경험이 반복되면서 억압되고 잊혀져 간다. 이렇게 성적 충동이 억압되면서 리비도가 집중되는 신체의 특정 부위가 없는 비교적 평온한 시기가 오게 된다. 잠재기에는 인지적 능력이 발달하고 가족에서 나아가 친구, 선생님, 이웃들에게 관심을 갖게 되면서 문화적, 사회적 가치를 받아들이게 된다. 이러한 과정을 통해 자아와 초자아는 계속 발달하게 된다.

(5) 성기기

성기기는 청소년기에 해당되는 시기로, 사춘기의 신체적, 생리적 변화로 인해서 잠재기에 억압되었던 성적 충동이 다시 강해진다. 잠재기에는 안정적이고 지적 활동에 집중할 수 있었던 성격이 사춘기 성호르몬 분비의 증가로 인해 충동적이고 불안정한 성격으로 변화한다. 이로 인해 청소년기에 해결해야 할 가장 큰 문제는 되살아난 성적 충동과 현실 간의 갈등문제를 해결하고 심리적 평온함을 다시 회복하는 것이다.

성기기에 성적 욕구의 충족 대상은 남근기와 달리 부모가 아닌 이성친구다. 이 시기에 성적 파트너를 선택하는 경향은 구순기에서 남근기까지 가졌던 부모와의 관계경험들에 의해 영향을 받는다. 그러므로 청소년기에 겪는 심리적 불안정과 갈등은 사춘기 성호르몬 분비뿐 아니라 구순기, 항문기, 남근기를 거친 초기경험과도 밀접한 관련이 있다. 잠재기 동안 억압되었던 남근기의 오이디푸스 콤플렉스가 사춘기의 시작과 함께 되살아나 청소년들은 이성의 부모를 생각나게 하는 연상의 이성에게 사랑을 느끼기도 한다(장휘숙, 2004). 또한 남근기에 동성의 부모를 향했던 증오감이 청소년기가 되면 부모나 권위를 가진 인물에 대한 적대적이거나 거부적인 태도로 표현된다. 청소년들의 이러한 태도는 자연스럽게 부모로부터 정서적으로 독립하여 이성친구에게 애정을 느끼게 하므로 성격발달적으로 정상적인 현상이라고 볼 수 있다.

A. Freud에 의하면 사춘기의 성호르몬 분비와 생리적 변화는 잠재기 동안 억압되었던 성적 충동을 강하게 불러일으키고 불안감이나 갈등을 증가시키기 때문에 청소년들은 이를 해소하기 위해 금욕주의나 주지화와 같은 방어기제를 사용하게 된다. 방어기제를 사용한다는 것은 성적 충동이나 불안감을 조절하기 위한 자아의 무의식적인 반응이지만 심리적 노력이 요구되고 이것이 청소년기의 불안정한 성격의 주된 원인이 되기도 하다. 그러므로 성기기의 청소년들이 정서적 불안정과 갈등상태를 경험하는 것은 청소년기 발달의 정상적인 현상이다. 타고난 성적 충동과 현실 간의 갈등경험은 성기기뿐 아니라 구순기부터 전 생애를 통해서 지속되지만 성기기 이후가 되면 비교적 타고난 욕구를 억제하고 현실에 대처하는 자아가 강해지면서 일과 사랑 사이의 균형을 유지할 수 있다. 이전 시기에 비해서 자신의 쾌락추구보다는 타인을 배려하는 성격이 강해진다.

2. Erikson의 심리사회적 성격발달이론

정신분석이론에 뿌리를 두고 있는 E. Erikson의 심리사회적 성격발달이론은 성적 에너지의 작용을 강조한 Freud와 달리 성격발달에 있어서 타인과의 사회적 상호작용의 중요성을 강조하였다. Erikson의 심리사회적 성격발달이론은 Freud의 심리성적 성격발달이론에 기초하였으나 Freud가 성격발달에 있어서 원초아의 작용을 강조한 반면, Erikson은 자아의 기능을 강조하며 자아가 원초아나 초자아와 상호작용할 뿐 아니라 타인의 행동과 기대나 사회적 규범과도 상호작용하면서 발달해 나간다고 하였다(Miller, 1983). 이렇게 인간은 평생 자아의 개념을 완성해 나간다고 보았다.

Erikson의 심리사회적 성격발달이론은 인간의 전 생애를 8단계로 나누어 설명하였는데 각 단계에서 경험하게 되는 위기와 이를 극복하기 위해서 수행해야 할 발달적 과업이 있다고 하였다. 각 단계에서 발달적 과업을 성공적으로 해결하면

건강한 성격이 발달하지만 그렇지 못하면 부적응적인 성격이 발달한다.

성격발달에 있어서 초기경험의 중요성을 강조한 Freud에 반해서, Erikson은 청소년기의 중요성을 강조한다. Erikson은 청소년기에 직면하게 되는 가장 큰 과업인 자아정체감 확립의 중요성을 강조하였는데 청소년기 자아정체감의 성공적인 발달은 아동기를 비롯한 이전 시기의 발달과업 수행의 성공 여부에 기초하며 동시에 청소년기 이후의 성공적인 성격발달의 중요한 기초가 된다고 강조하였다. Erikson의 이론은 인간의 전 생애를 설명하는 성격발달이론이지만, 특히 청소년의 성격 특성을 이해하기 위한 중요한 이론으로 높이 평가받고 있다.

여기서는 Erikson의 심리사회적 성격발달이론의 주요 개념인 자아정체감의 의미와 심리사회적 성격발달단계에 대해서 구체적으로 살펴보기로 한다.

1) 자아정체감

Erikson은 삶의 중요한 과제는 자아정체감(ego identity)을 찾는 것이라고 하였다(Miller, 1983). 자아정체감이란 내가 누구이며 어떤 목적을 가지고 살아야 하는지에 대한 가치관이자 목적의식이다. 이러한 가치관을 정립하기 위해서는 나와 내가 속한 사회를 이해하고 수용하는 과정이 선행되어야 한다. 인간은 살아가면서 내가 누구인지에 대해 계속 생각하고 나이가 들어감에 따라 나에 대한 생각이 성숙해진다. Erikson은 나에 대한 생각의 변화를 기준으로 단계를 나누어서 태어나서 죽기 전까지 8단계로 성격의 발달을 설명하였다. 성격발달의 단계가 진행됨에 따라서 정체감의 내용은 변화하는데 이전 단계의 정체감은 다음 단계의 정체감 발달에 누적적으로 영향을 준다.

Erikson에 의하면 평생이 자아의 개념을 완성해 나가는 과정임에도 불구하고, 특히 청소년기가 자아정체감을 형성하기 위한 결정적인 시기인 이유가 있다(이미리, 조성연, 길은배, 김민, 2014; 이지현, 심혜원, 2014; 정옥분, 2008). 첫째, 청소년기가 되면 자기 자신에 대해서 논리적으로 생각할 수 있는 사고 능력이 발달한다. 현재뿐 아니라 과거를 반추해서 생각하거나 미래를 가정해서 생각해 보는 능력이 생기고 타인의 관점을 이해하는 사회인지 능력이 발달하면서 자아정체감에 대한 고민이 커지게 된다. 둘째, 청소년기에는 신체적, 생리적인 급격한 변화로 성적 충동이 증가하면서 원초아와 초자아 간의 갈등이 심화됨으로써 자신에 대해 생각하게 되고 결국은 정체감의 문제에 직면하게 된다. 셋째, 청소년기는 사회적 역할의 변화로 인해 아동기에 비해서 자기 자신에 대해서 많이 생각할 수밖에 없는 시기로, 자신과 관련된 문제를 스스로 선택해야 하고 가능한 대안들을 탐색해야 하는 시기다.

그러나 자아정체감 발달의 과제는 청소년만 직면한 과제는 아니다. Erikson의 성격발달단계이론에 의하면 청소년기는 자아정체감 발달의 위기를 경험하는 시기인데, 이 위기는 청소년기 당시의 경험 때문이기보다는 태어나서 어머니를 인식하고 어머니와의 상호작용을 통해서 정체감이 형성되는 영유아기의 경험으로부터 누적적으로 영향을 받아서 발생하는 것이라고 설명한다(Miller, 1983). 그러므로 청소년기의 자아정체감 발달을 이해하기 위해서는 이전 단계의 발달과정을 이해할 필요가 있다. 이뿐만 아니라 청소년기 자아정체감의 성공적인 발달 여부는 성인기 및 노년기의 성격발달에 중요한 영향을 미친다(곽금주, 2016).

Erikson은 청소년기 자아정체감 발달에 있어서 심리사회적 유예기(moratorium)라는 중요한 개념을 제시하였다. 심리사회적 유예기란, 청소년들이 자기 자신을 발견할 수 있는 가능성을 제한하는 책임과 의무를 유예받는 일종의 휴식 기간이다. 심리사회적 유예기 동안 청소년들은 다양한 역할을 실험해 보고 자기 자신을 탐색할 수 있는 기회를 가질 수 있다. 이 때문에 심리사회적 유예기는 자아정체감 발달을 위해 매우 필요하며 의미 있는 기간이다. 그러나 이러한 심리사회적 유예기를 갖는 것은 이를 허용하는 문화적 환경에서만 가능하다.

2) 심리사회적 성격발달단계

Erikson은 인간의 전 생애를 거쳐 진행되는 성격발달을 8단계로 나누었다. 각 단계마다 성취해야 할 발달적 과제가 있는데 이 과제를 성공적으로 수행했을 때는 긍정적인 성격이 형성되고 그렇지 않을 때는 부정적인 성격이 형성된다. 발달적 과제는 삶 속에서 행동을 통해서 수행되기 때문에 인간을 이해하기 위해서는 그가 살고 있는 삶의 사회적 문화적 맥락을 함께 고려해야 한다. 이 때문에 Erikson은 발달적 과제를 수행하는 과정이나 방법에 있어서 문화의 차이를 강조하였다.

Erikson의 심리사회적 성격발달단계의 명칭은 각 단계에서 필요로 하는 정체감이 확립되었을 때의 성격 특성과 혼란에 빠졌을 때의 성격 특성을 대비시켜 놓았다. 1단계는 출생에서 1세 정도까지의 시기에 해당하는데 이 시기를 신뢰감 대 불신감의 단계라고 한다. 2단계는 2세에서 3세 정도까지의 시기이며 자율성 대 수치감과 의심의 단계다. 3단계는 4세에서 5세 정도까지의 시기이며 주도성 대 죄의식의 단계다. 4단계는 6세에서 사춘기 이전까지의 시기이며 근면성 대 열등감의 단계다. 5단계는 사춘기 이후 청소년기에 해당하는 시기로 자아정체감 대 정체감 혼미의 단계다. 6단계는 성인 초기로 친밀성 대 고립감의 단계이며, 7단계는 성인 중기로 생산성 대 침체감의 단계다. 8단계는 성인 후기로부터 노년기에 해당하는 시기로 통합감 대 절망감의 단계다.

청소년기의 자아정체감 발달은 영유아기에서 사춘기 이전 시기에 이르기까지의 정체감 형성 결과에 의해 영향을 받을 뿐 아니라 청소년기 이후 시기인 성인기로부터 노년기에 이르기까지의 정체감 형성의 결과에 영향을 준다. 그러므로 청소년기 정체감 형성의 과제는 청소년기 이전과 이후의 발달단계 특성을 떼어 놓고 생각할 수 없다. 각 단계의 내용을 구체적으로 살펴보자.

(1) 1단계: 신뢰감 대 불신감

심리사회적 성격발달의 1단계는 신뢰감 대 불신감(basic trust vs. basic mistrust)의 단계다. 대략 생후 1세까지 해당되는 이 단계 영아들의 삶의 과제는 신뢰감을 형성하는 것이다. 이 시기에 발생하는 욕구를 충족함으로써 타인을 신뢰하고 자아가치감을 발달시키는 과업을 성공적으로 수행하면 신뢰감이 발달하나 그렇지 않으면 불신감이 발달하게 된다. 신뢰감이란 자신이 가치 있는 존재라는 자신에 대한 신뢰감과 타인은 믿을 만한 존재라는 타인에 대한 신뢰감을 포함한다. 1단계에서 신뢰감을 형성하게 되면 이후 단계에서 삶의 위기를 경험할 가능성이 줄어든다.

이 시기에 기본적 신뢰감을 발달시키기 위해서는 영아의 요구에 민감하게 반응하는 어머니의 일관성 있는 태도와 행동이 중요하다. 신뢰감을 형성한 영아는 배가 고프거나 아플 때 엄마가 밥을 주거나 편안하게 해 줄 것이라는 믿음을 가진다. 이런 신뢰감을 가지고 있는 영아는 내가 필요로 할 때 언제나 엄마가 내게 온다는 것을 믿고 있기 때문에 엄마가 잠시 옆에 없어도 두려워하지 않는다. 그러나 엄마가 영아의 요구에 민감하게 반응하지 않고 부적합한 양육태도나 행동을 보일 경우에 영아는 엄마에 대한 불신감을 형성하게 되고 이러한 불신감은 엄마뿐 아니라 다른 사람들이나 자신에 대한 불신감으로 확대된다.

영아기에 나에게 가장 의미 있는 사람이 나를 세심하게 돌보아 주고 나를 사랑한다는 신뢰감을 발달시키면 세상에 대한 신뢰감과 자기 자신에 대한 신뢰감도 발달하게 된다. 영아기에 발달된 이러한 신뢰감은 청소년기 자아정체감을 발달시키는 데 가장 기초적인 밑거름이 된다.

(2) 2단계: 자율성 대 수치감과 의심

심리사회적 성격발달의 2단계는 자율성 대 수치감과 의심(autonomy vs. shame and doubt)의 단계로 대략 1세 이후부터 말하고 걷고 괄약근이 발달해 배변통제가 가능한 2, 3세 시기까지 해당된다. 영아기에 비해 신체적으로나 심리적으로 독립해 감에 따라서 자율성이 발달될 가능성이 커짐과 동시에 반대로 부모로부터의 분리에 대한 걱정과 배변을 제대로 통제하지 못한다는 두려움을 느끼는 새로운 성격 특성이 발달하게 된다. 이 시기에는 스스로 일상생활을 할 수 있는 능력을 기르고 사회적 규율을 지킬 수 있는 자율성이 발달할 수 있으나 그렇지 않으면 자기의 능력에 대한 의심이나 수치심이 발달하게 된다.

이 시기에는 부모로부터 배변훈련을 받게 되는데 너무 일찍 혹은 거칠게 받거나 전반적으로 지나치게 통제적인 양육을 받게 되는 경우 배변 통제를 제대로 하지 못하게 되고 자신의 실수에 대해 수치감을 경험하게 되며 나아가 자신의 통제능력에 대해 자신감을 발달시키기 어렵고 자신의 능력에 대해 의심하는 성격 특성이 발달된다. 수치감이나 의심은 이 시기의 부정적인 양육뿐 아니라 1단계에서 기본적인 신뢰감이 충분히 발달되지 않은 경우에도 발달한다. 이 시기에 발달된 자율성은 청소년기에 부모로부터 건강하게 분리되어 독립적인 성인으로 성장하게 되는 밑거름이 된다. 그러나 자율성보다 수치심이나 의심이 더 강하게 발달하게 되면 자신에 대한 믿음이나 자율적 사고를 기초로 발달하게 되는 청소년기 자아정체감 형성에 지장을 줄 가능성이 크다.

(3) 3단계: 주도성 대 죄의식

심리사회적 성격발달의 3단계는 주도성 대 죄의식(initiative vs. guilt)의 단계로 대략 4세에서 5세에 해당하는 시기다. 3단계는 2단계에서 발달한 자율성을 기초로 주도성이 발달하거나 반대로 갈등을 느끼고 죄의식이 발달하는 시기다. 이 시기의 유아는 호기심이 많아 주위를 탐색하고 타인을 모방하며 때로는 공격하면서 자신만의 모습을 형성해 나간다. 이러한 과정에서 가장 관심이 가는 대상은 자신의 요구를 잘 들어주고 가장 매력적이고 힘이 있는 존재인 부모로, 부모의 행동을 모방하면서 자신의 모습을 주도적으로 만들어 간다. 특히 이 시기의 유아는 이전 시기에 비해서 크게 발달된 운동 능력, 언어, 인지, 상상력을 사용해서 주도적이고 적극적으로 주변 세계로 뛰어들고, 목표를 정하여 달성하며, 경쟁함으로써 자신만의 개성을 만들어 나간다.

반면에 자신의 모든 행동에 대해 죄의식을 느끼는 성격 특성이 발달되기도 한다. 이 시기는 Freud가 제시한 심리성적 성격발달단계 중 남근기에 해당하는 시기다. Freud에 의하면 남근기의 유아는 오이디푸스 콤플렉스를 극복하기 위해 동성의 부모를 동일시하는 과정에서 양심, 곧 초자아가 발달한다. 아동심리학자들에 의하면 이 시기의 유아는 지나치게 양심적이며 착한 행동을 하는 성향을 보이며 이러한 성향을 '착한아이 증후군'이라고 명명하기까지 하였다(박민근, 2014). 같은 맥락에서 Erikson도 이 시기의 유아는 주도성을 발달시키지 않으면 지나친 양심의 발달로 인해서 자신의 행동이나 생각에 대해 죄의식을 느끼는 성향이 발달된다고 하였다. 나아가 자신이 가치 있는 사람이라는 평가를 받기 위해서는 끝없이 무언가를 해야 하고, 끝없이 경쟁해야 한다고 생각하는 일종의 강박적인 성향이 발달된다고도 하였다(Miller, 1983).

(4) 4단계: 근면성 대 열등감

심리사회적 성격발달의 4단계는 근면성 대 열등감(industry vs. inferiority)의 단계로 대략 6세 이후에서 사춘기 이전의 시기에 해당된다. 이 시기에 또래관계나 학교생활을 통한 자신감의 발달로 인해 근면성이 발달하나 그렇지 못하면 열등감이 발달하게 된다. 이 시기의 아동은 학교에 들어가게 되고, 이전에는 경험하지 못했던 책, 그림, 음악, 영화 등의 문화를 접하게 되면서 새로운 지식들을 학습해 나가기 시작한다. Erikson이 말한 근면성이란 학습하는 과정에서 시작한 일을 끝까지 완수하고 잘해 나가는 특성으로, 내가 능력이 있음을 느끼는 것이기도 하고 무언가를 잘해냈다는 느낌이기도 하다. 그러나 이 시기에 근면성을 습득하지 못하면 자신에 대한 부적절한 감정 혹은 열등감을 갖게 된다(Miller, 1983). 이전 시기에 발달한 기본적 신뢰감, 자율성, 주도성은 근면성이 발달하게 되는 밑거름이 될 뿐 아니라 이 시기에 발달한 근면성은 다음 단계인 청소년기에 자아정체감을 형성하게 되는 기초가 된다.

(5) 5단계: 자아정체감 대 정체감 혼미

심리사회적 성격발달의 5단계는 자아정체감 대 정체감 혼미(ego identity vs. identity confusion)의 단계로 청소년기에 해당된다. 이 단계에서는 이전 발달단계들의 경험에 기초하여 자아정체감을 형성해야 하나 그렇지 못하면 정체감 혼미의 상태에 빠지게 된다. 이 단계에서는 사춘기에 접어들면서 급격한 신체적, 생리적 변화와 주위 사람들로부터 새로운 사회적 역할 수행에 대한 요구나 기대를 경험하면서 당황하게 된다. 사춘기의 급격한 신체적 생리적 변화로 성적 욕구가 증가하고 진학이나 취업에 대한 진로를 결정해야 하는 사회적 압력에 부딪히게 되면서 자신에 대해 회의감과 의문을 갖게 되는데, 이러한 상태를 Erikson은 자아정체감 위기라고 하였다. 이 시기의 청소년들은 정체감 위기를 겪으면서 자신에 대한 여러 가지 생각을 정리하고 분명한 자기인식을 확립하는 계기를 갖게 된다.

이전 단계들에서 발달되어 온 나에 대한 정체감, 이를테면 기본적 신뢰감을 가지고 있는 나, 자율적인 나, 주도적인 나, 새로운 것을 배워 나가는 데 있어서 능력 있는 나를 통합하여 완전체로서의 나에 대한 정체감을 확립하는 것이 5단계의 중요한 과제다. 이러한 과제를 성공적으로 수행하지 못하고 이전에 획득하였던 자신의 일부인 성격적 특성을 통합하지 못하면 정체감 혼미에 빠지게 된다. 그러므로 5단계에 접어든 청소년들은 사회의 다양한 집단, 예를 들어 친구 집단, 종교적 집단, 정치적 집단, 취업 관련 집단 등을 경험하면서 자신에게 적합한 역할이 무엇인지 실험해 보고 이러한 실험을 통해서 자신에 대한 통합된 정체감을 발달시키는 과정이 필요하다(김영화, 김계현, 2011).

자아정체감은 청소년의 행동을 이해하기 위해 핵심적인 개념으로 인식되고 연구되어 왔다. 청소년기 자아정체감의 발달과 적응 및 부적응의 관계를 살펴본 연구들에 의하면 자아정체감은 청소년의 사회적, 정서적, 인지적 적응 및 부적응을 설명하는 주요 개념임을 알 수 있다(박춘자, 김종운, 강성비, 2017; 이현림, 천미숙, 2003). 청소년기 자아정체감의 발달 특성과 심리적 적응 및 부적응과의 관련성에 대해서는 제4장에서 구체적으로 다룰 것이다.

(6) 6단계: 친밀감 대 고립감

심리사회적 성격발달의 6단계는 친밀감 대 고립감(intimacy vs. isolation)의 단계로 성인 초기에 해당된다. 이 시기는 이전 단계를 통한 정체감 형성을 기초로 타인과의 관계에서 친밀감이 발달하는 단계이지만, 친밀감이 발달하지 않으면 고립감이 발달하게 된다. 성인 초기에 타인뿐 아니라 자신에 대한 친밀감을 느낄 수 있으려면 청소년기에 자아정체감을 형성해야 한다. 자신에 대한 통합된 개념인 자아정체감의 발달은 성인 초기 친밀감 발달의 기초가 된다(Miller, 1983). 다시 말해서 청소년기에 자신에 대한 개념이 확립되지 않으면 타인과의 관계에서 자신을 드러낼 수 없기 때문에 이성친구나 동성친구를 비롯한 의미 있는 타인들과 친밀감을 형성하기 어렵다. 타인과 친밀한 관계를 유지함으로써 성격이 긍정적으로 발달하게 되는데, 그럴 수 없다면 고립감에 빠지게 되고 대인관계에 있어서 부적응적인 태도나 행동을 보일 수 있다(오제은, 2005).

(7) 7단계: 생산성 대 침체감

심리사회적 성격발달의 7단계는 생산성 대 침체감(generativity vs. stagnation)의 단계로 성인 중기에 해당된다. 이 시기에는 가정이나 직장 생활에서 생산성을 발휘하게 되나 그렇지 못하면 침체감에 빠지게 된다. 생산성이란 다음 세대를 생산하고 지도하는 것에 대한 관심을 말한다(양미경, 조복희, 2000; Miller, 1983). 성인 초기에 타인과 친밀한 관계를 가지면 가족을 형성하게 되고 다음 세대를 길러냄으로써 내가 속한 사회가 지속되기를 바라게 된다. 그렇다고 해서 생산성은 반드시 자녀를 낳고 양육함으로써 달성될 수 있는 것만은 아니다. 자녀가 없는 경우 창의적이거나 생산적인 일에 몰두하여 다음 세대가 자라날 세상을 만들어 나가면서 생산성을 성취할 수도 있다. 이 시기에 생산성이 발달하지 않으면 침체감이나 방종에 빠지게 되고 심리적 성장을 이루기 어렵다.

(8) 8단계: 통합감 대 절망감

심리사회적 성격발달의 8단계는 통합감 대 절망감(integrity vs. despair)의 단계로 성인 후기에 해당한다. 이 시기에는 그동안 이루어 온 것을 기반으로 삶을 영위해 나간다. 통합감이란 이전 단계들에서 성취한 기본적 신뢰감, 자율성, 주도성, 근면성, 정체감, 친밀감 그리고 생산성이라는 심리적 성숙을 통합하여 삶의 한계를 수용하는 지혜를 갖는 것이다. 통합감을 발달시키지 못하면 자신의 삶에 대해 후회하고, 자신을 받아들이지 못하며, 죽음에 대한 공포감에서 헤어 나오지 못하는 절망감에 빠지게 된다(김문정, 2016).

Chapter 4

청소년기 발달적 특징

이 장에서는 청소년기 신체와 인지, 사회정서의 발달 특징을 살펴본다. 사춘기 신체적 성장과 성숙의 특징, 조숙과 만숙 그리고 신체상의 심리사회적 영향, 성행동 특성에 대해 알아본다. 또한 청소년기 인지발달과 관련해서는 형식적 조작사고, 도덕적 사고, 자아중심적 사고, 사회인지를 알아본다. 사회정서적 발달과 관련해서는 정서와 자아정체감의 발달 특성을 살펴본다.

1. 청소년기 신체적 발달

1) 사춘기의 개념

사춘기는 신체적, 생리적 변화뿐 아니라 자신의 심리적 변화와 타인의 심리사회적 반응에 영향을 주기 때문에 청소년기 발달에 있어서 매우 중요한 의미를 갖는다. 사춘기 청소년들은 급격한 신체적 성장과 성적인 성숙, 그리고 이로 인한 심리적 변화와 이성에 대한 관심이 증가하면서 불안, 우울, 반항 등의 불안정한 정서 상태를 경험하고 주위의 의미 있는 타자들과의 갈등을 경험하기 쉽다(김예성, 안재진, 2014; 이미리, 2012). 사춘기(puberty)라는 용어는 '성인다운 연령' 혹은 '모발의 성장'을 뜻하는 라틴어 'pubertas'에서 비롯되었는데 아동에서 성인으로 성장해 나가는 청소년기가 시작되었음을 알리는 기간이다(Steinberg, 2011, p. 24). 사춘기에는 신장과 체중이 급격히 증가하고 신체의 모양이 변화하며 성호르몬의 분비가 증가하고 남자의 경우는 고환과 음경이 발달하고 몽정을 하며, 여자의 경우는 유방과 자궁 등의 생식기관과 체모가 발달하고 초경을 한다.

대체로 사춘기는 10세에서 12세 사이에 시작되어 17세에서 19세 사이에 완성되지만 개인차가 크다. 개인차가 생기는 이유는 유전적 요인과 환경적 요인이 사춘기의 시작과 진행 속도에 영향을 주기 때문이다. 전 세계적으로 남아가 여아에 비해 1~2년 정도 늦게 사춘기가 시작되는 현상은 유전적인 요인이 사춘기와 관련되어 있음을 입증하는 것이다. 또한 쌍생아연구에 의하면 일란성 쌍생아가 이란성 쌍생아나 형제자매에 비해 사춘기의 시작과 진행 속도가 훨씬 유사하다는 결과는 사춘기가 유전적 요인에 의해 진행됨을 보여 주는 것이다(Mustanski, Viken, Kapiro, Pulkkinen, & Rose, 2004).

유전적 요인 이외에도 영양, 위생상태, 운동량, 식습관, 자극과 긴장의 양, 환경호르몬에의 노출 등의 환경적 요인도 사춘기에 영향을 미친다. 예를 들면, 유전적으로 사춘기의 시작이나 진행 속도가 정상적이라고 하더라도 운동량이 많거나 지나친 체중감량을 위한 식습관에 의해서 사춘기가 지연될 수도 있고 자극과 긴장을 많이 경험하거나 환경호르몬에 지속적으로 노출된 경우 사춘기가 정상적인 시기보다 지나치게 빨리 와서 정상적인 발달에 문제가 발생할 수 있다.

2) 사춘기의 신체적 성장

사춘기의 발달은 유전적 요인과 환경적 요인에 의해서 복합적으로 진행된다(김신혜, 박미정, 2012; 송광섭, 권성진, 권선옥, 2014; 이미화, 2009; 이병철, 1995). 즉, 사춘기의 시작과 종료는 성별이나 환경에 따라 차이가 있다. 사춘기의 신체적 급성장은 성장호르몬과 안드로겐의 작용에 의해서 일어나는데 여자가 남자에 비해 2년여 정도 빨리 시작된다. 평균적으로 남자는 평균 12~13세, 여자는 평균 10~11세에 사춘기가 시작되어 남자는 3년여 기간, 여자는 4년여 기간에 걸쳐 신체적 급성장이 지속된다(이미리, 조성연, 길은배, 김민, 2014; 이병철, 1995). 이와 같이 신체적 급성장이 일어나는 현상을 성장급등(growth spurt) 현상이라고 하며 인간 생애에 있어서 제1성장급등기인 영유아기 다음으로 성장이 빨리 진행되는 시기라고 해서 제2성장급등기라고도 한다.

성장급등의 시기와 정도를 알아보기 위해서 성장급등기 이전과 이후를 포함하는 시기의 신장과 체중의 연령별 변화 추이를 살펴보자. 이를 위해 〈표 4-1〉에 교육부와 한국교육개발원이 공동으로 2015년 현재 전국 만 6세에서 17세까지의 아동과 청소년을 대상으로 조사한 성별, 연령별 신장과 체중의 변화 추이를 제시하였다. 〈표 4-1〉에 의하면 9세 정도까지는 남아가 여아보다 1cm 정도 더 키가 크나 10세쯤 되면 거의 같아지다가 11세에는 여아가 더 커서 남아의 평균 신장은 148.9cm이고 여아의 평균 신장은 149.8cm로 나타났다. 이는 10세 전후로 여아의 사춘기가 시작되어 남아보다 여아의 성장급등이 먼저 시작된 결과임을 보여주는 것이다. 그러나 12세가 되면 남아의 평균 신장이 여아보다 더 커지다가 15세 이후에는 신장 차이가 10cm 이상 벌어져 있다. 이는 12세 정도에 남아의 사춘기가 시작되어 성장급등이 일어난 결과다. 이러한 자료를 통해서 여아의 성장급등기가 남아보다 2년 정도 빠름을 확인할 수 있다.

성장의 가속 정도를 살펴보면 남아의 경우 사춘기 이전인 아동기 동안 매년 평균 5~6cm 정도 키가 크지만 사춘기가 시작되는 12세가 되면 매년 평균 7~8cm 키가 컸고 성장급등기가 지나간 15세 이후에는 1cm 혹은 그 미만으로 키가 자랐다. 여아의 경우도 비슷한 추세를 보이는데 사춘기 이전에는 매년 평균 5~6cm

〈표 4-1〉 2015년 우리나라 아동청소년(만 6~17세)의 성별, 연령별 신장과 체중의 추이

연령(세)	신장(cm)		체중(kg)	
	남	여	남	여
6	120.5	119.6	24.1	23.2
7	125.7	124.5	26.9	25.8
8	131.5	130.5	31.0	29.4
9	137.1	136.5	35.3	33.2
10	142.9	142.9	40.2	37.8
11	148.9	149.8	44.7	43.5
12	156.6	155.4	50.6	48.2
13	163.7	158.1	56.8	51.7
14	168.4	159.4	61.3	53.9
15	171.5	160.4	64.8	55.4
16	172.7	160.5	67.3	56.5
17	173.4	160.8	68.9	56.9

출처: 교육부, 한국교육개발원(2016).

정도 키가 크지만 사춘기가 시작되는 10~11세에는 7cm 자랐고 성장급등기가 지나간 14세 이후 키가 거의 자라지 않았다.

체중의 성장도 신장과 비슷한 경향을 보이는데 남아는 성장급등기 이전에는 매년 평균 2~5kg 체중이 증가했으나 성장급등기인 12세에는 전년 대비 6kg 증가했고 13세에도 6kg 이상 증가하였다. 그러다가 성장급등기가 지나간 15세 이후에는 매년 1~3kg 증가했다. 여아도 성장급등기 이전에는 매년 평균 2~4kg의 체중 증가를 보이다가 성장급등기가 시작되는 10세 이후에는 평균 5~6kg의 증가를 보였다. 그러나 성장급등기가 지나가는 12세 이후에는 매년 체중 증가가 2~3kg 이하로 떨어지고 있다. 성장급등기에는 남녀 모두 신장과 체중의 증가폭이 커졌고 신장에 비해 체중의 증가폭이 더 컸으며, 체중의 경우 성장급등기에는 이전과 이후에 비해 증가폭이 2배 이상이다.

3) 사춘기 성적 성숙

사춘기에 일어나는 대표적인 변화인 성적 성숙에 대해서 살펴보기로 하자. 사춘기가 되면 남자의 경우 테스토스테론, 여자의 경우 에스트로겐 등의 성호르몬의 분비가 증가함으로써 2차 성징이 나타나게 된다. 2차 성징이란 남자 혹은 여자로서 생식 기능을 갖게 되는 것을 말하는데 남자의 경우 성기의 변화와 음모의 변화, 여자의 경우는 젖가슴의 발달과 음모의 변화로 2차 성징의 발달상태를 평가할 수 있다. 남자는 사춘기에 성장급등 현상과 함께 고환과 음낭이 커지고 음모가 자라기 시작하며 몽정이나 자위를 통해 첫 번째 사정을 경험하게 된다. 남자의 이러한 성적 성숙은 비교적 개인차가 적고 일관성 있게 진행된다. 고환과 음낭이 어느 정도 성숙한 후 변성기가 시작된 남아는 성기의 성숙이 어느 정도 완성된 상태에 있다고 추측할 수 있다. 변성기의 남아는 수염이나 겨드랑이 부분의 체모가 자라고 피지 분비가 증가하여 여드름이 나기도 한다.

여자는 젖가슴이 커지기 시작하는 것을 성적 성숙의 시작으로 볼 수 있다. 여자는 남자에 비해 성적 성숙의 진행과정에 있어서 개인차가 큰 편이다. 대체로 젖가슴이 약간씩 커지면서 솜털 같은 음모가 나기 시작하고 젖가슴이 더 커져 2중 융기를 만들어 나간다(이병철, 1995). 그러나 어떤 여아는 젖가슴이 커지기 전에 음모가 먼저 자라기도 한다. 남자와 마찬가지로 음모가 자라기 시작해서 2년 정도 지나면 겨드랑이 체모가 자라고 피지 분비가 증가하여 여드름이 나기도 한다.

여아는 2차 성징이 나타나면서 초경을 하게 되는데 초경은 여아의 사춘기 시작 시기를 확인할 수 있는 주요 기준이다. 초경은 사춘기에 진행되는 신체적, 성적 변화 중에서도 눈으로 직접 확인되고 갑자기 경험하게 되는 명확한 사건이므로 여자 청소년은 남자 청소년보다 사춘기 적응에 더 어려움을 겪을 수 있다(박광숙, 이영희, 고성희, 2012; 유옥영, 2016). 초경은 출혈로 인한 불편한 감정이나 때로는 통증을 수반하기 때문에 자연스러운 생리 현상으로 넘겨 버리기 쉽지 않다. 그러므로 여자 청소년들의 초경에 대한 태도나 신념 혹은 초경과 관련된 경험은 월경에 대한 경험이나 앞으로의 성적 행동에 영향을 미치게 된다(김예성, 안재진, 2014). 몸속 에스트로겐의 농도가 성인 수준으로 유지될 때 생리가 시작되는데 대체로 체중이 41kg, 그리고 체지방이 17%~19% 수준으로 유지될 때 초경이 시작된다(정은숙, 이정아, 임현숙, 2005). 그러나 초경을 했다고 해서 바로 임신이 가능한 것은 아니고 대체로 초경 이후 2년 정도가 지나야 규칙적인 배란이 되므로 그 이후 임신이 가능하다고 본다.

최근 성적 성숙의 가속화 현상이 일어나고 있다. 초경 연령이 연구마다 조금씩 다르게 보고되고 있는데 1977년에 발표된 자료에 의하면 당시 60대 여성들이 보고한 초경 연령은 16세지만(구병삼, 1977), 2009년에 초등학교 4학년에서 고등학교 2학년까지의 여학생을 대상으로 수집한 자료에 의하면 우리나라 여아의 평균 초경 연령은 12세다(보건교육포럼, 2010). 즉, 1910년대 출생한 여아의 초경 연령은 16세 정도이고 1990년대 출생한 여아의 평균 초경 연령은 12세 정도로 10년에 6개월 정도 초경 연령이 앞당겨지고 있다고 볼 수 있다. 이러한 경향성은 다른 조사자료들을 통해서도 확인되는데 조사자료들마다 조금씩 차이를 보이지만 종합해 보면 대체로 10년당 2, 3개월~7개월씩 여아의 초경 연령이 앞당겨 지고 있는 추세로 유럽이나 미국에 비해서 그 속도가 더 빠른 편이다(유옥영, 2016; 이미화, 2009).

초경에 영향을 미치는 주요 요인들은 영양상태, 위생상태, 운동, 식습관, 체지방, 성적 자극매체 등에의 노출, 스트레스 등이다. 과거에 비해 영양이나 위생상태 등이 개선되었기 때문에 전 세계적으로 여자 청소년들의 초경 시작 연령이 빨라지고 있다. 이뿐만 아니라 성적 자극매체들이 쏟아져 나오고 이러한 매체들을 쉽게 접촉할 수 있는 환경에서 성적 자극물에 자주 접촉하는 경험과 청소년기에 증가된 스트레스가 성적 성숙 시기를 앞당기고 있다. 그 이유는 자극과 긴장이 청소년기 호르몬 분비나 뇌신경세포의 변화에 영향을 주어 성적 성숙을 유발하기 때문이다. 이를 입증하는 연구의 예로 자극과 긴장을 자주 경험하게 되면 초경을 빨리 하게 된다는 결과들이 보고되고 있는데, 성적 자극매체나 스트레스가 자극과 긴장에 해당된다(Belsky, Steinberg, & Draper, 1991). 특히 스트레스와 초경 시기의 관련성을 분석한 연구들에 의하면, 가족구성원 간에 갈등 수준이 높거나 부모가 이혼을 하였거나 부모가 부정적인 양육을 하거나 아버지가 부재한 가족의 여아들이 초경 연령이 빠르다는 결과를 보고하고 있다(Short & Rosenthal, 2008). 이러한 연구들에서는 가족관련 스트레스가 여아의 성적 성숙을 촉진하는 효과가 있다고 해석하고 있다.

4) 비정상적 사춘기 발달

비정상적 사춘기 발달은 2차 성징이 정상적 시기보다 일찍 나타나거나, 지연되거나 혹은 2차 성징의 발달이 계속해서 진행되지 않는 경우를 포함한다. 2차 성징이 일찍 나타나는 경우를 성조숙증이라고 하고 지연되는 경우를 사춘기 지연이라고 한다. 성조숙증은 남아는 9세 이전, 여아는 8세 이전에 2차 성징이 나타나는 경우를 말하는데 여아에게서 훨씬 흔하게 발견된다(이병철, 1995). 사춘기 지연은 2차 성징의 징후가 남아는 15세 이전, 여아는 14세 이전까지 발현되지 않는 경우를 말한다(이병철, 1995). 성조숙증이나 사춘기 지연의 원인은 복합적이지만 만성질환이 있거나 성호르몬 분비에 문제가 있을 때 발생할 수 있으며, 이러한 문제는 유전적이거나 환경적인 요인과 관련된다(이미화, 2009).

특히 환경호르몬과 성적 발달의 관련성에 대해서 많은 관심이 집중되고 있는데(김신혜, 박미정, 2012), 환경 내 존재하는 화학물질이 우리 몸속에 다량 들어오게 되면 성호르몬과 유사한 작용을 하거나 호르몬의 작용을 차단 혹은 방해하여 정상적인 사춘기 발달에 장애를 유발한다. 이러한 작용을 하는 환경 내 화학물질을 환경호르몬이라고 한다. 환경호르몬은 정자 수를 감소시키고 성적 발달에 장애를 유발하거나 유방암, 고환암 등 성호르몬과 관련된 암의 발생률을 증가시킨다(김신혜, 박미정, 2012). 특히 여아의 경우 에스트로겐이 포함된 물질을 섭취하거나 화장품을 통해 피부로 과량이 흡수될 때 성조숙증이 나타날 수 있다(이병철, 1995). 성조숙증은 남아의 경우 고환, 음경의 비대와 음모의 출현, 여아는 유방의 비대 혹은 초경 등의 증상을 나타내고 동년배에 비해서 빠른 성장과 성숙을 하게 되지만 성인이 되면 동년배에 비해 신장이 작을 가능성이 높다(이병철, 1995).

비정상적 사춘기 발달에 대한 처치는 복합적이다. 성조숙증은 질환에 의한 것일 경우는 2차 성징 출현이나 진행을 정지시키는 외과적 치료를 하게 되고 성호르몬의 이상 작용에 의한 경우에는 호르몬 치료나 키나 체중의 급성장을 늦추는 치료, 상담 치료 등을 하게 된다(이병철, 1995). 사춘기 지연은 질병에 의한 경우를 제외하고는 성호르몬이나 성장호르몬 치료를 함으로써 2차 성징이 발현되도록 치료한다(이병철, 1995). 이와 같이 비정상적 사춘기 발달은 시간이 흐르면 해결되는 문제가 아니라 적극적인 치료와 상담이 요구되는 증상이기 때문에 사춘기 신체발달 현상과 관련된 요인이나 성조숙증과 사춘기 지연을 진단하는 기준에 대한 지속적인 연구가 요구된다(김신혜, 박미정, 2012; 이미화, 2009).

2. 청소년기 신체적 발달과 심리행동적 발달

1) 조숙과 만숙

사춘기의 시작 시기와 진행 속도는 유전적, 환경적 요인의 차이로 개인차가 있다. 이러한 개인차는 청소년들의 심리사회적 발달에 영향을 미친다(김예성, 안재진, 2014; 박경애, 김혜원, 주영아, 2010; 이미리 외, 2014; Steinberg, 2011). 사춘기가 또래들에 비해서 빨리 시작된 경우를 조숙(early maturation)이라고 하고 늦게 시작된 경우를 만숙(late maturation)이라고 한다. 적기에 사춘기를 시작하는 청소년들에 비해서 조숙과 만숙에 해당하는 청소년들은 또래들과의 차이에 대해서 자신이 정상인지 불안할 수 있고 이러한 불안감은 일상생활에서의 부적응 행동으로 나타날 수 있다. 그러므로 사춘기의 성숙 시기는 청소년의 신체적, 심리적, 사회적 발달에 있어서 매우 중요한 의미를 갖는다. 조숙과 만숙이 적기에 사춘기를 시작하는 것보다 부정적이라고 말하기는 어렵다. 선행연구들에 의하면 연구결과들의 일관성이 적고, 특히 남녀에 따라서 조숙과 만숙의 효과가 달리 나타나고 있기 때문이다. 여기서는 선행연구들이 제시하고 있는 비교적 일관성 있는 결과들을 중심으로 살펴보고자 한다.

(1) 조숙

조숙 청소년들은 만숙 청소년들이나 적기에 사춘기를 경험하는 청소년들에 비해서 부정적 특성을 보일 가능성이 더 높다(김예성, 안재진, 2014; Mendle, Turkheimer, & Emery, 2007). 그 이유는 어른 같아 보이는 외모에 비해서 아직 인지적으로는 미성숙한 상태라는 것과 그런 외모로 인해서 미성년자에게는 금지되어야 할 유해환경에 쉽게 접할 수 있는 기회가 주어지기 때문이다. 조숙 청소년들은 외모는 어른이지만 심리적으로 어른의 역할을 감당할 준비가 되지 않은 상태이기 때문에, 주위에서 어른같이 행동하기를 기대하거나 어른이 감당해야 할 의무를 부과하면 불안감과 스트레스를 경험하게 된다. 또한 어른 같은 외모 때문에 음주, 흡연, 성관계 등 미성년자에게는 유해한 성인의 행동을 더 일찍 시작할 가능성이 커서 부정적인 발달 특성을 보이게 된다. 조숙 남자 청소년들이 자기보다 나이가 많은 사람과 어울릴 가능성이 많은데 대개 이럴 경우 폭력이나 약물남용 등의 행동을 하는 집단일 가능성이 있으며(Steinberg, 2011), 조숙 여자 청소년들은 주위에서 성적으로 더 많은 관심을 받게 되어 성적 행동의 대상이 되기 쉽고 그 결과 10대 임신을 비롯한 여러 가지 성적인 문제가 발생하기 쉽다(박현미, 최한나, 2016; 육혜련, 2017).

이와 같이 조숙이 만숙이나 적기에 사춘기를 경험하는 것보다 발달적으로 부정적인 특성이 갖는다는 연구결과들이 보고되고 있는가 하면 다른 한편에서는 남아에게 조숙이 여아에 비해서 이점이 있다는 연구결과들도 일관성 있게 보고되고 있다. 일찍 성숙하는 남자 청소년들은 또래보다 체격이 크고 운동을 더 잘할 가능성이 커서 또래와 이성에게 인기가 있고 이로 인해 긍정적 자아개념, 자신감, 리더십이 발달한다(송명자, 1995; 장휘숙, 2005).

반면에 여자 청소년의 경우는 조숙의 긍정적 효과가 적다. 여자 청소년 본인들도 조숙을 원하지 않는데, 우리나라 초등학생 5, 6학년 여학생을 대상으로 한 연구에 의하면 68%가 초경을 늦게 하기를 원했다(이여주, 2011). 또 다른 연구들에 의하면 조숙 여자 청소년들은 또래들과 다른 외모에 대해 불안감을 경험하고 성적으로 성숙한 외모로 인해 대인관계가 이전과 달라지게 되어 적기에 사춘기를 경험하는 여자 청소년이나 만숙 청소년에 비해 자아존중감이 낮고 우울증이나 섭식장애 등의 문제를 경험할 가능성이 더 높다(이수경, 고애란, 2003; Mendle et al., 2007). 조숙 여자 청소년들은 자의식이 강하고 자기표현에 소극적이며 부모와 갈등을 더 많이 경험하고(Caspi, Lynam, Moffitt, & Silva, 1993), 공격성이나 학교부적응 등 심리정서적 발달상 어려움을 경험할 가능성이 높아 이후 성장과정에서 이러한 문제가 지속되는 경향이 있다(김예성, 안재진, 2014).

(2) 만숙

또래들에 비해 사춘기가 늦게 오는 만숙 청소년들도 조숙 청소년들과 마찬가지로 또래들과 비교해서 신체 및 성적 발육 상태가 다른 점이 심리적 적응에 부정적 요인으로 작용한다. 일반적으로 남자들은 신체적으로 크고 강한 것을 장점으로 평가하기 때문에 만숙 남자 청소년들은 친구들에 비해 체격이 작고 성적으로 덜 성숙해서 자신의 외모에 불만이고 열등감이 있으며 자신감이 적은 편이다(허혜경, 김혜수, 2010). 그러나 만숙이 모든 면에서 부정적인 것은 아니다. 오히려 조숙에 비해서 만숙은 사춘기 신체 변화에 적응할 수 있는 시간을 충분히 가질 수 있기 때문에 심리사회적으로 안정된 특성을 보인다고 설명하는 입장도 있다.

특히 여아의 경우 외모에 민감한 사춘기에 성장급등의 시기를 또래들에 비해 빨리 경험해서 체격이 상대적으로 크고 성적으로 성숙한 조숙 여자 청소년들은 또래들에 비해 살이 쪘다고 생각하여 부정적인 신체상(body image)을 갖거나 인지적, 사회적으로 준비되지 않은 상태에서 성적인 대상으로 여겨지는 경험을 하게 될 가능성이 만숙 여자 청소년들에 비해 더 많기 때문에 부정적인 심리사회적 적응 특성을 보이기 쉽다(김예성, 안재진, 2014; 이미리 외, 2014; 허혜경, 김혜수, 2010). 반면에 만숙 여자 청소년들은 조숙 여자 청소년들에 비해서 더욱 사교적이고 리더십이 있으며 자신의 외모에 대해 더욱 만족한다는 연구결과도 있다(Caspi, et al., 1993).

그렇다고 해서 여아에게만 만숙이 조숙에 비해 심리사회적 적응에 있어서 더욱 도움이 되는 것은 아니다. 남아의 경우도 만숙이 심리사회적 적응에 긍정적인 영향을 준다는 연구결과들이 보고되고 있기도 하다. 선행연구들에 의하면 만숙 남자 청소년들은 조숙한 또래에 비해 다양한 영역에서 지적 활동에 더욱 몰두하고 이로 인해 인지적 능력, 호기심, 창의력이 더욱 발달되어 있다고 한다(박경애 외, 2010; Steinberg, 2011). 또한 남녀 모두 만숙 청소년들은 조숙 청소년들보다 사춘기 이전의 시기를 충분히 갖기 때문에 사춘기에 경험하게 되는 성장의 급등 현상이나 2차 성징의 출현 등 신체적 생리적 변화에 적응할 수 있는 대처 능력을 더 잘 발달시킬 수 있다.

2) 신체상

신체상(body Image)은 자신의 신체구조, 기능, 외모에 대한 태도와 느낌으로(Fisher, 1986), 자아개념을 구성하는 주요 요소다(Harter, 1993). 청소년은 사춘기 신체적 급성장으로 인해 자신의 신체에 대해 과민하게 반응하고 자의식이 강해지기 때문에 부정적인 신체상을 발달시키기 쉽다(이영미, 2004; 정윤주, 2010). 더욱이 행복의 기준을 외모나 사회적 지위와 같이 타인의 눈에 쉽게 드러나는 외적인 특성으로 삼는 외모지상주의적 가치관이 팽배한 사회 분위기 속에서 청소년들은 부정적인 신체상을 형성할 가능성이 클 뿐 아니라 이로 인해 외모를 가꾸기 위한 위험한 다이어트나 약물복용, 그리고 불필요한 성형수술도 마다하지 않는 부적응 행동을 보이기 쉽다(모경환, 이미리, 이봉민, 2018; 이미리 외, 2014).

일반적으로 긍정적 신체상을 가진 청소년은 자아존중감이 높으며, 사회성이 발달되어 있고 학교 적응과 성취동기 수준이 높다. 그러나 부정적 신체상을 가진 청소년은 소극적인 대인관계, 자기비하감, 우울, 불안, 섭식장애 등의 부적응을 경험한다(장선철, 송미현, 2004; 정윤주, 2010). 그러므로 긍정적인 신체상을 발달시키는 것은 청소년기의 중요한 발달적 과제다.

성별, 외모에 대한 부모와 또래의 태도나 행동, 대중매체를 통해 전달되는 이상적 외모에 대한 사회문화적 기준 등은 청소년기 신체상 발달에 영향을 준다(박은아, 2003; 이상선, 2005; 이상선, 오경자, 2003; 정윤주, 2010). 자녀의 외모에 대한 부모의 부정적인 말, 태도, 잘못된 체중 규준, 부모 자신의 부정적인 신체상과 섭식문제 등은 직 · 간접적으로 자녀의 부정적 신체상 형성에 영향을 미친다. 동조성 경향이 높은 청소년기에는 또래가 비교의 대상이 되는데, 특히 또래와 외모 비교를 많이 하게 되며 이러한 비교는 부정적 신체상을 형성하는 결과를 낳는다. 이뿐만 아니라 외모에 대한 또래와의 대화나 비판은 신체상 형성에 영향을 준다. 사춘기가 되면서 남녀 청소년 모두 자신의 신체에 대해 부정적인 신체상을 갖게 되는데 남자보다 여자가 더욱 부정적인 신체상을 갖는다. 사춘기가 지나면서 남자 청소년이 가지고 있던 부정적인 신체상은 감소하는 경향을 보이나 여자 청소년의 신체상은 더욱 부정적이 되어 간다. 특히 여자 청소년들은 미디어를 통해 여성의 외모에 대한 기준이 날씬한 외모로 획일화되고 이러한 기준이 사회적 압력으로 작용하고 있는 우리사회에서 부정적인 신체상을 갖기 쉽다. 미디어의 영향으로 인한 부정적인 신체상 형성의 문제는 여자 청소년들에게서 자주 발생하지만 최근에는 남자 청소년들도 근육이 발달되고 예쁘장한 외모에 대한 관심이 증가하면서 신체상 형성에 부정적인 영향을 받고 있다(Smolak, 2004).

이와 같이 사춘기 급격한 신체 변화로 인해 청소년들은 자신의 몸에 대해 과민하게 반응하고 자의식이 강해지게 되는데, 이러한 반응은 심리적 행동적 발달에 영향을 주며 그 영향력은 성인이 되어서도 지속된다(Berscheid & Walster, 1974). 그러므로 청소년기 신체상 발달에 영향을 주는 개인적, 환경적 요인들은 무엇인지 그리고 영향을 주는 과정들은 어떠한지에 대한 지속적인 연구가 필요하고 이를 통해 청소년들이 건강한 신체상을 형성할 수 있도록 가족, 학교, 지역사회에서 노력해야 한다.

3) 성행동

청소년기는 신체적 급성장과 성호르몬 분비의 증가 등으로 아동기에 억압되어 있었던 성적 욕구가 강해지는 시기다(Miller, 1983; Steinberg, 2011). 이러한 욕구를 표출하기 위해서 청소년들은 성행동(sexual behavior)을 하게 된다. Freud에 의하면 인간이 청소년기 이후에만 성행동을 하는 것은 아니다. 인간은 태어나면서부터 성행동을 하지만 청소년기의 성행동은 이전 시기의 성행동과 다른 의미를 갖는다. 인간은 일생을 통해서 성적인 존재이지만 청소년기의 성이 특별하게 다루어져야 하는 이유는 다른 시기에 비해 급속하게 진행되는 성적 발달로 인해 성역할과 성행동이 형성되는 시기이므로 바람직하지 못한 환경에 놓일 경우 성행동 발달에 있어서 상대적으로 다른 시기에 비해 부정적인 효과가 더 크기 때문이다(김은화, 전귀연, 2007).

Freud의 성격발달단계이론에 의하면 영아기는 입을 통해서, 유아기는 항문을 통해서, 아동 초기는 성기를 통해서 성적 욕구를 충족시키고자 하며 아동 후기에 접어들면 성적 욕구를 충족시키려는 성향이 잠재되어 있다가 사춘기로부터 시작된 청소년기에 접어들면서 성기를 통해 성적 욕구를 충족시키고자 하는 충동이 증가하며 이전 시기와 달리 성적 욕구를 충족시키기 위해 파트너를 찾는다(Sternberg, 2011). 이렇게 청소년기의 성행동은 아동기의 성행동과 의미가 다르고 청소년기에 형성된 성에 대한 태도나 행동은 이후 성인기까지 지속되는 경향이 있다. 특히 청소년기 성행동과 관련된 위험성행동의 문제는 심각하다(모경환, 이미리, 이봉민, 2018; 한상철, 2009).

(1) 청소년기 성행동과 위험성행동의 특성

성행동이란 성(sexuality)과 관련된 행동으로서 개인 간의 신체접촉을 통한 직접적 성행동과 개인 간의 직접적인 신체접촉이 없이 성적 대상물을 보는 간접적인 성행동을 포함한다(백혜정, 김은정, 2008). 발달심리학적 관점에서 보면 청소년기에 이성친구에게 성적 감정을 느끼거나 성적 행동을 하는 것은 부모로부터 독립하기 위한 정상적인 행동이다(박현숙, 정선영, 2011; 송명자, 1995; 한상철, 2015). Freud에 의하면 인간은 아동기에도 성행동을 하며 이를 통해서 성격이 발달해 나간다.

청소년기 성행동은 아동기 성행동과 의미가 다르다. 청소년심리학자인 Steinberg(2011)는 청소년기의 성행동이 아동기의 성행동과 다른 점을 다음과 같이 세 가지로 설명하였다. 첫째, 사춘기 이전의 아동도 키스, 포옹, 자위행위 등의 성행동을 할 수 있으나 사춘기가 되어야 비로소 남자는 사정을 할 수 있고 여자는 배란을 하여 성행동의 결과 임신이 가능하다. 둘째, 복잡한 생각이 없이 단순히 성적 욕구를 표출하는 아동기의 성행동과 달리 청소년기 성행동은 많은 생각을 수반한다. 예를 들어, 자신이 이성친구에게 어떻게 보일지에 대한 자의식적 사고와 상대방에게 자신의 마음을 표현할지 말지에 대한 의사결정적 사고, 상대방이 자신의 성적 행동의 표현을 원할지 말지에 대한 추측적 사고, 상대방이 원하면 어떤 행동을 할지에 대한 가설적 사고 등의 복합적인 사고를 수반한다. 셋째, 청소년기의 성행동은 친밀한 애정관계를 유지하기 위한 수단 혹은 친구들과의 관계에서 자기의 위치를 높이기 위한 수단이 되는 등 사회적 관계나 지위와 밀접한 관련이 있다.

결과가 부정적인 청소년기 성행동이나 우리 사회의 성적 규범에 반할 때 이를 위험성행동(sexual risk behavior)이라고 한다(박현숙, 정선영, 2011; 조주영, 김영희, 2006; 한상철, 2009). 청소년기에는 신체적, 심리적 발달 특성상 성적 충동과 성적 관심이 증가하므로 성인의 보호와 올바른 성의식이 뒷받침되지 않으면 위험성행동을 하게 될 가능성이 크다(이미리 외, 2014; 한상철, 2009). 성폭력, 성매매, 예기치 않은 임신, 음란물중독 등이 청소년기 위험성행동의 대표적인 예다(모경환, 이미리, 김명정, 2014; 모경환, 이미리, 이봉민, 2018). 이러한 청소년기 위험성행동의 폐해는 신체적, 정서적, 인지적, 사회적 발달의 전 영역으로 확대되며 성인기까지 지속될 가능성이 크다(이수정, 장현석, 2004; 이해주, 이미리, 모경환, 2006). 그러므로 청소년기 위험성행동의 발생을 예방하고 대처하는 전문적이고 꾸준한 노력이 요구된다.

(2) 청소년 성행동과 위험성행동 발달 관련 요인

사춘기 신체적, 생리적 변화가 성행동 발달에 영향을 주지만 개인적, 환경적인 요인 또한 성행동 발달과 밀접하게 관련되어 있다(김은화, 전귀연, 2007; 조주영, 김영희, 2006; 한상철, 2009). 성행동 발달과 관련된 개인적 요인으로는 성별, 연령, 성에 대한 태도, 자기통제력, 음주 · 흡연 등의 문제행동 경험이 있다(김은화, 전귀연, 2007). 선행연구에 의하면 여자보다 남자가, 중학생보다는 고등학생이, 성에 대해 보수적인 태도를 가지고 있는 청소년보다 허용적이고 쾌락추구적인 태도를 가지고 있는 청소년이, 자기통제력이 낮은 청소년이, 음주나 흡연을 비롯한 문제행동 경험이 있는 청소년들이 성관계 경험이 더 많다(김은화, 전귀연, 2007; 조주영, 김영희, 2006; 한상철, 2009).

청소년 성행동 발달과 관련된 환경적 요인으로는 가족의 구조적 결손이나 부모의 양육태도, 친구관계, 학교환경, 지역사회환경 그리고 음란 영상매체 등이 있다(김은화, 전귀연, 2007). 부모와의 많은 별거 경험이나 부모의 부정적인 양육태도는 청소년 자녀의 이른 성행동이나 위험성행동 유발에 영향을 주며(한상철, 2009; Short & Rosenthal, 2008), 비행친구와의 접촉경험이 많을수록 성에 대한 허용적인 태도를 가지고 성관계 경험을 할 가능성이 높다(김만지, 2003; 박현숙, 정선영, 2011). 또한, 학교에 대한 유대감이 낮을수록 성행동 경험이 많으며(김은화, 전귀연, 2007), 유해환경이나 폭력적인 환경이 많은 지역사회에 거주하는 청소년들이 그렇지 않은 청소년들보다 성행동 경험이 많고, 음란 영상매체를 많이 접할수록 성행동 경험이 많다(김은화, 전귀연, 2007; 김재엽, 곽주연, 2017).

청소년기 성행동은 정상적인 발달의 산물로서 긍정적, 부정적 기능을 모두 가지고 있다(한상철, 2009). 청소년기 성행동은 자연스럽게 부모로부터 독립하고 자아정체감을 확립해 나가기 위한 긍정적인 기능을 가지고 있지만 동시에 다양한 개인적, 환경적 위험요인의 영향으로 위험성행동으로 발달될 가능성도 크다. 청소년 위험성행동의 발달에 영향을 미치는 개인적, 환경적 요인들을 분석한 선행연구들에 의하면 앞에서 제시한 청소년 성행동 발달에 미치는 개인적, 환경적 요인들의 내용과 크게 다르지 않다. 자아존중감이 낮거나, 불안정한 정서 특성을 보이거나, 공격적 성격 특성을 가지고 있거나, 자기통제력이 낮거나, 성에 대한 왜곡된 가치관을 가지고 있을 때 위험성행동을 할 가능성이 높다(김상범, 남영옥, 2017; 김혜자, 심미정, 2014; 정해숙, 최윤정, 최자은, 2014). 또한 부정적인 부모-자녀 관계, 가정폭력, 비행 친구들과의 접촉, 음란물 접촉, 음주, 흡연, 가출 등의 일탈행동 등이 위험성행동의 발생과 관련이 있다(김재엽, 김희진, 장대연, 이현, 2017; 최해연, 곽윤영, 김은영, 배주미, 2011).

그러므로 청소년기 주요 발달 특성 중의 하나인 성행동의 건강한 발달을 도모하기 위해서는 성행동뿐 아니라 위험성행동에 영향을 주는 요인들에 대해서 구체적으로 파악할 필요가 있다. 이 책에서는 청소년 위험성행동의 개념과 유형, 영향을 미치는 요인 그리고 청소년 위험성행동상담과 관련된 구체적인 내용을 제12장에서 다루고 있다.

3. 청소년기 인지적 발달

1) Piaget의 이론에 근거한 청소년기 인지발달 특성

제2장에서 살펴본 바와 같이 Piaget의 인지발달이론에 의하면 인간의 인지는 영아기에 해당하는 감각운동기(sensorimotor stage), 유아기에 해당하는 전조작기(preoperational stage), 아동기에 해당하는 구체적 조작기(concrete operational stage), 그리고 청소년기와 그 이후에 해당하는 형식적 조작기(formal operational stage)의 질적으로 다른 사고 능력을 보이는 4단계를 거쳐서 발달한다. 여기서는 Piaget의 인지발달단계 중 형식적 조작기의 특성을 구체적으로 살펴봄으로써 청소년기의 인지적 발달 특성을 알아보자. Piaget가 제시한 형식적 조작기의 특성에 근거하여 청소년기 전반적 인지발달 특성을 다음과 같이 다섯 가지로 요약할 수 있다(Steinberg, 2011).

(1) 가능성에 대한 사고 능력

가능성에 대한 사고 능력이란 어떤 현상에 대한 여러 가지 가능성을 체계적으로 생각해 낼 수 있는 능력을 말한다. 아동은 구체적인 사실에 국한된 사고만을 할 수 있는 반면에 청소년은 추상적인 대상에 대해서도 다양한 가능성을 생각해 내고 체계적으로 설명할 수 있다. 그래서 청소년기에는 이전 시기에 가능하지 않았던 연역적 추리(deductive reasoning)와 가설적 사고(hypothetical thinking)가 가능하다. 연역적 추리란 일반적인 전제로부터 논리적인 결론을 이끌어 내는 추리과정으로서 근거 자료를 통해 논리적인 결론을 내리는 귀납적 추리(inductive reasoning)에 비해 좀 더 어려운 사고과정이다. 가설적 사고란 가능한 결과를 예측해서 논리적으로 추론하는 것으로 청소년기에는 이와 같이 가능성에 대한 논리적 사고가 가능하기 때문에 사고의 폭이 넓어진다. 즉, 아동기에는 체계적인 계획이 없이 시행착오를 통해 즉흥적으로 문제를 해결하는 편이나 청소년기가 되면 가설검증적이며 사전에 계획을 세우고 체계적으로 문제를 해결해 나간다.

Piaget는 청소년기의 조합적이고 체계적인 사고과정을 실험을 통해 구체적으로 보여 주었다. [그림 4-1]에서 같은 모양의 용기 A, B, C, D, E에 들어 있는 무색의 액체를 섞어서 노란색의 액체로 변하는지 찾으라는 과제를 주었을 때, 구체적 조작기의 아동은 시행착오적으로 섞으면서 우발적으로 정답을 찾으려 한다. 하지만 형식적 조작기 청소년은 5개의 용기에 들어 있는 액체를 섞을 수 있는 모든 가능한 경우를 미리 생각하고 하나씩 체계적으로 점검해 나가는 방법으로 정답을 찾는다(Miller, 1983). 5개 용기의 액체를 섞는 방법으로는 용기 2개씩 섞을 수 있는 경우 10회, 3개씩 섞을 수 있는 경우 10회, 4개씩 5회, 5개 모두를 섞는 경우 1회를 모두 합쳐 총 26회가 있는데, 형식적 조작기 청소년들은 이런 모든 경우를 체계적으로 하나씩 점검해 가면서 어느 한 경우도 빠뜨리지 않고 정답을 찾을 수 있는 사고가 가능하다.

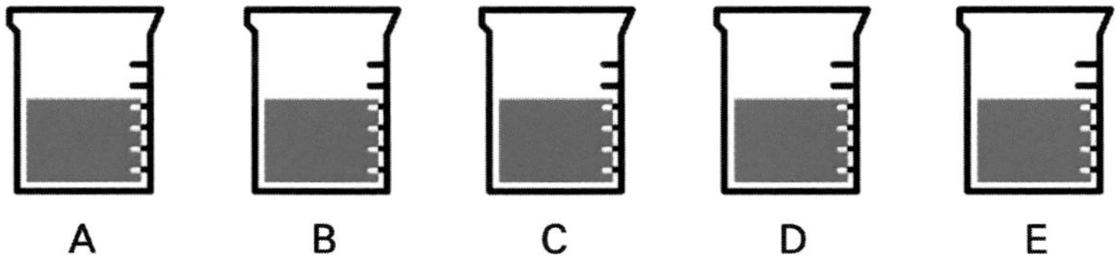

[그림 4-1] Piaget의 액체 혼합 실험

가능성에 대한 청소년들의 논리적 사고 능력은 물리적 대상에 국한되지 않고 사회적 대상으로 확장된다. 자신에게 가능한 미래의 직업이나 역할을 상상하고 도덕적, 정치적 주제에 대해 관심을 가지며 이러한 주제들을 다양한 관점에서 생각하고 판단한다. 또한 가능성이 실현되는 이상적인 세상을 꿈꾸며 발전적인 사고를 하지만, 이상과 현실의 격차로 인해 현실을 과소평가하고 자아중심적인 사고를 하기도 한다(Elkinol, 1967; Miller, 1983). 청소년기 자아중심적 사고의 특성에 대해서는 3절에서 구체적으로 살펴본다.

(2) 추상적 개념에 대한 사고 능력

추상적 개념이란 감각을 통해서 직접 경험될 수 없는 개념을 말한다. 예를 들어, 사랑, 자유, 용서 등과 같은 개념은 존재하는 개념이기는 하지만 직접 보거나 만질 수 없다. 이러한 추상적 개념에 대한 사고 능력은 삶의 의미를 생각할 수 있게 하고 인간관계를 생각할 수 있게 하며 사회인지의 발달로 이어진다(Miller,

1983; Sternberg, 2011).

인간관계에 대한 사고를 사회인지(social cognition)라고 하는데 사회인지는 인간관계를 유지하기 위해 기본이 되는 능력으로서 다른 사람의 감정이나 생각, 의도 등을 이해하는 능력이다(정옥분, 2005). 따라서 사회인지가 발달되어야 타인과 원만한 관계를 유지할 수 있다. 이렇게 추상적 사고 능력의 발달과 관련된 사회인지의 발달을 통해 청소년기에는 아동기에 비해 대인관계나 인간의 행동에 대해 더욱 성숙된 사고를 할 수 있다. 그러나 사회인지가 발달되지 않은 청소년들은 대인관계에 있어서 부적응의 문제를 경험할 가능성이 있다. 사회인지에 대한 구체적인 내용은 3절에서 다루기로 한다.

(3) 사고과정에 대한 사고 능력

사고과정에 대한 사고를 초인지(meta cognition)라고 한다(송명자, 1995). 예를 들면, 어떤 방법을 쓰면 더 잘 암기할 수 있을지에 대해 생각하는 것으로 암기라는 사고과정에 대해서 더 효과적인 방법을 사고하는 것이다.

사고과정에 대한 사고 능력의 발달은 청소년기의 자의식적인 사고의 발달과 관련이 있고 나아가 청소년기 자아중심성의 발달과도 관련이 있다. 자의식적 사고란 다른 사람들이 나에 대해서 어떻게 생각하는지에 대해 생각하는 것으로 생각의 관심이 자신에게 향하게 되고 자신에 대한 지속적인 생각을 통해 청소년기 자아정체감이 발달하게 된다. 그러나 지나치게 자의식적 사고에 빠지게 되면 청소년기 특유의 비논리적이고 자아중심적인 사고 특성을 보이기도 한다. 이러한 청소년기 자아중심적 사고 특성에 대해서는 3절에서 구체적으로 살펴보기로 하자.

(4) 복합적인 사고 능력

복합적인 사고(multidimensional thinking)란 한 번에 한 차원만 생각하는 것이 아니라 여러 차원을 동시에 생각하는 것을 말한다. 상황이나 문제에 대한 여러 가지 측면을 동시에 생각하는 것이다. 청소년기에는 이러한 사고 능력이 발달되기 때문에 문제해결을 위한 다양한 방안을 생각할 수 있다. 아동기에는 문제해결을 위해 시행착오적으로 접근하지만 청소년기에는 사전에 계획을 세우고, 다양한 해결책을 체계적으로 모색할 수 있다.

이러한 복합적인 사고 능력은 자아개념이나 인간관계에 대한 이해 능력의 발달에 영향을 미친다(Steinberg, 2011). 청소년은 아동과 달리 자신의 특성을 단순하게 정의하는 것이 아니라 자신의 다양한 특성을 다양한 상황과 동시에 고려하여 복합적인 자아개념을 갖는다. 이러한 복합적인 사고 능력은 자신뿐 아니라 타인을 이해하는 데도 적용된다. 나의 관점과 타인의 관점은 다를 수 있음을 알고 타인의 관점에서 문제상황을 생각해 볼 수 있다.

(5) 상대주의적 사고 능력

상대주의적 사고란 옳고 그름을 흑백논리로 보는 것이 아니라 상대적인 관점에서 보는 것이다. 상대주의(relativism)란 모든 진리나 가치의 절대적인 타당성을 부인하고, 모든 것은 상대적이라고 보는 입장을 말한다. 상대주의적 사고의 발달로 청소년기에는 이전에 절대적인 진리로 보았던 것들에 대해 회의를 느낀다. 이전에는 부모의 말이나 행동이 절대적으로 옳다고 여겼으나 형식적 조작기에 접어들면서 부모의 지시나 요구에 대해서 의문을 제기하거나 저항을 하여 부모와의 관계에 있어서 갈등이 증가한다(송명자, 1995; Steinberg, 2011). 이렇게 매사에 회의적으로 생각하는 과정을 거치게 되면 청소년들은 보다 복잡하고 추상적인 지식을 이해하는 사고 능력이 발달한다.

2) 도덕성발달이론에 근거한 청소년기 인지발달 특성

(1) 청소년기 도덕성발달 수준

① Kohlberg 이론적 관점에서의 청소년기 도덕성발달 수준

제2장에서 살펴본 Kohlberg의 도덕성발달단계이론에 의하면 청소년의 도덕성발달 수준은 인습적 수준에 해당된다. 인습적 수준은 행동의 결과보다는 의도에 근거해서 옳고 그름을 판단하고 사회질서를 유지하고 타인의 기대에 부응하는 행동이 도덕적이라고 판단하는 수준으로 전인습적 수준에 비해 성숙된 수준이다(제2장 〈표 2-1〉 참조). 도덕성발달단계의 인습적 수준에 해당하는 청소년들은 사회가 기대하는 바에 따라 행동하는 것, 법과 사회적 규범을 준수하는 행동이 도

덕적이라고 판단한다. 즉, 이들은 도덕적 의무를 중요시하고 준수하고자 노력한다(송명자, 1995). 이러한 인습적 수준에 해당하는 청소년기 도덕성은 청소년 초기에 나타나기 시작하면서 청소년 중기까지 지속된다. Kohlberg의 도덕성발달단계 중 가장 성숙한 수준인 후인습적 수준의 도덕적 사고는 청소년 후기에 시작될 수 있으나 인습적 수준에 머물러 있는 청소년들이 대부분이다(Steinberg, 2011). Kohlberg(1984)의 연구에서도 후인습적 수준의 도덕적 사고 능력을 보이는 경우는 성인의 5% 미만이었으며 대부분의 청소년과 성인들은 인습적 수준에 머물고 있음을 확인하였다.

이뿐만 아니라 인습적 수준의 도덕적 판단을 하는 청소년들은 일시적으로 도덕적 퇴행 현상을 보이기도 한다. 도덕적 퇴행 현상이란 Kohlberg의 도덕성발달단계의 인습적 수준에 있는 청소년들이 전인습적 수준의 하위단계인 2단계로 후퇴했다가 다시 인습적 수준으로 돌아오거나 후인습적 수준의 하위단계인 5단계로 발달하는 현상을 말한다(송명자, 1995). 즉, 사회질서를 유지하고 타인의 기대에 부응하는 행동을 도덕적이라고 판단하는 사고 특성을 보이다가 법이나 규범을 준수하는 것보다는 자신에게 이익을 가져다주는 행동을 도덕적 행동이라고 판단하는 자기중심적 사고 특성을 보이는 미숙한 수준으로 후퇴하는 것이다. 그러나 이러한 현상은 일시적으로 나타나는 현상으로서 청소년기 자아정체감을 형성하기 위해 경험하는 심리사회적 갈등이나 동요 때문에 발생한다(Kohlberg, 1984).

우리나라 청소년의 도덕성발달 수준을 평가한 연구들에 의하면 결과가 조금씩 차이를 보이기는 하지만 대체로 중학생이 되면 25~65% 범위 내에서 Kohlberg 도덕성발달단계의 3단계에 속하는 도덕적 판단을 하고 있으며 고등학생의 경우는 35~75% 정도가 4단계의 도덕적 판단을 하고 있다(송명자, 1995). 그러므로 중 · 고등학생의 경우 도덕적 사고에 있어서 3단계에서 4단계에 있다고 볼 수 있다. 이렇게 Kohlberg 도덕성발달단계의 인습적 수준에 해당하는 3단계와 4단계의 도덕적 판단을 하는 청소년들은 행동의 결과보다는 동기에 관심이 있으며 사회의 기대에 부응하는 것에 가치를 둠으로써(백혜정, 이순묵, 2004) 사회의 질서를 존중하고 순응한다. 3단계의 경우는 인간관계 유지와 타인의 인정을 받는 것을 중요하게 생각하고 4단계는 사회의 체제에 대한 인식이 분명해짐으로써 법과 질서유지를 지향하고 권위에 대한 존경심을 갖는다(백혜정, 이순묵, 2004).

② Gilligan 이론적 관점에서의 청소년기 도덕성발달 수준

Kohlberg의 정의지향적 도덕성발달이론에 대한 비판으로 제시된 Gilligan의 배려지향적 도덕성발달단계 수준은 어떠한지 살펴본 연구들에 의하면 우리나라 청소년들은 제1과도기와 2단계에 주로 속해 있다(정미연, 2000; 정옥분, 곽경화, 2002). 제1과도기는 1단계의 자기중심적인 이기심에서 2단계의 타인에 대한 배려와 자기희생에 대해 관심이 생기기 시작하는 전환기로서 도덕적 판단의 준거가 이기심에서 책임감으로 전환되기 시작한다. 2단계는 제1과도기의 다음 단계로 이기심에서 벗어나 타인에 대한 배려와 자기희생을 도덕적 행동의 판단 준거로 삼는다. 그러나 고등학생을 대상으로 한 연구에 의하면 53%가 제1과도기에 속했고, 36%가 2단계에 속해 제1과도기에 머물러 있는 청소년이 더 많았다(정옥분, 곽경화, 2002). 즉, 우리나라 청소년의 배려지향성의 도덕성발달 수준이 자신의 이익을 추구하는 수준에 머물러 있는 경향이다.

이는 아직 성인에 비해서 청소년들은 타인을 배려하는 도덕성을 발달시킬 수 있는 교육이나 경험이 부족하기 때문일 수 있다. 정옥분과 곽경화의 연구(2002)에서는 고등학생, 30대, 50대의 세 집단을 비교했는데 30대와 50대 성인 집단은 청소년 집단에 비해서 제1과도기보다는 2단계에 속해 있는 사람들의 비율이 더 높아서 청소년보다 더 높은 배려지향적 도덕성을 보임을 알 수 있다. Kohlberg에 의하면 도덕성의 발달은 도덕적인 타인과의 누적된 상호작용 경험을 통해서 이루어진다(Steinberg, 2011). 이러한 점을 고려해 볼 때 우리나라 청소년들의 배려지향적 도덕성발달의 미숙은 상호작용 경험의 부족으로 나타날 수 있다. 그러나 다른 한편으로는 우리나라 청소년들의 배려지향적 도덕성발달 수준이 제1과도기에 머물러 있는 이유가 과거에 비해 집단주의적 가치관보다는 개인주의적 가치관을 중시하는 청소년 문화를 반영하는 것일 수도 있다(정영숙, 2000; 정옥분, 곽경화, 2002).

(2) 청소년기 도덕성발달 관련 요인

청소년기 도덕성발달은 개인적 요인뿐 아니라 환경적 요인과 관련되어 있다.

개인적 요인으로는 성별과 연령, 내외통제성, 인지발달 수준, 학업 성적, 학교부적응, 비행 등 심리적 · 행동적 요인이 도덕성발달과 관련되어 있다. 환경적 요인으로는 부모의 사회경제적 지위, 부모의 양육태도, 친구관계, 문화적 특성 등이 관련되어 있다.

성별과 도덕성의 관계는 가장 많이 논의되어 온 주제이나 그 결과는 일관성이 적다. 제2장에서 설명한 바와 같이 배려지향적 도덕성발달이론을 제시한 Gilligan에 의하면 남자는 정의지향적 도덕성발달 수준이 높으며 여자는 배려지향적 도덕성발달 수준이 높다. 그러나 도덕성발달에 있어서 성별에 따른 차이를 분석한 연구들에 의하면 배려지향적 도덕성과 정의지향적 도덕성 모두 남녀 차이가 없거나 오히려 여자가 남자보다 정의지향적 도덕성 수준이 더 높다는 결과를 보고하고 있기도 하다(백혜정, 이순묵, 2002, 2004; 이윤희, 한유경, 2015; 정옥분, 곽경화, 2002).

연령이 높아지면서 인지 능력이 발달하기 때문에 도덕적 판단 능력 또한 발달한다. 연령과 도덕성발달의 관계를 연구하기 위해서 중 1, 2, 3학년 간, 혹은 고 1, 2, 3학년 간 또는 초등학생, 중학생, 고등학생, 대학생 간 도덕성발달 수준을 비교한 연구들에 의하면 모두 연령 집단 간 차이가 있음을 보고하고 있다(백혜정, 이순묵, 2002, 2004).

내외통제성(locus of control)은 행동결과의 원인이 능력이나 노력 등 스스로 통제할 수 있는 내적 요인에 있다고 보는지, 운과 같이 통제할 수 없는 외적 요인에 있다고 보는지에 대한 사고 경향을 말한다. 자신의 행동결과의 원인이 외적 요인보다 내적 요인에 있다고 생각할수록 도덕성발달 수준이 높은 경향을 보인다(백혜정, 이순묵, 2002). 또한 인지발달 수준과 학업성적이 높을수록, 학업동기 수준이 높을수록 도덕성발달 수준이 높다(백혜정, 이순묵, 2002; 이윤희, 한유경, 2015; Steinberg, 2011). 또한 비행경험이 많을수록 도덕성발달 수준이 낮은데 대체로 일반청소년은 Kohlberg 도덕성발달단계의 3단계에 있는 반면에 비행청소년들은 2단계에 속해 있는 경우가 대부분이다(김상균, 2005; 백혜정, 이순묵, 2002).

청소년의 도덕성발달과 관련된 환경적 요인을 살펴보면 부모의 학력이나 직업으로 평가된 사회경제적 지위가 높을수록 청소년의 도덕성발달 수준이 높다(백혜정, 이순묵, 2002). 그러나 가구 소득과 청소년 도덕성발달은 관련이 없거나 혹은 소득이 많을수록 청소년 자녀의 도덕성발달 수준이 낮다는 연구결과들도 있다(백혜정, 이순묵, 2002; 이윤희, 한유경, 2015).

환경적 요인들 중 부모의 양육태도는 청소년의 도덕성발달과 일관된 관련성을 보인다. 부모의 애정적인 양육태도와 의사소통이 원활한 부모–자녀관계, 부모의 지지적인 태도가 청소년의 도덕성발달에 긍정적인 영향을 준다(이윤희, 한유경, 2015). 친구관계 또한 청소년기 도덕성발달과 밀접하게 관련된 요인이다. 또래들과의 친밀감이 높을수록, 또래집단 내에서 인기가 많을수록 도덕성발달 수준이 높다(송순, 1994). 이뿐만 아니라 교사와의 친밀감이나 교사의 인성 중시 태도가 청소년 도덕성발달에 긍정적인 영향을 미친다(송순, 1994; 이윤희, 한유경, 2015).

문화적 요인과 도덕성발달의 관계에 대해서도 많은 연구가 진행되었다. Kohlberg는 도덕성발달단계를 제시할 때 발달단계의 보편성을 주장하면서 범문화적으로 적용할 수 있다는 전제를 가지고 있었지만 도덕성발달이 문화권에 따라서 달리 나타나는 연구결과들이 보고되고 있다(백혜정, 이순묵, 2002). 대체로 서구화된 교육기관이나 직장에서 교육을 받았거나 일하면서 성장한 개인주의적인 서구 문명사회 사람들은 Kohlberg 도덕성발달단계의 4단계인 자신이나 타인의 욕구추구보다 사회가 정한 법률과 규칙 준수가 우선하는 도덕적 판단 수준에 도달한다. 그러나 핏줄과 마을이라는 울타리 안에서 서로 간의 친밀한 유대관계를 형성하며 사는 전통적인 문화권에서 성장한 사람들은 3단계인 타인으로부터 칭찬과 인정을 받는 행동이 옳다고 판단하는 수준에 머무는 경향을 보인다(Edwards, 1978). 이는 전통적 문화권의 사람들이 도덕적 판단 능력이 미숙해서가 아니라 3단계의 원칙이 이 문화권에 적합하기 때문이다.

우리나라는 실리, 자유, 개성, 독립심 등을 중시하는 개인주의적 가치관보다는 의리, 애정, 양보, 협동, 희생을 중시하는 집단주의적 가치관이 지배하는 문화권이므로 우리나라 청소년들은 배려지향적인 도덕성이 발달해 있을 것이라는 가정을 가지고 연구들이 진행되었다. 그런데 흥미롭게도 우리나라 청소년들의 배려지향적 도덕성발달은 미숙한 수준에 머물러 있다(백혜정, 이순묵, 2002, 2004; 정영숙, 2000; 정옥분, 곽경화, 2002). 대체로 제1과도기 수준에 속하는데, 이는 자기중심적인 이기심에서 타인에 대한 관심이 생기기 시작하는 수준이다. 3개의 단계와 2개의 과도기로 총 5개 수준으로 분류된 Gilligan의 배려지향적 도덕성발달단계에 의하면 하위 둘째 단계에 머물러 있는 수준이다(제2장 참조).

3) 청소년기 자아중심적 사고와 사회인지의 발달

(1) 자아중심적 사고

앞서 청소년기 사고과정에 대한 사고 능력의 발달 부분에서 말한 바와 같이 지나치게 자의식적인 사고에 빠지게 되면 자신에게만 몰두하여 객관적인 판단이나 논리적인 사고를 하지 못하게 된다. 이러한 청소년기 사고 특성을 자아중심성(egocentrism)이라고 한다(송명자, 1995). 청소년기의 자아중심적 사고는 지나치게 자의식적이면서도 동시에 다른 사람의 의견을 아랑곳하지 않고 위험행동이나 문제행동을 서슴지 않는 청소년기의 독특한 정서적 · 행동적 특성의 원인이 된다(이미리 외, 2014). Elkind(1967)는 청소년기 자아중심성을 '상상적 청중(imaginary audience)'과 '개인적 우화(personal fable)'라는 용어로 설명하였다.

상상적 청중이란 자신이 항상 타인의 관심의 대상이라고 믿는 것이다(정옥분, 2005; 허혜경, 김혜수, 2010). 다른 사람들이 나를 관심의 초점으로 생각하고 있으며 다른 사람도 나와 같은 관심사를 갖고 있다고 믿는 것이다. 상상적 청중은 다른 사람의 눈에 띄고 싶은 욕망에서 나오는 것으로 청소년기에 자의식이 강하고 대중 앞에서 유치한 행동을 하는 이유는 이 때문이다. 상상적 청중을 가지고 있는 청소년들은 자기비판적이며 동시에 자기도취에 쉽게 빠진다. 무대 위의 주인공처럼 상상의 청중을 의식하여 늘 외모와 행동에 신경 쓴다. 이렇게 상상적 청중을 의식하는 자아중심적 사고는 남자보다 여자 청소년들이 더 많이 보이며 연령이 증가할수록 감소한다(허혜경, 김혜수, 2010; Sternberg, 2011).

개인적 우화란 나의 삶이나 경험은 독특해서 다른 사람들과 다르다고 믿는 것으로(Steinberg, 2011) 나의 감정과 사고는 독특해서 타인이 이해할 수 없을 것이라고 생각한다. 이러한 자아중심적인 사고로 인해 청소년들은 고민을 부모나 선생님에게 이야기하지 않으려고 한다. 그러나 자신의 독특성을 믿는 개인적 우화 신념은 나를 중요하게 생각하는 마음을 갖게 하고 자아존중감을 발달시키는 면도 있다(이미리 외, 2014). 그럼에도 이러한 개인적 우화는 비합리적인 신념을 발달시키는데, 예를 들면 나는 특별한 존재이기 때문에 위험행동을 해도 별일이 일어나지 않을 것이라는 신념을 갖는다. 그래서 개인적 우화 신념은 청소년들의 위험행동이나 문제행동, 예를 들어 오토바이 폭주, 임신 등의 문제행동의 발생과 관련이 있다. 이러한 청소년기 자아중심적 사고는 연령이 증가하면서 타인과의 상호작용 경험들에 의해서 감소하게 된다(송명자, 1995).

청소년기의 자아중심적 사고는 개인적, 환경적 영향에 의해서 나타난다. 청소년기에는 인지 능력의 발달로 인해 추상적이고 다면적인 사고가 가능하지만 이러한 사고가 미성숙한 수준에서는 인지적 왜곡 현상이 일어나는데 자아중심적 사고가 바로 이러한 왜곡 현상의 한 예다(이미리 외, 2014). 또한 부모의 양육태도와 행동이 부정적일 때 청소년 자녀는 자아중심적 사고를 많이 한다(김인경, 윤진, 1995). 부모로부터 지나친 간섭과 통제를 당하고 있다고 느끼는 청소년들은 부모의 구속과 간섭으로부터 자신을 찾고자 하는 욕구가 강해지고 이러한 결과로 자신은 독특하고 남과 다르다는 자아중심적 사고를 많이 하게 된다. 또한 부모가 나에게 애정이나 관심이 없고 나를 방임하고 있다고 느끼는 청소년들은 부모에게는 가치가 없는 자신을 타인에게 드러내어 알리고 존재가치를 찾으려는 노력의 한 형태로 자아중심적 사고를 하게 된다(김인경, 윤진, 1995; Steinberg, 2011).

청소년기 자아중심적 사고는 타인의 생각과 감정을 관찰하고 추론하는 사회인지 능력의 부족과 관련이 있다. 그러나 타인과의 상호작용 경험의 폭이 넓어지고 타인의 생각과 감정에 대한 이해 능력이 증가하면서 이러한 청소년기 자아중심적 사고는 점진적으로 쇠퇴하고 사회중심적이며 타인지향적인 사고가 발달하게 된다.

(2) 사회인지

사회인지(social cognition)란 대인관계, 사회적 조직, 타인의 생각, 감정, 행동을 이해하는 능력이다(정옥분, 2008; Steinberg, 2011). 청소년기는 형식적 조작기 사고 능력의 발달로 인해서 아동기에 비해 대인관계에 대한 개념이 더 성숙하고, 타인의 생각이나 행동을 더 잘 이해하고 사회적 조직에 대한 생각이 더 복합적이다. 이러한 사회인지의 발달로 인해 청소년은 자아중심성에서 벗어나고 타인과 원만한 관계를 유지할 수 있다.

사회적 조망수용(social perspective taking) 능력은 이러한 사회인지의 발달에 중요한 역할을 한다. 사회적 조망수용 능력이란 타인의 조망 혹은 관점에서 사물이나 사건들을 이해하는 능력을 말한다(Steinberg, 2011). 사회적 조망수용 능력의 발달을 연구한 대표적인 사회인지 이론가인 Selman은 사회적 조망수용 능력은 일련의 단계를 거쳐서 발달하는데, 특히 청소년기에 사회적 조망수용 능력이 크게 발달한다고 설명하였다(Selman, 1980).

Selman은 사회적 조망수용 능력의 발달과정을 유아기에서 청소년기까지 5단계로 나누어 설명하였다. Selman의 사회적 조망수용 능력 발달단계에서(장휘숙, 2004; Steinberg, 2011), 〈표 4-2〉에서 제시한 연령 범위는 연령 그 자체가 중요한 의미를 지닌다기보다는 대체로 청소년기 전후 시기를 구분하기 위한 범위로 이해하는 것이 좋겠다.

〈표 4-2〉 Selman의 사회적 조망수용 능력 발달단계

단계	연령 범위	발달특징
0단계: 자기중심적 미분화단계	3~6세	상대방을 자아중심적으로 이해하여 상대방도 나와 동일한 견해를 갖는다고 인식함
1단계: 주관적 조망수용단계	5~9세	자아중심성에서 벗어나기 시작하여 상대방이 나와 다른 입장을 가질 수 있음을 인식하기 시작함
2단계: 자기반성적, 호혜적 조망수용단계	7~12세	상대방의 입장으로 나의 생각과 감정을 고려할 수 있음
3단계: 제3자적, 상호적 조망수용단계	10~15세	나와 상대방의 입장은 물론 제3자의 입장에서 나와 상대방의 행동, 견해, 심리 특성을 이해함
4단계: 깊은 사회적, 상호적 조망수용단계	12세경 출현하나 성인기까지 나타나지 않을 수 있음	사람들이 나와 상대방을 보는 입장은 복잡하고 무의식적이기도 하며 나와 상대방이 통제할 수 없는 힘에 의해 영향을 받기도 함을 이해함

〈표 4-2〉에서 보여 주는 바와 같이 타인의 입장 혹은 관점에서 대인관계를 이해하는 능력인 사회적 조망수용 능력은 2단계인 청소년기 이전에 발달하기 시작한다. 3단계인 초기 청소년기에 타인의 입장뿐 아니라 제3자의 입장에서도 대인관계를 고려할 수 있는 수준으로 발달한다. 가장 성숙한 단계인 4단계는 대인관

계를 이해하는 수준이 자신, 상대방 그리고 제3자의 입장을 복합적으로 고려할 뿐 아니라 각 입장이 각 개인이 통제할 수 없는 사회와 조직의 힘에 의해서도 영향을 받고 무의식적인 힘에 의해서도 영향을 받음을 인식하는 성숙한 수준으로 사회적 조망수용 능력이 발달하게 된다. 그러나 나이가 든다고 모든 청소년이 이 단계에 도달하는 것은 아니라고 하였다.

이러한 사회적 조망수용 능력의 발달은 타인과의 의사소통을 원활하게 한다. 의견이나 입장이 다른 타인에게 자신을 이해시키기도 하고 반대로 관점이 다른 타인의 생각, 행동, 정서를 이해할 수도 있다. 타인과의 원활한 의사소통을 통해서 긍정적인 상호작용이 가능하고 이러한 타인과의 상호작용 경험을 통해서 청소년기 자아중심적 사고와 행동에서 벗어날 수 있다.

4. 청소년기 사회정서적 발달

1) 정서발달

(1) 정서의 개념과 청소년기 정서의 특징

정서(emotion)란 환경적 자극이나 내적 조건에 의해 발생하는 주관적인 강한 느낌 혹은 강한 감정을 말한다(곽금주, 2016; 장휘숙, 2004; 한상철, 조아미, 박성희, 1997). 일상 속에서 어떠한 정서를 경험하고 정서를 어떻게 조절하는가는 삶의 전반에 걸쳐 중요한 영향을 미친다(최성환, 최해연, 2014). 정서와 유사한 개념으로 사용되는 용어인 기분(mood)은 강도, 지속기간, 확산성의 측면에서 정서와 구분된다. 기분은 정서에 비해서 강도가 약하고 지속기간이 길며 특정 자극에 의해서 나타나는 것이 아니다. 그러나 정서는 강도가 강하고 지속기간이 짧으며 특정 환경적 자극이나 내적 조건에 의해서 발생된다. 즉, 기분은 명백한 자극이나 대상이 없어도 이유 없이 오래 지속되는 상태인 반면, 정서는 구체적 대상에 대한 반응이다(최성환, 최해연, 2014).

정서는 긍정적 정서와 부정적 정서로 구분할 수 있다(Watson & Clark, 1984). 사춘기에 접어든 아동을 대상으로 일상생활에서 자주 경험하는 정서를 분석한 연구에 의하면 대표적인 긍정적 정서의 예로는 즐거움, 행복함, 편안함, 희망적임, 좋아함, 만족함, 자랑스러움, 쾌감, 후련함, 홀가분함 등이었고 부정적 정서의 예로는 화남, 두려움, 속상함, 겁남, 기막힘, 소외감, 억울함, 지루함, 우울, 짜증남 등이었다(이은경, 이양희, 2006). 청소년은 아동에 비해서 외로움, 우울감, 불행감, 불안, 공포, 죄책감, 수치심, 분노 등의 부정적 정서를 더 자주 경험한다(곽금주, 문은영, 1993; 최성환, 최해연, 2014). 청소년기 부정적 정서경험은 정서적, 행동적 부적응 문제 발생에 영향을 미친다(이미리, 2003a, b, c; Eisenberg, 2001).

특히 청소년기 부정적 정서경험은 우울증의 발생에 영향을 준다. 연구의 예를 들면 일상생활에서 슬픔, 위축, 맥없음, 절망, 수동성, 흥미상실, 지루함 등의 부정적 정서를 자주 경험하는 청소년들은 우울증상을 나타내었고(강경미, 1994), 분노, 걱정, 조급함 등의 부정적 정서를 자주 혹은 강하게 경험하는 청소년들이 우울증상을 나타내었다(이미리, 김진한, 2005). 또한 일상생활을 통해 경험하는 부정적인 정서들을 효과적으로 조절하지 못하는 청소년들이 그렇지 않은 청소년들에 비해 우울증을 비롯한 부적응 수준이 높았다(이미리, 길은배, 유병열, 김진호, 2012; 조은영, 임정하, 2014; 최성환, 최해연, 2014). 그러므로 청소년기 긍정적인 발달을 위해서는 부정적 정서경험에 대한 교육적, 상담적 개입이 필요하다. 청소년기 정서발달에 대한 효과적인 개입을 위해서는 청소년기 정서발달이 어떤 요인들과 관련이 있는지 살펴볼 필요가 있다.

제1장에서 살펴본 바와 같이 청소년기는 신체적, 심리적, 환경적인 모든 면에서 급격한 변화를 겪는 시기로 정서 변화가 빠르게 진행된다. 청소년기에는 아동기에 비해 정서경험의 범위가 넓고 깊어지며 자신의 정서에 대한 인식, 표현, 조절 능력이 증가한다. 청소년기 신체적, 심리적, 환경적 변화가 정서발달에 어떻게 영향을 미치는지를 살펴보면 다음과 같다.

첫째, 사춘기 급격한 신체발달과 생리적 변화로 인한 심리적 불안정은 청소년기 특유의 정서경험에 영향을 미친다. 성호르몬의 분비는 청소년의 부정적 정서 유발에 영향을 주는데, 남자 청소년은 테스토스테론 분비의 증가가 공격성을 증가시키고 여자 청소년은 에스트로겐과 프로게스테론 분비의 증가가 우울감을 증가시킨다(최성환, 최해연, 2014). 신체적, 심리적 불안정이나 불균형이 심한 시기인 청소년기의 정서는 아동기나 성인기에 비해 변화가 빠르고 강하다(이미리,

2009b). 둘째, 형식적 조작기의 사고가 가능해진 청소년은 자신의 정서에 대한 인식 수준이 높아지고 정서의 의미에 대해서 생각할 수 있기 때문에 정서가 깊어진다(장휘숙, 2004). 셋째, 청소년기에는 자아에 대한 인식 수준이 높아지고 자아중심적 태도를 가지면서 자기만의 세계에 몰입하게 되어 불안감이나 충동성이 증가할 위험성을 갖는다(박경애 외, 2010). 넷째, 청소년기의 급격한 발달적 변화에 따른 스트레스와 더불어 학업의 부담이나 친구관계 스트레스 등 정서적인 부담을 주는 일상적 상황들의 증가로 인해 청소년기의 정서는 아동기나 성인기에 비해서 부정적이고 불안정적이다(박경애 외, 2010; 이미리, 2009b; 한태영, 이세란, 2005).

사춘기와 함께 증가하는 청소년기 정서의 부정적이고 불안정적인 특성은 청소년 후기부터 점차 감소한다(한태영, 이세란, 2005). 청소년기 정서의 이러한 부정적이고 불안정적인 특성은 신체적, 생리적, 심리적, 환경적 요인의 급격한 변화에 의한다. 청소년기를 초, 중, 후기로 나누어 정서의 변화를 살펴보면 초기에는 사춘기의 신체적, 생리적 변화의 영향으로 성적 충동이 증가하면서 성적 정서를 보이는데 이성에 대한 관심이 커지면서 성적 수치심을 강하게 느끼기도 하고 반항심을 느끼기도 한다. 또한 자의식이 높아지면서 고독감을 느끼고 불안과 초조감을 느끼지만 아동기에 비해 혼자 시간을 보내기를 즐긴다(이미리, 2009a, 2013). 이러한 성적 긴장감, 자신의 신체에 변화에 대한 불안감, 사회적 기대감에 대한 압박감, 복합적이고 추상적인 사고 능력의 발달 등으로 생각이 복잡해지면서 많은 스트레스를 경험하게 되고 이로 인해서 부정적이거나 불안정적인 정서를 경험하게 된다.

청소년 초기는 사춘기가 시작되면서 2~3년 정도의 기간까지라고 한다면 청소년 중기는 사춘기 급성장이 어느 정도 진행된 중학교 3학년 정도부터 고등학교 시기 정도로 볼 수 있다. 이 시기는 정서의 강도는 초기보다 강해지지만 정서의 표출을 억제하는 경향을 보인다. 이로 인해 자신에 대한 혐오감이나 우울감을 느끼고 열등감이 생기기도 한다. 또한 이 시기에는 자아중심적 사고를 하는 경향이 있기 때문에 현실을 부정하고 혐오하는 정서를 갖는다(한상철 외, 1997). 청소년 후기는 불안정하고 부정적이었던 정서가 안정되는 시기로, 특히 이 시기에 이성과의 교제경험은 긍정적 정서가 더욱 풍부해지고 부정적 정서를 조절하는 계기가 된다(한상철 외, 1997).

(2) 청소년기 분노 정서경험과 관련 요인

부정적 정서 중 분노는 청소년기에 자주 경험되는 정서다. 분노는 청소년뿐 아니라 모든 사람이 표현하는 일상적인 감정이지만 분노의 부적절한 표현은 심리적 발달에 부정적인 영향을 주는 힘이 크다(이미리, 2006, 2009b; Silk, Steinberg, & Morris, 2003). 특히 청소년기는 가정과 학교환경의 변화, 그리고 부모로부터의 독립을 추구하는 과정에서 경험하게 되는 상실감, 무력감으로 인해 분노를 자주 느끼고 분노를 비행 등의 사회적으로 용인되지 않는 방법으로 표현하기도 한다(권혜진, 1991). 그러므로 청소년기 분노 정서의 조절은 중요한 과제다.

영유아기에는 정서를 직접적으로 표출하고 아동기는 정서의 표출이 내재화되어 가며 청소년기가 되면 정서의 표출을 억압하거나 방어기제를 사용한다. 특히 분노를 비롯한 부정적인 정서를 여과 없이 직접적으로 표현했을 때 닥치게 될 여러 가지 불리한 상황을 피하기 위해 정서표현을 억압하거나 방어기제를 쓰는 등, 부정적 정서를 왜곡해서 표현한다. 청소년기의 이러한 정서표현방법은 성숙한 표출방법은 아니지만 청소년기의 대표적인 정서표출행동이다. 그러나 이렇게 정서 표출을 억압하거나 정서표출을 위해 방어기제를 사용하는 행동이 지속되면 심리적, 행동적 부적응을 경험하게 된다. 그러므로 자신의 정서를 인식하고 정서표현을 상황에 맞게 효율적으로 조절하여 표출하는 능력인 정서조절(emotion regulation) 능력을 발달시키는 것이 청소년기의 주요 과제다(박하얀, 정윤경, 최해연, 2015). 정서조절 능력은 청소년기의 건강한 적응뿐 아니라 이후 성인기까지 발달단계 전반에 걸쳐 개인의 심리사회적 적응과 신체적 건강에 영향을 주는 매우 중요한 능력이다(최성환, 최해연, 2014).

분노 정서경험은 충동과 조절 반응을 포함한다. 분노 정서는 분노 충동이 유발될 때 그 충동을 반사회적으로 표출하거나 혹은 조절하는 반응으로 나타난다(Diamond & Aspinwall, 2003). 분노 정서는 분노 충동이 유발될 때 남에게 소리를 지르거나 물건을 집어 던지는 등의 반사회적인 방법으로 표현되기도 하며 반대로 긍정적인 사고로 가라앉히거나 사회적으로 받아들여지는 행동으로 승화하여 표현되기도 한다(이미리, 2009b). 청소년기에 분노 정서를 적절하게 표현하는 동시에 효과적으로 조절하면 일상생활에 잘 적응하지만 이러한 조절 반응이 취약하면 파괴적인 욕구충동의 반응으로 표출되어 공격적 행동이나 우울증 등의 부적응 문제를 나타낼 가능성이 있다(권혜진, 1991; 이미리, 2006, 2009b).

① 분노 정서경험과 관련된 개인적 요인

분노 반응은 성차와 연령 차를 보인다. 남자 청소년이 여자 청소년보다 분노 충동을 더 많이 느끼는 반면, 여자 청소년은 분노 충동 조절 반응을 더 많이 하는 편이다(이규미, 1999; Eisenberg, 2001). 청소년은 아동에 비해서 분노 충동이 오래 지속되는 편이며(Eisenberg, 2001), 분노 충동이 일어나는 원인도 연령에 따라 다르게 나타난다. 영아기에는 배가 고프거나 운동을 억제당하는 것과 같은 생리적 이유로 분노를 느끼지만 청소년기에는 자신에게 중요하다고 생각하는 것에 대해서 평가절하를 당하거나 불유쾌한 대인관계 경험 등과 같은 심리적 · 사회적 원인 때문에 분노 충동이 일어난다(Berkowitz, 1990). 그러나 나이가 들어감에 따라서 분노 충동을 조절하는 경향이 증가한다(이지연, 성옥련, 2000).

이와 같이 성별이나 연령뿐 아니라 청소년의 심리적 특성도 분노 정서경험과 관련이 있다. 자아존중감은 분노 정서경험과 관련된 주요 심리적 특성이다. 청소년기 자아존중감은 분노를 비롯한 자신의 부정적인 정서를 이해하고 분노 정서를 유발하는 문제에 대해 능동적으로 대처함으로써 부정적인 정서를 조절하는 기능을 한다(김소영, 2013; 민경환, 김지현, 윤석빈, 장승민, 2000; 이규미, 1999). 자아존중감이 낮은 사람들은 쉽게 상처받고 타인에게 분노감이나 적대감을 느끼지만 이를 적절하게 표현하지 못하며 부정적인 감정을 지나치게 억제하고 있다가 부적절하게 충동적으로 표출하는 경향이 있다. 반면 자아존중감이 높은 사람은 자신에 대한 긍정적인 평가를 안정되게 유지하고 있으며 자신의 단점에 대해서 수용하고 있으므로 타인의 부정적 평가가 있어도 자아존중감에 위협을 쉽게 받지 않기 때문에 부정적 정서에 대해 능동적이고 적극적으로 대처함으로써 분노의 폭발이나 공격적 행동을 통해 자아존중감을 회복하려는 경향이 적다(이미리, 2006; Kernis, Grannemann, & Barclay, 1989).

② 분노 정서경험과 관련된 환경적 요인

청소년기의 분노 정서는 주로 대인관계에서 경험되는데 가까운 사람들과의 관계에서 더욱 자주 경험된다(권혜진, 1991; 이미리, 2009b). 부모에 대한 애착경험이나 부모의 양육행동은 청소년기 분노 정서경험과 밀접한 관련이 있는데 부모에 대한 애착이 클수록, 부모가 애정적인 양육태도와 행동을 보일수록 청소년의 분노를 비롯한 부정적인 정서경험이 적고 부정적 정서에 대한 회복력이 크며 분노 정서를 조절하는 능력이 발달된다(임희수, 박성연, 2002; Diamond & Aspinwall, 2003).

친구관계 또한 청소년의 분노 정서경험과 관련이 있다. 청소년기에는 부모와 공유할 수 없는 생각이나 가치관을 친구들과 공유함으로써 부모와 함께 경험할 수 없던 다양한 정서적 경험을 하게 되며 이러한 경험을 통해서 자신의 정서를 인식하고 조절하는 능력이 발달한다(Zimmerman, Maier, Winter, & Grossmann, 2001). 특히 친한 친구와 애착관계를 가짐으로써 서로 간에 사적인 정서경험을 하게 되고 이러한 애착관계를 유지하기 위해 분노를 조절하는 능력을 발달시키게 된다(Salisch, 2001).

학교는 청소년기 발달에 영향을 주는 중요한 환경이다. 청소년들이 경험하는 스트레스 중 대표적인 스트레스가 학교에서 발생하는 학업 스트레스다. Izard(1977)는 만성적으로 해결되지 않는 강하고 지속적인 스트레스의 경험이 분노를 유발하는 주요 원인이 된다고 하였는데 우리나라 청소년의 경우는 학업스트레스가 바로 이러한 종류의 스트레스라고 볼 수 있다(이미리, 1995; 한태영, 이세란, 2005; Lee, 2003). 청소년기의 학업 스트레스는 분노를 비롯한 부정적 정서를 유발하고 이러한 정서가 효과적으로 조절되지 못했을 때 학업수행의 문제뿐 아니라 우울증이나 행동문제가 발생할 수 있다(이미리, 1995, 2001; 한태영, 이세란, 2005).

2) 자아정체감 발달

자아정체감은 청소년기 발달을 이해하기 위해 중요한 개념이다. 자아정체감의 개념은 제3장에서 살펴본 바와 같이 Erikson의 이론에서 제시되었는데

Erikson(1950)은 청소년기에 성취해야 할 과업이 자아정체감을 형성하는 것이라고 하였다. 즉, 청소년기는 자아정체감을 형성해야 할 중요한 시기임을 말해 준다. 자아정체감이란 내가 누구이며 어떤 목적을 가지고 살아야 하는지에 대한 가치관이자 목적의식이다(송명자, 1995; Miller, 1983; Steinberg, 2011). 이러한 가치관을 정립하기 위해서는 나와 내가 속한 사회를 이해하고 수용하는 과정이 선행되어야 한다.

청소년기는 자신에 대해 논리적으로 생각할 수 있는 능력이 발달하기 때문에 자아정체감을 발달시킬 수 있는 준비가 되는 시기다. 또한 청소년기에 급진적으로 진행되는 생리적인 변화와 사회적 역할의 변화로 인해 자신에 대한 관심이 증가하기 때문이다. 자아정체감을 확립하게 되면 나는 누구이고 무엇을 할 수 있는 사람이라는 인식이 뚜렷해져서 자신의 존재에 대해 확신을 갖게 되고 자신감을 가지고 인생의 목표를 추구하게 된다. 그러나 자아정체감을 확립하지 못하고 혼돈에 빠지면 자신이 누구이고 어떤 목표를 추구하면서 살아야 하는지 모르고 관심도 없으며 자신을 가치 없는 존재로 생각하여 일탈이나 비행을 하게 된다. 그러므로 청소년기의 건강하고 행복한 삶뿐 아니라 이후의 삶에도 영향을 미치는 자아정체감의 확립은 청소년기 발달의 주요 과제다.

(1) 자아정체감의 개념

제3장에서 살펴본 Erikson의 심리사회적 성격발달이론은 인간의 심리사회적 발달에 있어서 자아(ege)의 역할을 강조하였다. 자아정체감의 개념은 복잡하고 다면적이다. 자아정체감을 확립한 사람은 자신에 대한 개별성, 총체성, 계속성을 경험한다(정옥분, 2005). 개별성이란 자신이 다른 사람과 다르다고 인식하는 것이다. 총체성은 자신의 욕구, 감정, 태도, 행동들이 균형 잡히고 통일되어 있다고 인식하는 것이다. 계속성은 세월이 흘러도 자신의 개별성이나 총체성은 변하지 않는다고 인식하는 것이다. 이와 같이 자아정체감은 인지적, 정서적으로 높은 수준의 복합적인 개념이기 때문에 자아정체감을 확립하기 위해서는 자신을 생각의 객체로 놓고 추상적이고 체계적인 사고가 가능한 인지발달 수준에 도달해야 한다.

청소년은 사춘기의 급격한 신체변화와 성적 성숙으로 인해 자신에 대해 더욱 관심을 갖게 된다. 또한 청소년은 사회에서 주변인으로서의 지위 때문에 부딪치게 되는 양면적인 상황에서 자신의 위치와 역할에 대해 많은 생각을 하게 되며 진로문제와 친구관계에 있어서 선택과 결정이 요구되는 상황에 직면하면 여러 가지 가능성을 생각해 보는 시간을 갖게 된다. 이러한 청소년기의 특수한 상황으로 인해 청소년기는 더욱 자의식적이 되고 자신에 대해 예민하게 느끼기 때문에 자아정체감 형성의 과제에 몰두할 수 있다. 일반적으로 연구자들은 자아정체감의 개념을 설명하기 위해 자아개념과 자아존중감, 그리고 자아정체감에 관심을 가졌다(Steinberg, 2011).

① 자아개념

자아개념이란 자신에 대한 정의를 내리고 자신을 특징짓는 것으로, 청소년기가 되면 아동기에 비해 자아개념이 더욱 복잡해지고 분화된다. 아동기의 자아개념은 자신에 대한 일반적 정의를 내리는 것인 반면에, 청소년기가 되면 자신에 대한 정의가 맥락의 변화에 따라 다양하게 묘사된다. 예를 들어, 아동기에는 '나는 좋은 사람이다' '나는 다정하다'와 같이 자신에 대한 일반적인 개념을 갖는 반면에, 청소년기가 되면 '나는 기분이 좋을 때는 좋은 사람이다' '나는 친구들을 만나면 다정하다'와 같이 특정 맥락과 함께 자신에 대한 개념을 정의한다.

또한 청소년기의 자아개념은 아동기에 비해 더욱 조직화되고 통합적이다. 아동은 자신의 상반된 특성을 나열하는 식으로 자신을 묘사하지만, 청소년들은 상반된 자신의 특성들을 논리적이고 통합적인 방법으로 묘사할 수 있다. 예를 들어, 아동은 '나는 다정하다' '나는 부끄러움이 많다'와 같이 서로 상반된 특성들을 나열함으로써 자신을 묘사하지만, 청소년들은 '나는 사람들을 처음 만날 때는 부끄러움을 탄다. 그러나 친해지면 다정하다'와 같이 논리적으로 상반된 특성들을 통합할 수 있다.

② 자아존중감

자아와 관련된 또 다른 개념인 자아존중감이란 자신에 대해서 어떻게 느끼는지에 대한 문제로서 자아개념이 자신에 대한 개념이라 하면, 자아존중감은 자신에 대한 평가 혹은 느낌을 말한다. 자아존중감이 높은 청소년은 긍정적이고 쾌활한 정서 상태로 원만한 대인관계를 유지하고 자신감이 있고, 도덕적, 창의적 사고가 발달하고 스트레스에 효율적으로 대처하며 성취동기 수준이 높다(홍성흔, 도현심, 2002). 반면에, 자아존중감이 낮은 청소년은 자기에 대한 확신이 적고 부정적인 생각이 지배적이며 우울하고 사회성이 부족하여 집단괴롭힘을 비롯한 대인관계문제와 학교생활 부적응, 비행, 약물남용, 일탈적 성행동 등과 같은 부적응 문제를 보일 가능성이 있다(이미리, 박진아, 2015; 최인재, 2010).

③ 자아정체감

자아정체감이란 자기가 누구이며 어떤 목적을 가지고 살아야 하는지에 대한 가치관이자 목적의식을 말한다. 자아정체감 형성의 문제는 청소년기에만 직면하는 문제는 아니다. 제3장에서 살펴본 바와 같이 Erikson은 태어나서 죽음을 앞둔 시기까지 일생을 통해서 성격발달이 8단계를 거쳐서 진행이 되며 각 단계에서 해결해야 할 발달과업이 있다고 하였다. 각 단계에서 주어진 과업을 해결하지 못했을 때에는 다음 단계로의 진행에 문제가 발생한다. 따라서 청소년기의 자아정체감 형성은 이전 단계에서의 과업을 성공적으로 수행했는지의 여부에 따라 영향을 받으며, 청소년기의 자아정체감 형성이 성공적으로 수행되느냐의 여부에 따라 이후 단계인 성인기 및 노년기의 적응에도 중요한 영향을 미친다.

청소년기에 자아정체감을 성공적으로 확립하려면 타인과의 상호작용 경험이 필요하다. 청소년들은 부모, 또래, 선생님 등 다른 사람들과의 상호작용을 통해서 자아정체감 형성에 필요한 요인들을 갖추어 나간다. 타인은 자기가 누구이고 또 누구여야 하는지에 대해 생각해 볼 수 있는 거울이 되어 줌으로써 타인이 나의 행동에 대해서 어떻게 반응하느냐에 따라 내가 옳고 그른지를 판단할 수 있다.

(2) 청소년기 자아정체감 수준과 관련 요인

① 자아정체감 발달 수준

청소년기의 자아정체감 발달 특성에 대해서는 제3장에서 Erikson의 심리사회적 성격발달 8단계 중에 청소년기에 해당하는 5단계인 자아정체감 대 정체감 혼미(ego identity vs. identity confusion) 부분에서 다루었다. 인간은 자신의 욕구와 환경의 압력 사이에서 갈등을 겪으며 살아가면서 생각, 감정, 행동 등을 변화시킨다. 그러나 세월과 상황의 변화에도 변하지 않는 자신만의 독특한 자신만의 정체감을 형성하고자 노력한다(Erikson, 1968).

자아정체감을 확립하는 것이 청소년기 삶의 주요 과제이지만 일부 청소년들은 자아정체감 확립에 대한 아무런 생각이 없거나 자아정체감 확립을 위해서 방황하는 시간을 갖기도 한다. Erikson은 이러한 시간을 심리사회적 유예기(moratorium)라고 하였다. 청소년들이 자기 자신을 발견하고 자신에 대한 통합적 정의를 내릴 수 있는 가능성을 제한하는 책임과 의무로부터 일종의 휴식시간을 갖는 시기다. 심리사회적 유예기 동안 청소년들은 다양한 역할을 실험해 보고 자신을 탐색할 수 있는 기회를 갖는데 이러한 기간은 자아정체감 형성을 위해 꼭 필요하며 매우 의미 있는 기간이다. 그러나 현실적으로 이러한 유예기를 누릴 수 있는 경우가 흔하지 않으며, 그러한 것을 허락하는 문화권 혹은 환경에서만 가능하다.

청소년기 자아정체감은 몇 가지 수준으로 나뉘는데 Marcia(1966)는 청소년이 갖는 자아정체감의 수준을 위기와 관여라는 두 가지 준거를 기준으로 하여 네 수준으로 분류하였다. 위기(crisis)란 청소년기에 자신에 대한 감각을 더욱 확고히 하기 위해 가능하고 의미 있는 대안들을 적극적으로 고려하는 것을 말하며, 관여(commitment)란 자발적이든 타인에 의해서든 특정한 목표나 가치관, 신념을 고수하기 위한 결정을 하는 것을 의미한다(Schwartz, Mullis, Waterman, & Dunham, 2000; 이지현 심혜원, 2014, p. 363에서 재인용). [그림4-2]에 Marcia가 분류한 자아정체감의 네 수준을 제시하였다.

자아정체감 발달 수준 중에서 가장 미숙한 수준이 정체감 혼미(identity diffusion)다. 이 수준은 위기의 경험도 없고 관여, 즉 자신의 삶에 대해서 결정도 하지 않은 상태다. 자신의 진로에 대한 확고한 미래지향적 탐색 욕구가 부족하여 자신에 대한 개념이 정립되지 않은 상태를 말한다. 이러한 상태에 있는 청소년들은 자신의 일상이나 진로에 대해 관심이 적고 선택한 것을 쉽게 포기하는 경향이 있다. 또한 발달적 부적응을 보일 가능성이 있다. 예를 들어, 학업을 비롯한 성취지향적인 활동이나 대인관계에 있어서 어려움을 경험하며, 사회적으로 위축되어 있어 친구들과의 관계에서 친밀감을 잘 느끼지 못한다(이지현, 심혜원, 2014; Marcia, 1966; Steinberg, 2011).

위기(crisis) \ 관여(commitment)	有	無
有	정체감 성취 (identity achievement)	정체감 유예 (moratorium)
無	정체감 유실 (identity foreclosure)	정체감 혼미 (identity confusion)

[그림 4-2] 자아정체감 수준

출처: Steinberg, 2011, p. 263

두 번째로 미숙한 수준은 정체감 유실(identity foreclosure)이다. 이 수준은 위기 경험 없이 관여를 하고 있는 상태로, 자신에 대한 결정을 하는 데 있어서 다양한 대안을 고려하지 않고 부모의 목표와 기대를 그대로 받아들이는 경우를 말한다. 자신에 대해 생각해 보고 여러 가지 역할을 실험해 볼 심리사회적 유예기를 갖지 못하고 성급하게 정체감을 형성해 버린 것으로 이러한 경우는 자신의 잠재력을 충분히 발견할 수 없는 문제를 갖는다. 정체감 유실 상태는 우리나라 청소년들에게서 쉽게 발견된다. 특히 자신의 진로에 대한 부모의 제안을 충분히 생각해 보고 탐색하는 과정 없이 그대로 수용하는 경우가 자주 발생하고 있다. 이렇게 정체감 유실의 상태에 있는 청소년은 진로를 일찍 정하고 시간낭비 없이 목표를 달성하기 위해 노력하면서 청소년기를 안정적으로 보내는 것 같지만, 성인기에 다시 정체감 위기를 경험할 수 있다(송명자, 1995; 이지현, 심혜원, 2014; Marcia, 1966). 정체감 유실 상태에 있는 청소년의 성향을 분석한 연구들에 의하면 이들은 권위주의적이고 편견이 심하며 남에게 인정을 받고자 하는 욕구가 강하고 자율성이 낮으며 부모와 가깝게 지내는 편이라고 한다(김태련 외, 2010; 이지현, 심혜원, 2014; Marcia, 1966; Steinberg, 2011).

정체감 확립의 수준은 아니지만 정체감 혼미나 정체감 유실 수준보다는 성숙한 수준이 정체감 유예(moratorium)다. 앞서 말한 심리사회적 유예기에 있는 상태로 다양한 진로와 가치관을 적극적으로 탐색하고 있으나 아직 결정을 하지 못하여 자신의 정체감에 대해서는 불확실한 상태이고 정체감을 확립하기 위한 과도기적 단계다. 선행연구에 의하면, 정체감 유예 상태 청소년들의 성향은 예민하고 윤리적이며 걱정을 많이 하고 권위에 대한 갈등을 많이 느끼며 대인관계에서 양가감정을 느낀다(김태련 외, 2010; 이지현, 심혜원, 2014; Marcia, 1966; Steinberg, 2011).

가장 성숙한 자아정체감 상태가 정체감 성취(identity achievement)다. 위기를 경험하고 난 뒤 진로와 가치관 등 자신에 대해 결정을 내린 상태다. 자아정체감이 성취된 청소년들은 삶과 자신의 진로에 대한 가치관이 확고하게 결정되어 있다. 선행연구 결과들에 의하면 앞서 제시한 정체감 혼미, 정체감 유실, 정체감 유예 상태에 있는 청소년들에 비해 정체감 성취 상태에 있는 청소년들은 추상적이고 비판적 사고 능력이 발달되어 있고 성취동기, 도덕성, 친구와의 친밀감이 높으며 자아존중감이 높다(김태련 외, 2010; 이지현, 심혜원, 2014; Marcia, 1966; Steinberg, 2011).

② 자아정체감 발달 관련 요인

청소년기 자아정체감의 발달은 개인적 요인과 환경적 요인에 의해 영향을 받는다. 대표적인 개인적 요인으로는 인지발달 수준을 들 수 있고 환경적 요인으로는 가족, 학교, 사회적 요인을 들 수 있다. 각각에 대해서 살펴보자.

개인의 인지발달 수준은 자아정체감 성취를 위해 중요한 역할을 한다. 앞서 살펴본 청소년기에 가능한 사고 능력인 가능성에 대한 사고 능력과 추상적 개념에 대한 사고 능력, 사고과정에 대한 사고 능력, 추상적 개념에 대한 사고 능력은 자아정체감 성취를 가능하게 한다. 형식적 조작기에 이와 같은 사고 능력을 가진 청소년들은 아동기에 비해 미래의 가능성을 더 잘 생각해 볼 수 있으며 정체감 성취과정에서 부딪치는 문제들을 유연하게 잘 해결할 수 있다. 정체감 유예와 정체감 성취 상태에 있는 청소년들은 자신의 삶의 방향을 결정하기 위해서 다른 사람들의 결정에 무비판적으로 의존하기보다는 스스로 진로에 대한 정보들을 탐색하면서 충동적인 결정을 하지 않는다. 정체감 유예 상태의 청소년들은 진로를 결정하기 위해 여러 가지 경험을 적극적으로 해 보려 하고 이를 통해서 자신의 가능성이나 특성을 찾아보려고 노력한다.

이러한 개인의 인지 능력뿐 아니라 가족, 학교, 사회의 환경적인 요인이 청소년기 자아정체감 발달에 미치는 영향도 크다. 가족요인 중에서는 부모의 양육태도가 중요하다. 정체감 성취상태의 청소년의 부모는 애정과 자율이 적절히 결합된 민주적 양육태도를 보이는 경우가 많다. 정체감 성취형태의 청소년들은 부모에게 반대 의견을 자유롭게 제시하고 애정적으로 밀착되어 있으며 상호존중의 경험을 갖고 있다. 이러한 경험을 통해서 청소년들은 사랑받고 있다는 생각이 들고 자신의 존재 의미에 대해 확신을 갖게 됨으로써 자아정체감을 발달시키게 된다(심혜숙, 전순희, 2008; 임혜림, 김서현, 2017). 그러나 부모의 거부나 학대, 방임 등의 부정적인 양육행동을 경험하고 자라난 청소년들은 아동기에 부모를 동일시하여 부모의 바람직한 특성을 내재화하는 기회를 갖기 어렵고 이러한 지속적인 경험은 청소년기가 되어 자아정체감 형성에 어려움을 겪게 한다(Miller, 1983; Steinberg, 2011). 부모의 양육태도 이외에도 부모의 교육 수준을 비롯한 가정의 경제적 수준이 청소년들의 자아정체감 발달에 영향을 준다. 부모의 교육 수준과 경제적 수준이 높을수록 청소년 자녀에게 지지적인 양육을 하고 이러한 지지적인 양육은 청소년의 자신감을 높이고 자아정체감 발달에 긍정적인 영향을 준다(송현옥, 박아청, 최성열, 2010).

학교환경 또한 청소년기 자아정체감 발달에 중요한 영향을 미친다. 청소년기 학업성취도가 높고, 교우관계나 교사와의 관계가 좋으며, 학교 활동에 대해 목표의식과 흥미를 가지고 능동적으로 대처하는 행동들이 자아정체감 수준을 향상시킨다(이현림, 천미숙, 2003; 이현정, 조병은, 2014). 학교뿐 아니라 사회문화적 환경도 자아정체감 형성에 중요한 영향을 미친다. 사이버환경은 청소년들이 시공을 초월해서 정보를 얻고 자신을 표현하며 타인과 의사소통을 하는 환경으로 이러한 환경에서의 경험을 통해 청소년들은 다양한 역할을 실험해 보고 자신의 정체성을 발견할 수 있는 기회를 갖게 된다(김의철, 박영신, 탁수연, 김정희, 오미선, 2013; 최병목, 2002).

Chapter 5

청소년 발달과 맥락

청소년은 맥락과의 끊임없는 상호작용을 통하여 발달하므로 맥락에 대한 이해 없이는 청소년의 적응과정을 제대로 파악할 수 없다. 청소년과 맥락 간의 역동적 관계를 강조하면서, 이 장에서는 Bronfenbrenner의 생태학적 이론을 살펴본 후, 청소년의 발달과 연관된 가족, 또래, 학교, 매체, 일과 여가에 대한 일반적인 기초 지식과 주제들을 소개한다. Bronfenbrenner의 생태학적 이론은 청소년 발달에 영향을 주는 맥락을 미시체계에서 거시체계로 분류하고, 이 맥락이 청소년의 발달과 어떻게 상호작용하는지 설명한다. 가족과 또래는 청소년의 성장과 발달에 영향을 미치는 가장 근접하고 중요한 미시체계로 작용한다. 학교는 지식과 기술을 전수하는 형식적 교육기관의 역할을 하는 동시에 규범과 가치를 형성하게 하는 사회적 대행자의 역할도 수행하는 주요 미시체계다. 매체 및 일과 여가는 청소년기를 통하여 중요한 비중을 차지하고 영향력이 확장되는 주요 체계들이다.

1. Bronfenbrenner의 생태학적 이론

Bronfenbrenner(1977)는 인간의 발달이 진행되는 생태학적 환경을 맥락(context)이라고 명명하면서 미시체계(microsystem), 중간체계(mesosystem), 외체계(exosystem), 거시체계(macrosystem), 시간체계(chronosystem)의 다섯 가지 생태학적 체계(ecological system)로 분류하였다. 시간체계를 제외한 나머지 4개의 생태학적 체계는 인간을 중심으로 해서 겹구조적으로 둘러싸인 생태학적 환경으로 개념화되었다. 생태학적 체계가 청소년의 발달에 영향을 줄 뿐 아니라 청소년이 이 생태학적 체계에 영향을 주기도 하면서 개인과 환경 간의 상호작용적 발달이 진행된다.

[그림 5-1]에 제시한 Bronfenbrenner의 생태학적 체계는 인간을 중심으로 해서 겹구조로 둘러싸인 구조로 개념화되어 있다. Bronfenbrenner의 생태학적 체계모델은 인간의 발달이 개인적 특성뿐 아니라(예: 성별, 연령, 건강상태 등) 인간을 겹구조적으로 둘러싸고 있는 생태학적 환경과의 상호작용적 영향을 주고받으면서 진행된다는 것을 개념화한 모델이다.

미시체계를 비롯한 생태학적 체계가 가지고 있는 특성들이 인간의 발달에 영향을 미치기도 하지만 인간은 이러한 생태학적 체계들의 영향을 수동적으로 받기만 하는 것이 아니라 스스로가 각 체계와 경험을 선택하고 수정해 나감으로써 생태학적 체계의 변화에 영향을 미치기도 한다. 생태학적 체계 중에서 시간체계는 Bronfenbrenner가 나중에 추가한 개념으로 생태학적 체계와 그 체계의 중심에 있는 인간이 서로 상호작용적으로 영향을 주고받는 과정이 시간의 흐름에 따라서 달라지기 때문에 시간이라는 개념이 또 하나의 생태학적 체계로 다루어진다. 각 체계의 특성을 구체적으로 살펴보면 다음과 같다.

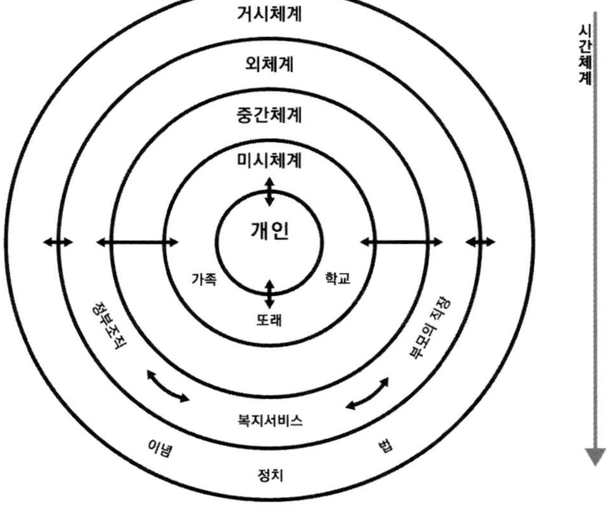

[그림 5-1] Bronfenbrenner의 생태학적 체계

1) 생태학적 체계

(1) 미시체계

미시체계는 인간이 매일 직접적으로 상호작용하거나 활동하는 가장 근접적인 맥락으로 가족, 또래, 학교, 이웃 등 청소년이 속해 있고 매일 직접 만나는 맥락적 환경이 해당한다. 청소년들이 살아가면서 다양한 사회적 상황 속으로 들어가고 나옴으로써 미시체계가 바뀌기도 한다. 청소년들은 미시체계에 해당하는 가족 구성원, 또래, 교사, 이웃사람들과의 직접적이고 양방향적인 상호교류를 통해서 신체, 인지, 성격, 사회성 등이 발달한다. 여기서 양방향적이란 말은 청소년이 미시체계의 영향을 수동적으로 받기만 하는 것이 아니라 미시체계의 경험을 선택하고 수정해 나감으로써 미시체계의 변화에 영향을 미치기도 하면서 발달해 나간다는 의미다.

예를 들면, 부모가 애정적이며 자녀의 요구에 민감하게 반응하는 양육태도를 가지면 자녀는 긍정적으로 발달하는데, 이때 자녀는 부모의 영향을 받기만 하는 것이 아니라 자녀의 기질이나 성격이 부모의 양육태도 발달에 영향을 주면서 부모의 양육태도와 자녀의 발달 간에 양방향적으로 영향을 주게 된다(박성연, 케네스 루빈, 정옥분, 윤종희, 도현심, 2007). 다른 예를 들면, 청소년기가 되면 아동기에 비해서 가족보다는 또래집단의 영향력이 커지게 되는데(손강숙, 정소미, 2017; 이미리, 2005, 2011; Steinberg, 2011), 이는 청소년 스스로가 자신에게 의미 있는 미시체계로서 가족보다는 또래를 선택하는 능동성을 보여 주는 것이다.

(2) 중간체계

중간체계는 미시체계들 간의 상호관계를 말하는 것으로 미시체계인 가족, 또래, 학교 등은 청소년의 발달에 직접적으로 영향을 미치는 매우 중요한 체계다. 이들 각 미시체계는 다른 미시체계들과 독립적으로 영향을 미치는 것이 아니라 다른 미시체계의 청소년에 대한 영향에 영향을 준다. 예를 들면, 또래의 성향은 청소년이 또래를 대하는 행동에 영향을 줄 뿐 아니라 집에서 부모나 형제를 대하는 행동에도 영향을 준다. 또 다른 예를 들면, 부모와의 관계에 갈등을 경험하며 자란 청소년들은 부모뿐 아니라 교사나 또래와의 관계에서 갈등을 경험할 수 있다. 즉, 각 미시체계에서 벌어지는 상황이 서로 원인이 되기도 하고 결과가 되기도 하는 관계를 포함하는 체계가 중간체계다(조주영, 김영희, 2006). 이와 같이 미시체계들 간의 상호작용에 의해 발생하는 체계(a system of microsystems)를 중간체계라고 한다(Bronfenbrenner, 1977). 미시체계들은 서로 연결되어 상호작용하면서 또 다른 체계인 중간체계를 만들어 냄으로써 청소년 발달에 영향을 준다.

(3) 외체계

외체계는 청소년이 직접 참여하거나 소속되어 적극적으로 활동하는 맥락은 아니지만 청소년의 발달에 영향을 미치는 맥락이다. 외체계는 공식적, 비공식적 주요 사회적 기관을 포함하는데, 예를 들면 부모의 직장, 정부 조직, 매스미디어, 교통 시설, 복지 서비스, 부모의 사회적 연결망 등이 해당된다(Bronfenbrenner, 1977). 이러한 외체계는 청소년들이 매일 직접 경험하는 근접환경은 아니지만 그들의 발달에 중요한 영향을 미친다. 예를 들어, 부모의 직장이 청소년의 발달에 어떻게 영향을 주는지 살펴보자. 아버지가 실직을 하면 가정경제가 어려워지고 청소년의 학업성취에 부정적 영향을 줄 수 있다. 아버지의 직장이라는 외체계가 청소년 자녀의 가족이라는 미시체계를 변화시켜서 청소년의 학업성취 저하라는 결과를 가져오게 된다. 즉, 외체계의 변화는 미시체계를 변화시켜서 청소년 발달에 영향을 주게 된다. 그러므로 청소년의 발달을 이해하기 위해서는 미시체계뿐 아니라 미시체계들 간의 상호작용적 환경인 중간체계를 둘러싸고 있는 외체계의 영향을 모두 살펴보아야 한다(송보라, 이기학, 2014).

(4) 거시체계

거시체계는 미시체계나 중간체계, 그리고 외체계와는 다른 개념으로 이해할 필요가 있다. 미시체계나 중간체계는 그 체계 안에 살고 있는 사람의 삶에 직접적인 영향을 주는 맥락이고, 외체계는 간접적으로 영향을 주는 맥락이다. 그러나 거시체계는 이러한 맥락의 구조적인 특성 혹은 사람들의 활동의 유형을 규정하는 좀 더 넓은 의미의 생태학적 체계다(Bronfenbrenner, 1977). 문화적 환경이 대표적인 예인데 문화가 갖고 있는 가치, 이념, 법, 관습, 국가의 경제 정책, 교육 정책, 법, 정치 등을 말한다. 이러한 거시체계는 인간의 발달에 직 · 간접적인 영향을 주는 미시체계나 중간체계, 그리고 외체계의 특성이 발현되도록 하는 강력한 힘을 지닌다. 따라서 청소년 발달에 직 · 간접적인 영향을 주는 미시체계, 중간체계, 외체계는 어떠한 거시체계에 속해 있는가에 따라서 다른 속성을 지니게 되고 다른 영향을 주게 된다. 그러므로 청소년의 발달 특성을 이해하기 위해서는 미시체계나 중간체계와 같은 근접 맥락의 영향과 이들 체계에 영향을 주어 청소년 발달에 영향을 미치는 외체계와 같은 간접 맥락의 영향들뿐 아니라 이 체계들의 기능이 발현되도록 하는 거시체계의 영향을 함께 고려해야 한다(임하늘, 최재용, 이윤호, 2015).

(5) 시간체계

앞서 살펴본 미시체계, 중간체계, 외체계, 거시체계는 정지된 환경이 아니라 시간의 흐름에 따라서 변화하는 맥락적인 체계이므로 시점에 따라서 인간의 발달에 영향을 미치는 내용이나 정도는 달라진다. 이뿐만 아니라 이러한 생태학적 체계들의 영향을 받고 발달해 나가는 인간도 시간의 흐름에 따라 변화하는 존재이므로 인간이 어떤 생애주기에 있는가에 따라서 생태학적 체계들로부터 받는 영향도 다르다. 그러므로 생태학적 체계의 영향을 설명하는 데 있어서 시간 차원을 고려하는 것은 중요하다.

Bronfenbrenner(1977)는 이러한 시간적 차원을 시간체계라고 명명하였다. 시간체계와 함께 미시체계가 청소년의 발달에 미치는 영향을 예로 든다면, 부모의 이혼이 자녀의 발달에 미치는 부정적인 영향은 이혼 첫해에 가장 크고 이혼 후 2년쯤 지나면 자녀가 안정을 찾게 된다는 연구결과들이 있는데(정현숙, 1993), 이는 미시체계가 청소년 발달에 미치는 영향이 시간의 흐름에 따라 다름을 보여 주는 것이다. 부모의 이혼이 자녀의 심리적 적응에 미치는 영향이 어떤 시점인가에 따라 다르다는 것은 생태학적 맥락이 청소년의 발달에 미치는 영향을 알기 위해서는 시간 차원을 함께 고려하여야 함을 시사한다. 최근 청소년의 심리적, 행동적 발달 특성과 환경적 요인의 영향에 대한 연구들에 있어서 시간의 흐름에 따른 변화 추이를 보는 종단적 연구(longitudinal study)가 활발하게 진행되고 있는데(이은경, 신아라, 김선경, 이웅택, 2017; 이현철, 최성보, 2012) 이러한 연구들에 의하면 청소년 발달에 대한 환경적 요인의 영향은 시간의 흐름에 따라서 변화함을 보여 줌으로써 Bronfenbrenner가 제시한 시간체계의 중요성을 확인시켜 주고 있다.

2) 생태학적 체계와 청소년 발달의 관계를 설명하는 세 가지 이론적 모델

Bronfenbrenner(1989)는 인간발달과 생태학적 체계의 상호작용적 관계를 설명하는 세 가지 이론적 모델을 제시하였다. 구조중심모델(social address model), 과정중심모델(process-context model), 인간과정중심모델(person-process context model)이 그것이다. 각 모델의 내용을 구체적으로 살펴보면 다음과 같다.

(1) 구조중심모델

구조중심모델은 생태학적 체계와 인간발달의 관계를 알아보기 위해서 서로 다른 생태학적 체계에 속해 있는 사람들의 특성을 비교하여 차이가 있는지 없는지를 살펴봄으로써 생태학적 체계와 인간발달의 관계를 설명하는 모델이다. 다시 말해서 대조적인 생태학적 체계들 안에서 일어나는 인간발달의 결과를 비교하는 것이다.

예를 들면, 사회계층별 청소년 우울증 수준의 비교연구와 같다(김지경 외, 2010). 중류층 가정의 청소년과 저소득층 가정의 청소년의 우울증 수준이 차이를 보이는지 살펴봄으로써 우울증과 사회계층이 관련이 있거나 없다고 결론을 내리는 것인데, 저소득층 청소년의 우울증 수준이 중류층 청소년의 우울증 수준보다 높다면 사회계층이라는 생태학적 체계는 청소년의 우울증에 영향을 준다고 결론을 내리는 것이다. 또 다른 예를 들면, 가족구조의 유형별 청소년 발달 수준의 비교연구와 같은 것이다(이미리, 박주희, 정현숙, 2015). 양친가족, 한부가족, 한모가족의 청소년의 심리적, 행동적 특성에 있어서 차이를 보이는지 살펴본 연구에서 이들 세 가지 가족 유형별로 청소년의 특성에 있어서 차이가 있음을 발견했다면 가족구조라는 생태학적 체계가 청소년의 심리적 행동적 특성에 영향을 준다고 결론을 내리는 것이다. 이와 같이 구조중심모델에 근거하여서는 어떠한 생태학적 체계가 인간의 발달에 영향을 주는지는 알 수 있으나 어떠한 과정에 의해서 영향을 주는지를 설명하기 어렵다. 이를 보완해 주는 이론적 모델이 다음에 살펴볼 과정중심모델이다.

(2) 과정중심모델

생태학적 맥락의 어떠한 기능이 인간발달의 차이를 유발하는지 볼 수 있는 이론적 모델이 지금부터 살펴볼 과정중심모델이다. 앞서 예를 든 구조중심모델에 입각한 사회계층별 청소년의 우울증 수준의 비교연구에서 사회계층에 따라 청소년의 우울증 수준이 차이가 있었다면 사회계층과 청소년 우울증 수준은 관련이 있음을 알 수 있는데 어떤 과정을 통해서 차이가 나는지 알 수 없다. 과정중심모델에 입각해 이 연구를 확장해 본다면 사회계층이라는 생태학적 환경에 속해 있는 미시체계인 가족의 기능이 사회계층에 따라서 차이가 나는지 분석해 볼 수 있다. 사회계층에 따라서 부모의 양육태도나 부모-자녀 간의 의사소통 등 가족의 기능에서 차이를 보이고 이러한 차이가 청소년의 우울증 수준에 있어서 사회계층 간 차이를 발생시킬 수 있다(이한아, 우민정, 2016). 따라서 구조중심모델에 의한 청소년 우울증 수준에 있어 사회계층의 차이는 과정중심모델을 적용했을 때 다음의 두 가지 단계를 밟아 과정을 설명할 수 있다. 첫째, 사회계층에 따라서 가족기능의 차이를 보이는지 분석한다. 둘째, 가족기능은 청소년기 우울증과 관련이 있는지 분석한다. 이러한 분석의 과정을 거쳐서 왜 청소년기 우울증이 사회계층에 따라서 다른지를 구조적 관점이 아니라 과정적 관점에서 설명할 수 있다.

(3) 인간과정중심모델

앞서 살펴본 과정중심모델은 다양한 생태학적 맥락의 심리적 혹은 사회적 특성이 인간발달에 어떻게 영향을 주는지를 설명할 수 있었다. 지금부터 살펴볼 인간과정중심모델은 이러한 심리적 · 사회적 특성이 인간발달에 미치는 영향에서 개인의 특성에 따라 어떻게 달리 나타나는지를 설명할 수 있는 이론적 모델이다. 다시 말해, 인간과정중심모델은 생태학적 맥락 안에서 진행되는 심리적 · 사회적 과정의 인간발달에 대한 영향은 그 영향을 받는 개인의 특성에 따라 다름을 전제로 하는 이론적 모델이다. 그러므로 인간과정중심모델에 입각하면 생태학적 맥락의 인간발달에 대한 영향을 인간의 개인적 특성을 고려하여 설명할 수 있다. 인간과정중심모델에서 과정은 유기체와 환경 간의 상호작용을 포함한다. 모델의 중심을 형성하는 과정(process)이 발달에 미치는 영향은 개인(person), 맥락(context), 과정이 일어나는 시간(time)에 따라 달라진다(Bronfenbrenner & Morris, 2006). 인간과정중심모델은 인간과 맥락 간의 상호작용을 강조하면서, 다양한 맥락이 인간에 미치는 영향뿐 아니라 인간이 맥락에 어떻게 영향을 주는가를 살펴본다.

인간과정중심모델은 세 가지 모델 중에서 생태학적 체계와 인간의 상호작용적 관계를 가장 잘 설명하는 모델이다. Bronfenbrenner의 생태학적 이론의 핵심은 각 생태학적 체계의 특성이 인간의 발달을 결정짓기도 하지만 인간 스스로가 각 체계와 경험을 선택하고 수정해 나감으로써 생태학적 체계에 영향을 주기도 한다는 것이다. 예를 들어, 청소년들이 인터넷중독에 빠지게 되는 주요 환경적 영향 요인으로 인터넷이 갖고 있는 익명성과 시간적 · 공간적 무제약성, 매력적인 콘텐츠 등을 들 수 있는데, 이러한 요인들 때문에 모든 청소년이 인터넷중독에 빠지는 것이 아니라, 청소년 개인이 가지고 있는 발달적 특성에 따라 어떤 청소년은 중독에 빠지고 어떤 청소년은 인터넷을 선용할 수 있다(김동일, 이윤희, 김영근, 강민철, 2013; 배성만, 2015). 이러한 결과는 인터넷이라는 생태학적 맥락이 청소년에게 주는 영향은 일방적이 아니라 청소년이 능동적으로 맥락을 취사선택함으로써 그 맥락이 자신의 발달에 미치는 영향이 달라진다는 것을 설명해 준다.

2. 가족

1) 청소년기와 관련된 가족관계이론

가족맥락은 개인의 발달에 중요한 영향을 미치는 미시체계로서, 다른 맥락과 유기적으로 연관되어 있으면서 시간적 차원에 따라 변화한다. 가족은 가치와 규범을 형성하는 최초의 참조집단이라고 할 수 있으며, 청소년은 가족관계를 통하여 사회화를 경험하게 된다. 가족은 1차적이고 폐쇄적인 공동사회집단으로 형식적 집단이나, 가족관계는 비형식적이며 비제도적인 특성을 지닌다(유영주, 김순옥, 김경신, 2013, pp. 8-10). 청소년기의 가족관계를 이해하기 위한 다양한 이론적 접근 중에서 가족발달이론(family development theory)과 가족체계이론(family systems theory)을 살펴보기로 한다.

가족발달이론은 가족생활주기단계에 내포되어 있는 정상적이고 전형적인 사건에 중점을 두면서 가족발달을 사건들의 선형적 진행으로 본다(Gavazzi, 2011, pp. 25−26). 1940년대 후반에 Duvall과 Hill은 가족생활주기라는 개념을 제안하면서 가족발달은 불변적 순서로 진행되는 8단계로 구성된다고 보았다. 대표적으로 자녀의 연령에 기초하여 가족생활주기를, 결혼한 부부만의 가족(1단계), 자녀 출산기의 가족(2단계), 학령전기 아동이 있는 가족(3단계), 학령기 아동이 있는 가족(4단계), 청소년기 자녀가 있는 가족(5단계), 성장한 자녀가 출가한 가족(6단계), 중년기 부부 가족(7단계), 노년기 부부 가족(8단계)로 제시하였다(정현숙, 유계숙, 2001, p. 61).

Carter와 McGoldrick(1980, p. 33)은 가족생활주기를 6단계로 구분하여, 원가족으로부터 분리되는 단계 또는 독신단계(1단계), 결혼을 통하여 새로운 체계에 헌신하는 결혼적응단계(2단계), 가족체계 안으로 새로운 가족원을 수용하는 자녀아동기단계(3단계), 청소년 자녀의 독립욕구와 조부모의 노쇠함을 고려하여 가족경계가 유연해져야 하는 자녀청소년기단계(4단계), 가족원이 가족체계 밖으로 나가거나 들어오는 것을 수용하는 자녀독립기단계(5단계), 세대 간의 역할변화를 수용하는 노년기단계(6단계)로 구분하였다. Carter와 McGoldrick의 모델에서 4단계에 해당하는 자녀청소년기단계에서는 부모와 청소년 간의 관계가 변화되므로 가족경계가 유연해져야 하며, 부부는 중년기에 접어들면서 자신의 결혼 및 직업적성에 초점을 맞추는 한편, 노년기에 접어든 가족원을 돌보는 발달과업을 수행해야 한다. 청소년 자녀와 나이 든 부모를 둔 부부는 이 시기에 여러 역할로 인해 어려움을 경험할 수 있다. 이러한 샌드위치 세대(sandwich generation)는 '중간에 끼인(caught in the middle)' 경험을 의미하며, 다세대의 가족구성원을 돌보는 책임을 묘사한다(Gavazzi, 2011, p. 27).

가족발달이론은 단계를 통하여 가족관계의 연속성 및 변화를 이해하는 데 반해, 가족체계이론은 전체적 틀에 근거하여 가족을 이해하며, 순환론적 관점에 입각하여 가족원이 상호연결되었다고 본다. 가족을 하나의 단위체계로 가정하는 순환모델에서는 가족응집성과 가족적응성을 기본 차원으로 설정하며, 가족의사소통을 촉진적 역할을 하는 제3의 차원으로 규정한다. 순환모델에서 응집성이란 가족구성원이 서로에게 갖는 정서적 결속을 의미하며, 가족의 적응성이란 체계가 상황적 또는 발달적 스트레스에 반응하여 권력구조, 역할관계, 관련규칙을 변화시키는 능력을 의미한다(Olson, 1985, p. 3). 응집성과 적응성은 각각 가장 낮은 수준에서 가장 높은 수준으로 4수준에 걸친 범위를 나타내는데, 응집성의 경우 극단적 유리(disengaged), 분리(separated), 연결(connected), 밀착(enmeshed) 수준으로 구분되며, 적응성은 경직(rigid), 조직적(structured), 융통적(flexible), 혼란(chaotic) 수준으로 구분된다.

청소년기의 가족체계는 상황적 스트레스나 발달적 변화에 대처하기 위하여 응집성과 적응성의 수준을 변화시키게 된다. 예를 들어, 자녀는 청소년기에 접어들면서 이전보다 자율성을 주장하게 되고, 어머니는 자녀가 어렸을 때의 양육부담에서 벗어나 자신의 직장생활을 시작하면서 가정 내 응집성이 낮아질 수 있다. 응집성뿐 아니라 적응성도 조직적 수준에서 융통적 수준으로 변화하게 되는데, 이는 어머니가 통제력을 갖게 되면서 부부 간 권력구조가 공유형태로 변화되며, 역할과 규칙이 재정의되기 때문이다. 일반적으로 순환모델에서 중간 수준에 해당하는 균형가족은 효과적으로 기능하는 데 비하여, 양극단에 위치한 가족들은 역기능적이라고 볼 수 있다. 가족의사소통은 응집성 차원과 적응성 차원을 변화시키는데 중요한 역할을 하는데, 균형가족은 극단에 위치한 가족보다 긍정적 의사소통을 하는 경향이 있다. 긍정적 의사소통은 분명하고 적합한 메시지와 공감을 보이며 효과적 문제해결기술을 사용하는데, 이러한 의사소통은 가족구성원들로 하여금 변화욕구와 선호도를 공유하게 한다. 반면에 부정적 의사소통은 부적합하거나 모순된 이중메시지를 포함하며 공감이 부족하고 문제해결 능력이 결여되어 있는데, 이러한 의사소통은 가족구성원들로 하여금 감정을 공유하기 어렵게 만들고 적응성을 감소시킨다(Olson & Lavee, 1989, p. 170).

2) 가족관계와 청소년 발달

(1) 부모-청소년관계와 형제자매관계

청소년은 제2성장급등기로 불리는 사춘기를 거치며 신체적인 성장이 활발해진다. 생물학적 변화와 더불어, 청소년기는 논리적 추론이 가능한 인지적 변화와 독립, 정체성이 강조되는 사회적 변화가 복합적으로 이루어지는 시기이다. 아동기에서 청소년기를 거치며, 가족관계는 수평적으로 변화하고, 또래, 학교, 매체의 영향력은 확장된다. 이러한 과정에서 청소년과 부모 간에 갈등이 증가하게 되지만, 부모양육은 청소년의 적응에 여전히 중요한 영향을 미친다.

부모양육 유형을 구분하는 방법 중에서 애정과 통제 또는 반응성(responsiveness)과 요구성(demandingness)에 근거한 구분방법은 널리 알려져 있다. 반응성과 요구성에 따른 구분방법은 초기에 Baumrind가 제시한 세 가지 유형에 Maccoby와 Martin(1983)이 한 가지 유형을 추가한 것으로 부모양육을 권위적(authoritative), 권위주의적(또는 독재적; authoritarian), 허용적 또는 익애적(permissive 또는 indulgent), 무관심한(indifferent) 유형으로 분류한다. 반응성이란 자녀의 요구에 맞추어 주고 지지하고 인식함으로써, 부모가 자녀의 개별성과 자기주장을 길러주는 정도를 뜻하고, 요구성이란 부모가 행동조절, 직면, 모니터링 등을 통하여 자녀를 사회에 통합시키는 요구를 뜻한다(Baumrind, 2005). 권위적 부모는 반응성과 요구성이 모두 높은 편으로 따뜻하고, 확고하고, 자녀의 개별성을 인정하며, 합리적이며, 자녀의 행동에 대한 궁극적 책임을 전제로 한 자율성과 자기주도를 강조하며 양방향적인 의사소통을 사용한다. 권위적 부모의 자녀는 심리적 안정을 얻고, 책임감을 갖게 되며, 지적 호기심을 보인다. 권위주의적 부모는 매우 요구적이지만 아동의 욕구에 반응적이지 않은 경우로, 아동의 독립적 행동을 격려하지 않으며, 무조건적인 복종을 강요하면서 자율성을 제한한다. 권위주의적 부모의 자녀는 낮은 수준의 자율성을 가지게 되며, 문제행동을 더 많이 보이며 수행 능력은 떨어진다. 허용적 부모는 반응성이 높으나 요구성은 낮은 경우로 부모가 자녀에게 요구하는 일은 거의 없으며, 자녀가 마음껏 행동하도록 최대한 자유를 주는 것이 자녀를 행복하게 하는 것이라고 생각한다. 허용적 부모의 자녀는 의존적이고 책임감이 없으며, 버릇이 없게 된다. 무관심한 부모는 반응성과 요구성이 모두 낮은 경우로 자녀와의 상호작용에 최소한의 시간과 에너지만을 투자하며, 극단적인 경우 방임적이 될 수 있다. 방임적 부모의 자녀는 문제행동을 보이거나 장기적 목표가 없는 생활을 하게 된다. [그림 5-2]는 이러한 부모양육 유형을 도식화한 것이다.

권위적 부모양육은 자녀의 높은 책임감, 자신감, 사회성과 연관되어 있으며, 보편적으로 바람직한 부모 유형으로 알려져 있다. 그렇다면 권위적 부모양육이 자녀의 바람직한 사회정서발달과 연관된 이유는 무엇일까? 권위적 부모양육은 자녀에게 적합한 한계와 자율성을 제공하고, 자녀는 부모의 이러한 모습을 동일시하며 애착을 형성할 수 있기 때문이다. 권위적 부모양육의 특성인 양방향적인 의사소통이 자녀의 사회정서발달과 밀접하게 연관된 인지발달을 증진시키기 때문일 수도 있다. 한편, 부모–자녀관계는 서로 영향을 주고받는 상호교류적 관계로 사회적으로 성숙한 자녀가 권위적 부모양육에 기여하고 다시 그러한 부모양육이 자녀의 사회적 유능성을 증진시키므로, 권위적 부모양육이 자녀의 바람직한 사회정서발달과 연관되었을 수도 있다.

부모양육의 기능은 자녀가 성장하면서 변화하게 된다. 청소년기의 부모양육과 관련하여, Rathunde와 Csikszentmihalyi(2006)는 부모양육을 지지와 도전의 두 가지 차원으로 분류하였다. 지지적인 것은 정서적 측면과 연관된 것으로, 지지적인 가족이란 부모가 청소년을 사랑하고 서로 도와주려는 가족을 의미한다. 도전적인 것은 인지적 측면과 연관된 것으로, 도전적인 가족은 청소년에게 높은 기대감과 기준을 제시하고, 학업수행을 격려하며, 청소년의 강점을 평가하는 가족을 의미한다. 청소년은 지지적인 부모양육을 통하여 주체성을 확립할 수 있으며, 도전적인 부모양육을 통하여 자신에게 적합한 기술과 책임감을 습득하게 된다.

청소년기의 형제자매관계는 부모–청소년관계에 비하여 상대적으로 관심이 적고 알려지지 않았다. 일반적으로 청소년기의 형제자매관계는 더 평등해지고 더 멀어지고 감정적으로는 덜 강력해지지만, 관계의 질은 아동기의 형제자매관계와

		반응성	
		높음	낮음
요구성 (통제)	높음	권위적–상호적	권위주의적
	낮음	익애적	방임적, 무시하는, 무관심한

[그림 5–2] 반응성 및 요구성에 따른 부모양육 유형

출처: Maccoby, E. E. & Martin, J. A. (1983).

마찬가지로 안정적이다. 청소년기의 형제자매관계는 부모−자녀관계보다는 우정과 더 유사하다고 보인다(Collins & Steinberg, 2006, p. 1020). 부모−자녀 간의 상호작용과 형제자매 간의 상호작용의 질은 서로 다른데, 청소년의 형제자매는 부모와 비교했을 때 연령차이가 적으며, 직면한 관심사가 더 유사하다. 이러한 형제자매의 역할은 현대사회에서 커질 수 있는데, 가족크기가 감소함에 따라 형제자매의 수가 줄어들면서 형제자매 간의 상호의존성이 높아질 수 있기 때문이다. 독신인 경우에는 형제자매가 서로 의지하게 되고, 부모가 사망하거나 역할을 수행하기 어려울 때에도 서로를 지지하게 된다.

형제자매는 청소년의 발달에 어떠한 영향을 미치는가? 첫째, 손위형제는 손아래형제에게 역할모델로 작용할 수 있다. 예를 들어, 손위형제가 특정한 운동팀에서 활동하는 것을 보면서 손아래형제는 운동에 관심을 가질 수 있으며, 자신도 운동팀의 성원이 되려고 노력할 수 있다. 둘째, 손위형제는 가족 내에서 손아래형제의 보호자로 작용할 수 있다. 예를 들어, 한부모가정의 청소년들은 손아래형제를 돌보는 책임을 맡기도 한다. 셋째, 손위형제는 친구나 동료로 작용할 수 있다. 청소년은 형제간 우애를 통하여 친구와의 우정과 유사한 만족을 얻게 된다.

그러나 형제자매는 긍정적 영향과 더불어 부정적 영향을 미칠 수 있다. 예를 들어, 형제자매관계는 청소년의 비행행동에 영향을 미친다고 알려져 있다. 형제자매가 비행에 미치는 영향은 유형, 성별구성이나 연령에 따라 달라질 수 있어 형제 갈등이 크거나 손위형제가 비행행동에 참여하는 것은 손아래형제의 비행을 증가시키는 경향이 있다. 또한 형제자매는 알코올을 포함한 물질사용에도 영향을 주는데, 형제자매와의 상관은 부모−자녀의 상관보다 높고, 손아래보다는 손위형제의 물질사용의 영향이 더 크며, 음주형태는 연배가 차이 나는 이성형제자매보다는 동년배인 동성형제자매의 경우 더 유사하다고 알려져 있다. 형제자매가 물질사용에 미치는 영향은 '사회전염(social contagion)'이론으로 설명되기도 하는데, 형제자매는 함께 시간을 보내고 공동의 친구를 가지는 공유환경을 형성하면서 물질사용을 증가시키게 된다. 캐나다에서 수행된 대규모 건강조사에서 물질사용에 미치는 가족의 영향을 분석하였는데, 알코올사용에서 손위형제에서 손아래형제로의 영향은 부모에서 자녀로의 영향보다 월등하게 우세하였으며, 형제 연령차이가 2년 이하일 때와 남자형제일 때 일치도가 더 높았다(Rende,

Slomkowski, Lloyd-Richardson, & Niaura, 2005). 형제간 알코올사용의 일치도가 높은 것은 손위형제의 음주가 모델링으로 작용할 수 있고, 손아래형제로 하여금 손쉽게 알코올을 얻을 수 있게 할 뿐만 아니라 손아래형제의 알코올사용에 대한 인지방식에 영향을 주기 때문이라고 설명할 수 있다. 한편, 형제 연령차이가 6년 미만일 경우 형제 간의 경쟁과 갈등이 심하게 나타날 가능성이 높지만, 6년 이상일 경우에는 마치 외동처럼 자란다고 알려져 있다(한국청소년개발원, 2004b, p. 350).

(2) 청소년기 가족관계의 주요 주제들

① 갈등

세대 차(generation gap)는 세대 간의 갈등을 의미하는데, 가치와 태도, 취향에 대하여 세대 간에 차이가 존재하는 것이다. 이러한 세대 차가 실제로 존재하는지, 존재한다면 그 정도는 어떠한지에 대하여 관심이 높아지고 있다. 부모와의 갈등은 청소년기에 시작되는데, 과거에는 부모-자녀 갈등이 주로 청소년의 발달적 변화에서만 비롯된 것으로 보았으나, 근래에는 갈등이 청소년과 부모 양측의 변화로부터 기인하다고 본다. 청소년기는 급격한 신체적 및 인지적 성숙과 더불어, 충분한 시간으로 자신의 미래를 확장하면서, 힘이나 지위를 축적해 나가는 과정에 있다. 반면, 중년기에 위기를 맞게 되는 부모는 신체적인 자신감이 감소하기 시작하며, 시간조망이나 미래전망이 축소되고, 인생에서 자신이 주도할 수 있는 선택의 여지가 점차 제한되는 경험을 하게 된다. 가족생활주기의 이 단계가 청소년에게는 무한대로 선택이 확장되는 시기라면, 부모에게는 지난 시절의 선택만을 감수해 나가야만 하는 시기다. 그러나 청소년과 부모 간의 거리감과 갈등이 증가함에도 불구하고 부모는 청소년에게 여전히 중요한 자원으로 남아있다.

청소년과 부모와의 갈등 내용은 주로 일상적인 일에 관한 것이다. 갈등을 야기하는 주제로는 청소년의 사회생활과 의상, 책임소재, 학교생활, 가족관계, 사회적 관습을 들 수 있다. 청소년의 사회생활과 의상에 관한 내용으로는 이성친구, 야간외출, 의상 및 헤어스타일이 포함될 수 있고, 책임소재에 관한 내용으로는 청소년이 해야 할 일, 소비형태, 개인소지품, 방이나 소유물의 간수가 포함된다. 학교생활에 관한 내용으로는 청소년의 학업성취나 학교행동 및 학교에 대한 태도가 포함되고, 가족관계에 대한 내용으로는 미성숙한 습관, 부모에게 보이는 존경수준 및 태도, 형제자매와의 싸움, 친척관계가 포함되며, 사회적 관습으로는 음주, 흡연, 약물, 비속어사용, 성적 행동, 규칙위반이 포함된다. 동일한 사항에 대하여 부모는 해당 상황에서 어떻게 해야 한다는 규범이나 관습을 강조하는 반면, 청소년은 그러한 사항이 개인적 선택이라고 생각하면서 부모와 청소년 간에 갈등이 야기된다.

청소년과 부모의 갈등은 청소년기를 거쳐 변화한다. 청소년은 어느 정도 부모에게 의존해야 한다는 것을 알면서도 부모로부터 독립하려는 의지를 갖게 된다. 부모 또한 궁극적으로 자녀가 독립하기를 원하면서도 다른 한편으로는 부모에게 계속 의존해 주기를 바라는 양면성을 보이게 된다(허혜경, 김혜수, 2010, p. 232). 갈등의 빈도는 청소년 초기에 증가했다가 점차 약화되며, 갈등의 강도는 청소년 초기부터 중기까지 증가하다가 점차 안정되는 경향을 보인다(Smetana, 2011, p. 140).

부모와의 갈등은 청소년의 부적응이나 일탈행동에 영향을 주는 것으로 알려져 있다. 부모-자녀 간의 갈등과 부모의 적대감은 청소년의 내재화 증상과 같은 심리적 부적응에 관련되며, 가족갈등은 청소년의 우울과 비행을 증가시키는 데 영향을 준다(김영희, 안상미, 2008; Rueter, Scaramella, Wallace, & Conger, 1999). 청소년이 지각한 높은 가족갈등과 부정적 의사소통은 스마트폰의 과도한 사용과 연관되며(여종일, 2015), 가족갈등이 높고 가족구성원 간의 유대감이 낮은 것은 12세에서 21세에 불법약물을 복용하기 시작하는 것과 연관되고(Guo, Hill, Hawkins, Catalano, & Abbott, 2002), 가족갈등은 청소년 가출사유 중에서 상위를 차지하는 요인이다.

② 자율성

자율성이란 스스로 사고하고 느끼고 행동하는 것으로, 독립적으로 자신의 의지대로 행동하는 능력을 의미하며, 정서적, 행동적, 인지적 요소를 포함하는 포괄적 개념이다. 자율성은 크게 정서적 자율성, 행동적 자율성, 인지적 자율성으로 구분된다. 정서적 자율성이란 가족구성원이나 또래와의 밀접한 관계에서의 변화를 의미하며, 행동적 자율성이란 독립적인 의사결정을 내리고 진행하는 능력을 의미하며, 인지적 자율성이란 독립적인 가치와 의견, 신념을 형성하는 것을 뜻한다(Steinberg, 2011, p. 280).

청소년은 초기에는 행동적 자율성을 시도하며 중기에 점차 성인과 유사한 자율성을 갖기 시작하는데, 청소년과 부모와의 관계는 비대칭적인 불평등에서 시작했다가 점차 동등한 관계로 변화하게 된다. 정서적 자율성은 개별화와 연관되는데, 이러한 개별화는 가까우면서도 독립성을 격려하는 가족관계를 통하여 형성될 수 있다. 아동기에는 부모를 무조건 이상화했다가 청소년기에는 부모를 점차 객관적으로 보는 시각이 생기게 된다. 부모양육 유형이 권위적이어서 부모가 따뜻하면서도 확고하다고 느낄 때 청소년의 개별화는 촉진된다. 청소년은 논리적 추론이 가능한 인지적 변화를 경험하며 의사결정 능력이 향상되고 행동적 자율성을 보이지만, 청소년 초기에는 또래압력을 많이 받게 되었다가 점차 또래압력의 영향을 적게 받고 자조 능력이 향상된다. 인지적 자율성의 측면에서 청소년은 정치적 신념이나 종교적 이상에서 변화를 경험하기도 한다.

③ 의사소통

청소년과 부모와의 의사소통은 가족관계를 이해하는 주요 개념이다. 의사소통에 대한 정의는 관점에 따라 달라질 수 있는데, 구조적 관점에서는 의사소통을 메시지나 정보의 송수신 과정으로 보며, 기능적 관점에서는 기호를 사용하는 행동으로 간주하고, 의도적 관점에서는 한 개인이 타인의 행동을 변화시키기 위하여 자극을 보내는 과정으로 정의한다(유영주 외, 2013, pp. 182-183). 가족구성원은 의사소통을 통하여 영향력을 행사하고, 정보를 교환하며, 감정을 표현한다.

부모-자녀 간의 의사소통은 상호 간에 메시지를 전달하는 수단이며, 자녀가 청소년기에 접어들면서 더욱 중요해진다. 의사소통이 원만하면 서로의 감정을 공유할 수 있으며, 상대방을 이해하게 된다. 여러 의사소통방식 중에서 완전통로형 의사소통망(또는 전채널 의사소통망)은 원만한 가족관계를 유지하는 데 효율적이고 바람직한 의사소통방식으로 알려져 있다. 완전통로형은 모든 가족구성원 사이에 모든 방향으로 의사소통이 이루어지는 유형이다. 수레바퀴형(또는 차륜망)은 가족 내에서 중심이 되는 한 인물은 모든 가족구성원과 의사소통하지만, 다른 가족구성원들은 중심이 되는 가족 내 한 인물하고만 의사소통하는 수레바퀴의

바퀴통으로서의 역할을 한다. 예를 들어, 수레바퀴형에서 어머니가 가족 내 중심이라면 자녀와 아버지는 직접 대화하지 않고 어머니를 매개로 소통을 하는 경우이므로 완전통로형보다 비효율적인 방법이다. 의사소통 유형으로 반영적 경청과 나-전달법은 부모와 청소년 간에 효과적인 대화기법으로 알려져 있다.

(3) 다양한 가족 유형과 청소년 발달

① 이혼가족

이혼의 법적인 정의는 법률상으로 완전 유효하게 성립된 혼인을 당사자인 부와 처가 살아가는 동안 결혼관계를 해소시킴으로써 혼인에서 비롯된 일체의 효과를 소멸시키는 것이다(공계순, 박현선, 오승환, 이상균, 이현주, 2013, p. 312). 이혼은 하나의 사건(event)이라기보다는 일련의 과정(process)으로, 이혼 이전과 이혼, 이혼 이후로 구분하여 특성을 살펴보아야 한다.

현대사회에서 가족의 구조와 기능은 다양해지고 있으며, 이혼추세도 변화하고 있다. 2017년 혼인 및 이혼 통계를 살펴보면, 이혼은 10만 6천 건으로 조(粗)이혼율(인구 1천 명당 이혼 건수)은 2.1건, 유배우 이혼율(유배우 인구 1천 명당 이혼 건수)은 4.4건이었으며, 20년 전에는 혼인지속기간이 길수록 이혼이 감소했으나, 근래에는 혼인지속기간 20년 이상 이혼이 31.2%를 차지하였다(통계청 보도자료, 2018, p. 20, 24). 이혼하는 방법에는 부부가 이혼에 합의한 경우인 협의이혼과 합의가 이루어지지 않아 당사자 일방의 청구에 의해 법원의 재판으로 이혼하는 경우인 재판상 이혼이 있는데, 협의이혼율이 재판상 이혼율보다 높은 경향이 있다. 2017년에는 협의이혼이 8만 3천 건으로 전체 이혼 중 78.3%를 차지하였고, 재판상 이혼은 2만 3천 건으로 전체 이혼 중 21.7%를 차지하였다(통계청 보도자료, 2018, p. 26). 미성년 자녀가 있는 부부의 이혼은 감소추세를 보이는데, 2017년에는 5만 1백 건으로 전체 이혼의 47.2%를 차지하였다(통계청 보도자료, 2018, p. 25).

부모가 이혼할 때, 자녀는 다양한 감정을 경험하게 된다. 자녀는 충격과 불신을 갖기도 하고, 누구와 살아야 하는지 불안을 느낄 수 있다. 헤어지게 한 장본인으로 어느 한쪽 부모를 원망하거나 부모로 인하여 자신의 인생을 망쳤다고 생각을 하며 분노할 수도 있고, 이혼한 부 또는 모가 새로운 사람을 만날 때에는 질투심이나 원한을 느끼기도 한다. Wallerstein은 1970년대 초반 부모가 이혼한 60가족을 종단적으로 연구하여 10년 후와 25년 후의 결과를 『Second Chances: Men, Women, and Children a Decade After Divorce』와 『The Unexpected Legacy of Divorce: The 25 Year Landmark Study』의 저서로 출간하였는데, 131명의 아동 중에서 원만한 적응을 한 경우는 절반도 되지 않았다. 이혼의 영향으로 10년 후 아동은 과도한 부담증상을 보이고, 여자아동은 시간이 흐른 이후에 이성과 친밀한 관계를 형성하는 데에 어려움을 겪는 수면자 효과(sleeper effect)를 보이기도 하였으며, 25년 후에 이혼가정 자녀들은 사랑, 성적 친밀감, 결혼에 대한 헌신, 부모됨에서 어려움을 나타내었다. Wallerstein에 따르면, 이혼이란 부모의 입장에서는 문제의 해결책이 될 수 있지만 아동의 입장에서는 문제의 출발점일지 모른다(Harvey & Fine, 2004, p. 9). 그러나 근래에는 초기 이혼연구의 방법론적 문제점을 지적하면서, 일반적으로 청소년이 이혼 전후에 어려움을 겪으나 다양한 요인에 따라 결과가 다르며, 대부분의 경우 2년의 시기 내에 적응한다고 알려져 있다.

부모의 이혼에 대한 자녀의 적응에 영향을 미치는 요인들은 다양하다. 아동의 성이나 연령, 기질, 이혼 전후의 가족관계와 경제적 여건, 비양육부모와의 관계 등에 따라 자녀의 반응이나 적응은 달라질 수 있다. 일반적으로 이혼의 영향은 자녀가 취학 전이나 대학생일 때보다는 학령기일 때 더 크다고 알려져 있다. 또한 이혼이 청소년의 발달에 미치는 영향은 이혼가정에서 물리적으로 누구와 사느냐에 좌우되기보다는 이혼한 부모와의 관계의 질이 더 중요하다고 알려져 있다.

② 한부모가족

한부모가족이란 모자가족 또는 부자가족으로서 18세 미만(취학 중인 경우에는 22세 미만)의 아동을 양육하는 가족으로, 「한부모가족지원법」 제4조에 따르면, 한부모가족 중에서 모자가족이란 모가 세대주(세대주가 아니더라도 세대원을 사실상 부양하는 자 포함)인 가족이며, 부자가족이란 부가 세대주인 가족을 말한다. 한부모가구의 수는 2012년 1백 79만 6천 가구에서 2016년 2백 9만 가구로 꾸준히 증가하고 있다. 전체 가구에서 한부모가구가 차지하는 비율은 2012년 9.9%에서 2016년 10.8%로 증가하였다(통계청, 2017a).

한부모가족의 80%에 육박하는 가족은 모자가족인데, 모자가족은 대부분 빈곤, 자녀양육 및 교육에 어려움을 겪고 있으며(공계순 외, 2013, p. 194), 가장 큰 문제는 경제적 어려움으로 알려져 있다. 부자가족의 가장 큰 어려움은 가사노동 및 자녀양육으로 알려져 있는데, 한국여성정책연구원(2016)에서 실시한 '2015년 한부모가족 실태조사'에 따르면 전 연령대에 걸쳐 부자가족은 아버지 역할과 자녀와의 관계형성이 어렵다고 응답하였고, 미취학자녀의 경우 '자녀 돌볼 시간의 부족' '양육교육 관련 정보 부족', 취학자녀의 경우 '대화가 잘 되지 않음'으로 인한 어려움이 크다고 응답한 비율이 높았다.

한부모가족환경이 청소년에게 미치는 영향으로 경제적 어려움, 부모의 지지 및 감독 부재, 지역사회 지원 결여, 이혼 후 부모갈등, 생활 스트레스를 들 수 있다. 경제적 어려움 측면을 살펴보면, 한부모가구의 아동빈곤율이 전체 아동빈곤율보다 현저히 높게 나타났다. 부모의 지지 및 감독부재 측면에서 살펴보면, 한부모가족은 양부모가족보다 자녀를 돌보거나 감독할 기회나 자녀의 학교 활동에 개입할 기회가 제한된다. 한국여성정책연구원(2016)에서 실시한 '2015년 한부모가족 실태조사'에 따르면 한부모들이 자녀와 함께 보내는 시간은 초등학생 자녀의 경우 하루 평균 '30분~1시간 미만'(33.7%)이 가장 많았고, 중학생 자녀를 둔 경우에는 하루 '30분 미만'(30.6%)이 가장 많아 자녀의 연령이 높아질수록 자녀와 함께 보내는 시간이 감소하였다. 일반적으로 한부모의 연령이 많고, 교육 수준이 낮은 경우 자녀와 함께 보내는 시간이 적은 경향이 나타났으며 모자가족보다는 부자가족에게서 이러한 경향이 더욱 두드러지게 나타났다. 지역사회지원 측면을 살펴보면, 친구나 이웃 등으로부터의 사회적 지지는 청소년에게 유익함에도 불구하고, 한부모가족의 경제적 여건과 빈번한 이사는 청소년으로 하여금 지역사회의 유익한 자원을 이용할 기회를 감소시킨다. 이혼 후 부모갈등 측면에서 살펴보면, 이혼만으로 부모간의 갈등이 종식되는 것이 아니라 이혼 후에도 갈등이 지속되면서 한부모가족의 청소년이 심리적 어려움을 가질 수 있다. 생활 스트레스 측면을 살펴보면, 한부모가족환경의 빈번한 이사, 전학, 일상적 어려움으로 인한 스트레스는 청소년의 적응에 유해한 영향을 미치게 된다.

2011년 한국청소년정책연구원에서 실시한 '아동 · 청소년 정신건강 실태조사'에서는 한부모가정의 응답자가 양부모가정의 응답자보다 우울과 불안, 게임중독

경향, 자살생각과 자살계획, 스트레스, 비행과 같은 부정적 요인의 점수가 더 높았다. 반면, 생활만족도, 적응적 심리요인, 응답자가 지각한 부모의 지원, 가족관계의 질, 지역사회영역이나 학교영역 점수와 같은 긍정적 요인의 점수에서는 한부모가정의 응답자가 양부모가정의 응답자보다 더 낮게 나타났다(한국청소년정책연구원, 2011, pp. 53-80). 그러나 부정적 영향 외에 한부모어머니와 청소년자녀와의 관계는 상황에 대처하면서 더 강력해지기도 한다는 긍정적 영향도 있다. 조기 성숙하는 예외적 경우를 제외하면, 한부모가족에서 모녀관계가 돈독해지고 어머니는 딸이 독립적이기를 기대하는 경향이 높다. 반면, 청소년아들의 경우 한부모어머니와의 관계에서 딸의 경우만큼 잘 적응하지는 못하는 것으로 알려져 있다.

③ 재혼가족

근래에는 재혼가족에 대한 사회적 관심이 높아지고 있다. 2017년 혼인 및 이혼 통계를 살펴보면, 남자의 경우 전체 혼인 중 초혼이 84.1%, 재혼이 15.8%이었고, 여자의 경우 전체 혼인 중 초혼이 82%, 재혼이 17.9%를 차지하였으며, 남녀 모두 초혼은 77.9%, 재혼은 11.7%를 차지하였다(통계청 보도자료, 2018, p. 6). 2017년 기준 평균 초혼연령이 남자 32.9세, 여자 30.2세인 데 비하여, 평균 재혼 연령은 남자 48.7세, 여자 44.4세로 나타났다(통계청 보도자료, 2018, p. 7).

일반적으로 재혼가족이 직면하는 문제로 전혼관계로 인한 정서적 부담과 계부모 역할의 모호성, 가족경계의 모호성을 들 수 있다(공계순 외, 2013, pp. 317-318). 재혼가족은 부부관계가 형성되기 이전에 이미 부자녀관계나 모자녀관계가 형성되어 있었고 전혼관계에서 오는 경험이나 사회의 부정적 인식이 정서적 부담감으로 작용한다. 가족기능에서 계부모 역할이 모호한 것은 가족 내 긴장으로 작용하며, 가족체계 내의 경계가 모호하여 청소년들이 정서적 혼란을 경험할 수 있다.

그러나 재혼이 청소년에게 미치는 영향에는 개인차가 있다. 일반적으로 여자가 남자보다, 나이 든 아동이 나이 어린 아동보다 어려움이 더 많다고 알려져 있다. 그러나 재혼기간이 5년 이상이 되면서 자녀의 성에 따른 차이는 거의 사라지게 된다. 가족이 새로운 계부모관계에 적응하지 못할 때, 청소년은 스트레스를 받는데, 청소년의 입장에서는 계부 또는 계모의 권위를 인정해야 하는 어려움이 있고, 계부모 역시 새로운 가족이 되는 것에 어려움을 느끼게 된다. 또한 재혼가족에서 비양육부모와의 관계는 청소년의 적응에 중요한 영향을 미친다.

④ 다문화가족

2017년 국내의 혼인 및 이혼 통계를 살펴보면, 외국인과의 혼인은 총 2만 8백 건으로 전체 혼인 건수인 26만 4천 5백 건의 7.9%를 차지하고 있다. 이 중 외국인 여자와의 혼인은 1만 4천 9백 건으로 전체 혼인 건수의 5.6%를 차지하고, 외국인 남자와 혼인은 6천 건으로 전체 혼인 건수의 2.3%를 차지한다(통계청 보도자료, 2018, p. 14). 2017년 기준으로 한국 남자와 혼인한 외국 여자의 국적 구성비는 베트남, 중국, 태국 순이었고, 한국 여자와 혼인한 외국 남자의 국적 구성비는 중국, 미국, 베트남 순이었다(통계청 보도자료, 2018, p. 15). 2015년 실태조사 결과, 전체 다문화가구는 27만 8천여 가구로 추정되었고, 가구 구성을 살펴보면, 부부와 자녀로 이루어진 가구가 46%로 가장 많았다(한국여성정책연구원, 2016, p. 5). 다문화현상은 다양한 학제와 국가에서 접근할 수 있으나, 국내의 다문화사회 유형은 독특한 특성을 지니고 있다. 국내의 경우, 서구의 가족단위 대규모 이민이 아닌 단기 거주 노동자나 결혼이민자, 특히 농촌의 결혼이민자 여성에 의한 다문화현상이 뚜렷하다. 문화적응에 대하여 서구에서는 평등성이나 독립성을 내포하는 통합측면이 강조되나(Yuh, 2005), 국내에서는 공동체의식을 바탕으로 한 동화적 측면도 간과할 수 없다.

2017년 청소년통계에 따르면, 2016년 초 · 중 · 고 다문화가족 학생은 9만 9천 명으로 전년보다 20.2% 증가하였으며, 전체 학생 수는 계속 감소하는 반면, 다문화가족 학생 수는 계속 증가하였다. 2016년 다문화가족 학생 중 초등학생의 비중은 74.6%, 중학생 15.2%, 고등학생 10.1%이었으며, 다문화 청소년의 73.9%는 자신을 한국 사람으로 생각한다고 응답하였다(통계청, 여성가족부 보도자료, 2017).

다문화가족의 자녀들은 성장하면서 어려움을 경험할 수 있다. 다문화가족의 자녀들은 결정적 시기에 언어적 자극이 결핍되어 언어지연이 생기고, 이렇듯 언어 능력이 부족한 것은 사회성 결여나 학업부진과 연관될 수 있다. 예를 들어, 국어, 사회, 역사와 같은 과목들은 다문화가족 청소년에게 더 어려울 수 있다. 다문화가족의 청소년들은 민족정체감을 자아정체감에 통합시키는 과정에서 정체성의 혼란을 경험할 수 있는데, 자아정체감 혼란은 이후에 문제행동이나 심리적 부적응을 유발하게 된다. 한편, 다문화가족의 청소년들은 또래집단의 배타성으로 인하여 집단따돌림에 취약할 수 있다.

국내에서는 다문화 청소년의 발달과정을 종단적으로 분석하기 위하여, 2010년 초등학교 4학년 중 다문화배경을 지닌 청소년 대상 패널을 구축하여 추적조사 하였다(한국청소년정책연구원, 2013a, p. 317). 종단자료에서 2013년의 결과를 살펴보면, 부모의 양육태도, 즉 감독과 방임의 변화가 청소년의 발달에 영향을 미쳤으며, 부모가 자녀의 공부에 대해 관심을 갖고 관여하며, 가족 · 교사 · 친구의 지지가 증가될 때 청소년의 학교적응 수준이 증가한 반면, 학교 내에서의 집단괴롭힘 경험은 학교적응 수준을 점차 떨어지게 하는 것으로 나타났다.

3. 또래

1) 또래집단의 특성

청소년기에는 부모와 보내는 시간이 감소하는 반면, 또래와 보내는 시간은 증가한다. 미국 고등학생들의 경우 전형적으로 깨어 있는 시간의 약 1/3 정도(29%)를 또래와 보낸다는 보고가 있듯이, 또래관계는 청소년의 생활에 큰 비중을 차지할 뿐 아니라 청소년기의 또래상호작용은 아동기에 비교하여 성인이나 부모의 지도나 통제가 줄어들고 이성을 포함하는 경향이 있다(Rubin, Bukowski, & Parker, 2006). 또한 아동기의 또래관계가 주로 소집단형태로 이루어졌다면 청소년기의 또래관계는 더 큰 집합체를 형성한다. 청소년 초기의 우정은 아동기의 우정이나 부모와의 관계와는 다르다. 청소년은 또래집단에서 연대감을 형성하고 자신감을 획득하고, 집단 내 지위에 따라 인기에 대한 감정을 느끼게 된다.

집단 내 인기도를 측정하는 방법으로 사회성 측정법(sociometric techniques)을 사용할 수 있다. 사회성 측정법은 좋아하거나 싫어하는 또래를 지명하거나, 또래 모두를 준거에 따라 평정하는 방법을 사용한다. 사회성 측정법은 또래집단 내의 상호작용 및 형태를 조사하여 개인의 사회적 지위와 집단 구조를 파악하는 방법으로, 대부분의 아동은 인기형(popular), 거부형(rejected), 무시형(neglected), 상반되는 형(또는 혼합형; controversial), 평균형(average)으로 구분할 수 있다. 인기형은 좋아하는 또래가 많고 싫어하는 또래가 적은 반면, 거부형은 좋아하는 또래가 적고 싫어하는 또래가 많은 경우다. 무시형은 또래의 관심 밖에 있으므로 좋아하는 또래도 싫어하는 또래도 적은 반면, 상반되는 형은 친구들로부터 복합적 반응을 얻어서 좋아하는 또래도 싫어하는 또래도 많은 경우다. 평균형은 중간 정도의 인기와 거부를 받는 형이다.

Rubin 등(2006, p. 607)은 또래집단의 인기도 유형을 수용과 거부 수준뿐 아니라 선호도와 영향력을 포함하여 구분하였다. 인기형의 경우, 또래들의 높은 수용과 낮은 거부를 보이고, 선호도와 영향력이 높은 편이며, 긍정적으로 관계를 시작하고 유지하는 데 능란하며, 우호적이고 사교적이며 자기주장적 행동을 할 수 있으나 타인을 방해할 것 같은 행동은 거의 하지 않는 특징을 보인다. 거부형은 또래들의 낮은 수용과 높은 거부를 보이며, 선호도는 낮으나 영향력은 높은 편이며, 공격적이며 이질적 행동 경향성이 높은 특징을 보인다. 무시형은 또래들로부터 낮은 수용과 낮은 거부를 받으며, 선호도는 중간이나 영향력이 낮으며, 뚜렷한 행동특징이 잘 드러나지 않는다. 평균형은 보통 수준의 수용과 거부를 받으며, 중간 정도의 선호도와 영향력이 있다. 상반되는 형은 또래들로부터 높은 수용과 높은 거부를 받으며, 선호도는 중간이나 영향력이 높은 편이며, 거부형의 특징(예: 공격, 위축, 화냄, 규칙위반, 지나친 적극성)과 인기형의 특징(예: 도움, 협조, 리더십, 사회적 민감성)을 모두 나타낸다.

또래관계에서 이러한 인기와 거부를 결정하는 데에는 다양한 요인이 작용할 수 있다. 특히 여러 요인 중에서 공격성이 높고 사회적 기술이 부족한 것은 또래관계의 문제를 야기한다. 공격성은 다른 사람이나 사람들을 해치려는 의도를 가진 행동(Parke & Slaby, 1983, p. 550)으로 정의할 수 있으며, 목적에 따라 도구적 공격성(instrumental aggression)과 적대적 공격성(hostile aggression)의 두 가지 범주로 구분할 수 있다. 여기서 도구적 공격성이란 자신의 목적을 얻기 위한 수단으로 고의적이며 계획된 공격행동을 말하며, 적대적 공격성은 가해자의 주요 목표가 피해자를 해치거나 상처를 주는 것인 공격적 행위를 의미한다(Shaffer, 2006, p. 642). 한편, 도구적 공격성을 사용하는 청소년은 계획되지 않고 충동적인 공격

행동인 반응적 공격성(reactive aggression)을 사용하는 청소년보다 인기가 더 많다고 알려져 있다(Steinberg, 2011, p. 172). 여자 청소년의 경우, 신체적 공격성이 아니라 타인과의 관계를 조작하여 타인을 해치려는 행동인 관계적 공격성(relational aggression)을 보이기도 한다(Steinberg, 2011, p. 173).

학교생활 측면에서 청소년 집단을 구분하기도 하는데, 학교규율 및 지배문화와의 관련성에 따라서 순응형, 저항형, 중간형으로 구분한다. 순응형은 기존 질서에 순응하는 집단으로 학교규칙이나 학교성적을 중요하게 여기며, 기성세대와의 조화를 이루며 일상생활을 영위한다. 순응형의 학교생활 만족도는 비교적 높다. 저항형은 학교규율에 적응하지 못하고 외모나 외양을 중요하게 생각하며 학업성적을 고려하지 않고 유흥을 추구하는 유형으로, 학업성취도와 학교생활만족도가 비교적 낮은 것으로 알려져 있다. 중간형은 순응형과 저항형의 중간적 위치에 있으면서 두 가지 특성을 적절히 조합하거나 또는 두 가지 특성을 모두 가지지 않는 집단이다.

2) 또래관계와 청소년 발달

또래관계는 시간이 지나면서 변화하고 청소년기에 가면서 점점 복잡하고 청소년의 발달에 중요한 비중을 차지한다. 또래관계에서의 어려움은 청소년에게 심리적 문제를 야기하는 반면, 원만한 또래관계는 청소년이 건강하게 발달하도록 도와준다. 또래관계는 자율성의 발달에 영향을 주어서 청소년은 또래와의 수평적 관계를 통하여 문제해결력이나 의사결정력을 키울 수 있으며 친밀감, 성개념, 학업성취에도 영향을 미친다.

정옥분(2015)은 또래집단의 기능을 다음과 같이 요약하였다(pp. 355-356). 첫째, 또래집단은 사회적 지원 및 안정감을 제공해 준다. 청소년은 자신과 비슷한 경험을 하는 또래로부터 정서적 안정감을 제공받는다. 둘째, 또래집단은 판단의 기준을 제공하는 준거집단으로의 역할을 한다. 청소년은 자신의 행동이나 경험을 비교하는 기준으로서 또래를 평가한다. 셋째, 또래집단은 더 성숙한 인간관계를 형성할 기회를 제공한다. 부모-자녀관계가 수직적이었다면, 청소년은 수평적 관계인 또래관계를 통하여 상호성이나 협동심을 배우게 된다. 넷째, 또래집단은 청소년이 정체감을 형성하는 데 영향을 미친다. 또래집단과의 상호작용을 통하여 청소년은 긍정적이거나 부정적인 자아상이나 정체감을 형성하게 된다.

Brown(2004)은 최소한 3수준의 또래상호작용을 제시하면서, 양자 수준(dyadic level), 패거리(cliques), 무리(crowds)로 구분하였다(p. 365). 대표적인 양자 수준은 우정으로, 우정의 핵심양상은 동료의식, 갈등, 도움, 안전, 밀접함을 포함하는데 이러한 양상은 서로 관련되어 있다(Bukowski, Simard, Dubois, & Lopez, 2011, pp. 165−168). 즉, 우정은 동료의식으로서 함께 무엇을 하는 누군가를 포함하고, 의사결정에서 비롯된 갈등을 갖기도 하며, 다양한 영역에서 도움을 제공한다. 또한 갈등이나 문제가 있더라도 안전감을 제공하며, 동맹이나 정서적 결속을 주는 밀접함의 특징을 보인다. 우정을 나누는 친구를 선택하는 기준으로는 다섯 가지를 제시하고 있다. 첫째, 유사성 차원은 자신과 비슷한 사람을 친구로 선택하고 친구가 되면서 더 비슷해지는 것이며, 둘째, 상호성 차원은 서로 도우며 지지하고 수용해 주는 자세를 말한다. 셋째, 양립가능성 차원은 다툼이나 갈등 없이 서로 잘 어울리는 정도이고, 넷째, 역할모델 차원은 역할모델로 친구를 삼으며, 다섯째, 구조적 차원은 가까운 동네에 사는가, 얼마나 오래 친구로 사귀어 왔는가 등으로 선택하는 것을 말한다(정옥분, 2015, p. 350).

청소년기의 우정은 아동기의 우정과 비교했을 때, 밀접함과 친밀감을 더 제공하지만 놀이에 기반을 적게 둔다. 또래관계인 우정은 부모−자녀관계보다 평등과 균형을 강조한다. 청소년기 동안에 우정은 점차 복잡해지고 우정에 대한 기대와 신념이 증가하는데, 청소년기에는 상호성(mutuality), 자기노출, 친밀감이 현저히 증가한다(Collins & Steinberg, 2006). 청소년 초기(10~13세)의 우정은 유사성에 근거하여 주로 동성친구로 구성되고 피상적이며 활동중심이다가 청소년 중기(14~16세)의 우정은 강렬한 정서를 보이며 관계중심적으로 변화하고 청소년 후기에는(10대 후반~20대 초반) 안정된 상태로 정서적 친밀감을 보인다(정옥분, 2005, pp. 474−475). 그러나 우정은 그냥 아는 사이의 경우보다 친밀감뿐 아니라 갈등도 많다.

우정은 청소년기에 중요한 비중을 차지하는데, 우정발달에 대한 대표적 이론으로 Sullivan의 대인관계이론과 Selman의 조망수용이론을 들 수 있다. Sullivan은 대인관계의 발달을 유아기, 아동기, 소년기, 청년 전기, 청년 중기, 청년 후기,

성인기로 구분되는 7단계 이론을 주장하였다. 7단계 중에서 청년 전기는 친밀감이 증가하여 동성의 단짝관계를 형성하려고 하며, 청년 중기에는 성욕이 증가하면서 이성친구에 대한 친밀감과 또래에 대한 친근감을 느끼며, 청년 후기에는 친밀감과 애정욕구가 통합되어 특정한 이성과 친밀한 관계를 형성한다(허혜경, 김혜수, 2010, pp. 284-289). 앞서 제4장에서 살펴본 바와 같이, Selman은 상대방의 입장에서 사고하거나 이해하는 조망수용개념을 강조하였는데, 대략 10세에서 15세의 제3자적, 상호적 조망수용단계를 거쳐 이후의 깊은 사회적, 상호적 조망수용단계에서는 청년들이 심층적 조망수용을 하여 친밀하지만 상대방을 독립된 개체로 존중하는 우정을 형성한다고 보았다.

Santrock(2004)은 청년기 우정의 기능을 선행연구에 기초하여 여섯 가지로 구분하였다(p. 216). 첫째, 동료애로서 우정을 통하여 시간과 활동을 함께 하는 누군가를 제공받는다. 둘째, 자극의 기능으로 우정은 청년에게 흥미로운 정보, 흥분, 재미를 제공한다. 셋째, 물리적 지지의 기능으로 우정은 시간, 자원, 도움을 제공한다. 넷째, 자아 지지의 기능으로 우정을 통하여 청년은 스스로를 능력과 매력, 가치를 가진 사람이라고 느끼게 되며 지지, 격려, 피드백에 대한 기대를 갖게 된다. 다섯째, 사회적 비교의 기능으로 우정을 통해 자신의 위치와 자신이 제대로 하고 있는지에 대한 정보를 얻는다. 여섯째, 친밀감 및 애정의 기능으로 우정은 타인과의 따뜻하고 친밀하며 자기개방적인 신뢰로운 관계를 제공한다.

패거리(cliques; 끼리집단)는 3명에서 9 또는 10명 사이의 비교적 작은 밀착된 집단으로, 많은 시간을 같이 보내며 일반적으로 동일한 인종과 동성으로 구성된다(Rubin et al., 2006, p. 598; Dolgin, 2014, p. 297). 11세경에 대부분의 또래상호작용은 패거리 맥락에 있게 되고 거의 모든 아동이 패거리의 구성원이라고 보고한다(Rubin et al., 2006, p. 598). 일반적으로 패거리는 친밀성과 응집성이 높은 집단으로 배경이 비슷한 청소년들의 적은 수로 구성된다. 청소년들이 함께 정기적으로 드라마를 공부하는 집단을 형성하거나 매일 점심을 함께 먹는 집단을 형성하는 경우를 예로 들 수 있다. 동성집단의 패거리는 점차 더 큰 이성집단이 되는데, 청소년 후기에는 특정 이성상대와의 활동으로 차츰 진행된다. 이러한 패거리는 아동기와 성인기에도 존재하나 청소년기의 패거리는 고등학교의 사회적 위계에서 자신의 지위를 수립하는 데 중요하다(Collins & Steinberg, 2006, p. 1022).

무리(crowd; 군집)는 패거리보다 큰 집단 구조로 평판에 근거한 집합체인데, 비슷하게 정형화된(stereotyped) 개인들로 구성되며 오랜 시간을 함께 보낼 수도 있고 그렇지 않을 수도 있다(Rubin et al., 2006, p. 602). 패거리가 내내 함께 시간을 보내는 반면, 무리는 보통 주말에 함께 어울리곤 한다(Dolgin, 2014, p. 297). 무리는 15명에서 30명 정도로 활동에 대한 공동의 관심사로 구성되며, 패거리만큼 응집성이 높지 않다. 청소년은 활동과 우정에 기초한 패거리의 상호작용을 통하여 실제적인 사회적 기술을 배우게 되고, 평판과 정형화에 근거한 무리를 통해서는 정체감이나 자기개념화를 갖게 된다.

이후에 나타나는 이성교제는 청소년 전기에 단기적이고 자주 상대가 바뀌는 가벼운 데이트에서 청소년 중기와 후기로 가면서 1명과의 고정된 데이트로 변화하게 된다. 데이팅은 몇 가지 목적을 가질 수 있는데, 청소년은 즐거움을 얻기 위해, 동료애를 느끼기 위해, 지위를 얻기 위해, 성적 만족을 위해, 배우자 선택의 수단으로, 친밀감을 발달시키기 위해 데이팅을 하게 된다(Dolgin, 2014, p. 326). 그러나 청소년들은 대부분의 경우 이성에 대한 매력을 시각적으로 느끼고, 정서적 감정에 대하여 남녀 청소년 간에 차이가 있으며, 청소년기에는 동성 또래집단의 영향력이 커지므로 이성교제가 수월하지 않을 수도 있으며, 자아중심적 사고특성을 가지고 있어 청소년기의 이성교제를 어렵게 만드는 요인들도 존재한다(한상철, 이수연, 임순선, 류수현, 김우철, 2012, pp. 256-258). 또래관계는 후기 아동기에 형성되는 전 군집단계에서 동성의 또래로 구성되는 군집이 시작되는 단계, 이성또래 및 동성또래에 적합한 행동기준을 배우는 이성또래들로 구성된 끼리집단이 형성되기 시작하는 단계, 군집이 완전히 발달된 단계, 성인들의 또래와 유사한 군집의 결속력이 약화되는 단계로 진행된다.

4. 학교

1) 학교의 특성

학교는 청소년기의 주요 맥락 중 하나로서, 사회적 지식이나 관습, 신념 등을 조직하여 학생에게 전수하는 사회적 대행자다. 학교는 청소년들이 교육과정과 가르침을 통하여 지식과 기술을 습득하는 교육적 공공기관으로서의 역할을 한다. 또한 학교는 청소년들로 하여금 집단 내 사회적 네트워크를 형성하며 규범, 가치, 관습 등을 형성하게 하는 사회적 맥락으로서의 역할을 한다. 이렇듯 학교는 사회의 정규교육기관으로 교육과정을 통하여 지식을 전수할 뿐 아니라 조직이나 관계를 통하여 사회화를 대행하는데, 학교의 영향은 학급분위기, 교수(instruction), 사회적 관계와 같은 근위적 영향뿐 아니라 학군이나 교육정책과 같은 원위적 요인을 통해서도 작용한다.

학교는 각 청소년에게 상이한 의미를 지닐 수 있다. 가정 내 문제를 겪는 청소년에게 학교는 피난처와 같은 역할을 할 수 있지만 학교에서 고립이나 좌절을 겪는 청소년에게는 학교가 더 이상 행복한 공간이 아닐 수 있다. 청소년의 건강한 발달과 연관된 학교 보호요인들에는 학생들이 학교와 연결되었다고 느끼는 소속감, 크기가 작아서 원하는 구성원들이 모두 참여할 수 있는 학교크기, 활동이나 클럽에 참여하는 것, 집단과정을 육성하는 교수법, 자신의 가치를 느끼게 하는 성취감, 교사의 적절한 설명스타일, 학생들에게 높은 기대를 갖는 학교, 안식처 같은 학교, 매력적인 학교환경, 학생들에게 각별한 관심을 보이는 교사 등이 있다(Laser & Nicotera, 2011, pp. 95-100).

Steinberg(2011)에 따르면, 청소년에게 좋은 학교는 다음의 다섯 가지 특성을 가진다(pp. 207-208). 첫째, 좋은 학교는 지적 활동을 강조한다. 둘째, 학생들에게 헌신하고, 행정가들은 학급운영방법에 있어서 교사들에게 상당한 자유와 자율성을 부여한다. 셋째, 좋은 학교는 지역사회에 잘 통합된다. 넷째, 좋은 학교에서는 대부분의 학급에서 학생들은 적극적인 참여자다. 다섯째, 좋은 학교의 교사들은 청소년을 가르치는 데 특성화되어 있다.

학교는 청소년의 지적 발달에 기여할 수 있다. 학교에 입학했을 때보다 졸업할 때, 청소년의 지적 발달은 향상되고, 학교를 중퇴한 청소년에 비하여 학교생활을 마친 청소년은 성취 수준이 높다. 학교생활은 청소년의 사회정서발달에도 기여하는데, 좋은 학교는 학업만을 가르칠 뿐 아니라 대인관계나 사회를 배우는 현장으로 작용한다. 국내 청소년통계에 따르면, 2016년 재학생의 52.3%는 전반적인 학교생활에 만족한다고 보고하였다. 동일한 통계자료에서 13세에서 24세의 청소년의 51.1%가 대학 이상의 교육을 받고자 하는 주된 목적이 좋은 직업을 갖기 위해서라고 응답하였고, 38.6%가 능력과 소질을 개발하기 위해서라고 응답하였다(통계청 · 여성가족부 보도자료, 2017).

학교문화는 개념상 여러 측면에서 접근할 수 있다. 학교문화는 학교에 대한 이상적 규범을 의미할 수도 있고, 학교구성원들이 학교의 현상들을 인식하고 조직하는 방식을 의미할 수도 있다. 학교문화는 청소년의 욕구를 충족시키며, 사회화를 가능하게 하며, 행동준거를 제시하며, 사회변동성을 반영한다. 학교문화란 학교의 구조화된 맥락을 통하여 학교구성원들이 학교 내에서 학습하고 공유하는 생활양식으로서 구성원들의 사고, 감정, 언어와 행동을 포함하는 모든 행위 및 그 행위의 산물로 정의할 수 있으며, 일반적으로 다음의 네 가지 특성을 지닌다(한국청소년정책연구원, 2014d, pp. 169-170). 첫째, 학교문화의 특수성으로, 학교는 독특한 의식구조와 생활양식을 지니고 있으며, 둘째, 학교문화의 포괄성으로, 표면적인 것뿐 아니라 내면적인 것을 포함한다. 셋째, 학교문화의 관련성으로, 학교문화는 전체 문화와 유기적으로 관련된 호혜적 관계다. 넷째는 다양성으로, 학교문화는 외부적으로 단일문화로 보여지나, 내부적으로는 다양한 문화가 공존한다. 학교문화는 전체 문화를 상위문화로 보았을 때에는 하위문화의 성격을 갖지만, 학교 내 주요 대상 간의 기능적 상호작용을 중심으로 보았을 때에는 다양한 범주의 하위문화를 포함하는 복합체다.

학교문화는 구성원들에게 고유한 문화적 특징을 형성한다. 예를 들어, 학교문화를 교사문화, 수업문화, 학생문화로 구분할 수 있는데, 교사문화란 교사와 교사 간의 문화이고, 수업문화는 교사와 학생 간의 문화이며, 학생문화는 학생과 학생 간의 문화다(한국청소년정책연구원, 2014d, pp. 172-175). 여기서 교사문화는 교사집단의 생활양식 및 행동방식뿐 아니라 교사의 삶과 행동을 주관하는 내면적 원리를 포함한다. 수업문화는 의도적 교과과정을 통해 전개되는 표면적 교육과정과 학교생활에서 은연중에 학습하게 되는 잠재적 교육과정으로 형성되며, 수업은 교사와 학생들의 역할과 기대행동이 비교적 명확하게 구분되어 있는 안정적인 구조를 가지고 있다. 또한 교사문화와 수업문화는 청소년 문화의 자유로움과 해방의식의 특성을 인위적으로 강제하기 때문에 준거문화적 특성을 통해 기준을 제공한다. 한편, 학생문화는 학생들의 행동양식이나 가치관 및 태도를 지칭하며,

청소년 문화의 하위문화적 특성을 지니는 동시에 청소년 문화에서 비롯된 대안 문화와 반문화적 특성이 있는 다중적 문화 특성을 갖는다고 알려져 있다.

2) 학교문화와 청소년 발달

학교문화는 다양한 측면에서 청소년의 발달에 영향을 미친다. 학교문화는 청소년이 자아개념을 발달시키는 것과 연관되어 있어서 학업성취가 낮은 청소년은 낮은 자아개념을 갖는 경향이 있다. 또한 학교문화는 성역할발달에도 영향을 미친다. 학교는 남녀에 기대되는 행동에 대하여 문화적 메시지를 전달하는데, 학교에서 성정형화를 강조할수록 청소년들은 남녀역할에 대한 인습적 이미지를 많이 가지게 된다. 학교문화는 대인관계 및 사회성 발달에도 영향을 미친다.

청소년기에 사고와 논리력이 증가함에도 불구하고 청소년이 중학교에 진학하면서 내적 학습동기가 급감한다고 알려져 있다. Rathunde와 Csikszentmihalyi (2006)는 학습동기가 감소하는 이유로 청소년의 발달단계와 학교환경 간의 적합성이 부족한 것을 지적하였다. 구체적으로 살펴보면, 청소년의 인지통합 능력이 더 정교해지는 데 비하여 학급 내용은 분절되어 있고, 청소년의 생활에서 정체감이나 선택, 자율성의 중요성이 증가하는 데 비하여 교사와 환경은 더 경직되고 통제지향적이며, 학생들이 자의식이나 '무대에 있는 것(on stage)'을 느끼는 시기인 데 비하여 중학교에서는 공적 평가와 경쟁이 강조되는 것을 들 수 있다(Rathunde & Csikszentmihalyi, 2006, pp. 505–506). 또한 또래지향성이나 대인관계기술의 발달이 청소년기에 중요한 데 비하여 교사들의 하향식 강의가 부적합할 수 있고, 급격한 변화로 인하여 학생에게 성인의 지속적 지지가 필요한 데 비하여 교사와 학생관계는 그다지 사적이지 않을 수 있다(Rathunde & Csikszentmihalyi, 2006, pp. 505–506).

청소년이 중 · 고등학교에 진학하면서 부모가 관여하는 정도는 변화한다. 일반적으로 부모가 자녀의 학습 능력에 긍정적 신념을 갖고, 목표설정 및 계획을 도와주는 것은 유익하지만, 자녀가 중 · 고등학교에 진학하면서 부모가 직접적으로 학습에 관여하는 것은 줄어들게 된다. 그러한 변화는 자아정체감이나 가족관계의 변화에서 볼 수 있듯이 청소년기의 발달적 변화에 기인하기도 하며, 중 · 고등학교로 전이하면서 학교구조가 변화하고, 학교에 대한 기대가 변화하는 데에서 비롯된 것일 수 있다.

Rathunde와 Csikszentmihalyi(2006)는 지지적이며 도전적인 부모양육을 청소년의 원만한 적응과 연관시켰듯이, 학교맥락에도 지지와 도전이 중요하다고 강조하였다(p. 501). 지지적 학교환경은 학생이 자신의 세계를 탐색하고 적응하도록 도와주고, 도전적 학교환경은 학생이 자신의 생각을 재조직하고 새로운 환경과 계획을 시도하도록 도와준다. 교사의 특성은 학급분위기를 통하여 학생에게 영향을 미친다. 훌륭한 교사는, 첫째, 수업실력이 있고 자신감과 열의를 보이며, 둘째, 위엄이 있되 학생들에게 공정하고 합리적으로 권위를 행사하며, 셋째, 따뜻하고 친절하며, 넷째, 학생들의 자기주도적 학습을 유도하며 학생들의 성취 수준에 대한 높은 기대를 가지고 긍정적 피드백을 통해 학업을 증진시킨다(허혜경, 김혜수, 2010, p. 252). Collins와 Steinberg(2006)에 따르면, 교사가 지나치게 과제지향적이고 통제를 강조하는 학급에서는 학생들이 불안하고 흥미를 상실하고 불행한 반면, 교사가 지지적이고 확고하며 행동 및 학업기준을 잘 규정하는 학급에서는 학생들이 문제나 비행을 적게 보이고 출석률이 높고 성취검사점수가 높게 나타났다(p. 1030).

5. 매체

1) 매체의 특성

20세기 중반 이후 청소년의 생활에서 매체가 차지하는 비중은 가히 혁명적이라고 할 만큼 변화하였다. 매체(media)는 매개물(medium)의 복수형으로, 소통의 한 유형이다(Burns, 2010, p. 320). 매개물은 영향을 산출하는 중간수단이며, 매체는 직접적인 개인적 상호작용을 포함하지 않는다. 대중매체(mass media)란 수신자와 송신자 간의 비대인적(impersonal) 매개물을 통하여 대중에게 신속하게 메시지를 전달하는 소통형태로 정의되며 신문, 잡지, 서적, 라디오, TV, 영화, 비디오, 대중음악, 컴퓨터 등을 포함한다(Burns, 2010, p. 320).

대중매체의 파급력은 1940년대 후반 TV가 소개되면서 시작되었다. 근래에는 인터넷을 통한 가상공간(cyber space)을 통하여 물리적 공간에 제약받지 않고 익명성이 보장되며, 즉각적으로 소통하는 장이 형성되었다. 매체는 순기능뿐 아니라 역기능적인 측면도 있어서 획일적으로 수용자를 안내하고, 허구세계와 실제세계를 혼동하게 할 수 있으며, 가치관을 변화시키고 배금주의 사상을 파급시킬 우려도 있다.

매체사용의 동기는 다음 다섯 가지 범주로 분류할 수 있다(Roberts, Henriksen, & Foehr, 2009, pp. 324-325). 첫째, 기분전환(diversion)의 동기로, 오락기능으로 불리기도 하며, 청소년이 매체를 사용하는 주요 이유로 알려져 있다. 기분전환 동기는 쾌락추구, 긴장완화, 권태와 걱정으로부터의 도피, 기분관리를 포함한다. 둘째, 인지(cognition)의 동기로, 정보를 추구하고 획득하는 데 목적을 두며, 사건과 뉴스를 모니터하는 것부터 어린이교육방송으로 글을 배우는 것까지 다양한 범위가 있다. 셋째, 사회적 유용성(social utility)으로, 가족, 친구, 원하는 사회적 집단과의 관계를 촉진하는 것이나 사회적 윤활제나 대화소통의 근원으로 매체를 활용하는 경우다. 넷째, 철회(withdrawl)의 동기로, 매체를 사용하여 갈등을 피하고 타인과 장벽을 쌓는 것으로, 단순히 고독을 즐기거나 타인의 관심으로부터 벗어나는 것이다. 다섯째, 개인적 정체성(personal identity)으로, 매체를 통하여 자신의 존재감을 확립하고 자신감을 구축하며 사회적 지위나 수용을 추구하는 경우다. 그러나 이러한 동기들은 만족을 얻는 경향과 개인에게 주는 영향이 다양하기 때문에 명확히 구분하기 어려울 수 있다. 때로는 매체에서 얻는 만족이 의도했던 것이 아니라, 지루함을 쫓기 위해 TV를 보다가 우연하게 정보를 얻을 수도 있다. 2017년 청소년통계에 의하면, 2016년 20대 청소년의 99.6%는 하루에 1회 이상, 이메일, SNS, 채팅 등 '커뮤니케이션'과 '여가활동'을 목적으로 인터넷을 이용하였고, 인터넷 서비스 중에서 카카오톡 등 인스턴트 메신저를 가장 많이 이용하였다.

2) 매체와 청소년 발달

근래에는 인터넷매체가 사회에 미치는 영향에 대하여 관심이 증가하고 있다.

매체는 대중문화를 확산하는 데 다음과 같은 긍정적 및 부정적 기능을 한다(오윤선, 황인숙, 2016, pp. 123–124). 대중매체는 다수가 문화를 향유하도록 하고, 다양한 오락과 휴식을 제공하며, 다양한 생활양식을 가진 문화를 간접적으로 경험할 수 있게 하며, 공동체의식을 함양하는 사회통합의 기능을 포함한 긍정적 기능이 있다. 반면, 비판 없이 정보를 수용하게 하고, 현실이 아닌 허구의 세계를 보여주며, 가치관의 혼란이나 배금주의를 양성할 수 있으며, 자극적이며 폭력적 영상은 모방범죄를 조장하는 부정적 기능도 포함하고 있다.

스마트폰의 광범위한 보급에 따라 '엄지족'이라는 신조어가 생겨났듯이, 현재 청소년의 매체환경은 과거와 현저한 차이를 보인다. 청소년들은 과거에 비해 뉴미디어를 능동적으로 수용하려는 경향이 강하며, 미디어를 통하여 지식과 정보를 습득하고 자유로운 의사소통을 즐기면서 여가와 문화를 향유하며 새로운 문화를 발전시키려고 한다(한국청소년정책연구원, 2016).

청소년의 생활에서 매체의 역할에 대한 견해는 상반되어 있는데, 부정적 영향의 예로 폭력과 공격성, 성적 신념과 행동, 신체상, 담배, 알코올, 불법약물을 들 수 있다. 첫째, 매체는 청소년의 폭력과 공격성에 영향을 미친다고 알려져 있는데, 특히 일부 청소년의 경우 상징적인 폭력매체를 접하는 것은 반사회적 행동에 영향을 준다. 둘째, 매체는 성적 신념과 행동에도 영향을 미치는데, 비록 성적 내용에 대한 매체의 영향력은 폭력적 내용만큼 광범위하지는 않으나 청소년이 성에 대한 신념, 태도, 행동을 형성하는 데 비교적 중요한 역할을 한다. 일반적으로 청소년은 부모보다는 친구나 매체를 통하여 성에 대해 알아 간다. 통계청과 여성가족부의 2017년 청소년통계에 의하면, 2016년 중 · 고등학생이 성인용 영상물을 접한 주된 경로는 '인터넷 포털사이트'가 27.6%로 가장 많았다. 셋째, 매체는 체중이나 미에 대한 기준을 형성하게 하여 신체상에도 영향을 준다. 여성의 날씬함을 강조하는 매체를 접하면서 여자 청소년들은 자신의 신체에 대하여 불만족을 느끼게 되며, 이러한 신체불만족은 나중에 섭식장애를 유발할 수 있다. 매체가 신체상에 미치는 영향에 대한 관심은 여자 청소년에 집중되어 왔으나, 최근에는 남자 청소년의 신체상에도 영향을 미치는 것으로 나타났다. 여자 청소년의 신체상이 날씬해지는 것이라면, 남자 청소년은 근육을 크게 만드는 데 있다. 그러나 남자 청소년은 나이가 들면서 신체상에 대한 염려가 적어지는 반면, 여자 청소년은 나이가 들어도 매체가 여전히 영향을 미친다. 넷째, 매체는 담배, 알코올, 불법 약물 사용에도 영향을 미친다.

6. 일과 여가

1) 일의 특성

일은 단순히 소득을 얻는 경제적 의미 이외에도 사회적 의미와 심리적 의미를 지닌다(김선애, 2014, pp. 179-180). 경제적 의미에서 보면 개인은 일을 통하여 소득을 얻고 생활을 영위해 나가며, 사회적 의미에서 보면 개인은 직업의 직책과 기능을 통하여 사회적 지위를 부여받을 수 있다. 심리적 의미에서 직업은 자아를 실현하는 기회가 되며 욕구를 충족시키는 기회가 된다. 만 18세 이상 청소년의 근로는 관계법령에 의해 사실상 성인의 근로와 동일하게 취급되는 데 비해, 만 18세 미만의 연소자의 근로는 관련법령에 의해 특별한 보호를 받도록 되어 있다(한국청소년정책연구원, 2014c, p. 5).

청소년의 근로활동 참여에 대하여 다양한 시각이 존재하는데, 이는 청소년 참여, 청소년 발달, 청소년 학습, 청소년 문화, 적극적인 청소년 복지 등으로 구분할 수 있다(한국청소년정책연구원, 2014d, pp. 284-289). 청소년 참여론적 시각에 따르면 청소년의 일에 대한 욕구는 가정이나 학교의 울타리를 벗어나 자신의 권리를 찾으려는 노력이므로, 청소년의 일은 청소년이 자신의 권한을 강화하기 위하여 경제활동에 참여하는 것을 의미한다. 청소년 발달론적 시각에서는 청소년기의 발달과업을 형성하는 시기이므로 일은 청소년에게 사회 내의 위치를 알려 주며 사회에 빠르게 적응하도록 도와준다. 하지만 일의 유형과 근무환경에 따라 유해한 영향을 미치기도 하므로 청소년의 특성과 발달단계를 적절히 고려하는 것이 건전한 발달에 필수적이다. 청소년 학습론적 시각에서는 청소년의 일은 학교와 현장을 연결하여 학교에서 배운 이론을 현장에 적용하는 체험학습의 과정이다. 청소년 문화론적 입장에서 보면, 청소년의 아르바이트 참여는 청소년 문화 특유의 집단적인 소비행위와 연관되어 있으며, 일탈이나 반학교문화와도 연관되어 있다. 적극적인 청소년 복지론적 시각은 경제적으로 어렵거나, 장애가 있거나, 사회적으로 유리된 청소년에게 소극적으로 공공부조를 제공하기보다는 적극적 복지로 고용을 통하여 자리기반을 제공하고 사회에 통합하게 한다고 본다.

2016년 청소년백서(여성가족부, 2016)에 따르면, 2009년 이후 청소년의 경제활동 참가율이 지속적으로 증가하고 있는데, 2015년 15~24세 청소년 취업자는 166만 6천 명으로 2014년(160만 4천 명)에 비해 6만 2천 명이 증가하였다. 특히 만 19~24세에 해당하는 후기 청소년의 경제활동 참가가 활발히 이뤄지고 있으며 이러한 경제활동 참가는 아르바이트를 통해 이뤄지고 있다(p. 342). 생산가능인구(15~64세) 대비 취업자 수를 나타내는 고용률은 전체(60.3%)보다 33.4% 낮은 26.9%이며, 전체 취업자(2,593만 6천 명) 중 청소년 취업자가 차지하는 비율은 6.4%로 나타났다(p. 342).

한국청소년정책연구원(2014c)에서 실시한 '2014년 청소년 아르바이트 실태조사 및 정책방안연구'에서 연소근로자에 해당하는 만 15세 이상에서 만 18세 미만 학생들을 대상으로 아르바이트 실태조사를 한 결과, 약 4,000여 명의 응답자 중 조사 당시까지 한 번이라도 아르바이트에 참여한 경험이 있는 청소년 비율은 25.1%로 나타났다(p. 115). 조사 당시 기준 지난 1년간 청소년의 아르바이트 참여율은 18.2%이었으며, 특성화고 학생들의 경우 44.9%로 18.3%인 일반고와 8.5%인 특목고, 자율고보다 높게 나타났다(p. 116). 지난 1년간 아르바이트 경험이 있다고 답한 청소년들을 대상으로 설문한 결과, 가장 많이 하는 아르바이트 직종은 음식물 서빙, 전단지 돌리기, 뷔페 · 연회장 안내 및 서빙으로 나타났고 아르바이트를 처음 시작하는 중학생들은 전단지 돌리기를 주로 하는 것으로 나타났다(pp. 118-119).

후기 청소년의 아르바이트 실태를 파악할 수 있는 자료로 한국청소년정책연구원이 2015년 만 19세 이상 24세 미만 청소년을 대상으로 수행한 '청소년 아르바이트 실태조사 및 정책방안 연구Ⅱ'에 따르면, 아르바이트를 하는 가장 주된 목적으로 '생활비(용돈)를 벌기 위해'라는 응답이 68.5%로 가장 큰 비중을 차지했으며, '원하는 것을 구입하기 위해' 10.9%, '등록금을 벌기 위해' 8.4% 순으로 파악되었다. 이러한 결과는 후기 청소년들이 아르바이트를 통한 경제활동에 참가하는 주된 이유가 직업체험이나 스펙을 쌓기 위해서라기보다는 아르바이트를 하여야만 생활비(용돈)를 충당할 수 있는 후기 청소년의 어려운 현실을 반영하는 것으로 볼 수 있다. 주당 평균 아르바이트 근무시간이 얼마나 되는지 조사한 결과, '주 15시간 이상~40시간 이하로 일을 한다.'라는 응답이 58.5%로 가장 높았으나, 주 40시간 넘게 아르바이트를 하는 경우도 15.1%이었다(p. 353).

2) 일과 청소년 발달

대부분의 취업한 학생들은 일터에서 상당한 시간을 보내게 된다. 취업이 청소년에게 미치는 영향은 일반적으로 직업의 유형보다는 일하는 시간이 주당 20시간을 초과할 때 해로운 영향을 미칠 수 있다(Collins & Steinberg, 2006, p. 1031).

일이 청소년 발달에 미치는 영향은 책임감, 학업, 문제행동을 포함하여 여러 측면에서 살펴볼 수 있으며, 그러한 영향은 일의 특성과 근무시간에 따라 달라진다. 일반적으로 일이 책임감이나 의사결정 기회를 줄 수 있다면 청소년이 유능성을 발달시킬 수 있으나, 근무시간이 주 20시간을 초과하는 장기근무일 경우 성적에 부정적 영향을 미칠 수 있다고 알려져 있다. 또한 근무시간이 긴 경우에는 비행이나 약물사용을 증가시킬 수 있어 긴 근무시간은 청소년에게 일로 얻는 이득보다는 손실을 더 많이 초래한다.

아르바이트 경험은 학업, 심리적 및 정서적 발달, 사회적 발달, 비행, 진로 및 직업발달, 경제의식 및 소비습관에 영향을 미칠 수 있다. 학업 측면에 대한 긍정적 효과를 주장하는 경우, 아르바이트가 청소년들에게 학교중퇴 가능성을 줄이고, 시간관리, 책임감 획득, 직업가치관 형성에 유용하다고 본다. 부정적 영향을 주장하는 경우, 단순직에 국한된 아르바이트는 진로에 영향을 주지 않으며, 오히려 학교수업에 지각을 하거나 학교성적을 부진하게 한다고 본다. 심리적 및 정서적 측면에 대한 연구들은 혼재된 결과를 보여서 아르바이트 경험이 청소년의 긍정적 정신발달에 영향을 준다는 주장도 있고 낮은 자아존중감과 같은 부정적 영향을 미친다는 주장도 있다. 한국청소년패널조사를 활용하여 분석한 결과, 비행친구가 많고 자기효능감이 낮으며 부모애착이 적은 청소년일수록 아르바이트 활동에 참여하는 것으로 나타났다(조금주, 2011). 사회적 발달 측면에 대해서는 아르바이트가 사회적 관계형성에 도움을 주고 부모와 갈등이 있는 청소년에게 도피

처로 작용할 수 있으나 시간부족으로 인하여 부모와 자녀 간의 정서적 유대가 약화된다는 연구도 있다. 청소년비행 측면에 대하여 아르바이트가 청소년의 문제행동이나 비행가능성을 높인다는 주장이 있으나, 아르바이트의 유형 및 종류에 따라 결과가 상이하다. 진로 및 직업발달 측면에 대하여 아르바이트 경험은 직업의식이나 직업에 대한 태도에 영향을 주어 현실적이고 외재적인 직업가치관을 형성하게 한다고 알려져 있다. 경제의식 및 소비습관 측면에 대하여 아르바이트는 소비행동 및 소비의식과 밀접한 관련이 있는데 아르바이트가 청소년의 경제관념 발달에 긍정적으로 작용하는 것으로 본다.

청소년이 경제활동에 참여할 때 여러 문제점이 수반될 수 있다(한국청소년정책연구원, 2014d, pp. 306-311). 예를 들어, 기성세대가 청소년의 일자리 참여에 대하여 부정적인 인식을 갖거나, 청소년이 자기발전의 기회로 활용하기보다는 돈벌이 수단으로만 생각하는 문제도 있고, 청소년이 일자리에 참여하는 기회가 부족하고, 근로계약 위반, 저임금 및 임금체불, 인격모독이나 폭력과 같은 부당행위를 당하는 경우도 있다. 따라서 청소년의 일자리 참여를 증진시키기 위해서는 기성세대가 청소년을 사회적 동반자로 인식하고, 청소년 스스로도 일자리 참여에 대한 인식을 개선하여, 청소년에게 근로자로서의 현실적 지위를 부여하고, 다양한 청소년 고용 프로그램을 개발하고 지원할 필요가 있다.

3) 여가의 특성

네덜란드의 Johan Huizinger는 인간의 유희적 특성을 강조하여, 호모루덴스(homo ludens)라는 용어를 창시하였는데, 그의 관점에서 보면 인간의 문화는 놀이에서 비롯되었다. 사전적 정의로는 여가란 '스트레스를 해소하고 자기충전과 휴식을 겸한 다양한 취미활동이 포함되는 경제활동 이외의 시간으로 개인이 처분할 수 있는 자유로운 시간'을 뜻한다(한국학중앙연구원, 2018). 여가(餘暇)는 '남을 여'와 '겨를 가'로 구성된 한자어이며, 영어의 'leisure'는 라틴어에서 아무것도 하지 않는 한가로움이나 휴식을 의미하는 'otium'이나 허락된 것 또는 자유롭게 된 것이라는 'licere'에 어원을 두고, 그리스어에서는 학교의 고어로 평온, 학문, 철학, 창조적 활동 등의 의미를 가진 'scole'에서 어원을 찾을 수 있다(노용구 외,

2008, p. 27). 일반적으로 여가(leisure)는 의무적 일이나 직업적 업무에서 벗어나 한가하게 즐기는 여유로운 휴식이나 재미를 추구하는 취미활동을 뜻한다(권석만, 2017, p. 487).

이러한 어원에서 여가란 자유로움을 인지하는 경험이며 교육과도 관계가 있는 개념임을 내포하고 있다. 여가의 개념은 시간, 활동, 마음의 상태로 접근될 수 있는데, 노동에서 벗어난 자유로운 시간, 자유시간에 행해지는 자발적인 활동, 자유로운 마음의 상태로 정의할 수 있다(노용구 외, 2008, p. 30). 여가는 자유를 바탕으로 하며, 즐거움을 수반하며 궁극적으로 자기발전과도 연관된 개념으로 볼 수 있다.

여가활동은 신체의 욕구를 충족시킬 뿐 아니라 자아실현, 사회관계형성과 같은 다양한 정서적 욕구를 체험시킬 수 있다. 여가활동의 선택이나 참여에 영향을 주는 요인으로는 연령, 성별, 교육 수준과 같은 개인적 요인, 수입, 사회적 신분, 사회적 분위기 같은 사회적 및 상황적 요인, 자원의 이용가능성, 위치 및 거리, 정책, 시설 및 관리와 같은 기회적 요인들이 있다. 여가의 순기능으로 휴식기능, 기분전환기능, 자기개발의 기능, 청소년의 사회적 탈선행위 방지기능, 새로운 사회구성원의 기능, 집단 간의 귀속감 증대 기능을 들 수 있다(유진이, 2013, p. 153).

미국 청소년의 여가시간(40~50%)은 학교와 일을 합친 것(35~40%)보다 더 많다고 한다. 10대는 학교 관련 활동보다 여가활동에 더 많은 시간을 보내고, 가족구성원과 함께 있기보다는 혼자 보내는 시간이 더 많고, 학급에서보다는 음악, 인터넷, TV에 시간을 더 많이 보낸다(Collins & Steinberg, 2006, p. 1031). 학교나 직장에서는 타인의 지시를 받는 반면, 청소년들은 자신이 선택한 여가활동을 통하여 심리적 웰빙을 증진시키게 된다(Collins & Steinberg, 2006, p. 1032).

국내연구로 이순형(2009)은 한국아동의 일상생활문화를 살펴보기 위하여 여가생활을 총 12개의 영역으로 구분하여 조사하였는데, 초등학교 고학년의 경우 여가시간은 평일에는 1~2시간(28.4%), 2~3시간(23.5%) 순으로, 휴일에는 5시간 이상(41.5%), 2~3시간(14.5%) 순으로 나타났다(p. 345). 초등학교 고학년 아동의 여가활동의 장소로는 약 3/4(74.6%)이 자기 집에서 여가활동을 하는 것으로 나타났으며, TV 및 비디오시청으로 시간을 가장 많이 보내는 것으로 나타났다(p. 201, 204).

4) 여가와 청소년 발달

여가는 전반적인 삶의 질을 평가하는 지표가 된다. 여가활동은 개인적 측면뿐 아니라 사회적 측면에서 많은 변화에 직면하는 청소년에게 중요하다. 청소년은 여가를 통하여 긴장을 해소하고 사회적 가치를 학습해 나간다. 청소년의 여가활동은 인격형성에 효과적이고, 다양한 인간관계를 체험하게 할 수 있으며, 주체성이나 정체성 확립에 도움을 줄 수 있다. 특히 2012년부터 주 5일 수업제가 전격적으로 도입되면서 청소년의 여가에 대한 관심이 점차 증가하고 있다.

그러나 청소년 여가에 대하여 두드러진 국내 현상으로 온라인상의 여가활동 참여율이 높은 것을 들 수 있는데, 여가활동 공간도 변화하여 야외여가활동이 위축되고, 사이버여가활동은 증가하고 있다(노용구 외, 2008, p. 117). 노용구 등(2008)은 청소년기 여가의 문제점과 여가문화의 방향을 다음과 같이 제시하고 있다(p. 119). 청소년기 여가의 문제점으로, 가족중심의 여가활동이 부족한 반면, 홀로 하는 여가문화가 성행하고 있어 개인적인 흥미 위주의 사이버문화가 확대되어 가며, 여가활동이 감각적이고 획일적인 경우가 많고, 실내형 위주의 정서적 놀이가 중심을 이루며, 전통적 여가활동이 계승되지 않는 점을 들 수 있다. 이에 대한 개선방향으로 청소년의 여가에 대한 기성세대의 부정적 인식이 변화되어야 하며, 공동체적 건전한 가족 여가문화를 위한 인식과 제도적 뒷받침이 필요하며, 학교에서 여가교육 프로그램을 보급해야 하며, 공동체적인 놀이공간이 필요하다.

Chapter 6

청소년기 심리적 부적응의 내재화 문제

심리적 부적응을 설명하는 이론은 다양한데, 최근의 발달정신병리학적 접근은 청소년이 경험하는 문제를 체계적으로 이해하고 포괄적으로 통합하는 유용한 틀로 사용될 수 있다. 부적응은 크게 내재화 문제와 외현화 문제로 분류된다. 이렇게 분류하는 것은 증상이나 원인이 유사한 문제를 함께 묶어서 이해를 돕기 위한 목적이지, 내재화 문제와 외현화 문제가 독립적으로 발생하는 것은 아니다. 내재화 문제는 과잉통제되어 소극적, 억압적으로 나타내는 문제들이다. 이 장에서는 심리적 부적응을 개관하며, 우울증, 자살, 자아정체감 혼란, 학업문제를 중심으로 청소년기의 내재화 문제를 살펴보고자 한다.

1. 심리적 부적응

1) 심리적 부적응의 정의와 기준

심리적 부적응에 대한 판단은 고정불변한 것이 아니며, 여러 기준이 부적응을 판단하는 데 기여한다. 정신병리는 개인이 지닌 어떤 실체라기보다는 개인의 행동, 정서, 사고가 어떤 점에서 비전형적(atypical), 역기능적, 유해하다는 판단이라고 볼 수 있기 때문이다(Wicks-Nelson & Israel, 2013/2015, p. 6).

심리적 부적응을 판단하는 기준은 다음의 다섯 가지 기준으로 요약할 수 있다. 첫째, 통계적 기준으로 집단평균에서 어느 정도 벗어났느냐에 따라 구분되는데, 전체 집단에서 빈번하게 나타나지 않는 경우 비정상으로 보는 입장이다. 통계적 기준은 드물게 나타나는 정신장애를 설명하기에 유용하나, 정상과 비정상의 구분점을 설정하는 문제나 정규분포의 가정을 충족시킬 수 있는가와 같은 제한점이 있다.

둘째, 문화적 기준으로 개인이 문화의 행동양식이나 기준에 부합되느냐에 따라 구분되는데, 사회가 규정하는 문화적 규범을 일탈하는 행동을 장애로 간주한다. 그러나 시대와 문화에 따라 문화적 기준이 달라질 수 있고, 문화적 규범이 항상 절대적으로 바람직하다고 볼 수 없으므로 문화적 규범만으로 정신장애를 판단하기 어렵다.

셋째, 주관적인 심리적 고통 기준으로 개인이 주관적으로 얼마나 심리적 고통을 느끼느냐에 따라 구분되는데, 개인이 심리적 고통을 심하게 느낄 때를 장애로 본다. 그러나 주요 우울장애나 강박장애는 상당한 심리적 고통을 수반하나 반사회적 성격장애나 양극성장애의 조증단계에서는 개인이 심리적 고통을 거의 또는 전혀 느끼지 못할 수도 있으므로 주관적인 심리적 고통만으로 장애를 구분하는데 제한점이 있다.

넷째, 생물학적 기준으로, 유기체에게 생물학적이거나 진화론적인 불이익을 초래하면 장애로 보는 입장이다. 그러나 일부 정신장애는 생명단축이라는 생물학적 불이익이나 진화론적인 불이익과 연관이 없으므로 이러한 기준만으로 장애를 설명하는 데에는 제한점이 있다.

다섯째, 해로운 기능부전(harmful dysfunction) 기준으로, 모든 장애는 해로운 기능부전이라고 간주한다. 이 관점에서 장애란 사회적 가치에 의해 부정적으로 평가될 뿐 아니라 진화론적으로 선택되어 온 체계가 손상되는 것으로 간주되지만, 개인 내 생물학적 기능부전을 명확히 규명하기 어려운 문제점이 있다. 이렇듯 어느 한 관점이 정신장애를 완벽하게 설명해 줄 수는 없으며, 정신장애에 대한 각 관점은 장단점을 수반하고 있다.

2) 발달정신병리학

(1) 정의와 기본 원칙

청소년 정신병리의 예방과 치료는 주요한 사회적 관심사로 대두되고 있다. 가족의 구조 및 기능의 변화, 사회변동의 가속화, 대중매체의 확산, 정보기술의 발달 등과 같은 현대사회의 특성들은 청소년의 전반적인 삶의 질에 영향을 미치고, 취약한 청소년들에게 정신적인 어려움을 야기할 수 있는 문제들을 내포하고 있다. 현대사회에서 청소년의 정신병리는 다학문적 접근을 통하여 포괄적으로 이해되고 예방과 치료방안이 적극적으로 모색되어야 할 필요가 있다.

발달정신병리학(developmental psychopathology)은 맥락을 중시하고 다층적이며 역동적인 다학문적 특성을 포괄하는 통합적 접근이다. 발달정신병리학은 발생학, 유전학, 신경과학, 정신분석, 임상심리, 발달심리, 실험심리와 같은 다양한 학문 분야를 기반으로 출현하였는데, 학문적 유래는 부적응적인 행동의 기원과 과정에 대한 연구에서 비롯되었다. [그림 6-1]은 발달정신병리라는 거시패러다임과 연관된 다양한 패러다임 및 이론 간의 관계를 보여 준다.

발달정신병리학은 발달의 진행과정, 맥락의 중요성, 상호작용하는 사건들의 영향에 중점을 둔다. 발달정신병리학은 시간경과에 따른 발달적 보편성과 특질의 연속성을 중시하는 발달심리학과 구별되며, 진단조건의 원인과 경과를 중시하는 아동정신의학과도 구별되는데, 발달정신병리학에서는 발달적 보편성과 특질의 연속성뿐 아니라 개인차, 심리적 응집성의 증대, 환경 차이에 따른 수정과 변화에 중점을 두며, 주요 관심사는 개인이 나타내는 적응형태의 발달과정이다(Rutter, 2014, p. 45). 즉, 발달정신병리학이란 '시작연령이 언제이든지, 원인이 무엇이든지, 행동으로 나타나는 변형이 무엇이든지, 발달형태의 과정이 복잡하더라도 상관없이 개별형태의 행동적 부적응에 대한 기원과 과정에 대한 연구'(Sroufe &

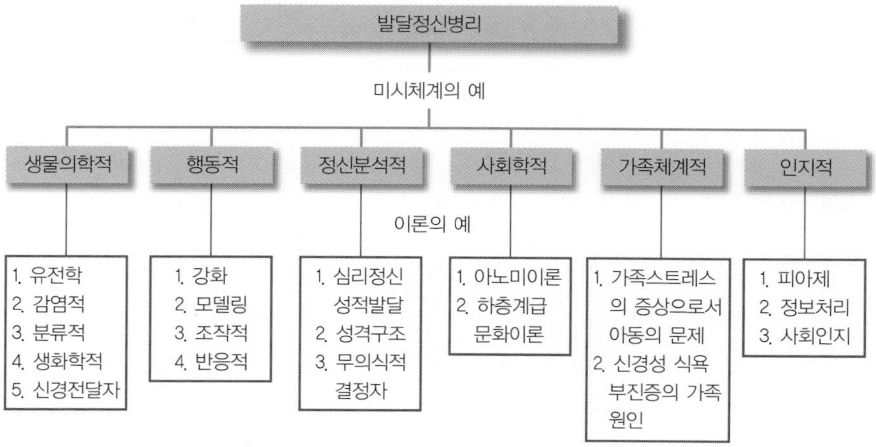

[그림 6-1] 다른 개념 수준과 관련하여 거시패러다임으로서의 발달정신병리학의 도식적 개관
출처: Achenbach, T. M. (1990). 여종일(2017)에서 재인용.

Rutter, 1984, p. 18)라고 규정할 수 있다.

발달정신병리학의 기본 원칙은 크게 다음 다섯 가지로 요약될 수 있다(Toth & Cicchetti, 2010). 첫째, 정상발달과 관련하여 부적응을 이해하기 위해서, 정상과 병리적 기능 모두를 이해해야 한다. 발달정신병리학자들은 여러 요인이 개인의 적응 및 부적응에 기여한다고 보며, 발달과정을 단순한 일직선이 아니라 확률적 경로들로 설명한다. 그러한 다양성은 동일결말(equifinality)과 중다결말(또는 다중결말; multifinality)이라는 용어에서도 나타난다. 동일결말은 다양한 출발점과 발달경로가 한 결과에 도달하는 것을 의미한다. 동일결말의 예로, 청소년기에 증가하는 우울증은 하나의 위험요인에 의해 발생하기보다는 다양한 위험요인이 축적되거나 상호작용하여 발생한다. 중다결말은 한 요인이나 발달적 현상이 다양한 결과에 도달하는 것을 의미한다. 중다결말의 예로, 아동학대가 우울장애, 품행장애, 물질장애와 같은 부적응의 결과를 초래하는 것을 들 수 있다. [그림 6-2]는 동일결말과 중다결말의 예를 도식화한다.

둘째, 발달정신병리학에서는 다양한 수준의 분석과 다학제 간 연구를 고려한

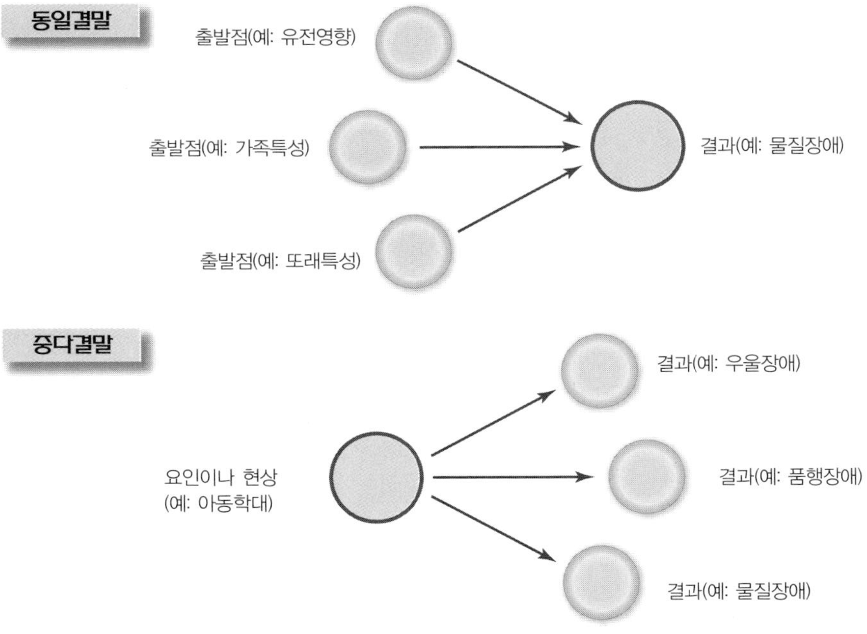

[그림 6-2] **동일결말과 중다결말의 예시**

출처: 여종일(2017).

다. 셋째, 발달정신병리학에서는 탄력성에 대한 연구를 강조한다. 탄력성(또는 복원력이나 적응유연성; resilience)은 '높은 위험에 처해도 긍정적 적응을 하게 하는 역동적 과정'(Luthar, Cicchetti, & Becker, 2000, p. 543)으로 정의할 수 있다. 넷째, 발달정신병리학에서는 연구에서 도출된 지식과 실생활에서의 적용 간의 교류를 강조하는 중개연구(또는 변용연구; translational research)를 중요시한다. 중개연구란 어떻게 기초적인 행동과정이 정신질환의 진단, 예방, 치료, 서비스 전달에 대한 정보를 주고, 역으로 어떻게 정신질환에 대한 지식이 기초행동과정에 대한 이해를 증진시키는가를 보여 주는 연구를 의미한다(Cicchetti, 2006, p. 15). 다섯째, 발달정신병리학에서는 예방과 개입이 강조된다. 이러한 다섯 가지 원칙들은 주제에 따라 세분화되기도 하며, 연구자에 따라 추가 원칙들이 제시되기도 한다.

(2) 주요 개념

적응에 대한 개인차를 설명하기 위하여 발달정신병리학에서는 위험요인, 보호요인, 취약성, 탄력성과 같은 개념들을 적용한다. 위험요인은 선행요인으로서 부적응의 가능성을 증가시키는 개인적 특성, 경험, 사건을 지칭한다(Kazdin, Kraemer, Kessler, Kupfer, & Offord, 1997). 위험요인은 다양한 영역에서 비롯되고 한 영역에서도 여러 수준(예: 유전적, 생화학적, 인지과정 등)에서 나타날 수 있으며, 시간적으로 결과가 나타나기 이전에 발생하는 선행요인이다.

위험요인은 단순히 더해지는 것이 아니라 배가되므로 위험요인이 증가할수록 문제가 심각해진다. 영국에서 수행된 고전적 연구에서 연구자들은 종단적 연구대상인 아동에게 정신과적 장애를 발생시키는 여섯 개의 위험요인으로 심각한 가정불화, 낮은 사회경제적 지위, 지나치게 혼잡한 대가족, 아버지의 범죄력, 어머니의 정신과적 장애, 아동이 정부기관보호를 받는 것을 열거하였다(Rutter et al., 1974). 이후 연구에서 연구자들은 1개의 위험요인은 아동이 정신과적 장애를 나타낼 확률에 있어서 위험요인이 전혀 없는 것과 다르지 않았으나, 2개의 위험요인은 정신과적 장애가 나타날 확률을 4배 증가시켰고, 4개 이상의 위험요인은 정신과적 장애가 나타날 확률을 10배 증가시켰다고 보고하였다.

보호요인은 개인이 원만한 적응을 하도록 대처하는 능력을 도와주는 요인으로 개인의 성격, 가족환경, 외부지지체계가 포함될 수 있다(예: Garmezy, 1985, 1987;

Garmezy & Masten, 1986; Masten & Garmezy, 1985). Rutter(1985, p. 600)는 보호요인이란 '부적응적인 결과를 가져올 환경적 위험에 대한 개인의 반응을 수정하고, 개선하고, 변경하는 영향들'로 정의하였으며, 보호과정(protective processes)이나 보호기전(protective mechanisms)이라는 용어를 사용할 것도 제안하였다. 보호요인은 개인적 요인뿐 아니라 환경적 요인을 포함하며, 연구자에 따라 다양한 보호요인이 선택될 수 있다. 예를 들어, Werner는 1955년 미국 하와이주의 카우아이(Kauai)섬에서 출생한 코호트를 대상으로, 출생부터 2세, 10세, 18세, 32세, 40세에 추적하는 전향적 종단연구를 수행하여, 출생코호트의 생애궤적을 연속적으로 5권의 책 『The Children of Kauai』(1971) 『Kauai's Children Come of Age』(1977) 『Vulnerable, but Invincible』(1982) 『Overcoming the Odds』(1992) 『Journey from Childhood to Midlife』(2001)를 통하여 발표하였다. 고위험군 자녀들이 유능한 성인으로 성장하게 하였던 보호요인으로, ① 적어도 평균인 지능과 가족이나 타인으로부터 긍정적 반응을 유발하는 성향 특성, ② 아동의 신뢰감, 자율성, 주도성을 격려할 수 있는 조부모나 손위형제처럼 부모를 대체하는 사람과의 애정적 결속, ③ 유능감을 보상하고 응집력을 제공하는 외부지지체계(예: 교회, 청년 집단, 학교)를 제시하였다(Werner & Smith, 1992, pp. 190-192).

위험요인이 집단적 성격을 띠고 있다면 취약성은 개인의 성향으로 설명된다. 위험요인이 위험에 노출된 모든 아동에게 장애를 발달시킬 가능성을 증가시키는 것이라면, 취약성은 위험에 민감한 아동에게만 장애를 발달시킬 가능성을 증가시킨다. 취약성에 대조하여 탄력성은 발달에 큰 위협이 되는 환경에서도 성공적 적응을 하는 일련의 현상(Masten et al., 1999)으로 볼 수 있다. 탄력성에 대한 연구의 근원은 다양한 분야로 거슬러 올라갈 수 있는데, 조현병 환자와 자녀들에 대한 추적연구, 지속적인 빈곤의 영향에 대한 연구, 급성이나 만성적인 스트레스의 대처방식에 대한 초기 연구들이 탄력성에 대한 연구에 영향을 주었다. 탄력성은 불변하는 정적인 특질이 아니라 생애에 걸쳐 작용하는 적극적이고 역동적인 과정이며, 단순하게 주입되는 것이 아니라 환경에 의해 수정되며 시간에 따라 발달하고 변화한다. 탄력성에 대한 연구는 이론적으로 학문적 발전에 기여할 뿐 아니라 실제적으로 개입 프로그램 개발이나 정책수립에 중요한 시사점을 제공할 수 있으므로 활발하게 전개되고 있다.

2. 우울증

1) 특성과 실태

우울장애는 다양한 요인이 작용하는 복합적인 상태로 규정할 수 있는데, 주요 우울장애(major depressive disorder)는 우울한 기분이나 무가치감 또는 부적절한 죄책감과 같은 심리적 증상뿐 아니라 현저한 체중 변화나 불면증 또는 지나친 수면과 같은 신체적 증상을 수반할 수 있다. 청소년기에는 우울증이 현저히 증가하는데, 이에 대한 여러 가지 설명이 가능하다. 우선 청소년은 제2성장급등기인 사춘기를 거치면서 호르몬과 같은 생리적 기능이 변화하고, 뇌의 기능이 성숙하는 신체적 변화를 경험하기 때문일 수 있다. 또한 청소년기는 추상적 및 연역적 사고가 가능하며 미래에 대한 예측을 할 수 있는 형식적 조작기에 해당하는데, 이러한 인지발달이 미래에 대한 불확실성이나 자신에 대한 평가에 영향을 미쳐 우울증을 증가시킬 수 있다. 다른 설명으로 청소년기에는 독립성과 개별화가 아동기보다 강조되는데, 청소년이 새로운 사회적 요구에 직면하면서 정서상태가 불안정해지기 때문일 수도 있다.

우울증을 규정하는 진단기준은 발달단계에 상관없이 기본적으로 유사하다고 볼 수 있으나, 아동과 청소년에게는 우울한 기분보다는 과민한 기분으로 나타날 수 있으며, 지속성 우울장애(기분저하증)를 규정하는 기간은 성인의 경우 2년이지만 아동과 청소년의 경우는 적어도 1년으로 되어 있다. 주요 우울장애로 진단하기 위해서는 9개 증상 중 5개 증상 이상이 최소 2주 이상 지속되어야 하는데, 5개 증상에 '우울 기분'과 '거의 모든 활동에서 흥미나 즐거움의 상실' 중에서 1개 또는 2개 증상 모두가 필수증상으로 반드시 포함되어야 한다. 미국 정신의학협회의 『정신질환 진단 및 통계 편람 5판(Diagnostic and Statistical manual of Mental disorders: DSM-5)』에서는 주요 우울장애의 부호를 제시하는데 단회성 또는 재발성 삽화 여부, 현재 심각도, 정신병적 양상의 여부, 관해 상태에 따라 달라진다(APA, 2013/2015, pp. 161-162). 〈표 6-1〉은 주요 우울장애에 대한 DSM-5의 진단기준을 제시한다(APA, 2013/2015, pp. 169-171).

〈표 6-1〉 주요 우울장애의 DSM-5 진단기준

A. 다음의 증상 가운데 다섯 가지(또는 그 이상)의 증상이 2주 연속으로 지속되며 이전의 기능 상태와 비교할 때 변화를 보이는 경우, 증상 가운데 적어도 하나는, ①우울 기분이거나, ② 흥미나 즐거움의 상실이어야 한다.
주의점: 명백한 다른 의학적 상태로 인한 증상은 포함되지 않아야 한다.
1. 하루 중 대부분 그리고 거의 매일 지속되는 우울 기분에 대해 주관적으로 보고(예: 슬픔, 공허감 또는 절망감)하거나 객관적으로 관찰됨(예: 눈물 흘림) (**주의점**: 아동·청소년의 경우는 과민한 기분으로 나타나기도 함)
2. 거의 매일, 하루 중 대부분, 거의 또는 모든 일상활동에 대해 흥미나 즐거움이 뚜렷하게 저하됨
3. 체중조절을 하고 있지 않은 상태에서 의미 있는 체중의 감소(예: 1개월 동안 5% 이상의 체중 변화)나 체중의 증가, 거의 매일 나타나는 식욕의 감소나 증가가 있음(**주의점**: 아동에서는 체중 증가가 기대치에 미달되는 경우)
4. 거의 매일 나타나는 불면이나 과다수면
5. 거의 매일 나타나는 정신운동 초조나 지연(객관적으로 관찰 가능함. 단지 주관적인 좌불안석 또는 처지는 느낌뿐만이 아님)
6. 거의 매일 나타나는 피로나 활력의 상실
7. 거의 매일 무가치감 또는 과도하거나 부적절한 죄책감(망상적일 수도 있는)을 느낌(단순히 병이 있다는 데 대한 자책이나 죄책감이 아님)
8. 거의 매일 나타나는 사고력이나 집중력의 감소 또는 우유부단함(주관적인 호소나 객관적인 관찰 가능함)
9. 반복적인 죽음에 대한 생각(단지 죽음에 대한 두려움이 아닌), 구체적인 계획 없이 반복되는 자살 사고, 또는 자살시도나 자살 수행에 대한 구체적인 계획

B. 증상이 사회적, 직업적, 또는 다른 중요한 기능영역에서 임상적으로 현저한 고통이나 손상을 초래한다.

C. 삽화가 물질의 생리적 효과나 다른 의학적 상태로 인한 것이 아니다.
주의점: 진단기준 A부터 C까지는 주요 우울삽화를 구성하고 있다.
주의점: 중요한 상실(예: 사별, 재정적 파탄, 자연재해로 인한 상실, 심각한 질병이나 장애)에 대한 반응으로 진단기준 A에 기술된 극도의 슬픔, 상실에 대한 반추, 불면, 식욕저하, 그리고 체중의 감소가 나타날 수 있고, 이는 우울삽화와 유사하다. 비록 그러한 증상이 이해될 만하고 상실에 대해 적절하다고 판단된다 할지라도 정상적인 상실 반응 동안에 주요 우울삽화가 존재한다면 이는 주의 깊게 다루어져야 한다. 이러한 결정을 하기 위해서는 개인의 과거력과 상실의 고통을 표현하는 각 문화적 특징을 근거로 한 임상적 판단이 필요하다.

D. 주요 우울삽화가 조현정동장애, 조현병, 조현양상장애, 망상장애, 달리 명시된, 또는 명시되지 않는 조현병 스펙트럼 및 기타 정신병적 장애로 더 잘 설명되지 않는다.

E. 조증 삽화 또는 경조증 삽화가 존재한 적이 없다.
주의점: 조증 유사 혹은 경조증 유사 삽화가 물질로 인한 것이거나 다른 의학적 상태의 직접적인 생리적 효과로 인한 경우라면 이 제외 기준을 적용하지 않는다.

유병률은 얼마나 많은 사람이 장애를 가지고 있는지를 측정하는데, 장애를 가진 사람의 수를 전체 인구집단의 사람 수로 나누어 산출한다. 우울장애의 유병률은 청소년기를 거치면서 현저히 증가하는 경향이 있다. 정보제공자, 우울증의 유형에 따라 유병률에 차이가 있으나, 서구의 자료에 따르면 주요 우울증의 시점유병률은 아동표본의 경우 1% 미만에서, 청소년 표본의 경우 6%까지 높게 보고되다가 성인의 경우 2%에서 4% 사이의 범위를 보이는 것으로 알려져 있다(Kessler & Wong, 2009, p. 6). 연구에 따라서는 청소년 우울증의 시점유병률이 약 4.3%이며, 평생유병률은 8.3%에서 18.5%라고 보고된다(Garber, 2001, p. 468). 미국에서 전국적 표집으로 8세에서 15세 아동 및 청소년 3,042명을 대상으로 조사한 결과, DSM-IV 진단준거에 기초한 기분장애의 12개월 유병률은 3.7%로, 이 중에서 주요우울장애가 2.7%, 기분부전증이 1.0%로 나타났으며, 연령으로 세분하여 살펴보면 8세에서 11세의 기분장애 유병률은 2.5%, 12세에서 15세의 기분장애 유병률은 4.8%를 나타내었다(Merikangas et al., 2010).

국내의 경우 청소년의 우울증 유병률에 대한 광범위한 역학조사가 부족한 실정이지만, 우울증상의 경우, 2013년 국민건강통계에 따르면 12세에서 14세 인구의 9.3%, 15세에서 18세 인구의 12.4%가 1년 내에 연속적으로 2주 이상 일상생활에 지장이 있을 정도로 슬프거나 절망감 등을 느끼는 우울증상을 경험한 것으로 나타났다(보건복지부, 질병관리본부, 2013, p. 290).

DSM-5에 따르면, 여성은 청소년 초기부터 시작하여 남성보다 1.5에서 3배가량 높은 비율로 경험하는데, 우울장애와 우울증상에서 성차는 초기 청소년기인 12, 13세에 시작되어 15~18세 사이에 가장 두드러지게 나타나며, 18세 이후에는 여자 대 남자의 비율이 정착되기 시작되어 성인과 유사한 2:1의 비율이 된다는 것이 일반적이다. 미국에서 수행된 전국적 조사에서, 15세에서 24세의 약 1,700여 명의 자료를 통하여 DSM-IIIR에 기초한 평생유병률을 산출한 결과 주요 우울증의 평생유병률은 15.3%이며, 성별에 따라 구분하면 남자는 10.5%, 여자는 20.6%로 나타났다(Kessler & Walters, 1998). 유병률의 이러한 성차는 미국 고등학생 약 1,700여 명을 대상으로 한 오리건 청소년 우울증조사(Oregon Adolescent Depression Survey)에서도 나타났는데, 1차년도 연구에서 주요 우울증의 평생유병률은 18.5%이었으며 성별로 세분하면 여자 청소년의 주요 우울증 평생유병률은

24.8%, 남자 청소년의 주요 우울증 평생유병률은 11.6%로 나타났다(Lewinsohn, Hops, Roberts, Seeley, & Andrews, 1993).

국내에서 조사된 2016년 청소년백서에 따르면, 2016년 청소년의 우울감 경험률은 남학생 20.9%, 여학생 30.5%로 여학생이 남학생보다 높았으며, 학년이 올라갈수록 우울감 경험률도 높은 것으로 나타났다(여성가족부, 2016, p. 205). 2013년 국민건강통계에 따르면 1년 내에 연속적으로 2주 이상 일상생활에 지장이 있을 정도로 슬프거나 절망감 등을 느끼는 우울증상을 경험한 비율을 살펴보았을 때, 12세에서 14세의 남자 청소년은 6.2%, 여자 청소년은 12.5%이었으며, 15세에서 18세의 남자 청소년의 경우 7.0%, 여자 청소년의 경우 18.1%이었다(보건복지부, 질병관리본부, 2013, p. 290).

우울증 유병률의 성차가 나타나는 이유는 생물학적, 심리적, 사회학적 요인으로 구분하여 설명할 수 있다. 첫째, 생물학적 설명에 따르면, 유전적이거나 호르몬 요인이 영향을 미칠 수 있는데 직접적이기보다는 유전적 소인과 호르몬 변화의 복잡한 상호작용이 있을 수 있다(Nolen-Hoeksema & Hilt, 2009, p. 397). 둘째, 심리적 설명에 따르면, 여성의 대인지향(interpersonal orientation)과 반추(rumination) 경향을 들 수 있는데, 여성은 남성과 비교하면 보다 광범위한 사람들과의 강한 정서적 결속을 느끼려 하고, 슬프고 우울하고 걱정스러운 기분에 대한 반응으로 반추를 더 많이 하는 경향이 있다(Nolen-Hoeksema & Hilt, 2009, pp. 391-393). 소녀들의 높은 사회정서적 지향성은 여러 사실에서 살펴볼 수 있는데, 소녀들은 소년에 비해 또래 간의 사건을 더 많이 경험하고, 반추하고, 인지적 취약성을 더 많이 보이고, 공포나 슬픔과 같은 사회적으로 복종적인 감정을 감추지 않고 더 나타내고, 관계적 욕구를 더 강하게 나타내며, 돌봄을 증진시키는 호르몬인 옥시토신의 수준이 더 높게 나타난다(Hankin, Wetter, & Cheely, 2008, p. 398). 셋째, 사회적 설명에 따르면, 여성은 남성보다 종종 더 많이 부정적 사건이나 상황에 직면하고 그러한 사건이나 상황에 집중하는 경향이 있다(Nolen-Hoeksema & Hilt, 2009, p. 393).

2) 원인과 관련 이론

우울증을 이해하기 위해서는 유전, 호르몬의 변화, 인지양식, 가족기능, 스트레스 등을 포괄하는 다양한 요인을 고려해야 한다. 우울증의 일반적 위험요인의 예로 성, 자아상, 가족력, 귀인양식, 발달단계의 전이, 생활사건 등을 들 수 있다. 구체적으로 여성은 12세경부터 남성보다 우울증을 많이 보이며, 부정적 자아상은 우울증에 취약하게 한다. 정동장애의 가족력이 있거나 우울성향의 귀인양식이 있을 때, 발달단계가 전이될 때, 부정적 생활사건을 경험할 때 우울증에 취약하게 된다.

일반적으로 우울증의 원인에 대한 이론은 생물학적 이론, 심리역동적 이론, Beck의 인지이론, 학습된 무력감, 무망감이론, Rehm의 자아통제이론, Lewinsohn의 행동적 이론을 들 수 있다(Milling, 2006, pp. 379−381).

첫째, 생물학적 이론에서는 전이나 뇌기능 및 신경화학 및 신경내분비계 요인을 포함하여 다양한 생물학적 원인이 우울증을 유발한다고 주장한다. 쌍생아연구와 가계연구는 우울증을 설명하는 유전적 역할을 보여 주는데, 쌍생아연구에 대한 메타분석은 우울장애의 유전가능성계수를 31~42% 사이로 추정하였다(Sullivan, Neale, & Kendler, 2000). 뇌기능과 신경화학에 대한 연구에서는 노르에피네프린, 세로토닌, 아세틸콜린 같은 신경전달물질의 역할을 강조하며(Wicks−Nelson & Israel, 2013/2015, p. 180), 신경내분비계 연구에서는 시상하부−뇌하수체부신축(Hypothalamic−Pituitary−Adrenal axis: HPA axis)의 기능에 관심을 둔다. 예를 들어, 부신에서 생산되는 스트레스 호르몬인 코르티솔(cortisol)에 대하여 주요우울장애가 있는 경우 코르티솔 기저수준이 높고, 스트레스에 반응하여 코르티솔의 수준이 과도해지는 등 스트레스 반응을 조절하기 어렵다고 보는데, 성인에 대한 결과는 비교적 일치하나 청소년에 대한 결과는 이러한 주장에 대하여 일관적이지 않다(Wicks−Nelson & Israel, 2013/2015, p. 180). 뇌영상 연구에 따르면, 우울한 청소년 중에는 편도체와 전전두피질의 이상을 보이는 경우도 있다(Wicks−Nelson & Israel, 2013/2015, p. 180). 이미 열거한 생물학적 특징 외에도 뇌하수체가 생산하는 성장호르몬, 멜라토닌, 수면과 같은 생물학적 특성들이 우울증에 영향을 미치는 것으로 알려져 있다.

둘째, 심리역동적 이론을 들 수 있다. Freud에 따르면, 우울한 정동은 초자아에 의해 공격적 추동이 자신을 향할 때 야기된다. 또한 Freud는 사랑하는 대상을 상실하는 것은 자기부정이나 자기비판을 유발한다고 보았다.

셋째, Beck의 인지이론에 기초하면, 우울증은 자신과 세계에 대한 왜곡된 인지도식에 기인한다. 우울증에 쉽게 걸리는 사람들은 자기, 세계, 미래에 대한 부정적인 신념을 갖는데, 이러한 사고를 부정적 인지삼제(cognitive triad)라고 한다. 역기능적인 인지도식을 갖게 되면 자기 자신은 결점이 많은 쓸모없는 존재이며, 세상은 장애물이며 세상이 과도한 요구를 한다고 보며, 현재의 고통은 미래에도 계속된다고 보게 된다(Beck, Rush, Shaw, & Emery, 1991/1997, pp. 26-27).

넷째, 학습된 무력감이론으로, Seligman에 따르면 통제할 수 없고 피할 수 없는 사건은 무력감에 대한 일반적 기대를 갖게 하며, 이러한 학습된 무력감은 우울증을 유발한다. 학습된 무력감이론에서 유래된 귀인이론도 우울증을 설명하는 이론으로, 귀인이론에서는 과거의 사건을 설명하는 방법이 개인의 기대감이나 앞으로의 행동에 영향을 준다고 가정한다. 귀인양식이란 개인의 행동결과의 원인과 책임소재를 어디에 귀속시키는가를 살펴보는 것이다. 긍정적 사건을 설명할 때, 낙관적 성향의 개인은 내적, 지속적, 전체적으로 귀인하는 반면, 우울한 성향의 개인은 외적, 단편적, 특정적으로 귀인한다(예: 야구경기에서 홈런을 쳤을 때, 내가 방망이를 잘친 것이기보다는 투수가 쉬운 공을 던진 거야. 일을 잘했다고 부모님이 말씀하실 때, 내가 일을 잘하는 것이기보다는 부모님이 내가 한 그 일을 좋아하신 거야). 반대로, 부정적 사건에 대하여 낙관적 성향의 개인은 외적, 단편적, 특정적으로 귀인하는 반면, 우울한 성향의 개인은 내적, 지속적, 전체적으로 귀인한다(예: 나쁜 성적을 받았을 때, 선생님이 시험을 어렵게 낸 것이기보다는 나는 좋은 학생이 아니야. 내가 시험에 실패했을 때, 어떤 시험이 어려운 것이기보다는 모든 시험이 어려운 거야). 귀인양식은 개인이 자신의 행동의 결과로서 숙달감을 얻었을 때 갖게 되며, 성장하면서 귀인양식은 점차 일관되게 나타나며, 과거의 사건과 현재의 상황을 통합하며, 점차 현실적으로 행동과 사건을 통제한다.

다섯째, 무망감이론에 따르면, 무력감은 개인이 부정적인 생활사건에 대한 추론에서 비롯되는데, 이러한 추론은 안정적이고 전반적이며, 여러 상황에 걸쳐 영향을 미친다.

여섯째, Rehm의 자아통제이론에 따르면, 우울증은 잘못된 자기모니터링, 자기평가, 자기강화의 기능이다.

일곱째, Lewinsohn의 행동적 이론에 따르면, 긍정적 사건으로부터의 강화가 부족한 경우, 개인은 우울증에 취약하게 된다.

3) 예방과 개입

청소년기 우울증은 높은 경제적 부담과 더불어 공공 및 민간의료체계, 가족, 학교를 포함한 여러 측면에 광범위한 영향을 미치는 것으로 추정된다. 우울증은 물질남용장애나 반항성장애와 같은 외현화 장애와 상관이 높으며, 학업문제 및 사회적 관계의 손상을 초래하며, 자살위험을 30배 증가시킨다(Garber, 2005, p. 226; Horowitz & Garber, 2006; Stice, Shaw, Bohon, Marti, & Rhode, 2009). 청소년기에 발병된 우울증은 성인기에도 지속되는 경향이 있으며, 특히 예후가 나쁜 성인 우울증과 연관된다. 또한 우울증은 다른 장애에 비하여 재발률이 높아서 단극성 우울증은 1년 내 재발될 확률이 18.4%로 보고되고(Harrington, 2002, p. 466), 지역사회의 청소년을 대상으로 했을 때에는 3년에서 5년에 걸쳐 우울증이 재발할 확률이 약 40%에 이르는 것으로 알려져 있다(Hammen & Rudalph, 2003, p. 244). 청소년기 우울증의 높은 유병률과 재발률, 부정적 결과에도 불구하고, 우울장애를 경험하는 청소년들이 적절한 치료를 받는 경우는 1/3에도 미치지 못하는 것으로 알려져 있으므로 청소년기 우울증에 대한 적정한 치료와 예방이 중요하다(Stice, Rohde, Gau, & Wade, 2010).

전통적으로 예방의 개념을 설명하기 위하여 Caplan(1964)의 모형이 널리 인용되고 있다. Caplan(1964, pp. 16-17)은 예방정신의학(preventive psychiatry)이라는 용어를 사용하며, 예방 프로그램을 1차(primary prevention), 2차(secondary prevention), 3차(tertiary prevention)로 분류하였다. 1차 예방은 지역사회의 모든 유형의 정신질환의 발생을 사전에 감소시키려는 노력을 의미한다. 예방접종이나 위생관리가 1차 예방에 속한다. 2차 예방은 발생하는 질환의 유병률을 낮춤으로써 질환에 기인한 장애율(disability rate)을 감소시키는 데 목적이 있다. 새로운 사례의 비율을 감소시키거나 이미 있는 사례의 기간을 단축시킴으로써 유병률을 감소시킬 수 있다(Caplan, 1964, p. 89). 선별검사가 2차 예방에 속한다. 3차 예방은 이미 있는 정신질환에서 비롯되는 손상을 감소시키는 데 목적이 있고, 정신질환이 있는 환자들이 가능한 한 빨리 본래의 생산적 역량을 복구할 수 있게 하는 대규모 재활(large-scale rehabilitation)이다(Caplan, 1964, p. 113).

근래에 빈번하게 사용되는 예방의 분류는 Gordon의 분류를 활용하여 IOM보고서에 제시한 분류로서, 보편적 예방중재(universal preventive intervention), 선택적 예방중재(selective preventive intervention), 지시적 또는 집중적 예방중재(indicated preventive intervention)를 들 수 있다. 보편적 예방중재는 특정 인구집단의 모든 구성원에게 실시하는데, 예를 들어 전체 중학생을 대상으로 심리사회적 요인에 대한 대집단발표를 실시할 수 있다. 선택적 예방중재는 나중에 어떤 장애를 보일 위험이 상대적으로 높은 특정 집단의 구성원에게 실시한다. 선택적 예방중재의 예로서 부모의 사망, 이혼, 우울증, 알코올중독과 같은 가족요인이나 빈곤과 같은 환경요인, 부정적 인지양식과 같은 개인적 요인으로 우울장애를 발달시킬 가능성이 높은 위험군을 대상으로 개입할 수 있다. 지시적 또는 집중적 예방중재는 약간의 임상적인 장애 증상이나 신호를 나타내지만 임상적으로 장애로 진단받을 만큼 진단기준을 충족시키지 않는 개인들을 대상으로 한다. 지시적 예방중재의 예로서 우울장애로 진단받지는 않았으나 우울증상을 측정하는 질문지에서 높은 점수를 받은 청소년을 대상으로 인지치료적 집단회기를 실시하는 것을 들 수 있다. 이러한 예방의 중요성과 더불어, 우울증에 대한 개입으로 청소년 우울상담에 대한 구체적 내용은 제12장에 기술되어 있다.

3. 자살

1) 특성과 실태

앞서 살펴본 우울증은 물질남용장애나 반항성장애와 같은 외현화 장애와 상관이 높으며, 학업문제 및 사회적 관계의 손상과 부작용을 초래할 수 있으며, 특히 자살위험을 크게 증가시킨다. 자살생각이나 시도는 주요 우울장애를 규정하는 아홉 가지 진단기준의 하나다.

Shneidman(1993, p. 4)에 따르면 자살이란 스스로를 전멸시키려는 의식적 행위이며, 자살이 최선의 해결책이라고 단정 짓는 개인의 다차원적인 불쾌감으로 이해할 수 있다. 자살은 치명적인 결과를 초래하는 자해행위인데, 자살의 강도는 자살생각(suicide ideation), 자살시도(suicide attempt), 자살행위(completed suicide)로 구분할 수 있다. 자살의 진행을 살펴보면, 전혀 자살을 생각하지 않는 생활에서 일시적으로 자살생각을 했다가, 점차 강도가 심해져서 급기야 심각한 자살시도를 했다가, 결국 자살에 이른다고 볼 수 있다.

일반적으로 청소년의 자살하려는 과정은 일련의 구분된 시기를 거치는 것으로 요약된다(Sheras, 2001, p. 666). 먼저, 1단계는 문제발달기(history of problems)로 문제는 아동기부터 존재한 것일 수 있고 최근 비롯된 것일 수 있다. 2단계는 문제급등기(escalation of problems)로 청소년기가 시작되면서 발달적 변화로 문제들이 급등하는 시기다. 3단계는 대응실패기(failure of coping)로 급등한 문제들에 대처하는 전략이 부족한 시기다. 4단계는 희망상실기(loss of hope)로 사회적 철회, 미래포기, 학업중단, 약물복용, 활동하려는 동기 상실이 일어나는 시기다. 5단계는 정당화시기(justification)로 생각에서 행동으로 옮겨 가는 시기다. 자살시도에 앞서 자살에 대한 자기합리화를 하며 자살행동을 하게 된다.

청소년 자살의 특징은 선행연구를 통하여 다음과 같이 요약할 수 있다(박옥임 외, 2013, pp. 77-78). 첫째, 대부분 분명한 동기가 있다. 부모로부터의 심한 꾸중이나 심리적 거절, 외모에 대한 고민, 이성친구와의 이별, 왕따, 입시 실패와 같은 사건들이 자살충동을 촉발한다. 둘째, 충동성이 큰 역할을 한다. 셋째, 동반자살이나 모방자살이 많이 일어난다. 넷째, 치명적인 수단을 이용하여 자살을 시도한다. 다섯째, 자살을 문제해결의 방편으로 본다. 여섯째, 청소년들은 도움을 청하지 않고 자살을 실행하는 경향이 있다.

세계적으로 80만 명에 가까운 사람들이 자살로 사망하고, 특히 15~29세의 경우 자살은 두 번째로 높은 사망원인이다(WHO, 2017). 2017년 청소년통계에 따르면, 2015년 9~24세 청소년의 사망원인은 고의적 자해(자살)가 가장 많아서 인구 10만 명당 7.2명이었으며, 다음은 운수사고, 악성신생물(암) 순으로 나타났다. 2007년 이후 계속해서 고의적 자해가 청소년 사망원인 1위를 보이고 있다(통계청, 여성가족부 보도자료, 2017).

2011년 아동 · 청소년 정신건강 실태조사에서는 전체 응답자 9,436명 중에서 37.5%가 자살생각을 경험한 것으로 나타났으며, 19.5%가 자살을 계획한 적이 있었고, 3.6%는 자살을 시도해 본 적이 있다고 응답하였다(한국청소년정책연구원, 2011, p. 58). 아동 및 청소년의 정신건강실태를 파악하기 위해 전국 16개 시도의 초 · 중 · 고에 재학 중인 청소년을 대상으로 설문조사를 실시한 결과, 전체 응답자 중 약 23.4%가 지난 1년간 자살생각을 해 본 적이 있다고 응답하였는데, 자살을 하고 싶었던 이유에 대해서 '학업 · 진로문제'가 36.7%로 가장 높았고, '가정불화' '기타' '학교폭력'의 순으로 나타났다(한국청소년정책연구원, 2012, pp. 62-63). 동일한 조사에서 전체 응답자의 3.4%가 지난 1년간 자살을 시도해 본 적이 있다고 응답하였는데, 자살생각 경험자 중 14.4%가 자살을 시도한 경험이 있다고 응답하였다(한국청소년정책연구원, 2012, pp. 64-65).

일반적으로 청소년기의 자살생각 수준은 엎어 놓은 U자형으로 변화하여 청소년기 초기에서 중기로 갈수록 높아지다가 후반기로 갈수록 감소되는 양상을 보인다고 알려져 있다(박선희, 2015, pp. 32-33). 즉, 청소년 초기에는 스트레스가 증가한 데 비하여 대처 능력이 부족하여 자살생각을 경험할 위험성이 증가하다가 후기로 갈수록 효과적으로 대처하면서 자살생각이 감소한다. 자살생각 및 자살시도는 여자 청소년 집단에서 높고, 자살행위는 남자 청소년 집단에서 높은 현상을 보인다.

2) 원인과 관련 이론

자살은 다양한 학제에서 접근할 수 있고, 다양한 요소를 내포하고 있다. 청소년기에 자살이 급증하는 원인은 다양하다. 청소년은 인지 능력이 성숙해짐에 따라 자신을 돌아볼 수 있는 특성을 가진다. 청소년기에 경험하는 신체적, 정서적, 사회적 변화로 인하여 청소년은 심리적 어려움을 겪을 수 있으나 자기통제 및 정서조절 능력은 부족할 수 있다.

자살행위와 관련된 요인은 다양하나, 크게 개인적 특성과 환경적 특성으로 구분할 수 있다. 개인적 특성에는 개인의 생물학적 및 유전적 요인, 개인의 정신건강 등이 포함되고 환경적 요인에는 가족, 또래, 학교, 지역사회 및 문화적 요인 등이 포함된다. 개인의 생물학적 및 유전적 요인으로 세로토닌의 감소나 시상하부 뇌하수체 부신축의 기능장애, 유전적 영향을 들 수 있으며, 개인의 우울, 정신병, 약물복용도 자살위험성을 증가시킨다. 특히 우울은 청소년의 자살가능성이나 자살생각을 강력하게 예측한다. 반면, 자아존중감이나 자아통제력이 높은 경우 자살위험성을 낮출 수 있다. 환경적 특성에서는 부모의 학력이나 사회경제적 지위가 관련되며, 부모의 통제가 높고 지지가 부족할 때 청소년의 자살위험성이 증가된다. 학교에 대한 부정적 인식이 있거나 학업수행이 낮은 경우, 사회적 지지가 낮은 경우도 자살위험성을 증가시키고 매체도 자살과 연관되어 있다고 알려져 있다.

자살을 설명하는 이론적 관점으로 심리학적 관점과 사회학적 관점이 있다. 심리학적 관점에서 자살은 자신을 향한 공격성의 결과로 볼 수 있다. 사회학적 관점에서 가장 빈번하게 인용되는 자살의 분류는 사회학적 관점에서 Durkheim이 1897년 『Le Suicide』에서 분류한 유형이다. Durkheim에 따르면, 자살은 개인과 사회 간의 관계의 산물이며, 사회가 개인을 얼마나 강하거나 또는 약하게 통제하느냐에 따라 다음과 같이 설명할 수 있다(Shneidman, 1985, p. 24-25).

- 이타적(altruistic) 자살: 사회로부터 요구되는 자살이며, 어떤 문화나 집단규칙은 특정 상황에서 자살을 요구한다. 개인이 사회를 위해 희생할 목적으로 자살하는 경우가 해당되며, 전쟁상황에서 일본의 가미가제특공대를 예로 들 수 있다.
- 이기적(egoistic) 자살: 개인이 지역사회와의 결속이 없거나 통제할 수 있는 힘이 미약한 경우다. 젊은 베르테르의 슬픔에서의 죽음을 예로 들 수 있다.
- 아노미성(anomic) 자살: 개인과 사회 간의 익숙한 관계가 혼란스러워지거나 붕괴될 때 혼란상태로부터 탈출하기 위하여 자살한다. 예를 들어, 충격, 실직, 절친한 친구의 사망, 재산손실이 있었거나, 반대로 가난했던 사람이 갑자기 졸부가 될 때 발생할 수 있다.
- 숙명적(fatalistic) 자살: 개인이 개인적 자유나 희망이 없는 상황에 처해 있을 때에 해당한다. 이러한 유형의 자살은 드문 편이다.

3) 예방과 개입

자살생각이나 자살충동은 자살을 행하는 것에 대한 생각이나 사고로, 자살시도와 자살로 이어지는 연속적 과정의 출발점이다. 자살은 예방적 차원에서 접근하는 것이 필요하며, 청소년의 자살을 예방하기 위해서는 자살의 위험신호를 인식할 수 있어야 한다. 미국 물질남용 및 정신건강국(Substance Abuse and Mental Health Administration)에서 예시로 보여 준 자살의 경고신호는 다음과 같다(DeAngelis, 2009).

- 자해나 자살하겠다고 위협하거나 자해나 자살하고 싶다고 말함
- 무기, 약물, 기타 수단을 알아보면서, 자살하는 방법을 모색함
- 보통 수준을 벗어나 죽음, 죽는 것, 자살을 말하거나 글을 씀
- 미래에 대하여 아무 희망이 없다고 느낌
- 격노, 통제 못하는 분노, 보복을 하려 함
- 무모하게 행동하거나 생각 없이 위험한 활동에 참여하는 것
- 탈출구 없이 덫에 갇혔다고 느낌
- 술이나 약물사용이 증가함
- 친구, 가족, 사회로부터 자신을 고립시킴
- 불안하고, 흥분하고, 잠을 못 자거나 내내 자는 것
- 극적 감정변화를 경험함
- 살아갈 이유나 삶의 목적이 없다고 봄

우울한 청소년을 대상으로 한 개입에 비하여, 청소년의 자살치료에 대한 정보는 많지 않다. 곽영숙과 임명호(2012)는 Elliott와 Smiga가 제안한 자살사고를 가진 청소년의 친구를 위한 조언을 다음과 같이 정리하였다(p. 390).

- 당신이 걱정하고 있음을 이야기할 것
- 전문가의 도움을 받을 수 있도록 조언할 것
- 자살하지 않을 것이며 도움을 받을 것이라는 계약을 할 것

- 홀로 남겨 두지 말 것
- 대책 없이 해결될 것이라고 가정하지 말 것
- 무슨 말을 하든 충격받지 말 것
- 도덕적, 종교적, 윤리적 논쟁을 하지 말 것
- 도전적이거나 모험적인 언어를 사용하지 말 것
- 자살계획에 대한 정보를 다른 사람과 공유할 것

효과적인 자살예방 프로그램들의 요소들은 다음과 같다(Sheras, 2001, p. 669). 첫째, 청소년이 체계와 소통할 수 있는 접촉점이 있어야 하며, 둘째, 위험군 청소년들이 쉽게 접할 수 있는 학교와 지역사회 내의 아웃리치 프로그램이 필요하며, 셋째, 청소년들이 학교에서 경험을 넓히고 스트레스를 관리하고 상담받는 것이 생활화되어야 하고, 넷째, 서로 소통하려는 욕구가 필요하다는 인식을 고양하고 지원이 필요한 사람들을 확인하는 공중교육이 시행되어야 한다.

자살을 예방하기 위해서는 자살위험군 청소년을 파악하고 그에 대한 맞춤형접근을 시도하는 것이 효과적이다. 예를 들어, 자기이상이나 지나친 민감성을 낮추고, 긍정적 경험을 통하여 자아존중감을 높이고, 현재에 중점을 둔 훈련을 하며, 죽음에 대한 감상적 관념을 버리도록 도와야 한다. 박선희(2015)는 국내의 청소년 자살행위 중재 프로그램을 다음과 같이 소개하였다(pp. 99-110). 먼저 1차 예방으로는 학교단위, 지역센터, 협회에서 우울 및 자살예방 프로그램이 진행되고 있으며, 자살예방주간을 비롯하여 생명사랑캠페인이 진행되고 있다. 2차 예방으로는 지킴이가 자살위험의 수준을 평가하고 의뢰하는 지킴이훈련이 있으며, 선별검사를 통하여 정신건강을 조기검진하고, 청소년의 자살시도가 있을 때 위기개입이 진행되고 지역사회 청소년 통합지원체계가 구성되어 있으며, 자살보도에 대한 권고기준을 제정하여 시행을 권고하고 있다. 3차 예방으로는 인터넷과 24시간 운영되는 전화를 통하여 자살예방 상담 프로그램이 운영되고 있으며 자살시도자를 대상으로 한 프로그램이나 자살자 유가족 자조모임과 같은 사후관리 프로그램이 운영되고 있다.

4. 자아정체감 혼란

1) 특성

Erikson은 적응적 정신기능에 기반을 두고 현실지향적인 자아(ego)의 역할을 강조한 심리사회적 이론을 주장하였는데, 심리사회적 발달은 성숙과정과 일상생활에서 겪게 되는 사회적 요구와의 상호작용을 통하여 이루어진다고 보았다. Erikson은 발달단계를 전 생애에 걸친 양극적 개념으로 설명하는데 발달단계는 신뢰감 대 불신감(0~1세), 자율성 대 수치감과 의심(1~3세), 주도성 대 죄의식(3~6세), 근면성 대 열등감(6~11세), 자아정체감 대 정체감 혼미(청소년기), 친밀감 대 고립감(성인 초기), 생산성 대 침체감(성인 중기), 통합감 대 절망감(성인 후기)의 8단계로 구성된다. Erikson의 심리사회적 8단계 이론에서 청소년기는 정체감 대 정체감혼미의 시기로서 정체감을 발달시키는 것이 필수과업이다. 청소년이 이 시기의 위기를 해결하면 '충실(fidelity)'의 덕목을 갖게 되는데, 충실이란 상황 내에서 개인이 보이는 본질적인 것을 의미한다.

청소년기는 신체적, 심리적, 사회적 변화가 복합적으로 이루어지는 시기다. 앞서 제3장에서 살펴본 것과 같이 청소년은 '나는 누구인가?' '나는 부모와 있을 때나 친구와 있을 때나 같은 사람인가?' '진정한 나는 여러 상황에서 어느 정도 동일한 것인가?'와 같은 정체감에 대한 의문을 제기한다. 정체감은 함축적 의미를 갖고 있어 개념을 정의 내리기가 쉽지 않다. Erikson이 기술한 정체감은 아동기 동일시를 단순하게 합산한 것 이상의 개념으로, 모든 동일시를 리비도의 변화, 태도, 사회적 역할로 주어진 기회와 통합시키는 자아 능력의 경험이며, 내적 동일성(inner sameness)과 과거에 준비했던 연속성(continuity)이 조화를 이루는 데서 생기는 확신이다(Erikson, 1950). 한상철(2008)은 자아정체감의 의미를 다음 네 가지로 정의하였다(pp. 153-155). 첫째, 자아정체감은 '~로서의 나' 간의 통합을 의미한다. 둘째, 자아정체감은 과거의 나와 현재의 나, 그리고 미래의 나와의 연속감 또는 일관성을 의미한다. 셋째, 자아정체감은 스스로를 볼 때의 나를 뜻하는 주체적 자아(I)와 타인이 보는 것을 지각하는 나를 뜻하는 객체적 자아(me) 간의 조화감을 의미한다. 넷째, 자아정체감은 절대적 자아, 자기 선택과 책임을 수반하는

'나는 나'라는 실존적 자아의 상태다.

Erikson이 주장하는 개념적 틀에서, 특히 청소년기는 정체감이 주요 주제로 부각되는 시기인데, 신체발달, 복합적인 인지기술, 사회적 기대로 인하여 처음으로 청소년이 아동기의 동일시를 분류 통합하여 성인기로 나아가게 하는 경로를 구성하기 때문이다. Patterson, Sochting과 Marcia(1992)에 따르면 정체감은 다음 세 가지 요소를 포함한다(p. 9). 첫째, 정체감은 개별성 또는 고유한 총체성을 경험하는 것이다. 나의 행동과 결정은 제멋대로인 것이 아니라 다른 사람과 구별되는 자신의 가치, 원칙, 기대에 의해 정해진다. 둘째, 자신이 동일하다는 인식은 연속적이다. 과거의 나와 미래의 나는 현재의 나와 일관되게 연속되어 있다. 셋째, 정체감은 중요한 타인으로 이루어진 사회 내에서 경험된다. 즉, 정체감은 사회 속의 관계 및 역할에 의해 정립된다.

앞서 '정신분석이론'과 '청소년기 발달적 특징'에 대한 장에서 살펴보았듯이, Erikson의 이론에 기초하여 Marcia는 정체감을 반영적 자기구조(reflective self-structure)로 정의하면서(Marcia, 1980, p. 159), 정체감 과정의 두 측면에 따라서 4개의 뚜렷한 지위(status)로 구분하였다. Marcia는 정체감 구조가 정적이 아니라 역동적이라고 주장하며, 정체감 구조를 위기(crisis) 또는 탐색(exploration)의 개념과 관여(commitment)의 개념인 두 가지를 기준으로 정체감 성취(identity achievement), 유예(moratorium), 유실(foreclosure), 혼미(diffusion)로 구분하였다. 정체감 성취를 이룬 청소년은 대안들을 탐색하고 목적에 자신을 헌신하는 데 비하여 정체감 혼미는 인생방향에 대한 탐색이 없고 이러한 문제에 관심도 없는 상태이며, 정체감 혼미에 있는 청소년은 심리적 및 사회적 문제를 보이는 경향이 있다.

2) 영향요인과 개입

정체감은 정지된 상태라기보다는 통합을 향하여 나아가는 과정이라고 볼 수 있다. 자아정체감 형성이 전적으로 개인내적 과정이라고는 볼 수 없고, 여기에는 가족, 또래, 학교 및 지역사회, 문화를 포함한 다양한 사회적 요인이 영향을 미친다. 청소년이 자아정체감을 형성하지 못하고 혼란을 경험하는 데에는 여러 요인이 작용한다. 첫째, 부모가 자녀에게 정서적 안정을 제공하지 않고 강압적일 때 자녀는 자아정체감 혼란을 경험하게 된다. 반면, 부모가 애착에 기반을 둔 정서적 안정감과 더불어 자율성을 강조하는 개별화를 지원할 때, 청소년은 자유로운 탐색을 하고 자아정체감을 성취하게 된다. 메타분석 결과, 애착양식과 자아정체감 지위는 관련되어, 자아정체감 성취에서 안정애착이 가장 높은 것으로 나타났다(Årseth, Kroger, Martinussen, & Marcia, 2009). Grotevant와 Cooper(1985)는 가족체계 내에서 개별성(individuality)과 연결성(connectedness) 둘 다 촉진하는 것이 청소년으로 하여금 자아정체감을 탐색하게 한다고 주장하였다. 개별성은 청소년의 독자적 관점을 발달시키게 허용하는 가족관계를 의미하며, 연결성은 청소년으로 하여금 가족 이외의 세계를 탐색할 수 있는 안전기지를 제공한다. 정체감 유실에 있는 청소년은 부모와 밀접하나 개별화를 이루지 못한 경우이며, 정체감 혼미에 있는 청소년은 부모의 지원이 낮고 부모와 소원한 관계를 갖는다고 알려져 있다.

둘째, 또래와의 상호작용은 청소년의 자아정체감 발달에 영향을 미친다. 청소년은 또래와의 의사소통과 상호작용을 통하여 다양한 가치를 접하게 되며, 탐색의 기회를 넓히게 된다. 청소년은 또래관계를 통하여 자신과 유사한 고민을 가지고 있으며, 수평적으로 의논할 수 있는 대상을 발견하게 된다. 청소년은 부모와의 갈등, 진로문제, 학업문제 등에 대하여 또래와 대화하는데, 이러한 과정은 청소년이 정체감을 발달시키는 데 도움을 준다.

셋째, 학교와 지역사회는 청소년의 자아정체감 발달에 영향을 미친다. 청소년은 안전한 환경의 학급에서 도전적 과제를 숙달하고, 자신을 지원해 주는 교사와의 상호작용을 경험할 때, 자아정체감을 발달시키게 된다.

넷째, 청소년의 자아정체감은 지역사회나 청소년 문화에 의하여 영향을 받는다. 현대사회에서 청소년은 다양한 매체에 노출되어 있으며, 가치관을 형성하기 이전에 유해한 매체에 지속적으로 노출되고 특유의 문화를 형성하는 것은 낮은 정체감 지위를 발달시킬 위험이 있다.

낮은 자아정체감은 청소년비행의 원인으로 알려져 있다. 청소년기에 미래에 대한 목표나 가치관을 형성하지 못한 청소년은 쉽게 비행행위를 시도할 수 있는 반면, 정체감 성취에 있는 청소년은 심리적으로 성숙하고 안정되어 있다.

Jespersen, Kroger와 Martinussen(2013a)은 메타분석을 통하여 자아정체감과 도덕성 추론과의 관계를 살펴보았는데, Marcia의 자아정체감 성취는 후인습적 도덕적 추론과 뚜렷하게 연관되었음을 보여 주었다. 자아정체감 성취는 높은 수준의 자아발달과도 연관된다고 알려져 있다(Jespersen, Kroger, & Martinussen, 2013b).

긍정적 자아정체감은 청소년의 원만한 적응에 필수적이다. 한상철 등(2012)은 긍정적 자아정체감 발달에 영향을 미치는 요인으로 다음의 여섯 가지 방법을 제시하였다(pp. 182−184). 첫째, 어른들은 일관성 있는 요구와 한계를 설정해야 한다. 둘째, 자녀의 자율성을 보장해 주어야 한다. 부모는 지나친 통제나 애정을 지양하고 자녀의 자기주도성을 육성하고 자신의 행동에 자부심을 경험하게 해야 한다. 셋째, 부모는 완벽주의와 비판적인 성향을 버려야 한다. 완벽성향과 비판적 부모태도는 자아정체감을 낮추므로 부모의 이러한 성향을 자녀가 내재화하지 않도록 해야 한다. 넷째, 가정 내의 민주적인 양육방식과 의사소통이 중요하다. 부부 간과 부모−자녀 간에 긍정적 의사소통이 이루어지고 의견화합이 이루어질 때, 자녀는 긍정적 자아정체감을 형성하게 될 것이다. 다섯째, 학교 및 또래관계로 청소년이 독창성을 발견하고 발달시키도록 교육하고 또래와의 상호작용을 통하여 소속감이나 동일시를 형성하게 해야 한다. 여섯째, 다양한 체험과 경험활동이 중요하다. 청소년이 문화활동에 참여하는 것은 대인관계의 폭과 깊이를 더해주며 자아정체감 형성에 긍정적 영향을 미친다.

5. 학업문제

1) 특성과 실태

학업문제에 관한 용어들을 명확하게 구분하기는 어렵다. 학업부진은 청소년 자신이 가진 능력 이하의 학업성취에 있는 상태를 의미하며 학업상담의 주 대상이 된다. 김동일, 신을진, 이명경, 김형수(2011)는 학습부진과 유사한 용어들을 다음과 같이 정리하였다(pp. 22−24).

- 학습지진이란 지적 능력의 저하로 인하여 학업성취가 뒤떨어지는 상태로, 지능 수준은 하위 3~25% 정도이며, 지능지수는 약 75~90에 해당한다.
- 학업저성취는 학업부진과 혼용되며, 잠재능력 수준이나 지적 능력을 고려하지 않고 학업성취 수준만을 기준하여 일반적으로 하위 5~20%의 성취 수준을 보인다.
- 학업지체는 절대적 준거인 학업에서의 발달과업을 적절하게 성취하지 못하며, 규정된 학년이나 학기의 학습목표를 달성하지 못한 상태를 말한다.
- 학습장애는 정신지체, 정서장애, 환경 및 문화적 결핍과는 관계없이 듣기, 말하기, 읽기 및 산수 능력을 습득하거나 활용하는 데 심한 어려움을 한 분야에서 보이는 장애다.

한국특수교육학회(2008)에 따르면, "학습장애란 개인 내적 원인으로 인하여 일생동안 발달적 학습(듣기, 말하기, 주의집중, 지각, 기억, 문제해결 등)이나 학업적 학습(읽기, 쓰기, 수학 등) 영역들 중 하나 이상에서 심각한 어려움을 겪는 것"을 말한다. 한국특수교육학회에서는 학습장애의 개념을 발달적 학습장애(developmental learning disabilities)와 학업적 학습장애(academic learning disabilities)로 구분하는데, 발달적 학습장애는 신체적 기능을 포함하여 학습과 관련된 기본적 심리과정에 현저한 어려움을 보이는 경우로 구어장애, 주의집중장애, 지각장애, 기억장애, 사고장애를 포함하며, 학업적 학습장애는 학교에서 습득하는 학습기능과 관련된 영역에서 현저한 어려움을 보이는 경우로 읽기장애, 쓰기장애, 수학장애를 포함한다.

DSM-5에서 특정학습장애는 신경발달장애의 장에 포함되어 있으며, 읽기 손상 동반, 쓰기 손상 동반, 수학 손상 동반으로 구분되어 있다. DSM-5(APA, 2013/2015, p. 32)에 따르면, 특정학습장애는 효율적이고 정확하게 정보를 지각하고 처리하는 능력에서 결함이 있을 때 진단되는데, 정규교육과정에서 처음으로 발현되며, 기초학업기술을 학습하는 데에서의 지속적인 어려움이 특징이다. 손상된 학업기술수행은 연령에 비추어 평균보다 훨씬 낮거나, 허용가능한 수행 수준이 되려면 대단한 노력을 기울여야 한다(APA, 2013/2015, p. 32).

청소년에게 학업수행은 주요한 과업으로, 특히 국내 청소년의 경우 학업문제는 진로문제와 더불어 가장 큰 스트레스원이다. 한국보건사회연구원이 2015년 만 14세에서 18세의 중고생 5,000명을 대상으로 사회 · 심리적 불안요소를 조사한 결과 청소년들이 지난 1년간 가장 크게 불안을 느꼈던 개인적 측면의 불안요소는 학업문제, 미래에 대한 불안이었고 학업(32.9%), 진로문제(28%)의 순으로 나타났다(한국보건사회연구원, 2015, p. 67).

근래에는 학업중단청소년에 대한 관심이 증대하고 있다. 학교급에 따라 학업중단자를 정의하는 기준이 다른데, 의무교육단계인 초등학교와 중학교는 유예 및 면제자를 학업중단자로 정의하고, 고등학교의 경우에는 자퇴, 퇴학한 자를 학업중단자로 본다. 학업중단청소년은 정규학교 교육과정을 끝내지 않고 중도에 학업을 중단한 청소년을 의미한다. 2011년에 발간된 교육통계 서비스에 의하면 매년 약 7만여 명의 학업중단청소년이 발생하는 것으로 나타났으며, 2011년 2월 기준으로 약 76,589명이 학교를 그만둔 것으로 나타났다(청소년상담복지개발원, 2012, p. 7). 그러나 어떤 이유든 이미 학업을 중단한 청소년뿐 아니라 학업을 중단할 의도를 가지고 있는 청소년의 숫자도 적지 않을 것으로 추정할 수 있다. 국내의 경우에는 자발적으로 학업을 중단하고 대안적 방법을 모색하는 청소년의 수를 고려하여 '학습권 보장'의 관점에서 학업중단을 접근할 필요가 있겠다(모경환, 이미리, 김명정, 2014, p. 157).

2) 영향요인과 개입

학업문제를 규정하는 데에는 다양한 측면을 고려해야 한다. 학습과 관련된 문제는 크게 다음의 다섯 가지 유형으로 구분될 수 있다(김동일 외, 2011, pp. 42-44). 첫 번째 유형의 학습문제는 성적 저하로 인한 걱정과 스트레스, 두 번째 유형의 학습문제는 시험불안, 세 번째 유형의 학습문제는 학업능률의 저하, 네 번째 유형의 학업문제는 공부에 대한 회의와 동기 저하다. 마지막 다섯 번째 유형은 학업과 관련하여 나타나는 다양한 파생문제로, 교우관계문제라든지 부모와 자녀의 갈등을 들 수 있다(pp. 42-44).

학업문제의 유형을 세분화하여 살펴보면, 성적 저하에 의한 정서적 불안, 시험 자체에 대한 불안, 학업에 대한 반감이나 동기부족, 학업능률의 저하를 들 수 있으며 구체적으로 다음의 예가 해당된다.

- 시험불안: 시험이 다가오면 과도한 불안과 초조를 느끼며 신체증상이 나타나기도 함. 긴장과 압박감으로 시험을 제대로 볼 수 없음
- 공부 자체에 대한 회의와 의문: 공부하는 필요성에 의문을 갖고 공부하는 것이 무의미하다고 느끼면서 학업을 소홀히 함
- 집중력 부족: 주의산만, 잡념 등으로 학업에 어려움이 있는 경우
- 성적 저하 및 저조로 인한 걱정과 스트레스: 성적변화에 민감하며, 성적이 떨어지거나 기대했던 결과가 안 나왔을 때 스트레스를 겪는 경우
- 공부하는 방법의 문제: 효과적 공부법을 모르거나 부적절하게 공부함으로써 공부나 성적에 영향을 주는 경우
- 공부에 대한 반감: 공부하는 것에 대한 반발을 가지는 경우
- 노력은 했는데 성적이 안 오름: 뚜렷한 원인이 없이 공부를 해도 성적이 오르지 않아 고민인 경우
- 능력부족: 지능이나 기억력 등 실제 능력이 낮거나 부족하여 공부나 성적에 영향을 미침
- 공부습관 미형성: 공부하고자 하는 마음은 있으나 체계적 습관이 부족한 경우
- 공부에 대한 동기부족: 공부에 대한 반감은 없고, 단지 공부하려는 마음이 형성되지 않았거나 부족한 경우
- 성적에 대한 집착: 공부의 질적인 측면보다는 양적 결과인 점수나 등수에 얽매여서 경쟁심을 느끼고 심하면 죽고 싶을 정도인 경우
- 성적으로 인한 관계에서의 문제: 공부나 성적으로 친구, 부모, 교사와의 관계에서 어려움을 겪는 경우

모경환 등(2014)은 학교중퇴의 원인을 개인적 요인, 가족요인, 학교요인, 사회적 요인으로 정리하였다(pp. 166-171). 개인적 요인은 낮은 자아존중감과 자아정체감, 충동조절 능력의 결손 등에 의한 개인적 생활의 변화를 포함하며, 가족요인은 낮은 사회경제적 지위, 구조적 결손, 양육태도나 부모의 기대 수준의 문제를 포함하며, 학교요인은 성적압박, 교육의 엄격성, 학교폭력, 교사와의 관계에서

의 어려움 등을 포함하며, 사회적 요인은 전반적 향락문화와 유해업소의 해악으로 인한 사회풍토, 비행청소년과의 교류, 지역사회에 대한 소속감이나 애착 상실로 인한 제도적 지원체계의 부재를 포함한다. 따라서 학업문제를 겪는 청소년을 지원하기 위해서는 학교중단 예방을 위한 학교환경을 조성하고 학교 지원 및 상담체계를 구축하며, 지역사회 중심의 학업중단청소년 지원 서비스를 강화해야 할 것이다.

학업문제를 평가하는 단계는 크게 3단계로 구분할 수 있는데, 학생의 호소문제와 내력을 탐색하는 단계, 교육성취도 및 학습태도에 대한 평가와 행동관찰단계, 심리적 기능 발달의 평가와 진단단계를 거친다(이재규 외, 2013, p. 127). 일반적으로 상담자나 교사가 학습자의 지적 수행과 연관된 심리문제를 평가할 때에는, ① 부모에게서 얻은 배경정보, ② 교사의 관찰, ③ 학생이 내놓은 결과물 관찰, ④ 학령 초기의 학업상태, ⑤ 관련 신경발달기능평가, ⑥ 성취도검사, ⑦ 지능검사, ⑧ 직접 질문의 결과 등을 종합적으로 검토하여야 한다(이재규 외, 2013, p. 127). 심각한 학업문제를 겪는 학생들에게는 학습상담을 실시하여 학습과정에서 겪는 여러 가지 어려움을 조력해 줄 필요가 있다.

학습상담의 최종목적은 내담자들의 학업성취도의 향상에 있으며, 학습상담의 과정적 목적은 내담자의 학업성취도 향상과 관련되어 있는 개인적 변인이나 환경적 변인을 변화시키는 데 있다(이재규 외, 2013, p. 37). 학습상담을 통하여 개인적 측면으로는 학습동기를 향상시키고, 행동을 효율화하고, 학습자원을 효과적으로 관리하게 할 뿐 아니라, 환경적 측면으로는 학업문제와 관련된 가정 및 학교환경을 개선하는 방안을 모색해야 한다.

Chapter 7

청소년기 심리적 부적응의 외현화 문제

이 장에서는 제6장에 이어 청소년 심리적 부적응의 외현화 문제를 다룬다. 외현화 문제는 환경이나 타인에게 향한 문제 혹은 과소통제의 문제이며 반항적, 과잉행동적, 공격적, 반사회적 행동과 정신과적 장애범주 중에서 주의력결핍 및 과잉행동장애, 반항성장애, 품행장애 등을 포함한다(Kazdin, 2007, p. 7). 이 장에서는 비행, 학교폭력. 위험성행동, 중독을 중심으로 외현화 문제를 살펴보기로 한다.

1. 비행

1) 특성과 실태

비행은 절도, 강도, 폭력, 기물파손, 약물사용과 같이 「형법」에 의해 금지된 행동으로 정의된다(Farrington, 2004, p. 632). 반항성장애나 품행장애가 법적 상태와 상관없이 임상적 개념이라면, 비행은 일반적으로 청소년기에 시작되는 일련의 반사회적 행동에 붙여지는 법적인 개념이다(Dumas & Nilsen, 2005, p. 270). 청소년 비행에는 지위비행이 포함되는데, 지위비행(status offense)이란 성인이 했을 때에는 범죄로 규정되지 않으나 무단결석이나 부도덕한 사람들과의 교제처럼 청소년에게만 불법인 행위다(Wicks-Nelson & Israel, 2013/2015, p. 207). 일반적으로 범죄는 행위자보다는 행위를 중심으로 규정되나, 청소년비행은 행위자를 중심으로 규정된다. 청소년비행을 다루는 방식은 국가마다 다르나 형벌보다는 교육에 중점을 두는 공통점이 있다.

먼저 개정 「소년법」에서 비행청소년을 분류하는 기준을 살펴보면, 개입이 필요한 소년범은 크게 우범소년, 촉법소년, 범죄소년으로 구분된다. 첫째, 우범소년은

10세 이상 19세 미만인 자로 보호자의 정당한 감독에 불복종하거나 가정에서 이탈하거나 부도덕한 사람과의 교제 등으로 아직 형벌법령을 위반한 것은 아니나 그의 성격이나 환경에 비추어 가까운 장래에 위반할 가능성이 매우 높은 청소년을 말한다. 그 예로는 집단적으로 몰려다니며 주위 사람들에게 불안감을 조성하는 성벽(性癖)이 있는 것, 정당한 이유 없는 가출행위, 술을 마시고 소란을 피우거나 유해환경에 접하는 성벽이 있는 것을 들 수 있다. 둘째, 촉법소년은 10세 이상 14세 미만의 소년으로 형사법령을 위반하였으나, 형사책임을 묻지 않는 청소년들을 말한다. 촉법소년에게는 우범소년과 마찬가지로 형사처분을 할 수 없고 보호처분만 가능하다. 소년부 판사는 심리결과 범죄사실이 인정되면 1호에서 10호까지의 소년보호처분 중 해당하는 처분을 결정한다. 「소년법」에서 규정하는 보호처분의 유형과 기간제한은 다음과 같다.

- 1호: 보호자 또는 보호자를 대신하여 소년을 보호할 수 있는 자에게 감호 위탁(6개월, 6개월의 범위에서 1회 연장 가능)
- 2호: 수강명령(12세 이상의 소년에게만 가능, 100시간 미만)
- 3호: 사회봉사명령(14세 이상의 경우만 부과할 수 있음, 200시간 미만)
- 4호: 보호관찰관의 단기 보호관찰(1년)
- 5호: 보호관찰관의 장기 보호관찰(2년, 단 1년의 범위 내 1차 연장 가능)
- 6호: 「아동복지법」에 따른 아동복지시설이나 그 밖의 소년보호시설에 감호 위탁
- 7호: 병원, 요양소 또는 「보호소년 등의 처우에 관한 법률」에 따른 소년의료보호시설에 위탁
- 8호: 1개월 이내의 소년원 송치
- 9호: 단기 소년원 송치(6개월 미만)
- 10호: 장기 소년원 송치(12세 이상의 소년에게만 가능, 2년 미만)

청소년 범죄의 연령에 대하여 사회적 논의가 계속되고 있다. 흉포한 청소년 범죄에 대응하기 위하여, 2017년에는 정부가 형사미성년자의 연령을 2017년 기준 14세 미만에서 13세 미만으로 개정하고 특정강력범죄를 저지른 소년에 대한 소

년부 송치 제한과 형량을 상향할 방침으로 법률개정을 추진하였다(이투데이, 2017년 12월 22일자).

셋째, 범죄소년이란 14세 이상 19세 미만의 소년으로 형사법령에 위배되는 행위를 하고 형사책임을 묻는 경우다. 2016년 청소년백서에 따르면, 전체 범죄자 대비 소년범죄자의 비율은 2006년부터 2008년까지 꾸준히 증가세를 보이다가 「소년법」 개정으로 소년범의 범위에서 19세가 제외된 이후 소폭 감소하였으나 2011년 4.4%에서 2012년 5.1%까지 증가하였다가 2015년 3.5%로 감소하였다. 절도, 횡령, 장물 등의 생계형 범죄가 포함된 재산범이 소년범죄 중 32,068명(45.1%)으로 가장 많은 비중을 차지하고 있으며 4범 이상 소년범의 비율이 증가하여 소년범죄의 상습화 문제가 대두되었다. 또한 청소년 마약사범이 2006년 32명에서 2015년 128명으로 크게 증가함에 따라 이에 대한 대비책 마련이 시급한 것으로 확인되었다(여성가족부, 2016, p. 378).

2) 영향요인과 관련 이론

(1) 비행의 위험요인

청소년의 비행이나 반사회적 행동에 대한 위험요인은 다양하다. 개인적 요인으로 충동성, 낮은 지능 및 학업성취를 들 수 있으며, 가족요인으로 부모의 처벌적 훈육 및 불충분한 모니터링, 학대, 부모의 반사회적 태도, 부모와의 갈등, 혼란스런 가족 등을 들 수 있다. 가족 외 맥락요인으로 반사회적 경향을 가진 또래, 비행율이 높은 학교, 범죄율이 높은 지역사회 등을 들 수 있다. 청소년비행의 환경적 원인을 가정, 학교생활, 사회적 요인으로 구분하여 각 환경 내에서의 위험요인을 개관해 볼 수 있다(한국청소년정책연구원, 2014d, pp. 254-261). 가정적인 요인은 구조적 측면뿐 아니라 가정 내 심리적 환경도 영향을 미치는데, 불량한 주거지, 빈곤가정, 부모의 생존여부, 부모의 학력과 교양 정도, 범죄적 가정환경, 부모의 정서적 불안, 너무 많은 수의 형제자매로 인한 사랑의 결핍, 부적절한 양육방식이나 가정불화 등이 포함되며 부모의 방임이나 자녀에 대한 과잉보호, 부모의 지나친 공부압력도 비행의 원인이 된다. 학교생활요인으로 성적에 따른 서열화나 입시 위주의 교육방식은 낮은 성적을 보이는 학생들을 비행에 이르게 할 수 있다. 사회적 요인으로 비행지역의 형성이나 도시화가 비행을 유발할 수 있다.

한편, Loeber와 Farrington(2000)은 비행과 청소년범죄의 아동기 위험요인을 다음과 같이 요약하였다.

- 아동요인: 까다로운 기질, 충동성 및 충동적 행동, 과잉행동성, 약물사용, 공격성, 문제행동의 조기 발현, 위축행동, 낮은 지능, 납 독성
- 가족요인: 부모의 반사회적 행동, 부모의 약물남용, 부적절한 부모양육(예: 감독부족, 신체적 처벌, 의사소통 부족) 및 부모-자녀관계, 부모의 신체학대 및 성학대, 부모의 방임, 어머니의 우울증, 임산부 흡연, 10대 미혼모, 아동훈육에 대한 부모 간 불일치, 한부모가정, 대가족, 양육자의 잦은 교체, 낮은 사회경제적 지위, 실직, 어머니의 낮은 교육 수준, 아동이 쉽게 접하도록 총과 같은 무기의 간수가 소홀함
- 학교요인: 낮은 학업수행, 학년에 비해 나이가 많음, 약한 학교유대, 낮은 교육열망, 낮은 학업동기, 학교조직 및 기능의 결여
- 또래요인: 비행이나 일탈된 형제자매와 또래와의 어울림, 또래의 거부
- 이웃요인: 취약하고 빈곤한 이웃, 비조직적인 이웃, 무기의 손쉬운 사용가능성, 폭력을 반영하는 매체

(2) 청소년비행을 설명하는 이론

청소년비행이 발생하는 원인에 대한 이론들은 학자마다 다양하다. 정옥분(2015, pp. 434-442)은 청소년비행 원인에 대한 이론적 접근을 생물학적 이론, 심리학적 이론, 사회학적 이론으로 구분하였는데, 생물학적 이론과 심리학적 이론이 개인에 초점을 맞추었다면, 사회학적 이론은 사회관계에 초점을 두고 있다.

첫째, 생물학적 원인론이 있는데 초기 생물학적 이론에서는 신체모양 및 구조, 유전이 비행행동과 연관된다고 보았다. 근래에 생물사회학적 이론에서는 단순한 생물학적 특성보다는 개인적 소질과 환경과의 상호작용이 개인의 비행행동을 야기한다고 주장한다. 생물사회학적 이론은 청소년의 비행을 생화학적 요인(예: 호르몬), 신경계의 기능장애(예: 신경내분비계나 뇌신경계의 이상), 유전의 영향 등으로 설명한다.

둘째, 심리학적 원인론에서는 비행이 심리적 문제가 나타난 것으로 보며, 낮은 자기통제력은 청소년비행에 관련된 개인적 요인이다. 정신분석의 심리성적 이론에서는 원초아가 통제되지 못할 때 비행이 발생하고, 심리사회적 이론에서는 갈등에 직면하는 정체감 위기를 경험할 때 비행행동이 나타난다고 본다. 학습이론에서는 강화, 벌, 모방에 의해 행동이 조정된다고 보며, 사회학습이론가에 따르면 청소년비행은 청소년이 가족, 또래집단, 기타 주요 사회화 대행자와의 사회적 상호작용을 통해 배우게 되는 학습된 행동 유형이다. 인지발달이론에서는 도덕적 판단력이 사회적 규제를 내재화하는 데 어려움이 있는 경우 비행의 원인이 된다.

셋째, 사회학적 원인론은 학자들의 다양한 견해를 포함하는데, 세부적으로 설명하면 다음과 같다.

① 사회해체론

사회해체론에서는 특정 지역에서 범죄율이 높은 이유를 설명하면서, 다양한 인종의 이민자가 유입되어 기존 거주자와의 문화갈등과 충돌을 야기하며, 일관된 가치가 실종된다고 본다. 사회해체론에 따르면, 외부이민자의 비행을 용인하는 가치가 도심에 유입되며 비행현상이 발생할 수 있다.

② 아노미이론

아노미(anomie)이론은 불평등한 사회환경 내의 긴장과 좌절이 비행의 동기라고 보는 긴장이론적 관점에 속한다. Merton(1968)은 개인이 문화적으로 규정된 목표를 성취하기 위한 합법적인 제도적 수단이 부족할 때 대안적 수단을 찾으면서 일탈행위가 발생한다고 보았다. 사회구조적 측면에서 하층청소년에게 제도적 수단이 차단되어 있고 균등한 기회가 주어지지 않는 것이 구조적 긴장을 야기하고 비행의 원인이 된다. Merton은 문화적 목표와 제도적 수단으로 나타나는 다섯 가지 유형으로 동조형, 혁신형, 의례형, 도피형, 반역형을 설명하였다. 동조형은 비일탈적인데, 문화적 목표를 제도적 수단을 통하여 달성하는 경우로, 중산층 자녀가 성공을 위하여 성실하게 학교생활을 하며, 기업인이 성공을 위하여 정직하게 일을 하는 것을 예로 들 수 있다. 혁신형은 비행행위와 밀접하게 연관되어 있으며, 문화적 목표는 추구하려 하나, 합법적인 제도적 수단이 없는 경우다. 문화적 목표는 있으나 제도적 수단이 결핍된 사회에서는 부당하게 혁신적 해결책을 추구하므로 비행의 비율이 높아지게 된다. 혁신형의 예로는 화이트칼라의 절도, 강도, 횡령, 문서위조 등의 범죄행위를 들 수 있다. 의례형은 문화적 목표가 없고 제도적 수단은 있는 경우로, 목적의식이나 영혼 없이 무사안일로 살아가는 하위관료나 사이비 종교집단처럼 성공에 대한 목표 없이 관습과 규범만을 엄격히 지키며 생활을 영위하는 경우다. 도피형은 일탈적인데, 알코올중독자, 부랑자 등의 경우처럼 사회에 존재하나 사회구성원이 아닌 사람들을 예로 들 수 있다. 반역형은 일탈적인데, 현존하는 목표나 제도적 수단을 거부한다는 점에서 도피형과 유사하나 대안적 목표와 수단을 적극적으로 제시한다는 점에서 도피형과 차이가 있으며, 혁명 집단이나 히피족을 예로 들 수 있다. 아노미 상태에서의 개인적 적응양식을 문화적 목표의 수용과 제도적 수단을 중심으로 표로 제시하면 〈표 7-1〉과 같다.

③ 하층계급 문화이론

Miller(1958)는 하층계급에 특정적인 가치와 행동양식이 존재한다고 보는 하층계급 문화이론(lower-class culture theory)으로 비행을 설명하였다. 성공에 대한 기회가 차단된 하층계급 청소년들은 하층계급에 내포된 범죄를 유도하는 가치와

〈표 7-1〉 아노미상태에서의 개인적 적응양식

개인적 적응양식	문화적 목표	제도적 수단	특성 및 사례
동조형	+	+	문화적 목표를 합법적인 제도적 수단으로 달성함(예: 기업인이 성공을 위해 정직하게 일함)
혁신형	+	−	부당하게 목표를 추구하므로 비행이 높아짐(예: 화이트칼라의 절도, 강도, 횡령, 문서위조)
의례형	−	+	목적 없이 관습과 규범을 엄격히 지키며 생활을 영위함(예: 무사안일로 살아가는 하위관료)
도피형	−	−	사회에 존재하나 사회구성원으로 볼 수 없는 경우 (예: 알코올중독자, 부랑자)
반역형	±	±	현존하는 목표와 제도적 수단은 거부하나 대안적 목표와 수단은 적극적으로 제시함(예: 혁명 집단, 히피족)

행동양식을 배우기 때문에 하층계급 청소년들이 비행을 저지를 가능성이 높다고 본다. 하층계급 문화는 3년에 걸쳐 빈민가의 갱들을 면접한 결과에서 추출되었는데, 다음의 대립되는 가치에서 후자에 속하는 경우다. 이러한 하층계급의 문화는 청소년에게 소속감과 지위를 획득하도록 하며, 하층계급 문화를 따름으로써 사회적 규범을 위반하게 한다.

- 법을 지키기보다는 법을 위반하는 행위
- 허약, 겁쟁이, 소심함보다는 힘과 남성스러움
- 힘들게 돈을 벌고 잘 속는 사람보다는 일확천금처럼 쉽게 돈을 벌고 남을 잘 속이는 사람
- 지루함, 안전보다는 신나는 일과 위험을 추구함
- 운이 나쁘기보다는 운이 좋음(모든 것이 운에 달려 있음)
- 구속받거나 돌봄을 받기보다는 자유로움

④ 중화기술이론

Sykes와 Matza(1957)는 일탈이 특정한 개인적 또는 사회경제적 요인에 의해 결정되는 것이 아니라 개인의 자유의지와 사회통제 간의 역학관계에서 발생하는 표류로 설명하며, 일탈자를 표류자(drifter)로 규정한다. 일탈은 모든 계층에서 발생할 수 있으며, 개인은 일탈행위에 대한 합리화와 변명을 통하여 주류사회의 가치를 위반하는 죄의식을 중화한다. 중화기술이론(neutralization theory)은 간헐적인 비행행위를 잘 설명할 수 있으며, 연령이 증가할수록 비행이 감소하는 현상을 설명하는 데 유용하다. 이 이론에서 청소년은 비행이 잘못된 것임을 알지만 자신의 행동을 정당화하거나 중화할 수 있으므로 비행을 하게 된다. 비행행위를 정당화하거나 중화하는 데 사용되는 기법으로 다음의 예를 들 수 있다.

- 책임의 부정: 자신의 비행은 통제할 수 없는 힘 또는 사고에 의한 것(예: "술 때문에 내 정신이 아니었어.")
- 가해의 부정: 손상을 입거나 재산상의 피해를 본 사람이 없다면 도둑질을 잠시 빌린 것이거나 장난이라고 여김(예: "도둑질이 아니라 돈 많은 사람에게 잠시

빌린 것뿐이야.")

- 피해자의 부정: 피해자는 피해를 입어 마땅한 사람으로 간주하는 것(예: "학교기물을 파손한 것은 학교에서 부당한 대우를 받았기 때문이야. 그 사람이 맞을 짓을 해서 때린 거야.")
- 비난자에 대한 비난: 비난하는 사람은 자신을 나무랄 자격이 없음. 학교, 교사, 부모, 경찰 모두 비리체계여서 자신을 비난할 자격이 없다고 봄(예: "어른들은 더 나쁜 일을 하잖아.")
- 더 높은 충성심에의 호소: 사회적 가치가 합법적이라고 인정하지만, 자신이 속한 집단의 요구에 부응하기 위하여 위법적 행위는 불가피하다고 주장함(예: "그 사람을 때린 것은 친구와의 의리를 지키기 위해서야.")

⑤ 사회통제이론(또는 사회유대이론)

Hirschi(2002)에 따르면, 사회적 유대(social bond)는 개인으로 하여금 사회의 기본 가치와 기대행동을 하게 하므로, 이러한 사회적 유대감이 약해지거나 없어질 때 비행을 하게 된다고 보았다. Hirschi(2002)는 개인을 관습적인 사회에 연결시키고 비행을 예방하는 다음 네 가지 요소를 주장하였다.

- 애착(attachment): 개인이 타인이나 집단에 대해 느끼는 심리적 정서적 관심과 이들의 견해와 감정에 관심을 기울이는 정도를 의미함. 부모와 자녀 간의 정서적 결속은 부모의 가치와 기대를 자녀에게 전달시키는데, 부모와 유리되어 있다면 자녀는 초자아나 도덕적 가치를 배우는 데 어려움이 있게 됨. 하층계급 아동들의 비행비율이 높은 이유 중의 하나는 부모에 대한 존경심이나 친밀한 결속이 없기 때문일 수 있음
- 헌신(commiment): 관습적 규범을 추구하기 위하여 투자하는 시간과 노력을 의미함. 예를 들어, 사회적으로 성공하거나 재산을 모으거나 명예를 획득하겠다는 관습적 가치에 헌신하면 비행에 참여하지 않게 됨
- 관여(involvement): 사회적인 성공과 지위를 확보하기 위해 필요한 활동에 참여하는 것을 의미함. 예를 들어, 학교 및 여가활동 등에 깊게 관여할수록 비행에서 멀어지게 됨

- 신념(belief): 사회의 관습적 가치관의 수용을 의미함. 관습적으로 나눔과 배려, 법률준수와 같은 원칙과 가치를 믿고 공유하는데, 이에 대한 믿음이 약해지면 반사회적 활동에 참여할 가능성이 높아짐

⑥ 낙인이론

낙인이론(labeling theory)은 청소년비행을 취급하는 사회, 경제, 사법제도에 초점을 두고, 비행의 원인은 낙인이라고 주장한다. 낙인이론가들은 상징적 상호작용이론의 영향을 받았다고 평가되는데, 낙인이 찍히면 부정적 자아가 형성되고, 부정적 자아에 의하여 비행를 하게 된다. 이러한 상황은 자기충족적 예언(self-fullfilling prophecy)과도 관련되는데, 부정적인 기대나 편견이 청소년의 행동에 영향을 미치기 때문이다.

낙인이론의 특징은 다음 다섯 가지로 정리될 수 있다(공계순 외, 2013, p. 265). 첫째, 낙인이론은 유전적 · 심리학적 범죄원인론을 배척한다. 둘째, 낙인을 형성하게 하는 법집행기관의 자의성을 강조한다. 셋째, 일탈행위를 규칙에서 벗어난 행위로만 보는 것이 아니라, 어떻게 형성되었는지의 근거를 문제로 한다. 넷째, 일탈행위를 행위의 낙인으로 분석하지 않고, 상호작용의 낙인으로 분석한다. 다섯째, 일탈행위를 공식통계에만 의존하였는데, 자기보고나 참여관찰을 포함시킬 필요성을 강조한다(공계순 외, 2013, p. 265). 1차적 일탈은 일탈수행자에 대한 자기상과 대중의 상을 재규정하지 않는 일탈행위이며 2차적 일탈은 일탈행위자와 자기개념을 형성하는 자기상과 대중의 상을 재규정하는 일탈행위로 부여된 낙인에 부합하는 행위를 하는 것이다. 낙인이론은 개인을 문제행위자로 만드는 과정에 초점을 두고, 1차적 비행은 다양한 맥락에서 일어날 수 있지만, 2차적 비행은 낙인에 의해 발생한다고 본다.

⑦ 차별접촉이론

Sutherland는 청소년이 정서적으로 친밀한 집단에서 접촉에 의해 가치와 태도를 학습하는데, 법위반을 선호하는 비행문화와의 접촉이 법 준수를 선호하는 규범문화와의 접촉을 능가할 때 비행이 발생한다고 본다(Siegel & Welsh, 2015, p. 156). 이 차별접촉이론(differential association theory)에서는 비행행동이 1차적

으로 대인관계를 맺는 집단으로부터 학습된다고 보는데, 청소년이 비행집단을 접촉함으로써 비행에 대하여 우호적인 생각을 습득하고 일탈하게 된다. 차별적 접촉은 빈도(얼마나 자주 만났는지), 기간(얼마나 오래 만났는지), 접촉시기(언제 접촉하였는지), 강도(얼마나 가까운지)에 따라 다양하다.

⑧ 상호작용이론

상호작용이론(interactional theory)은 Thornberry(1987)가 주장하였는데, 비행에 대한 영향은 순환적이라고 본다. 심각한 비행을 경험하는 아동들은 자신의 일탈적 생활양식과 일치하는 신념체계를 형성하고 관심을 공유할 수 있고 비행행동을 지지하는 사람들을 찾게 된다. Thornberry는 비행의 원인을 청소년들의 발달과정에서 다루면서 연령에 따라 비행의 원인이 다르게 적용된다고 보았는데, 청소년 초기에는 가정에서의 유대가 비행에 중요하나 중기와 후기에 이를수록 부모의 영향력은 약화되는 반면, 비행친구접촉과 비행과의 상호작용은 초기보다는 중기와 후기에 이를수록 강력해진다고 보았다(김준호 외, 2013, p. 135).

3) 예방과 개입

청소년의 비행을 예방하기 위해서 고려해야 할 사항에 대하여 선행연구를 요약하면 다음과 같다(허혜경, 김혜수, 2010, pp. 354–355). 첫째, 청소년이 저지르기 쉬운 비행에 대하여 철저한 예방교육을 실시하고, 둘째, 청소년의 발달적 특성을 이해하여 청소년의 입장에서 지도하여 바람직한 가치관 형성을 도와준다. 셋째, 청소년들의 불안을 해소하고 건전한 여가선용을 통하여, 욕구발산의 기회를 제공하며, 넷째, 청소년문제나 비행의 지도는 장기적 계획을 갖고 세심한 관찰과 함께 지속적으로 이루어져야 한다. 비행과 관련된 사회복지 실천접근을 살펴보면, 개인특성중심의 개별접근보다는 또래집단과 학교환경을 고려한 동시적이고 포괄적 접근이 유용하며, 사후개입뿐 아니라 사전예방이 중요하며, 효과적 개입을 위해서는 학교체계를 개입의 주체로 포함시킬 필요가 있다(공계순 외, 2013, pp. 274–275).

청소년비행 예방을 위한 개입전략을 가정, 또래 및 학교, 사회적 차원으로 구분하여 살펴보면, 첫째, 가정의 기능이 강화되어야 한다. 청소년비행에 영향을 주는 가족생활로는 일관된 규칙이 없고 부모의 모니터링이 부족하고 감정적 훈육을 하며, 가족의 문제나 위기에 효율적으로 대처하는 기술이 부족한 점을 들 수 있다. 둘째, 학교의 대처 능력을 강화할 필요가 있다. 셋째, 지역사회 내 유관기관 협력체계를 구축해야 하는데, 최근 국내에서는 지역사회 청소년통합지원체계인 지역사회안정망(Community Youth Safety Net: CYS-Net)을 구축하여 위기청소년을 비롯한 지역 내 청소년들에게 각종 서비스를 제공하고 있다. 청소년통합지원체계는 9세에서 24세의 청소년과 가족을 대상으로 지역사회 내 청소년 관련 자원을 연계하여 학업중단, 가출, 인터넷중독 등 위기청소년에 대한 상담 · 보호 · 교육 · 자립 등 맞춤형 서비스를 제공하는 사업이다. [그림 7-1]은 지역사회 청소년통합지원체계를 도식으로 보여 준다.

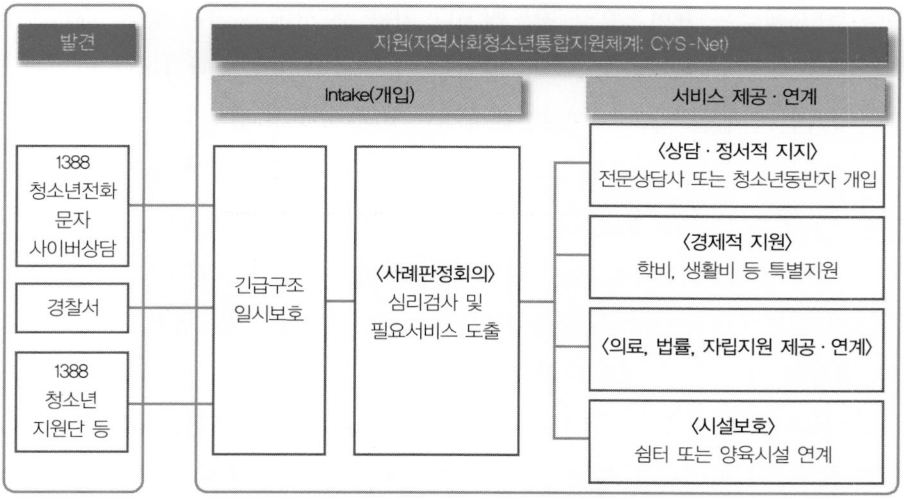

[그림 7-1] 지역사회 청소년통합지원체계의 지원 내용

출처: 여성가족부. http://www.mogef.go.kr/sp/yth/sp_yth_f006.do

2. 학교폭력과 집단괴롭힘

1) 특성과 실태

우리나라의 「학교폭력예방 및 대책에 관한 법률」(이하: 학교폭력예방법) 2조의 1항에 따르면, '학교폭력'이란 학교 내외에서 학생을 대상으로 발생한 상해, 폭행, 감금, 협박, 약취 · 유인, 명예훼손 · 모욕, 공갈, 강요 · 강제적인 심부름 및 성폭력, 따돌림, 사이버따돌림, 정보통신망을 이용한 음란 · 폭력 정보 등에 의하여 신체 · 정신 또는 재산상의 피해를 수반하는 행위로 포괄적으로 규정된다. 전반적으로 구분하면, 학교폭력은 신체적 · 물리적 유형, 언어적 · 정신적 유형, 일진 등 폭력서클과 관련된 집단폭력, 따돌림, 사이버따돌림 등으로 분류될 수 있다.

학교폭력의 유형은 생활법령정보를 통하여 예시되어 있는데, 신체적 · 물리적 학교폭력의 예로는 고의적으로 건드리거나 치는 등 시비를 거는 행위, 때리는 행위, 목을 조르는 행위, 꼬집는 행위, 장난을 가장해서 심하게 때리거나 밀치는 행위, 신체적인 위협을 가하는 행위, 신체적 · 성적 접촉을 강요하는 행위, 학용품 등 물건이나 흉기를 이용해서 상해를 입히는 행위, 신체 부위에 침을 뱉는 행위, 한 학급 학생을 모두 운동장으로 불러내어 기합을 주는 행위, 돈이나 물건을 빼앗거나 감추는 행위, 성폭력 등이 해당된다. 언어적 · 정신적 학교폭력은 말로 위협하거나 협박하는 행위, 말을 걸어도 무시하고 면박을 주는 행위, 욕설을 하는 행위, 험담을 하는 행위, 조롱하거나 비웃는 행위, 모욕을 주는 행위, 약점을 들춰서 괴롭히는 행위, 본인이 싫어하는 별명을 부르며 놀리는 행위, 나쁜 소문을 퍼뜨리는 행위, 특정 행동을 사진이나 동영상으로 찍어 본인에게 수치심을 주는 행위, 본인이 싫어하는 사진이나 동영상을 퍼뜨리는 행위, 부당한 일을 강요하는 행위 등이 해당된다. 일진 등 폭력서클과 관련된 집단폭력은 2명 이상이 함께 특정인을 때리는 행위, 2명 이상이 함께 특정인을 감금하거나 자기의 지배하에 놓이게 하는 행위, 일진에게 충성할 것을 강요하며 담뱃불로 신체를 지지는 등의 행위로 충성도를 증명할 것을 강요하는 행위, 일진임을 내세워 쉬는 시간마다 빵을 사 오라고 하는 등 부당한 요구를 지속적으로 하는 행위, 교내 폭력서클에 가입할 것을 강요하는 행위, 정기적으로 교내 폭력서클 조직원에게 용돈을 갖다 바치도록 하는 행위, 다른 학교의 폭력서클과 세력다툼을 하는 행위 등이 해당된다.

학교폭력예방법의 2항에 따르면, '따돌림'이란 학교 내외에서 2명 이상의 학생들이 특정인이나 특정 집단의 학생들을 대상으로 지속적이거나 반복적으로 신체적 또는 심리적 공격을 가하여 상대방이 고통을 느끼도록 하는 일체의 행위라고 규정하고 있다. 최근에는 스마트폰이나 인터넷의 사용이 일상화되면서 사이버상에서 괴롭히는 현상이 증가하고 있다. 3항에서 규정한 '사이버따돌림'이란 인터넷, 휴대전화 등 정보통신기기를 이용하여 학생들이 특정 학생들을 대상으로 지속적, 반복적으로 심리적 공격을 가하거나, 특정 학생과 관련된 개인정보 또는 허위사실을 유포하여 상대방이 고통을 느끼도록 하는 일체의 행위다.

집단괴롭힘은 집단따돌림, 또래괴롭힘, 또래따돌림, 왕따 등의 용어와 혼재되어 사용된다. 집단괴롭힘(bullying)은 특정한 또래(희생자)에게 직접적으로, 상습적으로 가해지는 언어적 및 신체적인 공격성 행위로 정의된다(Rubin, Bukowski, & Parker, 2006, p. 593). 집단괴롭힘은 다른 형태의 공격적 행동과 달리 특정한 또래만을 대상으로 한다. 집단괴롭힘 용어는 국가마다 다른 의미로 번역될 수 있는데, 일본어 어휘 중에 가장 비슷한 의미로는 이지메(いじめ)를 들 수 있으나 의미상 신체적으로 덜 공격적이고 사회적인 조종을 더 강조하며 좀 더 여성적 유형의 공격적 행동인 반면, 이태리어로 'prepotenza'와 'violenza'는 더 신체적이고 폭력적 행동을 함축하는 경향이 있다(Smith, Cowie, Olafsson, & Liefooghe, 2002).

집단괴롭힘에 대한 사회적 관심은 1960년대 후반과 1970년대 초반에 'mobbning' 또는 'mobbing' 용어를 쓰면서 스웨덴에서 시작되었다(Olweus, 2010, p. 9). Heinermann이 도입한 'mobbing' 용어는 동물행동학자인 Lorenz가 공격성에 대하여 저술한 책에서 차용되었는데, Lorenz의 저서에서 mobbing은 어떤 동물집단이 다른 종의 동물을 집단으로 공격하거나, 어떤 병사집단이 이탈한 개인에 대항하여 단결하는 행동을 묘사하는 데 사용되었다(Olweus, 2010, p. 9). Olweus은 집단괴롭힘이라는 용어를 처음 사용하였으며, 집단괴롭힘을 '학생이 반복적이고 지속적으로 1명 또는 그 이상의 다른 학생들로부터 부정적인 행동을 당하는 것'(1993, p. 9)으로 정의하였는데, 부정적인 행동이란 남에게 의도적으로 상처를 주거나, 상처, 상해, 불편함을 주려는 목적을 지닌 것이다. 여기에서 집단괴롭힘은 세 가지 특성을 가진다고 볼 수 있는데, 첫째, 공격적 행동이거나 의도적으로 해를 끼치려는 것, 둘째, 반복적으로 시간에 걸쳐 수행되는 것, 셋째, 힘의 불균형으로 보여지는 대인관계다(Smith et al., 2002).

집단괴롭힘에 대한 용어정의에 따라 유병률이 다를 수 있으나, 세계적으로 발생빈도가 높은 것으로 알려져 있다. 각 나라에서 진행된 연구들을 살펴보면 호주의 연구에서 6명 중 1명은 매주 간격으로 집단괴롭힘을 당하고, 노르웨이와 스웨덴 연구에서는 15%의 학생들이 매달 최소한 2~3번 집단괴롭힘이나 피해문제를 보고하였고, 미국에서는 적게는 집단괴롭힘의 극단적인 희생자를 고려한 수치인 10%에서 많게는 일반적인 경우를 포함한 수치인 75%가 학교생활 동안 적어도 한 번 집단괴롭힘을 경험한 것으로 보고되었다(Jimerson, Swearer, & Espelage, 2010, p. 2).

국내에서 중고생 4,000명을 대상으로 설문조사 한 결과, 사이버집단괴롭힘 피해 및 가해 유형으로는 게임을 통한 사이버집단괴롭힘, 카카오톡상에서 친구신청을 거부하거나 친구초대 시 배제하는 경우, 채팅이나 소셜네트워크 서비스를 통한 사이버집단괴롭힘이 높은 빈도를 나타냈다(한국청소년정책연구원, 2014b, p. iii). 동일한 조사에서 청소년의 14.6%가 사이버집단괴롭힘 피해만 경험한 것으로 나타났고, 가해경험만 있는 청소년은 전체의 6.3%이었으며, 사이버집단괴롭힘의 피해 및 가해경험을 동시에 가지고 있는 집단은 전체의 13.1%에 달했다. 즉, 청소년의 34%가 어떤 형태이든 사이버집단괴롭힘을 경험하고 있었다(한국청소년정책연구원b, 2014, p. ii).

2) 영향요인과 개입

먼저 학교폭력에 대하여, 청소년의 학교폭력을 유발하는 요인은 개인 · 심리적 원인, 가정원인, 학교원인, 사회적 원인으로 구분될 수 있다(한국청소년정책연구원, 2014d, pp. 353-357). 개인 · 심리적 원인으로는 공격적 성격장애가 있거나, 사소한 일로도 자존심을 침해받는다고 생각하는 심리적 열등의식이 있어서 폭력을 통해 자존심을 회복시키려고 하거나, 청소년 스스로 폭력을 당한 경험이 많은 경우를 들 수 있다. 가정원인으로는 가정폭력과 자녀학대를 경험하였거나 가정생활에 결손이 있거나, 부적절한 부모양육이 있었던 경우를 들 수 있으며, 학교원인으로는 입시 위주의 교육제도와 교사와 학생 간의 유대관계의 결핍을 들 수 있다. 사회적 원인으로는 이기주의와 물질만능주의가 만연하는 지역사회와 상업주의적이고 유해한 대중매체가 학교폭력을 유발할 수 있다.

학교폭력의 가해학생과 피해학생을 비교하기도 하는데, 가해학생의 경우 과거에는 물리적 이득을 얻기 위해 가해행동을 하는 경향이 있었으나, 근래에는 또래 간의 우월성을 나타내고 또래에 대한 지배력을 강화하거나 유지하기 위한 수단으로 가해행동을 하는 경향이 있다. 학교폭력의 피해학생이 겪는 학교폭력의 피해 유형은 소외형(예: 의도적으로 무시당하고, 다른 친구들과 놀지 못함), 욕, 협박형 왕따(예: 재수 없다거나 꺼져 버리라는 말을 듣거나 심한 욕과 협박을 당함), 조롱형 왕따(예: 신체적 특성, 성격, 성적 등과 관련하여 심한 놀림을 당함), 장난형 왕따(예: 체육복, 신발 등을 훼손당함), 강제형 왕따(예: 숙제해 주기, 가방 들기, 답안지 보여 주기 등을 강제로 당하고, 준비물이나 도시락을 뺏김)가 해당된다(김규태 외, 2013, pp. 82-88).

집단괴롭힘에 대하여, 또래집단의 역할 유형을 구분하기도 한다. 집단괴롭힘의 가해자와 피해자 이외에 동조자, 강화자, 방어자, 방관자 등의 역할로 세분할 수 있다(오윤선, 황인숙, 2016, pp. 89-91). 동조자는 곁에서 가해자를 적극지원하는 경우이며, 강화자는 가해자처럼 피해자를 직접 공격하지는 않지만 공격을 부추기고 가해자를 격려하거나 자극한다. 반면, 방어자는 집단괴롭힘을 저지하며 피해자를 지지하는 역할을 하며, 방관자는 멀리 떨어져 있거나 가해상황에 침묵하는 관중역할을 하는 경우다.

집단괴롭힘은 심각한 공격적 행동의 전조로 볼 수 있다. 일반적으로 집단괴롭힘의 가해자들은 공격적 행동경향이 강하고, 공격충동에 대한 통제가 약하며, 공격행동에 대한 관용을 보인다. 반면, 피해를 당할 위험이 큰 청소년들은 공격성이나 사회적 위축의 점수가 높은데, 이에 대한 설명으로 공격적 아동은 또래를 성가시게 하고 위축된 아동은 손쉬운 먹잇감이기 때문이라는 관점과 공격적이거나 위축된 아동은 응집력이나 조화와 같은 기본적 집단 목적에 부합되지 않기 때문이라는 관점이 있다(Rubin et al., p. 594).

최근에는 휴대전화나 인터넷에서 일어나는 집단괴롭힘에 대한 관심이 높아지고 있다. 국내에서 중고생 4,000명을 대상으로 설문조사한 결과, 다음과 같이 사이버집단괴롭힘 피해 및 가해경험에 대한 원인을 매체요인, 가정환경요인, 학교생활요인, 친구관계요인, 심리적 요인으로 구분하였다(한국청소년정책연구원, 2014b, pp. 16–20). 사이버집단괴롭힘 피해의 원인으로는 매체관련변인, 학교만족도나 부모와의 관계, 부모의 중재 유형을 들 수 있다. 온라인 커뮤니케이션에 활발히 참여할수록, 학교만족도와 부모와의 친밀도가 낮을수록 피해 가능성이 커지고, 부모가 대화를 통해 사이트를 제한하는 규칙을 설정할수록 사이버집단괴롭힘 피해가 감소하였다. 사이버집단괴롭힘 가해원인 역시 피해원인과 유사한데, 매체를 많이 이용할수록, 비행친구가 많고 충동적일수록, 사이버집단괴롭힘 피해경험이 많을수록 가해경험이 높아지는 반면, 부모와의 대화가 개방적이고 학교만족도가 높을수록 사이버집단괴롭힘 가해경험에 가담할 가능성이 적었다.

집단괴롭힘을 해결하기 위해서는 가정, 학교, 지역사회가 적극적으로 방안을 모색해야 한다. 가정의 역할이 강조됨은 물론, 학교에서 집단괴롭힘이 사라지려면 통합, 꾸준한 프로그램, 교사와 부모의 책무성, 학생의 책무성, 집단괴롭힘에 대한 무관용, 집단괴롭힘에 대한 신속하고 일관된 훈육이 필요하다(Laser & Nicotera, 2011, pp. 105–106). 즉, 집단괴롭힘은 학교환경을 가해자, 피해자, 방관자로 분열시키므로 모든 사람이 참여하고 책임을 갖는 통합이 강조되어야 하며, 프로그램을 계속적으로 진행시켜 체득하게 하며, 부모와 교사는 집단괴롭힘을 방관하거나 묵인하지 않으며, 학생이 인기나 명망이 있기 때문에 집단괴롭힘에 대한 특별대우를 받아서는 안 되며, 집단괴롭힘에 대하여 관용을 베풀지 않으며, 학교는 집단괴롭힘에 대한 신속하고 일관된 훈육을 실시해야 한다.

Santrock(2004)은 집단괴롭힘을 낮추기 위하여, 특히 교사들이 활용할 수 있는 전략을 선행연구들을 통하여 요약하였다(p. 214). 첫째, 괴롭히는 것을 보았을 때, 연령이 더 높은 또래를 괴롭힘의 감시자로서 개입할 수 있도록 활용한다. 둘째, 괴롭힘에 대한 학교 차원의 규칙과 처벌규정을 만들어 학교 전체에 선포한다. 셋째, 정기적으로 집단괴롭힘을 당하는 청소년들에게 친구집단을 만들어 준다. 넷째, 청소년들이 있는 교회, 학교, 사회공동체 활동에 집단괴롭힘 반대 프로그램 메시지를 담은 조직을 만든다.

학교폭력은 성장하는 학생들에게 광범위하고 지속적 영향을 미치게 된다. "한 아이를 키우려면 온 마을이 필요하다."라는 격언처럼 가정, 학교, 지역사회가 적극적 노력을 기울이며, 학교폭력에 대하여 사후대책적인 접근보다는 예방적 접근이 강조되어야겠다.

3. 위험성행동

1) 특성과 실태

청소년기에는 대인관계를 형성하려는 욕구나, 이성에 대한 친밀감에 대한 욕구가 커지는 시기이므로, 자연스럽게 성에 대한 관심과 흥미가 증대된다. 성에 대한 개념은 여러 의미를 지니는데, 성에 대한 접근방법을 크게 다음 세 가지로 구분할 수 있다. 첫째, 생물학적 개념으로 남성과 여성을 구분하는 'sex', 둘째, 사회문화적 관점에서 남성성과 여성성이 어떻게 구체화되어 확립되는가를 말하는 'gender', 셋째, 남성과 여성의 구별을 토대로 다양한 방식으로 나타나는 '성적인 것(sexuality)' 전반이다(한국청소년정책연구원, 2014a, p. 18). 이렇듯 성은 개념적으로 생물학적 분류뿐 아니라 사회적 차원을 지니고 개인적 정체성과도 연관되는 의미를 갖고 있다.

광범위하게 일탈(deviancy)이란 법, 관습, 표준에 규정된 규범에서 심각하게 벗어난 특성, 행위 또는 사고로 정의된다(Noland, 2006, p. 213). 이러한 개념규정에서 보면, 성비행(sexual delinquency) 또는 성적 일탈행동은 사회의 성규범에 부합되지 않는 행동양식으로 정의할 수 있다. 개념상으로 청소년의 성문제는 청소년의 성과 관련된 의식적 및 행위적 측면에서의 모든 규칙 혹은 규범 위반행위라고 할 수 있는데, 의식적인 성일탈이란 혼전 성관계나 성매매 등에 대한 호의적 태도 등이 포함되며 행위에 밀접하게 연관되는 의식적 문제영역을 의미하는 반면, 행위적 성일탈은 행위와 밀접하게 연관되는 합의범죄, 갈등범죄, 협의의 일탈에 해당되는 강간, 성매매, 성관계, 포르노그래피 접촉 등이 포함된다(한국청소년정책연구원, 2014d, p. 270).

청소년기에 나타나는 대표적인 위험성행동은 성매매, 성폭력, 성도착증, 원치 않는 임신, 음란물탐닉 등을 포함한다. 사회적 문제로 많이 논의되는 청소년의 성매매는 금품을 받고 성을 팔고 사는 것을 의미하는데, 비행이나 가출 등과 연관되어 있다. 「성매매알선 등 행위의 처벌에 관한 법률」(이하: 성매매처벌법)에 의하면 성매매는 불특정인을 상대로 금품이나 그 밖의 재산상의 이익을 수수(收受)하거나 수수하기로 약속하고 성교행위나 유사 성교행위를 하거나 그 상대방이 되는 것을 말한다. 청소년 성매매는 80년대 일본에서 유행했던 원조교제라는 개념이 90년대 국내에 들어오며 사회문제로 대두되었고, 90년대 후반 원조교제라는 용어가 부적절하다는 비판에 부응하여 용어를 공모하여 2001년 5월부터 청소년 성매매라는 용어를 사용하게 되었다. 청소년의 성매매는 업소형보다는 개인형이 대부분이며, 인터넷, 전화를 이용한 형태로 이루어지는 경향이 있다.

2014년 여성가족부의 '청소년 유해환경 접촉 종합실태조사'에서는 전국 중학생 이상 19세 미만 청소년의 성행동 실태를 파악하였다. 조사에 따르면, 청소년들의 성경험의 비율은 5.3%이었으며, 이성 및 동성과의 성관계의 경험 모두가 소폭 증가하였다. 지난 2009년부터 2013년 기간 동안의 성경험 변화추이를 살펴보면, 커다란 변화 없이 4~5% 전후에서 비슷한 수준의 경험률을 보이고 있다(p. 39).

근래에는 인터넷의 사용이 증가하면서, 성적 일탈행동이 증가하고 있다. 청소년은 인터넷을 통하여 음란물을 쉽게 접촉할 수 있고 원하는 대로 지속적으로 음란물을 공급받을 수 있다. 음란물의 접속이나 유포 경험은 학년이 올라갈수록 많아지며, 이러한 경향은 남학생에게서 더 많다고 알려져 있다.

청소년의 성매매로 검거된 인원을 집계한 결과, 2013년 이후 청소년 성매매로 검거된 인원이 4,000명에 가까운 것으로 나타났다(경향신문, 2017. 9. 8.). 경찰청의 '청소년 성매매사범 검거 및 구속현황' 자료를 분석한 결과 청소년사범은 2013년 823명, 2014년 760명, 2015년 710명이었으나, 2016년 1,021명으로 급증추세를 보였다.

원치 않은 임신은 성에 대하여 개방적 태도로 실제 성경험을 하는 경우가 증가하는 데 비해 임신에 대한 지식이 부족하거나 피임을 하지 않는 것과 관련된다. 국내의 청소년임신에 대한 정확한 통계는 없으나 2000년에 발행된 보고서에서는 일부 여중생의 0.8%가 임신경험이 있다고 보고되었고, 다른 보고서에서는 일부 여고생의 0.4%가 임신경험이 있다고 보고되었으며, 미혼모 시설에 입소하는 10대 미혼모의 비율이 점차 증가하는 경향을 보인다(신의진, 육기환, 2012, p. 421).

2014년 여성가족부의 '청소년 유해환경 접촉 종합실태조사'에서는 임신경험률은 전체 여자 중 · 고등학생 응답자 중 0.2%였으며, 임신경험자 중 인공임신중절 수술을 경험한 이들은 66.1%이었으며, 성관계 경험이 있는 청소년들의 피임실천율은 39%에 불과하였다(pp. 108-110). 그러나 조사가 자기보고형식으로 이루어진 것을 고려하면, 실제 경험률은 보고된 비율보다 높은 것으로 추정할 수 있다.

2) 영향요인과 개입

청소년의 성문제는 성인의 성문제와 다르다고 알려져 있다. 일반적으로 청소년들은 성에 대하여 부정적 인식을 갖는 경우가 많으며, 남학생들이 여학생들보다 성에 대해 긍정적이고 개방적 태도를 갖는다. 또한 청소년들은 성충동을 자연스러운 것으로 인식하고 성을 단편적인 성행위로 보는 경향이 있으며, 신체접촉에 민감하다.

청소년의 위험성행동의 대표적 유형인 성매매는 성을 상품화하는 경향과 관련되는데, 돈을 벌려는 목적으로 직접적으로 신체접촉 또는 간접적으로 성적 이미지를 통하여 성적 기호를 상품화하여 시장에 제공하고 수요를 창출하는 행위가 해당된다. 김혜원(2011)은 청소년 성매매의 현황 및 특징을 2000년대 이전과 이후로 구분하여 비교한 결과, 성을 파는 사람뿐 아니라 성을 팔고 사는 사람 모두에게 책임을 묻도록 사회적 인식이 달라졌고, 청소년 성매매의 발생 정도가 꾸준히 증가했으며, 성매매에 개입하는 청소년들의 연령이 크게 낮아졌고, 인터넷성매매가 주류를 이루며, 경제적 이유라기보다는 성에 대한 호기심, 욕구충족, 유흥비 마련의 이유로 성매매를 하는 비율이 증가하는 경향이 있다고 밝혔다.

성폭력은 상대방의 의사와는 달리 성행동이 발생되는 경우인데, 성폭력의 유형은 크게 세 가지로 분류할 수 있다. 첫째, 피해대상에 의한 분류 유형으로 청소년 성폭력, 장애인 성폭력 등으로 구분한다. 둘째, 피해자와 가해자의 관계에 의한 분류 유형으로, 친족 성폭력을 들 수 있다. 셋째, 발생공간에 의한 분류 유형으로, 직장 내 성폭력이나 사이버성폭력 등이 포함된다(김정열, 2016, pp. 184-187) 청소년 성범죄자(sex offender)의 유형은 몇 가지로 구분되는데, 성경험이 거의 없던 청소년이 더 어린 아동과 성적 접촉을 하는 경우를 비롯하여. 사회적으로 고립되거나 의미 있는 또래관계를 형성하지 못한 청소년이 아동과 성활동을 하는 경우, 성적 강박이 있거나 복합적 문제가 있는 충동적 청소년이 성적 행동을 하는 경우, 집단의 영향에 민감한 청소년이 또래 압력 때문이거나 집단의 승인이나 관심을 받기 위해 성범죄를 저지르는 경우가 있다(Gordon & Schroeder, 2006, p. 516). 성폭력의 피해증상의 유형은 다양하며, 영향을 미치는 정도 또한 개인에 따라 다르다. 일반적으로 성폭력으로 인하여 피해자들은 낮은 자존감을 보이며 타인과의 신뢰 형성의 어려움을 나타내기도 하며, 외상후 스트레스 장애로 일상생활의 어려움을 보일 수 있다.

원치 않은 임신은 성에 대한 개방적 풍조와 성 상품화와 관련되는데, 청소년의 임신은 원치 않은 임신인 경우가 대부분이다. 청소년은 성지식이 부족하고 준비가 없는 상황에서 성행동을 하면서 임신하게 된다. 사회적 지원체계가 미흡한 상태에서 청소년 자신도 원치 않은 임신을 감당할 준비가 되어 있지 않기 때문에 원치 않은 임신의 결과는 궁극적으로 사회 전체에 영향을 미치게 된다.

청소년기에 위험성행동은 개인적 요인, 가족관련 요인, 학교 및 또래요인, 사회적 요인에 의하여 발생할 수 있다. 청소년이 성에 대한 부적절한 가치관이나 태도를 가지고 있거나 어린 시절의 성적 학대나 폭력 경험이 영향을 미칠 수 있다. 가족이 청소년의 성적 활동에 미치는 영향에 대하여는 청소년의 성활동의 시작이나 시기에 대한 연구가 꾸준히 진행되어 왔는데, 가족이 영향을 미치지 않는다는 주장과 부모나 형제자매의 영향이 크다는 주장이 혼재되어 있다. 아마도 청소년의 성적 활동과 가족 간의 관계는 청소년의 성별이나 이웃맥락과 같은 다른 요인들에 의하여 조절영향을 받는 것일 수 있다. 학교 및 또래요인으로는 부적절한 성행동을 하는 또래와의 접촉이나 미흡한 학교교육체계가 포함된다. 청소년기의 위험성행동의 사회적 요인으로는 음란물에 노출되기 쉬운 사회적 현실과 왜곡된 성인식의 확산 등이 포함된다.

건강한 성의식과 성행동을 발달시키고 바람직한 청소년 성문화를 정착시키기 위해서는 보다 적극적인 노력이 강구되어야 한다. 특히 현대 청소년의 생활에 큰 비중을 차지하는 사이버공간에서 건전한 성문화를 정착시켜야 한다. 스마트시대 대중매체를 통한 청소년의 성 상품화 대응방안에 대한 조사에서, 중 · 고등학생이 아이돌 스타의 선정적인 영상물을 시청하는 것은 성의식개방화를 통해 부정적인 성행동에 영향을 미치며, 성의식이 개방될수록 부정적 성행동이 증대하는 것으로 나타난 반면, 사회적 지지가 높을수록 아이돌 스타의 선정적인 영상물 시청빈도가 증가하여도 성행동이 완화되며 청소년의 성의식 정체성에 영향을 미쳐 올바른 성행동으로 영향을 미친다고 나타났다(한국청소년정책연구원, 2014a, p. iv). 청소년의 성의식 및 성행동에 영향을 미치는 요인들을 명확히 파악하여 상담 및 중재에 적절히 활용해야겠다.

또한, 성 상품화 현상을 근절하는 한편 성매매에 대한 제도적 접근이 필요하겠다. 청소년을 대상으로 긍정적 성행동에 대한 성교육 프로그램을 개발할 필요가 있는데, 성교육 지도자는 청소년으로 하여금 자신의 신체적 변화에 적응하며, 성적 욕구를 자연스러운 현상으로 인식하고, 상호이해에 바탕을 둔 성행동과 안전한 성행동의 구체적 방법을 알게 도와줄 수 있다.

4. 중독

1) 특성과 실태

중독이라는 용어는 다양한 상황에서 서로 다르게 사용되는데, 일반적 용어로 중독이란 '특정한 대상 물질이나 행동을 장기간에 걸쳐 과도하게 사용하여 자신이나 주위에 폐해를 초래하고 이를 조절하려 하지만 통제력을 상실하고 반복하는 자기조절 실패 증후군'으로 규정할 수 있다(박상규 외, 2017, p. 15). 이 중 물질관련 및 중독장애(substance-related and addictive disorders)는 술, 담배, 마약 등과 같은 중독성 물질을 사용하거나 과몰입함으로써 부적응적인 증상을 나타내는 것이다. DSM-IV에서 물질남용과 물질의존진단을 분리한 데 비하여, DSM-5에서는 물질남용과 물질의존을 분리하지 않으며, 물질사용장애의 심각도는 열거된 진단기준에 수에 기초하여 2개 이상의 기준으로 정해진다. DSM-5에서 물질관련장애는 '물질관련 및 중독장애'라는 별도의 장에 포함되어 있으며, 10개의 구체적인 물질로 특정장애를 정의하여, 알코올관련장애, 카페인관련장애, 대마관련장애, 환각제관련장애, 흡입제관련장애, 아편계관련장애, 진정제, 수면제 또는 항불안제관련장애, 자극제관련장애, 담배관련장애, 기타(또는 미상의) 물질관련장애로 구분되어 있다(APA, 2013/2015, p. 481). DSM-5에서 물질관련장애는 물질사용장애(substance use disorders)와 물질로 유발된 장애(substance-induced disorders)의 두 집단으로 구분된다(APA, 2013/2015, p. 527).

약물남용은 종종 물질남용과 상호교환적으로 사용되는데, 개인의 감정, 인식, 행동에 인위적인 변화를 일으키기 위해 의료의 목적과는 관계없이 중추신경계에 영향을 미치는 약물을 지속적으로 사용하는 것을 말한다(박정란, 서홍란, 장수한, 2011, p. 117). 약물중독은 약물사용에 강박적으로 집착하면서, 스스로의 의지로 조절하지 못하며 매우 심한 신체적, 심리적 의존상태라고 볼 수 있다

중독에 대한 개념은 약물중독, 물질중독의 개념을 넘어 비물질적 중독 또는 행위중독 개념으로 확산되고 있는데, 행위중독 중 아동 및 청소년에게 많은 영향을 미치는 분야는 인터넷중독이다(최태영, 한덕현, 2014, p. 471). DSM-5에서는 정식 진단기준으로 명명하지 않았으나, 향후 연구가 필요한 분야로 인터넷게임중독에 대한 진단기준을 제안하고 있다. 중독에 관한 방대한 내용을 고려하여, 이 절에서는 일반적 물질관련장애를 살펴보는 한편, 최근 사회적 관심이 높은 인터넷과 스마트폰중독에 관한 내용을 다루고자 한다.

스마트폰은 고기능의 범용 운영체제를 탑재하여 애플리케이션을 설치하고 작동시킬 수 있는 고기능휴대전화로, 정보검색, 오락, 디지털 의사소통 및 의견교환을 포함하는 기능을 가진다. 스마트폰이 지닌 편리성, 유용성, 접근용이성으로 생활필수품으로 인식되는 한편, 과다사용에서 비롯된 역기능에 대한 관심도 높아지고 있다. 스마트폰중독은 일반적으로 '스마트폰을 과다사용하여 스마트폰에 대한 금단과 내성을 지니고 있으며, 이로 인해 일상생활의 장애가 유발되는 상태'(한국정보화진흥원, 2013, p. 4)라고 정의할 수 있다. 스마트폰중독에 관한 개념은 다양하나, 일반적으로 스마트폰 사용으로 인한 생활기능저하, 갈등 등의 문제발생정도와 관련된 '일상생활장애', 현실세계보다는 스마트폰을 통한 세계에 의미를 두는 '가상세계지향', 사용할 수 없을 때 분노나 우울, 긴장을 나타내는 '금단', 스마트폰 사용을 증진시켜야 만족을 느끼며 사용을 조절하는 데 실패한 경험과 관련된 '내성'으로 구분할 수 있다.

일반적으로 물질장애의 유병률은 조사종류, 측정방법, 개념정의, 연구집단

에 따라 다르다. 미국에서 수행된 전국적 역학 조사에서 18세에서 29세 사이에는 DSM-IV에 근거한 12개월 유병률이 약물사용장애는 5.3%, 약물남용은 3.6%, 약물의존은 1.6%이었으며, 평생유병률은 약물사용장애는 14.1%, 약물남용은 10.1%, 약물의존은 4.1%이었다(Compton, Thomas, Stinson, & Grant, 2007).

2016년 『청소년백서』(여성가족부, 2016)에 따르면, 2016년 청소년의 현재 흡연율은 6.3%로 나타났고, 남학생(9.6%)이 여학생(2.7%)보다 현재 흡연율이 높은 수준으로 나타났으며 2016년 청소년의 처음 흡연 경험 연령은 12.7세, 매일 흡연 시작 연령은 13.7세로 나타났으며 성별에 따른 큰 차이는 없는 것으로 나타났다(p. 203). 또한 2016년 청소년의 현재 음주율은 남학생 17.2%, 여학생 12.5%로 남학생이 여학생보다 높았으며, 고학년일수록 현재 음주율은 증가하는 경향이 있으나, 2016년 청소년의 처음 음주 경험 연령은 남학생 13.0세, 여학생 13.5세로, 남녀 학생 간 차이는 거의 없는 것으로 나타났다(p. 204).

여성가족부(2014)에서는 전국 중학생 이상 19세 미만 청소년을 대상으로 '청소년 유해환경 접촉 종합실태조사'를 수행했는데, 청소년 10명 중 4명이 음주를 하고 10명 중 2명이 흡연을 경험해 본 것으로 나타났다. 구체적으로 청소년들의 43.5%가 음주를, 21.4%가 흡연을, 그리고 1.0%가 약물을 경험해 본 적이 있는 것으로 나타났다. 이러한 수치는 음주와 흡연에 대한 청소년들의 태도가 관용적임을 의미하며, 특히 음주에 대한 태도가 더욱 그러한 것으로 보인다(p. 21).

인터넷은 청소년의 생활에서 절대적 비중을 차지하고 있어서, 청소년은 거의 매일 인터넷을 이용한다. 2017년 청소년통계에 따르면, 2016년 10대 청소년은 1주일에 평균 15.4시간, 20대는 22.8시간 인터넷을 이용하는 것으로 나타났고, 대부분의 청소년이 1일에 1회 이상 사용하였으며, '커뮤니케이션' '여가활동' '자료 및 정보획득' 목적으로 인터넷을 이용하는 것으로 나타났다(통계청, 여성가족부 보도자료, 2017). Yu와 Cho(2016)는 인터넷게임장애의 유병률을 조사한 결과, 국내 남자 중학생의 10.4%, 여자 중학생의 1.2%로 표본의 5.9%가 게임장애를 가진 것으로 나타났다.

2) 영향요인과 개입

물질장애는 산발적으로 물질을 섭취하는 실험적 시도인 실험단계에서 시작하여 쾌락효과를 얻기 위하여 정규적으로 사용하는 정규적 사용단계, 점차 내성이 생겨 복용량이나 횟수를 증가시키면서 사회심리적 손상이나 해로운 결과를 초래하는 남용단계, 최종적으로 의존성이나 강박적 행동을 보이는 의존단계로 진행된다.

약물오남용의 유형은 동기에 따라서 다음 여섯 가지로 구분될 수 있다(모경환 외, 2014, pp. 268-269). 첫째, 모험 추구형은 평소 부모의 보호로 모험을 경험하지 못한 청소년이 약물을 사용하여 자신의 모험욕구를 충족시키려는 것이다. 둘째, 평화 추구형은 청소년기에 직면하는 갈등을 현실적으로 해결할 수 없을 때 약물에 의지하여 평화를 추구하는 것이다. 셋째, 교우관계 추구형은 원만한 교우관계를 형성하지 못한 청소년이 긴장을 완화하거나 집단소속감을 얻기 위해 약물을 사용하는 것이다. 넷째, 힘 추구형은 청소년이 약물을 통해 우월한 지위를 과시하고 성인과 같은 힘을 지닌 존재로 인식하려고 하는 것이다. 다섯째, 성적 동반자 추구형은 성인의 통제로 성행동에 불안을 경험한 청소년이 이를 극복하는 방법으로 약물을 사용하는 것이다. 여섯째, 초월적 경험 추구형은 불가항력적인 현실을 초월하기 위하여 약물을 사용하는 경우이며, 특히 약물의 지속적 사용과 관련되어 있다.

Rohde와 Andrews(2006)는 약물사용의 대표적 위험요인을 몇 가지 측면으로 분류하여 제시하였다(p. 199). 예를 들어, 유전적 요인으로는 중독으로 이끄는 보상-결손경로가 있으며, 생물학적 요인으로 생물학적 조숙, 호르몬 수준의 직·간접인 영향이 포함되며, 개인적 요인으로는 낮은 사회적 기술과 자아존중감, 스트레스성 생활사, 감각추구 경향, 반사회적 행동, 학업저성취, 기질이 해당하며, 인지적 요인으로는 약물사용자에 대한 사회적 심상, 약물사용에 관한 주관적 기준 및 태도가 해당된다. 또래요인으로 약물사용 또래와의 교류, 또래로부터의 거부, 약물사용에 대한 또래권유가 있으며, 가족요인으로 부모의 약물사용, 부모양육기술의 부족, 낮은 수준의 부모감독, 가족관계의 결여, 부모의 정신병리가 속하며, 이웃·지역사회요인으로는 열악하고 과밀한 이웃, 낮은 사회경제적 지위,

이웃간 사회적 응집성이 낮은 것을 들 수 있다. 그러나 이러한 위험요인들은 다양한 경로를 통하여 작용하고 통합되어 영향을 미칠 수 있다. 단기 종단연구로 1,810명의 청소년을 매년 측정한 2년에 걸친 연구에서 청소년의 기질 차원은 부모-자녀 갈등과 부모의 물질사용과 같은 가족위험요인이 청소년의 물질사용에 미치는 영향에서 조절변인으로 작용하였는데, 청소년의 과제집중지향성과 긍정적 정서성이 높을 때 부모의 위험요인의 영향은 감소한 반면, 청소년의 활동 수준이 높고 부정적 정서성이 높을 때 부모의 위험요인의 영향은 증가하였다(Wills, Sandy, Yaeger, & Shinar, 2001).

한편, 김명희와 이현경(2014)은 인터넷중독의 원인을 다음과 같이 요약하였다(p. 287-289). 중독경향은 접근이 수월하고 편리하며 현실도피를 할 수 있는 사이버공간의 특성에서 비롯될 수 있고, 전두엽 기능 이상인 뇌의 질병일 수 있으며, 강화를 받았기 때문이거나, 성격 및 개인적 특성에 기인하거나, 인터넷의 특성상 일탈가능성이 높아질 수 있으며, 사회문화적 요인에서 비롯될 수 있다. 대리만족을 얻거나 심리적 갈등을 해소하거나, 공격성 표현을 표현하고 자기효능감을 느끼기 위한 수단으로 인터넷을 이용할 수 있다.

구체적으로 다양한 개인적 및 환경적 변인이 인터넷 및 스마트폰 중독경향에 영향을 미칠 수 있다. 이러한 과몰입을 유발할 수 있는 개인적 특성으로 외로움, 성격, 우울과 불안 같은 정신적 어려움, 낮은 자아존중감과 자아통제, 충동성을 들 수 있다. 사회적으로 고립되거나 신경증 및 쾌락추구 성향이 높거나, 우울과 불안이 높은 것은 인터넷이나 스마트폰 과몰입과 연관될 수 있다. 자아존중감이 낮은 청소년은 익명성이 보장되는 인터넷공간을 통하여 현실에서 보상받지 못한 즐거움을 얻고자 하며, 충동성이 높은 것도 직접 또는 간접적으로 과몰입과 연관된다. 환경적 측면으로 가족구조나 사회경제적 지위는 이용시간 및 사용동기에 영향을 미치며, 부모-자녀 간의 의사소통이 부족하거나 부모가 애정적 태도가 낮고 부정적이고 통제적일 때 인터넷중독성향이 높다고 알려져 있다. 학교 및 지역사회의 변인으로 인터넷 음란물을 자주 접촉하는 청소년들은 학교생활적응에 어려움을 많이 겪고, 친구의 지지를 낮게 인식할수록 인터넷중독성향이 높다고 보고된다.

청소년의 약물남용은 청소년 자신의 건강에 1차적 피해를 미칠 뿐 아니라 일탈이나 비행과 연결되는 2차적 피해를 초래할 수 있다. 따라서 약물남용에 대한 예방이 중요한데, 청소년 약물사용을 알려주는 신호나 증상으로 다음의 예를 들 수 있다.

- 행동변화: 결석, 성적 떨어짐, 훈육문제
- 친구관계의 변화
- 이전에 즐기던 활동(스포츠)을 안 함
- 비밀이 늘어남
- 이전과 달리 돈을 빌려감
- 갑작스런 기분, 공격성 변화
- 과도한 수다와 말이 빨라짐
- 무책임한 행동, 판단력 저하
- 우울증
- 잊어버리거나 말이 어눌해지고 생각을 표현하는 데 어려움
- 협응 능력의 부족, 균형감 부족
- 연기나 화학냄새를 숨기기 위해 향수나 방향제 사용 증가
- 동공확대 숨기기 위해 안약 사용 증가
- 알코올 냄새를 감추기 위해 구강청결제를 사용하는 빈도 증가
- 약물사용에 필요한 파이프와 같은 도구를 사용
- 흡입제를 수집하려고 함
- 처방약이 없어짐

Brown, Aarons와 Abrantes(2001)는 청소년이 약물을 사용하는 지표로 볼 수 있는 사항을 신체적 변화, 정서적 변화, 전반적 건강의 변화로 분류하여 제시하였다(p. 763).

a. 신체적 변화
- 눈 충혈, 극도로 확장되거나 축소된 동공, 눈물을 많이 흘리며 멍하게 응시함

- 외양이 망가짐, 급속한 체중상실, 설명할 수 없는 상처(예: 자상 또는 타박상), 이상한 숨 냄새나 체취

b. 정서적 변화
- 극단적인 에너지와 혼수상태, 잠을 못 자고 깊은 잠에 빠져들며 극단적인 식욕변동
- 학교성적, 사회적 활동, 또래집단에서의 현저한 변화, 돈에 대하여 무책임함
- 임상적으로 유의한 수준의 우울과 불안, 아동기에는 보이지 않았던 일탈행동의 시작

c. 건강의 변화
- 만성기침, 코를 킁킁거림, 검은 점액
- 주사자국과 같이 약물사용이나 흡입의 증거
- 피부종기나 상처, 코피

인터넷과 스마트폰의 경우, 욕구충족을 위해 인터넷을 사용하는 시간이 점점 길어지는 내성을 보이거나, 인터넷을 안 하면 불안해지는 금단이 나타나거나 수업시간에 졸고 낮밤이 뒤바뀌고 외출을 안 하는 등의 일상생활에 장애가 나타나면 중독경향이 있다고 볼 수 있다.

국내에서는 인터넷 · 스마트폰 과몰입에 대응하기 위하여 2016년 기준 전국 220여 개 청소년상담복지센터와 연계하여 상담체계를 구축하고, 병원과 연계하여 통합치료 서비스를 지원하고 있으며, 지역협력망을 통하여 진단조사 및 지원을 하고 있다. 아울러 인터넷 · 스마트폰 과몰입치유 사업을 추진하고 있는데, 이용습관 진단조사를 실시하면서 선별결과에 근거하여 단계에 따른 맞춤형 상담 및 치료지원과 특화 프로그램을 운영하는 한편, 2014년 일시적 캠프가 아닌 상설 치유기관인 '국립 청소년 인터넷 드림마을'을 전라북도 무주군 안성면에 설립하여 운영하고 있다. 교육을 이수한 상담인력이 멀티미디어를 이용하여 상담을 실시하며, 상담매뉴얼 및 부모교육 프로그램을 개발하여 활용하고 있다(여성가족부, 2016, pp. 257-262).

part 2

청소년상담의 이해

Chapter

8 청소년상담의 기초

오늘날 우리시대의 청소년들은 진로, 진학, 학습, 우정 등의 문제뿐 아니라, 학교폭력, 자살, 자해, 우울, 중독, 가출 등 심각한 내재화, 외현화 문제로 어려움을 겪고 있다. 문제의 심각화 정도와 빈도가 갈수록 증가하고 있어 교육부, 여성가족부, 보건복지부, 법무부 등 각계 정부부처는 물론이고, 학교와 정신의료기관, 사회복지기관 등에서 힘을 모아 청소년들이 건강하게 살아갈 수 있도록 돕는 노력에 총력을 기울이고 있다. 이 장에서는 청소년들의 다양한 문제를 감소시키고, 그들의 건강한 성장발전을 돕기 위해 오늘날 그 필요성이 증대되고 있는 청소년상담의 필요성과 의의, 청소년상담의 의미, 청소년내담자와 청소년상담자의 특징 등에 관해 살펴보기로 한다.

1. 청소년상담의 필요성과 의의

1) 청소년상담의 필요성

청소년기는 신체적, 심리적, 사회적, 실존적으로 급격한 변화와 발달을 경험한다. 아동기를 지나 좀 더 성숙한 자신을 경험하고 좀 더 넓은 세상을 접하게 되는 청소년들은 자신의 독립된 삶을 꿈꾸며 오늘을 살고 내일을 준비한다. 개인적으로 경험하는 신체적, 심리적, 사회적, 실존적인 변화와 요구를 감당해야 하는 인생과제만으로도 그들은 충분히 많은 스트레스를 받고 있는데, 그들을 둘러싼 사회도 급속하게 변화하고 있다. 개인적 변화도 감당하기 벅찬 청소년들에게 급변하는 사회문화적 주변 환경은 그들을 위협하기에 충분하다.

청소년의 삶에 영향을 미치는 주변 환경적 요인을 살펴보면, 우선 가족환경의 변화다. 삶의 기본적인 욕구를 충족시켜 주는 안식처요, 안전지대여야 할 가정이 변화하고 있다. 가정폭력, 아동학대, 부모의 이혼으로 인한 가정해체 등이 늘어나면서 가정은 더 이상 안전지대가 아니다. 어머니의 취업으로 맞벌이 가구, 주말부부 가구 등이 늘어나면서 청소년들의 제1안식처인 가정이 비어 있는 경우가 많고, 가족들이 있다 하더라도 가족 간의 의사소통의 부재 또는 높은 성적만 강조하는 비뚤어진 부모의 교육열 또한 현대 가족의 문제로 지적되고 있어, 청소년들의 심리적 사회적 지지기반이 많이 약화되어 가고 있다.

청소년들에게 제2의 가정이라고 할 수 있는 학교 역시 청소년들의 발달을 돕는 장소이기보다는 그들을 재촉하고 압박하고 평가하는 장소가 된 지 오래다. 학교는 본래 청소년들의 배움의 욕구를 채워 주고, 그들의 사회적, 문화 예술적 발달을 촉진하며, 삶에 대한 적응 능력을 키워 주고, 삶의 과제를 창의적으로 해결할 수 있는 기회를 제공해 줄 뿐 아니라 가정에서 채워 주지 못하는 심리적, 정서적 지원까지 해 주어 사회에 나아가 건강한 사회인이 될 수 있는 역량을 키워 주는 기관이다. 학교가 대학입시에만 매달려 학생들을 평가하는 기관으로 바뀐 것은 매우 안타까운 현실이다. 도리어 학교가 왕따, 따돌림, 폭력의 온상이 되어 가고, 자살과 자해의 현장이 되어 가는 매우 안타까운 지경까지 되었다.

성인사회의 가치관 부재와 부도덕한 기성사회의 퇴폐문화가 아직 정체감을 형성하고 있는 청소년들의 심리 · 사회 · 정서적 건강에 부정적인 영향력을 미치고 있다. 향락주의와 쾌락주의에 따른 과소비, 정보 및 문화격차 등은 청소년들에게 소외감과 허영심, 음란 등을 제공하고 있다. 부도덕한 성인문화에서 파생되는 청소년 유해업소의 폐해와 대중매체의 역기능 등 사회환경적 요인은 모방심이 강한 청소년들에게 교육상 악영향을 주어 각종 일탈이나 비행, 범죄 등의 청소년 문제행동에 영향을 미치고 있으며, 모텔이나 무인텔이 청소년 탈선장소로 악용되고 있는 현실이다(신동엽, 2017).

국제화 시대가 되면서 외국문화의 급속한 유입과 정보통신의 발달로 스마트폰 및 인터넷 과몰입을 비롯하여 도박, 음식, 성형과 같은 행위중독뿐 아니라 알코올을 비롯한 흡연, 각성제, 카페인, 향정신성 약물, 흡입제 등과 같은 물질중독이 매우 빠르게 확산되어 많은 문제를 야기하고 있다(김은실, 2017). 매체의 과몰입과 중독은 청소년들의 분노 폭발이나 우울 · 불안, 충동성 · 공격성 등 정신건강문제에 큰 영향을 미친다. 폭력적인 게임이나 가상현실에의 지나친 몰입은 비현실적 사고와 행동을 높이고 심리적 · 사회적 발달에 부정적인 영향을 미치고 있다. 최근 우리 사회의 청소년문제는 위험수위를 넘어 범죄 수준으로까지 넘어가고 있다.

이와 같이 청소년들이 개인 내적으로 또는 외적으로 경험하는 위협적인 환경 속에서 그들을 안전하게 지켜 주고, 그들이 받은 상처와 아픔, 고민과 절망을 극복하여 건강한 사회구성원이 되도록 돕기 위해 청소년들을 위한 상담이 매우 필요하다.

2) 청소년상담의 의의

급변하고 있는 우리사회에서 청소년 관련 사건사고는 끊이지 않고 보도되고 있다. 여성가족부 2016년 『청소년백서』에 의하면 학교폭력, 성문제, 약물남용, 자살과 같은 여러 가지 일탈과 비행 및 범죄 등 청소년문제행동은 계속 증가하고 있는 추세다. 청소년문제는 갈수록 예측불허하며 그 문제의 심각성이 강화되고 그 문제들이 조직화, 지능화, 저연령화, 범죄화되어 가고 있다(신동엽, 2017). 일반적으로 청소년문제라 하면 청소년기에 특수한 상황으로 인해 청소년들이 겪게 되는 정서적, 심리적 불안정성에서부터 진학문제, 이성문제, 친구문제, 가치관의 갈등 등의 개인적인 문제가 다뤄졌는데, 최근에는 비행과 일탈, 범죄, 반사회적 행동과 퇴행이 문제시되고 있으며, 나아가 청소년문제행동으로 스마트폰중독, 문신, 언어폭력, 자해, 안전불감증(스몸비, 무면허 운전 등), 스포츠도박, 강제심부름(셔틀), 사채놀이, 인기BJ 우상화, 사이버집단괴롭힘 등이 새롭게 등장했다. 그중에서 가장 심각한 문제는 청소년들의 사이버비행문제인데, 이는 세계 공통적으로 심각한 국제적 위기문제가 되고 있다. 외국에서는 스토킹이나 살인위협까지 사이버비행을 통해 나타나고 있어 시급한 대처가 요구된다(Nelson, 2003).

이승현과 강지현, 이원상(2015)의 연구결과에 따르면, 사이버폭력 피해경험이 있는 청소년이 46.6%였고, 사이버폭력 가해경험이 있는 학생은 56%, 고등학생들은 43.1%가 사이버공간에서 피해를 당했다고 응답했다. 학교폭력도 사이버폭력으로 옮겨 가는 경향이 나타나(한국인터넷진흥원, 2014), 이제는 우리 사회에서도 간과할 수 없는 심각한 청소년위기문제가 되었다. 청소년문제는 이제 더 이상

가정이나 학교 차원에서 해결할 수 있는 문제가 아니다. 지역사회와 국가가 함께 나서서 청소년의 건강한 성장발달과 문제해결을 위한 대책마련과 실행에 힘써야 한다. 가정–학교–지역사회–정부부처 간 연계시스템 구축 및 가동이 필요하다. 1990년대에 접어들어 「청소년기본법」이 제정되면서 청소년상담은 정부의 주요 정책에 반영될 수 있는 기초를 마련하였다. 「청소년기본법」은 한국청소년상담원과 시 · 군 · 구 단위의 청소년상담실 설치 및 운영에 관한 법적 근거를 마련하고 있어 청소년상담의 대중화를 도모할 수 있는 정책적 시발점이 되었다(한국청소년개발원, 2004). 현재 교육부, 여성가족부, 보건복지부, 법무부, 문화체육관광부 등 많은 정부부처에서 관심을 가지고 청소년문제예방과 치유를 위해 힘쓰고 있으나, 좀 더 체계적인 연계시스템 구축과 실행이 요구된다.

많은 청소년문제가 상담을 요하고 있다. 청소년들의 주변 환경이 건강하지 못함으로 인해 정신건강이 크게 위협받고 있고, 이러한 문제는 다양한 분야에서 다양한 청소년문제로 드러나고 있다. 청소년폭력과 비행이 심각화되고 있지만 그들을 처벌하는 것만으로는 문제가 해결되지 않는다. 그들을 변화시키는 노력이 상담적 차원에서 들어가야 한다. 청소년문제는 조기에 개입해야 한다. 그렇지 않을 때 그 문제가 성인기까지 이어지기 때문이다. 청소년기에 알코올과 물질을 사용한 경험은 성인기의 알코올과 물질중독으로 이어지는 위험요인이 된다. 물질사용은 그 자체로도 치명적일 수 있지만 다른 파생된 위험을 유발하기 때문이다. 그리고 장기간 사용하면 청소년의 두뇌의 기능상 문제가 발생하기도 한다. 남용을 넘어서 중독단계로 넘어가는 게임중독, 스마트폰중독, 약물중독, 인터넷중독 등의 다양한 청소년문제는 다른 질환에 비해 재발가능성이 높아서 완치가 매우 어려우며 우울, 불안, 강박, 자살위협 등의 2차적인 질환을 야기한다(김은실, 2017).

청소년기에 다양한 변화에 적응하면서 발달시켜 나가는 사회적응양식은 청년후기를 통해 안정되고 이후 성인기에 사회적응양식의 기본이 된다(장휘숙, 2004). 적응적이고 긍정적인 생활양식과 태도가 청소년기에 발달되어야 하는데, 그렇지 못했을 경우 그들은 평생에 걸쳐 왜곡되고 손상된 심리 · 정서 · 행동적 문제의 고통과 어려움을 감당해야 한다. 성인이 되기 전 마지막 시기인 청소년기에는 그들을 보호하고 돌보며 변화시킬 수 있는 기회가 있다. 1차적으로 가정과 부모, 2차적으로 학교와 교사, 나아가 지역사회와 국가에서 함께 힘을 모아 이들을 돕는 노력의 일환으로 청소년상담의 필요성이 강하게 부각되고 있다.

청소년상담은 청소년의 기본적 권리 또는 인권적 관점, 예방적 관점, 사회복지적 차원에서 그 의의를 찾아볼 수 있다. 청소년상담은 청소년들의 건강한 삶의 보장이라는 차원에서 청소년들을 독립된 인격체로 존중하고 그들의 생존권, 학습권, 행복권 등을 보장해 주는 차원에서 제공되어야 한다. 청소년상담은 문제해결의 조기개입과 예방적 차원에서 꼭 필요하다. '호미로 막을 걸 쟁이로도 못 막는다' '소 잃고 외양간 고친다'는 말이 있듯이 청소년기에 시작된 문제들이 가정과 학교 울타리에서 조기에 발견되어 효과적으로 해결되면 가볍게 넘어갈 수 있다. 그러나 청소년기 동안에 문제가 해결되지 않고 만성화되어 성인기까지 넘어가게 되면, 문제가 더 심각화될 뿐 아니라 상담 차원에서 해결할 수 없는 범위로까지 넘어가게 된다. 문제의 조기발견과 조기개입은 문제의 심각화를 막는 최선의 방법이다. 청소년문제의 조기개입과 예방은 한 개인의 삶의 질 개선은 물론이고 우리사회의 건강과 복지 수준의 향상에도 크게 영향을 미친다. 청소년 중독, 비행, 범죄 등의 문제는 사회에 큰 위협이 된다. 청소년문제를 방치할 경우 문제의 심각화는 물론이고, 문제를 처리하는 데 드는 사회적 비용도 엄청나게 커지게 된다.

2. 청소년상담의 의미

1) 청소년상담의 정의

청소년상담을 정의하기 전에 먼저 상담에 대해 알아보자. 상담은 사고와 정서 및 행동에 관련된 문제를 감소시키거나 제거할 뿐 아니라 심리적으로 건강하고 사회적으로 원만하고 효율적인 특성을 지닐 수 있도록 돕는 전문적인 심리적 조력활동이다. 상담이란 도움을 필요로 하는 사람과 도움을 줄 수 있는 사람 사이의 개별적인 관계를 통하여 내담자의 문제해결과 성장발달을 위한 새로운 학습이 이루어지는 과정이다. 상담은 '개별적인 관계'를 통해 이뤄지는 진정한 인간관계를 바탕으로 진행되는 학습과정이라 할 수 있다. 상담관계에서는 인간의 전체성과 통합성을 강조한다. 상담에서는 인간의 지적, 정서적, 행동적인 요인 중 어느 한 요인만을 강조하지 않으며 모든 것을 하나의 전체 속에서 균형 있게 다룬다. 상담과정을 통해 청소년들은 새로운 세계를 통찰하고 삶의 의미를 발견하며 앞으로 가져야 할 방향의식을 학습하게 된다. 상담에서의 개별적 관계는 몇 가지 점에서 다른 인간관계와는 다르다. 상담에서의 인간관계의 특수성을 이형득(1987)은 다음과 같이 설명하고 있다.

- 상담이란 내담자를 위하여 설정되는 특수한 조력관계다.
- 상담관계란 하나의 역동적인 상호작용 관계다.
- 상담은 도움을 필요로 하는 내담자와 전문적인 자질을 갖춘 전문가의 상호작용에 의한 조력관계다.
- 상담은 일상적 대인관계에 비해 사적이고 비밀이 보장되는 관계다.
- 상담관계는 상식적인 범주의 틀을 벗어난 초상식적인 부딪힘(encounter)의 관계다.

상담은 상담자와의 치료적인 인간관계를 통해 내담자가 당면한 문제의 해결, 현실에의 적응, 인간성장, 깊은 차원의 의미 있는 인간관계, 성격의 변화 및 개선 및 인간성의 회복을 이룰 수 있도록 돕는 전문적인 활동이다.

청소년상담도 같은 맥락에서 정의해 보면 청소년상담이란 청소년이 당면한 문제의 해결, 현실에의 적응, 심리치료, 인간성장, 깊은 차원의 의미 있는 인간관계, 성격 개조, 인간성의 회복을 이룰 수 있게 돕는 전문적인 활동이다. 박재황과 남상인, 김창대, 김택호(1993)는 청소년상담의 영역을 보다 포괄적으로 설정하여 청소년상담을 '청소년 및 청소년 관련인과 청소년 관련기관을 대상으로 하여 직접봉사, 자문활동 그리고 매체를 통하여 청소년의 바람직한 발달 및 성장을 추구하는 활동'으로 정의하였다. 청소년상담 대상을 청소년과 청소년 관련인(부모, 교사, 청소년지도자), 청소년 관련기관(가정, 학교, 청소년 고용업체, 청소년 수용기관, 청소년 봉사기관)까지 확대한 것이다. 청소년상담의 문제영역도 심리적 역기능 상태의 치료 및 문제해결에 국한되지 않고, 문제의 예방 및 발달과 성장까지 함께 포함시켰다. 이뿐만 아니라 그러한 문제의 예방 및 발달과 성장을 목적으로 하면서 발달지향, 성장지향적인 청소년상담을 추구하고 있다.

2) 청소년상담의 특징

청소년상담은 청소년내담자의 심리 · 정서 · 행동의 문제해결을 돕고 대처 능력을 향상시킨다는 측면에서는 성인상담과 같지만, 청소년이 지닌 특수성을 고려할 때 성인상담과는 다른 특징이 있다. 청소년상담의 특징은 다음과 같다.

첫째, 청소년상담의 영역은 상당히 넓다. 청소년상담의 정의에서도 언급되었듯이 상담대상도 많고, 상담에서 다루는 문제도 개인의 생활지도에서부터 정신병리, 청소년 범죄까지 그 범위가 매우 포괄적이다.

둘째, 청소년들은 성인에 비해 회복탄력성과 변화가능성이 높다. 청소년들의 문제는 성인에 비해 변화가능성이 높다. 청소년들은 정체성을 형성하고 발달하는 과정에 있기 때문에 그 특성이 고정되지 않고 변화될 가능성이 많다. 현재 청소년들이 가지고 온 문제들이 심각할지라도 그들의 문제를 확정된 것으로 보지 않고, 첫발을 잘못 디뎌서 위험에 처했다는 관점에서 보고 변화의 가능성이 많다는 점을 상담자 본인은 물론이고 문제로 혼란과 당황함 속에 있는 청소년들에게도 강조해야 할 것이다.

셋째, 청소년의 개인적 특성을 고려한 상담기법이나 전략이 활용되어야 한다. 자발적으로 상담을 받으러 오는 청소년들도 많지 않고, 상담실에 온다고 해도 반항적이고 저항감이 많은 청소년들을 상담하기가 쉽지 않다. 청소년들이 쉽게 마음을 열고 소통할 수 있는 효과적인 상담기법과 기술의 개발은 매우 중요하다. 인터넷매체를 활용한 사이버상담이나 언어적 표현뿐 아니라 그림이나 음악, 문학, 게임, 놀이 등의 매체를 활용한 상담전략을 활용하여 청소년들의 자발적 참여를 이끌어 내는 상담을 해야 할 것이다.

넷째, 청소년상담은 사회환경적 맥락을 함께 고려해야 한다. 청소년은 부모나 가족, 또래, 교사, 사회문화 등 주위 환경의 영향을 많이 받기 때문에 청소년 자신뿐 아니라 사회환경적 맥락을 함께 고려해야 한다. 환경적 맥락을 고려하여 청소년상담에는 부모교육 및 부모상담, 또래상담, 교사상담, 지역사회상담 등의 내용도 포함시켜야 한다.

3) 청소년상담 목표와 영역

청소년상담에 대한 정의를 토대로 박성수와 김혜숙, 이숙영, 김창대, 유성경(1997)은 청소년상담의 목표를 다섯 가지로 제시하고 있다.

첫째, 문제를 해결한다. 청소년기에 공통적으로 직면하는 문제를 해결하고, 이를 성장과 성숙에 도움이 되도록 조력한다. 또한 시대적 변화나 환경적 여건에 따라 청소년들에게 발생하는 독특한 문제들을 다루고 해결하도록 한다.

둘째, 이상심리를 치료한다. 노이로제나 정신질환을 치료하는 것은 물론 성격장애나 발달과정상에 나타나는 다양한 심리적 장애를 치료하는 것에 목표를 둔다.

셋째, 문제발생을 예방한다. 예를 들어, 청소년들의 경우 가출이나 중도탈락은 각종 부적응 행동, 일탈행동, 범죄, 정신질환 등에 노출되는 경로로 작용할 수 있기 있기 때문에 이러한 문제를 미리 예방하는 것은 청소년상담의 중요한 목표가 된다.

넷째, 발달을 촉진한다. 청소년기 발달과업을 성취하여 성인기를 준비하는 기초를 확립하고 나아가 환경적 변화를 주도할 수 있는 능력을 신장시킨다.

다섯째, 탁월성을 성취하도록 한다. 청소년들로 하여금 각자의 잠재능력을 개발하여 과학, 스포츠, 예술, 정치, 문화, 경제, 종교 등 광범위한 영역에서 탁월성을 추구할 수 있도록 새로운 전략을 마련하고 활동을 시도하도록 조력한다.

청소년상담활동의 영역은 청소년이해활동, 상담활동, 정보제공활동, 정치활동, 추수활동을 포함한다(박성수, 박재황, 황순길, 오익수, 1993). 각 활동영역의 내용을 구체적으로 살펴보면 다음과 같다.

- 청소년이해활동: 청소년이해활동은 청소년에 관한 자료를 수집하여 이를 기록, 조직, 해석하는 활동이다. 효과적인 청소년상담활동을 계획하고 추진하기 위해 청소년에 관한 정보를 정확히 파악할 필요가 있다.
- 청소년상담활동: 전문적인 상담활동을 통해 청소년 개개인이 가지고 있는 적응상의 문제를 해결하도록 도와줄 뿐만 아니라 미래의 인생설계를 자율적으로 수립하고 정립할 수 있는 능력을 신장시켜 준다.
- 정보제공활동: 청소년들이 문제에 직면하여 미래의 계획이나 의사결정을 할

때 자신과 자신을 둘러싼 환경을 이해하는 데 필요한 여러 가지 사실과 자료를 제공해 주는 활동이다.

- 정치활동: 청소년들이 자신들의 보다 나은 적응과 성장 또는 문제해결을 위해 다음 단계에서 무엇을 어떻게 할 것인가를 선택하고 결정하도록 도우며, 그 결정에 따라 잘 적응하도록 도와주는 활동이다.
- 추수지도활동: 이미 상담에 참여하였던 청소년들의 계속적인 성장발달을 도우려는 활동이다.

3. 청소년내담자의 특징

1) 청소년상담에서 다루는 문제

청소년들은 수없이 많은 문제를 가지고 상담실을 방문한다. 대부분 청소년이 자발적으로 방문하기보다는 부모나 교사에 의해 상담에 의뢰되는 경우가 많다. 청소년들이 겪는 문제는 학업문제에서부터 우울, 폭력, 비행, 자살까지 다양하다.

- 심리 · 사회발달적 문제: 청소년기에 겪을 수 있는 특수한 문제들이 있다. 청소년은 자아정체감 형성과정에서 자신에게 몰두하게 되고, 자신의 성격이나 행동습관, 신체적 외모에 대해 과도한 관심을 갖고 때때로 부적절감에 빠져들 수 있다. 성격문제는 소심한 성격, 내성적 성격, 과격한 성격, 충동적 성격, 변덕스러운 성격 등의 문제를 포함하며, 행동습관과 관련된 문제로는 늦은 귀가, 거짓말, 잦은 싸움, 등교문제, 스마트폰 · 인터넷 · 게임중독, 약물남용, 연예인에 대한 지나친 관심 등을 들 수 있다. 문제적 측면뿐 아니라 성장 · 발달적 측면에서 청소년들은 자신의 능력, 장점, 관심, 가치에 대해 학습할 필요가 있다.
- 대인관계문제: 청소년기는 심리적으로 부모로부터 독립하여 자유롭게 자신을 추구하고자 하는 경향성이 있는데, 이러한 경향은 또래집단 형성과 상호작용을 강화하는 형태로 나타난다. 따라서 아동기에 보여 주었던 가족과의

상호작용보다는 또래와의 상호작용이 증가하고 대인관계는 더욱 복잡해진다. 따라서 대인관계문제는 친구와의 갈등, 불량교우, 집단따돌림, 교사와의 관계, 형제간의 갈등, 부모-자녀 간의 의사소통문제 등으로 나타난다.

- 학교생활문제: 청소년기에 중요한 문제로 부각되는 것은 학업, 진로, 대인관계, 성격, 행동습관 등이다. 대부분의 청소년은 학생 청소년에 해당되기 때문에 이들은 청소년기 내내 학업문제를 지니고 있다고 볼 수 있다. 학업문제에는 학습방법, 성적 저하, 집중력 부족, 시험불안, 학업에 대한 무관심 등이 포함된다. 또한 청소년들은 미래에 대한 다양한 가능성 속에서 성인기 생활을 계획하고 준비해야 하는 시점에 있기 때문에 진로문제 역시 중요한 문제가 된다. 진로문제에는 진학결정, 취업, 적성문제, 학과선택의 문제 등이 포함된다.
- 사회적응문제: 청소년들은 성공적인 학교생활에 관한 정보나 직업교육에 관한 정보를 필요로 한다. 청소년들은 효율적인 학습방법, 주장적인 행동, 경청기술이나 친구 사귀는 방법 같은 구체적인 기술에 대해 학습할 필요가 있다.

상담에서 자주 다루는 문제와 치료개입과 전략을 체계화하기 위해서 Lazarus (1992)는 BASIC ID 모델을 개발하였다. 이 모델은 상담에서 다루는 문제를 일곱 가지로 구분하고 있다. 상담자는 청소년을 상담할 때 직면하게 되는 대부분의 문제에 이 모델을 적용해 볼 수 있다.

- B: 행동(Behavior): 싸움, 방해, 훔치기, 떠들기, 미루는 버릇 등
- A: 정서(Affect): 분노의 표현, 불안, 공포, 우울 등
- S: 감각/학교(Sensation/School): 두통, 요통과 복통, 학교에서의 부적응, 지각-운동의 문제 등
- I: 심상(Image): 악몽, 낮은 자아개념, 거부에 대한 공포, 지나친 공상과 환상 등
- C: 인지(Cognition): 비합리적 사고, 의사결정에 대한 어려움, 문제해결의 어려움, 목표설정의 어려움 등
- I: 대인관계(Interpersonal relationships): 다른 사람 앞에서의 위축(수줍음), 성인과의 갈등, 또래와의 갈등, 가족문제 등
- D: 약물/체중조절(Drug/Diet): 체중조절, 약물남용, 담배, 술, 그 외의 약물사용 등

2) 청소년상담 사례

청소년내담자들의 특징을 알 수 있는 몇 가지 청소년상담 사례를 제시하고자 한다.

• 민정의 사례: 자살시도

민정이는 열네 살의 중학교 2학년으로, 갑자기 성적이 떨어졌다. 부모에게 성적을 속이고 엉뚱한 자살소동을 일으켜 부모님을 놀라게 한 사건이 있고 나서 상담에 의뢰되었다. 초등학교 때는 전교 1등을 도맡아 했고 다방면에 재주가 뛰어나 부모와 학교의 자랑이었으며 중학교 1학년 때까지도 성적이 좋았다. 그런데 중학교 2학년에 올라와 성적이 중하위권으로 떨어지고 안 하던 거짓말까지 하여 엄마와 갈등관계에 들어가면서 아파트 옥상에서 뛰어내리려는 자살시도를 한 것이다. 아버지는 자녀에 관해서는 아내에게 다 맡기고 집안일에는 크게 관여를 하지 않는 유형이였지만, 민정이의 자살시도는 아버지에게도 큰 충격이 되었다.

• 은주의 사례: 우울과 자살시도

은주는 열다섯 살의 중학교 3학년으로, 손목을 긋는 자살시도 실패 후 우울증으로 병원에 입원해서 우울증 치료를 받고 있었다. 약물치료만으로 차도가 없자 심리상담이 필요하다는 의사의 처방으로 상담에 의뢰되었다. 평소 부부 사이가 안 좋던 부모는 최근 별거에 들어갔다. 부모가 별거에 들어가자 부모에게 큰 배신감을 느낀 은주는 부모가 있는 상태에서는 아무 말도 안하고 흐느껴 울기만 했다. 부모 없이 개별상담장면에서 은주는 마음을 열었다. 부모가 나가자 은주는 흐느끼면서 부모의 관계를 회복시키기 위해 자신이 지금까지 부모의 관계회복을 위해 얼마나 많은 노력을 했는지에 관해서 많은 이야기를 했다. 자신의 간절한 바람을 무시하고 부모가 별거하는 것에 큰 분노를 느낀 것은 물론이고, 부모에 대한 실망과 배신감, 앞으로 자신의 삶에 대한 비관적 생각에 압도되어 우울한 나날을 보내다 자살을 시도하게 되었다고 했다. 그리고 부모가 헤어진다는 것은 부모가 자신을 버린 것이나 다름없기 때문에 자기는 살 의미가 없다는 생각을 떨쳐 버릴 수 없다고 했다.

• 명덕이의 사례: 등교 거부

명덕이는 열여덟 살의 고등학교 2학년으로, 아무런 이유도 말하지 않고 학교에 안 가고 집에서 지낸다. 갑자기 학교를 안 가는 아들을 보고 놀란 어머니는 혼내고 달래고 별 수단을 다 써 보았지만 아들의 태도는 완고했다. 며칠을 울었는지 아들 생각만 하면 걱정이 되어 눈물이 주룩주룩 흐른다는 명덕이 엄마는 눈이 퉁퉁 붓고 꺼칠하고 초췌한 모습으로 상담자를 방문했다. 아들이 말을 안 하니 그 속은 알 수 없고, 어떻게 하면 학교에 보낼 수 있는지 방법을 알려 달라고 했다. 남편은 6년 전 건설 회사를 다니다 사고를 당해 반신불수가 되어 거동을 못하고 집에 누워 있고, 명덕이 위로 큰딸과 큰아들은 대학에 다니고 있다. 연금이 나오지만 집에 돈을 버는 사람이 없어 생활은 어렵고 남편을 돌봐야 하는 일이 여간 힘에 겨운 일이 아니라고 하소연을 늘어놓았다. 그다음 주에 아들이 함께 왔으나 상담에 와서도 좀 쉬고 싶어서 학교를 안 다닌다고 할 뿐 거의 말을 하지 않았다. 어머니는 아들이 학교를 안 가서 걱정이 되지만, 아들이 집에 있으면서 아버지 간호를 돕고 집안일을 도와주어서 자기가 많이 편안해졌다는 말을 했다. 아들이 집에서 아버지를 돌봐 주기 때문에 어머니는 평소에 다니고 싶은 미용학원을 다니고 바깥 활동을 하기 시작했다.

• 윤우 씨의 사례: 아들이 왕인 가정의 가장

윤우 씨는 고3 아들을 하나 둔 48세의 직장인이다. 어느 날, 아내가 윤우 씨에게 할 말이 있다고 하면서, 아들이 "아빠가 신경이 쓰여 공부가 안 된다고 자기에게 딴 방을 얻어 집을 나가게 해 주든지 아빠가 집을 나가든지 하면 좋겠다."라는 말을 했다. 그의 아내는 아들의 수능 시험이 얼마 남지 않았으니, 시험이 끝날 때 까지만 남편이 집을 나가서 살다 오면 어떻겠냐는 의향을 물었다. 윤우 씨는 아들에게 편안하게 공부할 환경을 만들어 주어야 한다고 해서 이미 안방까지 아들의 공부방으로 내 주었는데, 이제는 아들의 신경을 건드리지 않기 위해 집까지 나가라고 하니, 자신이 어떻게 하는 것이 잘하는 것인지를 문의해 왔다.

• 찬혁이의 사례: 가정폭력

찬혁이는 열네 살, 중학교 2학년이고, 찬민이는 열 살, 초등학교 4학년이다. 아버지의 폭력을 못 견딘 찬혁이 엄마가 두 아들을 데리고 상담실을 방문했다. 찬혁이 아버지는 중학교까지 다녔고 막노동을 하다 손이 잘려 일자리도 못 구하고, 실직자 생활을 하고 있다. 아내가 식당일로 벌어 오는 적은 수입으로 가족이 살고 있다. 남편은 아주 작은 일에도 폭력을 사용해 가정을 전쟁터로 만들어 놓는다. 찬혁이 엄마는 집에 있으면 언제 터질지 모르는 지뢰밭에 사는 심정이라고 하면서 아이들이 불안해하는 모습이 불쌍하다고 말하면서 눈물을 글썽거렸다. 특히 남편은 큰아들 찬혁이를 심하게 학대했는데, 찬혁이도 중학생이 되면서 매우 거칠어지고 동생에게 폭력을 행사하고, 공부에 흥미를 잃고 학교생활에서도 어려움을 겪고 있다고 걱정하였다.

• 태석이 사례: 은둔형 외톨이

태석이는 열여섯 살, 2년 동안 학교를 안 다니고 집에만 있는 은둔형 외톨이다. 엘리베이터나 학교에서 거미를 볼까 봐 무서워서, 밖에서 자기를 보는 사람들이 자신을 다 째려보고 이상한 사람으로 생각을 하기 때문이라는 이유로 학교는 물론이고 외부 출입을 전혀 안 하고 있다. 자신이 상당히 이상하고 정신적으로 큰 병이 있는 것으로 인식하고 있다. 그래서 지금까지 정신병원도 다녔고, 다른 상담실도 다녔지만 나아진 점이 없다고 생각했다. 그런 생각을 증명이라고 하듯, 음료수 병만 봐도 그 병을 깨서 길 가는 사람은 물론 누구든 다 찔러 죽이고 싶다고 하고, 아버지, 어머니까지도 자기는 죽일 수 있다고 말했다. 부모님 모두 성실하고 차분한 성격으로 전문직에 종사하는 직장인이다. 아들의 말을 듣고 아버지는 아들이 왜 저런 생각을 하게 되었는지 모르겠다고 자괴감을 나타내며 북받치는 울음을 참지 못하고 흐느껴 울었다.

• 사라의 사례: 성적 저하

사라는 중학교 1학년인 열세 살로 외동딸이다. 사라 때문에 의사인 직장생활도 그만두고 사라에게 온갖 정성을 쏟는 아내와 엄마의 스트레스로 나날이 위축되어 가는 딸을 보다 못한 사라 아빠(의사)가 상담을 의뢰하였다. 완벽을 추구하는 아내가 하나밖에 없는 딸이 자신의 기준에 맞지 않아 과외 선생님에게 딸아이를 맡기지 못하고 자신이 직접 관리하기로 작정하고 나섰으나, 딸아이의 성적은 나아지지 않았다. 사라는 엄마가 자기 때문에 불행해하는 것 이외에는 별다른 스트레스가 없는 아이다. 엄마가 자기를 부끄럽게 여기는 것 때문에 엄마에게 미안한 마음이 크고, 자기도 공부를 잘하고 싶지만, 하려고 해도 잘 안되어서 어쩔 수 없다고 생각했다. 엄마는 천진난만한 딸을 보면서 다행이다 싶으면서도 '저런 아이가 어떻게 경쟁사회에서 살아남을 수 있을까?'를 생각하면 답답하고 화가 나는 것을 참을 수 없어 딸아이를 탓하게 된다고 한다.

- 명주의 사례: 자살시도

명주는 중학교 2학년으로 열네 살이다. 공부도 반에서 1, 2등 할 정도로 아주 잘하고, 성품도 착하고 성실하고 부모님께 순종적이며, 외모가 키도 크고 매우 예쁘고 매력적으로 생긴 여학생이다. 부모님 모두 교사이고, 위로 나이 차가 많은 대학생 오빠와 언니가 있다. 부모에게 명주는 보배와 같은 존재다. 학교에서 실시한 정서행동 특성검사 결과에서 위험군 학생으로 분류되어 어머니에 의해 상담에 의뢰되었다. 어머니는 많이 당황하셨고, 도저히 이해가 되지 않는다고 하셨다. 그런데 명주는 자신이 부모님, 특히 어머니의 기대를 충족시켜 주지 못한다고 생각하여 자살을 몇 차례 시도하였다고 했다. 전교 1등을 해서 어머니를 기쁘게 해 드려야 하는데, 그러지 못한 것이 미안하다는 것이다. 부모가 교사인 점을 감안하여 자살시도도 교통사고를 위장한 방법을 사용해 보았다고 했다.

4. 청소년상담자의 특징

1) 청소년상담자의 자질

(1) 인간적 자질

청소년들의 어려움에 관심을 가지고 그들의 어려움을 도와주는 전문적인 활동을 하는 청소년상담자는 무엇보다 청소년에 대한 사랑과 관심, 청소년의 문제에 대한 민감한 관심, 의사소통 및 인간관계 능력, 안정되고 원만한 성품 등을 갖추어야 할 것이다. 기본적으로 이러한 자질을 갖추지 못한 사람들은 상담자가 되고 싫어 하지 않을 것이다. 그러나 잘못된 동기를 지닌 자들이 상담자가 되고 싶어 하는 경우도 있다. 예를 들면, 미해결된 개인적 외상을 지니고 있거나, 자신의 삶보다는 다른 사람들을 통해 대리적으로 의미 있는 삶을 영위하려고 하거나, 주변에 친구가 없어서 내담자를 통해 친밀한 관계를 경험하려고 하거나, 상담을 통해 다른 사람을 통제하려는 무의식적 동기를 가진 사람들이다(Guy, 1987). 이러한 잘못된 동기를 지닌 사람들은 상담자가 되어서는 안 된다.

상담자가 되려는 잘못된 동기를 지적한 Guy(1987)는 상담자의 인간적 자질로 호기심과 탐구심, 경청 능력, 대화 능력, 공감과 이해심, 정서적 통찰력, 내면세계를 보고 느낄 수 있는 내성, 자기욕구보다 타인의 욕구를 우선적으로 다룰 수 있는 자기부정의 능력, 친밀감에 대한 인내, 유머감각 등을 제시하였다. Brammer(1988)는 다음과 같은 상담자의 인격적 특성을 제시하였다.

- 상담자는 자신의 가치관과 의식에 대해 자각하고 있어야 하며, 이것이 상담과 내담자에 미치는 영향에 대해서도 자각하여야 한다.
- 상담자는 자신의 욕구와 감정을 잘 인식함으로써 역(逆)전이가 일어날 수 있는 상황에 대비하며, 자신의 정서적 문제들도 잘 처리할 수 있어야 한다. 비록 상담자에게 문제가 있다 하더라도 자신의 문제를 잘 해결하면서 에너지를 재충전할 준비와 조건을 갖추어야 한다.
- 내담자에게 모델이 된다는 것을 의식하여 개인적으로 만족스러운 사생활을 영위하여야 한다.
- 상담자는 인간과 인간의 긍정적인 변화에 관심과 흥미를 느껴야 한다.

이 밖에도 상담자는 심리적 안정감과 융통성을 지녀야 하고, 신체적, 심리적, 지적 에너지와 힘을 지니고 있어야 한다. 타인을 지지하고 도와주려는 마음과 타인과의 조화로운 관계를 맺을 수 있는 능력 등도 상담자의 인간적 자질로 필요하다.

(2) 전문적 자질

'상담은 전문적 교육과 훈련을 받은 상담자에 의해 제공되는 전문적 활동이다.'라는 상담의 정의에서 보았듯이 상담자는 전문적인 자질을 갖추어야 한다. 상담자가 갖추어야 할 전문적 자질은 상담이론에 대한 폭넓은 지식, 실습경험과 훈련을 통해 습득한 상담실제의 활용 능력, 자격을 갖춘 감독자(supervisor)의 지도감독을 받으면서 수행한 상담경험에 의해 이루어진다. 상담자가 전문적 자질을 갖추기 위해서는 일련의 과정이 필요하다. 우선, 첫째, 상담자는 내담자 문제의 성격과 원인에 대해 이론적으로 설명하고 개념화할 수 있는 전문적 지식을 가지고 있어야 한다. 둘째, 발달심리, 성격심리, 이상행동 등의 인간이해와 관련된 심리학이나 상담 및 심리치료에 대한 이론과 실제를 폭넓게 탐구하여야 한다. 셋째, 상담이론을 통해서 인간의 본성과 그곳에 내재된 여러 가지 경향성, 성격구조와 발달, 문제행동과 정상행동 및 그 발달과정, 상담의 궁극적 목적, 상담의 진행과정과 효과적인 상담기술 및 전략 등에 대해 풍부한 지식을 가지고 있어야 한다(이형득, 1987). 상담은 이론만으로 되는 것이 아니기에 지식으로 알고 있는 것을 실제 상담현장에서 꾸준히 적용해 봄으로써 이론과 실제를 겸비한 유능한 전문가의 자질을 갖추어야 할 것이다.

(3) 윤리적 자질

상담자는 여러 가지 윤리적 문제에 직면하지만 상담자의 다양한 윤리적 문제에 대한 명확하고도 최종적인 대답이 아직 없기 때문에 끊임없이 이러한 문제에 대해 검토하여야 한다. 이장호(1995)는 상담자가 숙지해야 할 윤리적 자질을 다음과 같이 제시하였다.

- 상담자는 자신이 어떠한 개인적 욕구를 가지고 있는지, 상담을 통해 자신이 얻는 바가 무엇인지, 그리고 자신의 욕구와 행동이 내담자에게 어떠한 영향을 미치는지를 분명히 자각하고 있어야 한다.
- 상담자는 자신이 소속한 기관이나 조직에서 채택하고 있는 윤리적 규준들에 대해 알고 있어야 하지만, 그러한 규준들을 실제 상담에 적용하는 것은 다름 아닌 자신이며, 따라서 상담자 자신의 독자적인 판단이 중요하다는 점을 인식하고 있어야 한다. 또한 상담자는 많은 문제에는 분명한 대답이 없을 수 있으며 적절한 대답을 찾는 책임이 자신에게 있음을 알고 있어야 한다.
- 상담자에게는 내담자의 복리에 대한 책임이 있으며, 내담자를 자신의 욕구

를 충족시키기 위해 이용하는 일이 있어서는 안 된다.

- 상담자는 치료적 관계를 명백히 해칠 수 있는 내담자와의 어떠한 다른 관계도 가져서는 안 된다.
- 상담자에게는 내담자의 비밀에 대한 보장과 상담관계에 부정적인 영향을 미칠 수 있는 다른 문제들에 대해서도 내담자에게 알려 줄 책임이 있다.
- 상담자는 자신의 가치관, 태도 등을 자각하고 있어야 하며, 이러한 가치관과 태도가 상담관계 및 내담자에 어떠한 영향을 미치는지를 인식하고 있어야 한다.
- 상담자는 상담의 목표, 기법 및 절차, 그리고 상담관계를 시작함으로써 내담자에게 닥칠지도 모를 위험과 내담자가 상담을 시작하려는 결정을 내리기 전에 고려해야 할 다른 요인들에 대해서도 미리 내담자에게 알려 주어야 한다.
- 상담자는 자신이 제공할 수 있는 전문적인 도움의 한계를 잘 알고 있어야 하며, 내담자에게 적절한 도움을 주지 못하고 있다는 판단이 내려질 때에는 지도감독자의 도움을 받거나 내담자가 다른 상담자에게 상담을 받을 수 있도록 의뢰해야 한다.
- 상담자는 상담과정에서 자신이 내담자에게 모델이 될 수도 있다는 점을 알아야 하며, 따라서 상담자 자신의 생활에서 내담자에게 영향을 미칠 수 있는 일이나 행동을 인식하고 있어야 한다.

2) 청소년상담자의 역할

청소년의 문제가 매우 다양하기 때문에 청소년상담자의 역할 역시 매우 다양하다. 문제의 종류에 따라 청소년상담자는 위기개입, 예방개입, 상담 및 치료개입을 해야 하는데, 이때 청소년상담자는 상담을 주로 하지만, 교육과 자문, 조정자로서의 역할도 해야 한다. 청소년상담자가 해야 할 역할에는 다음과 같은 것들이 있다.

- 상담과 관련해서는 개인상담, 집단상담, 상담 프로그램 개발 및 진행, 심리측정 및 평가 등의 일을 해야 한다.

- 교육과 관련해서는 성교육, 진로교육, 시간관리, 대인관계 능력 향상, 의사소통훈련, 자기주장훈련 등 청소년들의 주요 관심 주제를 교육시키는 프로그램을 제공해 주어야 한다. 청소년상담자는 청소년뿐 아니라 부모와 교사를 대상으로 한 교육 프로그램을 제공해 주어야 한다.
- 자문과 관련해서는 지역사회 청소년문제 관련기관 및 학교 행정담당자, 부모 등에게 청소년들의 문제해결과 복지에 대해 상담자로서 자문을 해 줄 수 있어야 한다.
- 조정과 관련해서는 청소년으로 인해 생긴 문제를 해결하는 과정에서 청소년들 사이에서, 또는 피해자와 가해자 사이에서, 청소년과 성인 사이에서, 청소년과 기관 및 단체 사이에서의 갈등과 문제를 조정하는 역할도 청소년상담자가 해야 한다.

Chapter 9 청소년상담이론

청소년들의 문제를 이해하는 청소년상담의 이론은 학자들마다 다양하다. 청소년들의 문제를 보는 관점, 문제의 원인과 문제를 치료하는 과정과 방법이 상담이론에 따라 다르다. 많은 상담이론 중에서 어느 것이 가장 적합한 것인가를 생각하기보다는 다양한 상담이론을 섭렵하여 본인이 상담해 주어야 할 내담자에게 가장 적합하고, 그를 가장 잘 도울 수 있는 상담이론과 기법을 적용해야 할 것이다. 이 장에서는 청소년을 이해하고 상담하는 데 가장 기본적이고 중요한 상담이론이라고 할 수 있는 Freud의 정신분석상담, Adler의 개인심리학, Rogers의 인간중심상담, Pavlov와 Skinner, Bandura의 행동주의상담, Ellis와 Beck의 인지행동치료, 구성주의상담이론에 속하는 de Shazer와 김인수의 해결중심상담과 White와 Epston의 이야기치료이론에 관해 살펴보고자 한다.

1. 정신분석상담이론

Freud, Sigmund

정신분석학은 오스트리아 출신 Sigmund Freud(1856~1939)에 의해 창시되었다. 그의 부모는 유대인이었고, Freud를 위대한 학자로 키우기 위해 노력했다. Freud는 우수한 성적으로 고등학교를 졸업하고 비엔나 대학교 의과대학에 입학하였으며, 26세 때 의학박사 학위를 취득했다. 그는 대학시절에 2명의 위대한 스승의 영향을 받았다. 19세기 위대한 생리학자였던 Ernst von Brücke 교수에게서 "살아 있는 유기체는 화학과 물리학의 법칙이 적용되는 하나의 역동적 체계(a dynamic system)"의 개념을 배웠다. 또 한 스승인 Helmholtz 교수에게서는 "에너지는 변형될 수는 있어도 파괴될 수는 없으며 따라서 에너지가 체계의 한 부분에서 사라지면 그것은 반드시 체계의 다른 부분에 나타난다."라고 하는 에너지 보존의 법칙에 영향을 받았다. 이들의 영향을 받아 Freud는 정신역동심리학을 창안하게 되었다. 그의 이론의 몇 가지 기본 가정 및 개념을 살펴보면 다음과 같다.

1) 기본 가정과 주요 개념

(1) 결정론

Freud는 인간의 성격 및 행동은 어렸을 때의 경험에 의해 크게 좌우된다는 결정론적 입장을 가지고 있었다. 인간의 무의식 속에 잠재해 있는 어린 시절의 심리성적인 사건들이 인간의 성격을 형성한다고 보았다. 인간이 가지고 있는 문제도 그 사람의 인생 초기의 경험에서 비롯되기 때문에 이를 해결하기 위해서는 과거의 삶을 분석해야 한다고 생각했다. 즉, 과거에 해결하지 못한 문제 또는 경험을 억압해서 무의식의 심연에 숨겨 버린 것이 갈등의 원인이기 때문에 과거에 대한 이해가 필요하다는 것이다.

(2) 무의식

Freud는 빙산의 대부분이 물속에 잠겨 있어 보이지 않듯이 마음의 대부분은 의식할 수 없는 무의식 속에 잠겨 있다고 보고, 인간의 많은 행동도 무의식적으로 일어난다고 보았다. Freud는 자신의 환자들이 그가 살던 빅토리아 시대에서 수용되지 않았던 성적 욕구와 공격적 욕구를 참는 것(억압)을 보고 개인에게 위협적인 기억, 감정, 생각들을 억압하여 무의식에 저장해 놓는 경향성을 관찰하게 되었다. 일반적으로 사람들은 도덕적으로 받아들일 수 없는 감정을 견딜 수 없어 하고, 종종 고통스러웠던 기억을 처리하는 방법을 알지 못해 억압하려는 경향이 있다. 억압된 것들은 표면으로 드러나지 않고 마음속에 깊이 잠겨 있기 때문에 처리되지 못하고 미해결된 채로 남아 있으며, 비합리적이고 비이성적인 형태로 표현된다.

무의식은 사람들의 일상생활에 많은 영향을 미치고 있지만, 사람들은 그 영향력을 의식하지 못한다. 어릴 적에 아버지에게 학대를 당한 아동들은 불안을 느낄 필요가 전혀 없는 상황에서도 나이 많은 성인 남자와의 관계에서 불안을 느낄 수 있다. 어릴 적 유치원 원장에게 성폭력을 당한 여성이 자신의 딸이 산타할아버지인형을 모래에 묻으면서 노는 장면을 보고 기절을 한 일이 있었다. 어릴 적 유치원 원장선생님이 크리스마스 잔치에 산타할아버지 옷을 입고 있었고, 그날 성폭행을 당했던 기억을 오랫동안 무의식에 억압하고 있었던 것이다. 딸아이 역시 성추행을 당해 놀이치료실에서 치료를 받고 있었는데, 딸아이의 놀이를 보면서 억압되었던 기억이 떠올라 부적절하게 반응을 한 것이다. 무의식 속에 억압된 충동들은 비록 인식되지는 않지만 행동에 직접적으로 혹은 간접적으로 영향을 미친다. 억압된 무의식의 내용은 모든 신경증적 증상이나 부적응의 근원이 된다.

(3) 마음의 구조: 원초아, 자아, 초자아

Freud는 인간의 성격 또는 마음이 원초아, 자아, 초자아로 구성되어 있다고 보았다. 원초아를 성격의 생물학적 구성요소, 자아를 심리적 구성요소, 초자아를 사회적 구성요소로 이해하였다. 이것들은 모든 인간 행동에 잠재되어 나타난다고 보았다. 세 가지 구성요소가 균형과 조화를 이루면 적응적이고, 정상적인 행동을 하게 되지만, 원초아, 자아, 초자아 사이의 갈등이 인간의 통제를 넘어설 때 인간은 불안을 느끼게 된다. 정신분석에서는 인간의 불안을 현실적 불안, 신경증적 불안, 도덕적 불안으로 나누어 설명한다.

세 가지 마음의 구성요소들 간의 갈등이 병리를 생성하는 중요한 요인이 된다. Freud는 마음 안에 있는 세 가지의 심리적 힘의 균형이 깨지면 심리적 정신적 문제가 나타난다고 보았다. 마음의 구조인 원초아, 자아, 초자아에는 심리적인 힘 또는 에너지가 있다. 원초아에 있는 에너지는 본능적인 에너지로, 고통을 피하고 쾌락을 추구하는 삶의 본능인 에로스와 공격적인 욕구를 추구하는 죽음의 본능인 타나토스가 있다. 초자아에는 도덕적 에너지가 있고, 자아에는 적응적인 에너지가 있다. 심리적 이상은 세 가지의 심리적 힘이 조화를 이루지 못하고 갈등할 때 또는 자아가 원초아와 초자아, 그리고 외부환경의 요구에 반응하는 능력이 약할 경우에 생기게 된다. 마음의 구조와 자아방어기제는 제3장에서 자세히 다루었기에 여기서는 간략히 소개하기로 한다.

(4) 자아방어기제

정신분석에서는 개인이 불안을 극복하고 불안에 압도되지 않도록 자아를 보호하기 위해 다양한 자아방어기제를 사용한다고 하였다. 자아방어기제는 개인의 발달 수준과 불안의 정도에 따라 다르게 나타나며 무의식적 차원에서 작동하기 때문에 자신이 방어기제를 사용한다는 것을 모른다. 방어기제는 대부분이 현실을 부정하거나 왜곡하기 때문에 자아를 보호하는 기능은 하지만, 현실의 문제를 해결하기에는 비효과적이고 부적응적이다. 투사, 부인, 분열, 퇴행과 같은 단순한 과정은 일찍부터 발달되는 방어기제이고, 이 외에도 억압, 거부, 반동형성, 치환, 합리화, 승화, 내사, 동일시, 보상 등의 다양한 방어기제가 있다.

방어기제는 적절한 정도로 사용하면 개인의 적응에 도움이 되기도 한다. 그러나 특정한 방어기제를 과도하게 사용하여 그 방어기제에 의존하게 되면 부작용이 생길 수 있다. 부작용이란 부적응상태를 초래하여 문제상황에서 적응적 자아가 제대로 작동하지 않고 불안과 갈등이 커지고 신경증적 또는 정신병적 문제행동을 하게 되는 경우를 말한다.

2) 상담목표와 과정

정신분석의 상담목표는 내담자의 무의식을 의식화하는 것으로, 무의식 속에 억압된 충동들의 직 · 간접적인 영향에서 내담자를 자유롭게 해 주는 것이다. 무의식을 의식화하는 과정을 통해 신경증이나 부적응의 원인이 되는 증상이나 문제행동의 의미, 억압된 감정이나 충동 등을 통찰하고 그것들을 자유롭게 표출하게 된다. 이 과정을 통해 내담자는 자신의 현재 행동의 적절성과 부적절성을 탐색할 수 있게 되고, 나아가 자신의 문제행동의 원인을 통찰할 수 있게 된다. 정신분석은 개인의 성격구조를 변화시키고, 본능적 충동에 따르지 않고 보다 현실적인 행동을 선택할 수 있도록 자아를 강화하는 데 초점을 둔다(김춘경, 이수연, 최웅용, 2006; Corey, 1998).

정신분석상담과정은 내담자의 문제나 상황 및 상담자의 접근방법에 따라 매우 다양하다. Arlow(1989)는 전이를 중심으로 진행되는 정신분석상담과정을 초기 시작단계, 전이의 발달단계, 전이의 훈습단계, 전이의 해결단계 4단계로 나누어 설명하고 있다. 전이는 내담자가 과거에 부모나 다른 사람들에게 느꼈던 감정을 현재의 상담자에게 동일하게 느끼는 것을 말한다. 정신분석이 내담자의 전이와 저항을 분석하는 작업이라고 할 만큼 전이는 중요하다. Freud에게 전이는 상담과정에서 활용하는 좋은 자산이다. 내담자의 경험을 듣고, 상담자는 전이를 통해 그의 대인관계문제와 그 역동을 예측할 수 있게 된다. 정신분석상담과정에 대한 설명이 몇 가지 있지만, 여기서는 전이를 중심으로 설명한 Arlow(1989)의 상담과정을 소개하기로 한다.

첫 번째 단계에서는 내담자가 분석에 적절한 사람인지와 그가 제시한 문제가 정신분석에 적합한지를 평가하여 상담계약을 맺고, 상담관계를 발전시키며, 내담자의 문제에 대한 기본적인 역동을 파악한다.

두 번째 단계인 전이의 발달단계에서는 상담자에 대한 내담자의 전이를 유발하고, 유발된 전이를 내담자가 지닌 문제상황과 관련하여 해석해 준다. 상담자는 분석과정 동안 중립적이고 익명적인 태도를 유지해야 한다. 이때 역전이(countertransference)현상이 일어나기도 하는데, 역전이는 상담자가 과거에 경험한 인물에 대한 느낌을 현재의 내담자에게 치환하는 것을 말한다.

세 번째 단계는 전이의 훈습단계로 내담자로 하여금 전이신경증을 훈습하게 하여 전이와 저항을 분석한다. 훈습(working through)은 내담자의 통찰을 변화로 이끄는 것을 방해하는 저항을 반복적이고 점진적으로 정교하게 탐색하는 것을 의미한다. 내담자는 훈습을 통해 통찰의 효과가 일상생활에 일반화되도록 한다.

네 번째 단계인 전이의 해결단계에서는 전이의 분석이 종결되는 단계로서 상담자에 대한 내담자의 무의식적이고 신경증적인 애착을 해결하게 된다. 내담자가 상담자에 대해 형성한 애착과 의존 등의 문제를 해결할 수 있도록 조력하며, 상담의 종결에 따른 내담자의 감정을 처리하는 데 관심을 둔다(김춘경 외, 2006).

정신분석에서는 상담목표를 달성하기 위해서 자유연상, 꿈의 분석, 전이분석, 저항분석, 해석 등의 상담기법을 사용한다. 자유연상은 내담자의 무의식에 있는 내면의 갈등이나 감정, 불안, 생각 등을 의식 수준으로 끌어올리기 위해서 내담자에게 아무런 억제나 제약 없이 마음속에 떠오르는 모든 것을 상담자에게 말하도록 하는 방법이다. 무의식의 왕도라 불리는 꿈분석도 내담자의 무의식적 동기와 갈등, 원망 등을 파악하는 방법이다. 무의식적 방어의 한 형태인 저항과 전이의 분석도 정신분석의 주요한 상담기법이다.

2. 개인심리학상담이론

Adler, Alfred

개인심리학은 오스트리아 출신 Alfred Adler(1870~1947)에 의해 창시되었다. 그의 부모는 유대인이었다. Adler는 어린 시절부터 병약했고 성적도 우수하지 못했다. 담임교사는 Adler가 대학에 가는 것은 어렵다고 생각하여 직업학교에 가서 기술공이 될 것을 추천했다. 그러나 아버지의 격려로 Adler는 어려서부터 의사가 되고자 했던 꿈을 실현하고자 열심히 공부하였고, 마침내 비엔나 의과대학에 입학하였다. 그는 대학을 다니면서 사회주의 학생연합 회원으로 활동하였고, 마르크스 저서를 탐독하였다. 1898년에 의사로 개업한 후에도 의학뿐 아니라 철학, 심리학, 사회과학 분야의 연구를 꾸준히 하였다. 이런 경험이 그의 인간관과 심리상담 이론에 큰 영향을 미쳤다. Adler는 Freud의 초대로 비엔나 정신분석학회(Vienna Psychoanalytic Society) 초창기 회원으로 참여했고 1910년에는 그 학회의 의장도 되었으나, 이념적 차이로 Freud와 결별하고 자신의 추종자들과 함께 따로 '개인심리학회(Society for Individual Psychology)'를 창립하였다. Adler는 정신건강을 위해 치료보다는 예방이 중요함을 강조하였고, 예방을 위해서나 조기치료를 위해서 교육에 많은 관심을 가졌다. 제1차 세계대전 이후 오스트리아의 교육개혁 프로그램을 주관하였고 비엔나 학교체계와 연계하여 최초의 아동상담소를 설립하였다. (심리치료) 실험학교도 세워 치료교육, 교육치료적 틀을 체계화했으며 부모교육, 부모상담 프로그램, 교사교육, 집단상담의 새로운 장을 개척하였다(양명숙 외, 2013).

1) 기본 가정과 주요 개념

(1) 전체성

Adler는 인간을 역동적이고 통합된 유기체로 보고 사람의 감정, 사고, 행동을 하나의 일관된 전체로 보아야 한다고 주장하였다. 이러한 주장은 Freud의 의식과 무의식, 마음과 육체, 접근과 회피, 양가감정과 갈등개념을 정면으로 반박하는 입장이다. 이 부분을 강조하기 위해 Adler는 자신의 이론을 '개인심리학(individual psychology)'이라 칭하였다. 그가 제시한 개인(individum)은 한 사람을 뜻하는 것이 아니라, 나눌 수 없는(in-divide) 전체성을 강조하기 위해 사용한 용어다. Adler의 전체성 개념은 그 당시에는 Freud의 정신분석적 개념에 밀려 빛을 보지 못했지만, 현대 의학이나 심리학에서는 그의 이론의 우수성이 크게 인정받고 있다.

(2) 열등감과 우월추구의 노력

Adler는 사람이 산다는 것이 열등감을 느끼는 것이라고 하였고, 열등감에 대한 이해 없이는 어떠한 인간도 이해할 수 없고, 인간의 정신병리현상도 이해할 수 없다고 하였다. 자신이 타인보다 무가치한 인간이라고 낮추어 평가할 때 생기는 감정인 열등감은 모든 사람이 가지고 있는 보편적인 감정이며 사람들은 태어나면서부터 이 감정을 다루면서 성장한다. 이러한 감정을 어떤 방식으로 다루는가에 따라 열등감을 신이 준 축복으로 여기고 활용하는 사람들이 있는가 하면 열등감을 저주로 여겨 열등감과 싸우며 힘겹게 정신병리를 앓기도 한다. 사람들은 누구나 열등감을 불편해하고 불쾌하게 여긴다. 이 감정을 극복하려고 애쓰는 기본적인 인간의 욕구가 우월추구의 노력이다. 열등감을 극복하려는 우월추구의 노력이 긍정적인 방향으로 나가면 엄청난 능력을 발휘하며 성장과 발전을 이루게 된다. 그러나 그 노력이 부정적인 방향으로 나가면 열등 콤플렉스와 우월 콤플렉스의 병리적 증상을 나타내며 개인뿐 아니라 사회의 문제를 양산하게 된다.

(3) 가상적 최종목적론

Adler는 인간의 모든 행동은 목적을 지향한다고 보았다. 이는 결정론을 주장했던 Freud와는 또 한 번 정면으로 부딪히는 개념이다. Adler는 인간의 행동을 이해하기 위해서는 그 사람들이 무의식적으로 추구하는 행동의 목적을 이해해야 한다고 주장하였다. 그 사람의 목적을 이해하면 흔히 이해할 수 없는 행동이나 증상들도 이해할 수 있게 된다는 것이다. Adler는 인간은 환경에 반응하는 반응자(reactor)가 아니라, 자신이 선택한 삶의 목표를 향해 자신의 삶을 창조해 나가는 행위자(proactor)라고 하였다. 인간이 추구하는 최종목적은 인생 초반기에 형성된 것으로, 열등감을 느끼는 순간부터 이를 극복하려는 목적에서 만들어 낸 것이다. 열등감을 보상하려는 수단으로 만들어진 최종목적은 실제가 아니라 가상

(fiction)이다. 검증될 수 없는 가상 또는 허구적인 것이지만 그의 삶에 강력한 영향력을 미치고, 그의 삶을 움직이는 동력이 된다. Adler는 Vahihinger(1911)의 가상의 철학, '마치 ~인 것 같은 철학(philosophy of as if)'을 그의 이론에 가져와서 최종목적론에 가상적 개념을 더하여 가상적 최종목적론의 개념을 완성하였다.

(4) 창조적 자아

개인의 열등감에 대한 해석, 우월추구의 노력의 방향, 가상적 최종목적론 등의 설명에서 빠지지 않고 나오는 개념이 인간은 수동적 존재가 아니라 창조적인 존재라는 것이다. Adler는 인간에게서 유전과 환경을 뛰어넘는 제3의 힘, 즉 창조적인 능력이 있음을 보았다. 같은 사건을 당해도 사람들은 각자가 그 사건을 어떻게 이해하고 해석하느냐에 따라서 매우 다른 삶의 태도, 행동과 감정을 보인다. 사람들에게 중요한 것은 주어진 환경 자체가 아니라, 그 개인이 그 환경을 어떻게 느끼고 어떤 의미를 부여하는가에 있다. Adler는 "모든 경험은 여러 가지의 해석을 낳을 수 있다. 두 사람이 비슷한 경험을 하더라도 동일한 결론을 끌어낼 수 없다는 것을 알게 될 것이다."라고 하면서 각 개인의 창조성 또는 의미해석을 중요히 여겼다.

(5) 공동체감

열등감을 인간의 기본적 특성으로 이해한 Adler는 열등한 인간은 다른 어떤 동물보다 더 의존적이고 연약하기 때문에 생존하고 성장하기 위해서 반드시 공동체감을 지닌 주변인들의 도움이 필요하다는 사실을 강조하였다. Adler는 인간의 생존과 발전을 위해 가장 필요한 것이 공동체감 또는 사회적 관심이라는 결론을 내린다. Adler는 인간이 본질적으로 사회적 존재이며, 사람의 행동은 사회적 충동에 의해서 동기화되기에 인간의 행동을 이해하려면 사회적 맥락 속에서 해석해야 한다고 강조하였다. 인간은 '공동체감'을 발달시킬 능력을 갖고 태어나며, 공동체감이 있기 때문에 다른 사람을 이해하고 공감하며 그들과 협동하고 기여할 수 있다고 하였다. Adler는 공동체감을 정신건강의 준거로 내세웠으며, 훈련을 통해 개발될 수 있다고 하였다.

(6) 생활양식

Adler의 성격이론이라고 할 수 있는 생활양식은 Adler의 주요한 심리적 개념을 종합하여 개인의 독특성을 설명하고 있다. 생활양식은 인생의 초기에 개인의 경험을 조직하고 이해하고 그것을 예언하고 통제하기 위해서 발달시킨 개인의 인지조직도다. 각 개인의 독특성을 강조하는 Adler는 유형론적인 분류를 선호하지는 않았지만, 개인의 공동체감과 활동성 수준에 따라 네 가지 생활양식 유형을 제시하였다. 공동체감이 부족하여 자신은 물론 사회에 무익한 생활양식 유형으로 지배형, 기생형/획득형, 도피형/회피형이 있고, 공동체감이 높으면서 활동 수준도 높은 생활양식 유형으로 사회적 유용형이 있다(Ansbacher & Ansbacher, 1982; Hjelle & Ziegler, 1981). 지배형은 타인을 지배함으로써 자신의 우월성을 나타내려는 경향이 강한 사람들이고, 기생형/획득형은 자신이 원하는 바를 스스로 해결하지 않고 타인에게 의지하여 해결하려는 경향이 강한 사람들이다. 도피형/회피형은 실패할 것을 두려워하여 삶의 문제를 회피하는 경향이 강한 사람들이고, 이와 달리 사회적 유용형은 삶의 과제에 적극적으로 대처하며 타인들과 협력과 협동할 수 있는 능력을 잘 갖춘 사람들이다. 생활양식은 어릴 적부터 개인이 만든 개인의 창조물이라는 점과 개인이 환경을 이해하고 대처하는 방식이라는 점을 Adler는 강조하였다.

2) 상담목표와 과정

개인심리학의 상담목표는 내담자의 열등감 극복, 잘못된 생활양식 수정, 잘못된 삶의 목표 수정, 공동체감 증진 등을 통해 사회에서 다른 사람들과 상호작용할 수 있는 사람이 되도록 재교육하는 것이다(Dreikurs, 1967; Mosak, 1989). Adler 상담과정은 일반적으로 4단계로 진행된다.

첫 번째 단계에서는 내담자가 상담자에게 이해받고 받아들여진다고 느끼도록 내담자와 공감적 관계를 형성한다. 이를 위해 관심 기울이기, 경청, 목표를 규정하거나 명료화하기, 공감하기 등의 상담기법을 사용한다.

두 번째 단계에서는 내담자가 그의 생활양식을 결정하는 동기나 목표는 물론 내담자의 신념과 정서를 이해할 수 있도록 생활양식을 탐색한다. 이를 위해 가족

내에서의 심리적 위치, 출생순위, 부모-자식관계 등을 살펴보면서 가족구성을 탐색하고 초기 회상, 꿈분석, 성격우선순위, 통합과 요약, 격려의 상담기법을 사용한다.

세 번째 단계에서는 내담자의 잘못된 목표와 자기패배적 행동을 자각 또는 통찰하도록 돕는다. 이때 상담자의 해석은 통찰을 촉진하는 기법이 되며 해석은 주로 삶의 방향, 목표나 목적, 사적인 논리와 그 영향, 현재의 행동을 인식하기 위한 것, 행동의 원인이 아니라 현재 행동의 결과에 초점을 둔다.

네 번째 단계는 재정향단계로 내담자가 문제행동이나 문제상황에 대해서 대안들을 고려해서 변화를 실행하도록 돕는다.

개인심리학의 주요 기법에는 즉시성, 역설적 의도, 마치 ~인 것처럼 행동하기, 수프에 침 뱉기, 자기간파, 단추 누르기, 악동의 함정 피하기 등이 있다. 용기를 북돋워 주는 격려하기 기법은 Adler 상담에 가장 기본적인 상담기법이다. 격려는 내담자가 자신의 열등감을 극복하고, 그들의 가치를 깨닫도록 돕는 데 초점이 있다. 격려를 통해 상담자는 내담자가 자신의 능력과 유용성을 소유하고 있다는 것을 깨닫도록 돕는다. 한 개인의 신념을 변화시키기 위해서는 그가 가진 강점과 장점을 인식하게 하여 자신의 삶의 문제에 용감하게 다가갈 수 있도록 도와주어야 한다. 생활양식 탐색의 주요 기법인 초기기억분석을 통해 내담자의 자아관, 타아관, 세계관을 탐색한다.

내담자가 바라는 행동을 실제 장면이 아닌 가상 장면에서 '마치 ~인 것처럼(as if~)' 해 보게 하는 것, 바람직한 자신의 모습을 상상함으로써 실제로 그렇게 되도록 하는 '마치 ~인 것처럼(as if~)' 기법, 내담자 스스로 자신의 감정을 창조하는 것임을 깨닫도록 돕는 데 사용되는 단추 누르기 기법 등도 청소년들에게 유용한 기법이다.

3. 인간중심상담이론

인간중심상담은 미국 출신 Carl R. Rogers(1902~1987)에 의해 창시되었다.

Rogers, Carl Ransom

Rogers는 아버지가 경영하는 농장에서 어린 시절을 보냈고, 강한 정서적 유대관계 속에서 엄격한 종교적 규범을 지켜야 하는 가족분위기에서 성장하였다. 대학교 학부과정에서는 농학을 전공하였다. 이러한 경험들이 그의 상담이론에 기본 틀을 형성했다고 볼 수 있다. Rogers는 Wisconsin 대학교(학사), Columbia 대학교(석사), Columbia 대학교(철학박사)를 졸업하고, 아동들을 심리치료하는 것으로 그의 경력을 시작했다. 1940년에 Ohio 주립대학교 교수가 되었고, 그의 상담을 이론화하여, 처음에는 자신의 상담을 "비지시적 상담"(1942)이라고 하였다. 1945년 시카고 대학의 상담센터를 지도하기 위해 Ohio에서 Chicago 대학으로 옮겼고, 여기서 "내담자중심치료"(1951)가 탄생하게 되었다. 1950년대와 1960년대는 Rogers 상담학의 전성기였다. 그의 내담자중심상담은 미국뿐 아니라 전 유럽에도 보급되어 적용되었다. Rogers는 1961년 이후에는 "인간중심상담"으로 이름을 바꾸면서 자신의 이론을 발전시켜 나갔다.

1) 기본 가정과 주요 개념

(1) 현상학적 세계

Rogers는 같은 사건이라도 그 사건을 경험하는 개인마다 다 다르게 사건을 지각하기 때문에 각 개인의 경험은 모두 다르다고 하였다. 흔히 객관적인 현실, 즉 누구에게나 다 같이 판단되는 현실은 없고, 다만 개인적 현실, 개인이 지각한 현상학적 세계만이 존재한다고 주장하였다. 현상학적 세계는 사람들이 현재 여기에서 지각하고 경험한 세계를 의미한다. 여기에는 의식과 무의식 수준, 개인 내적 및 외적 세계가 다 포함된다. 상담자는 내담자의 현상학적 세계를 이해해야 한다. 내담자의 현상학적 세계를 이해하기 위해서 상담자는 먼저 내담자의 내면세계에 들어가야 하고, 내담자의 세계관을 내담자의 현실로 받아들어야 한다. 또한 그들의 세계관을 공감해 주어야 하고, 내담자에 대한 공감적 수용을 무비판적으로 전달해 주어야 한다. 상담자가 내담자의 세계와 그의 세계에서 사용되는 언어를 배워서 그들의 현상학적 세계를 이해해 주는 것이 내담자의 치유력, 즉 자기실현경향성을 회복시켜 주게 된다.

(2) 자기

사람들은 외부세계를 지각하고 경험하면서 그것에 대한 의미를 부여하며 산다. '자기(self)'에 대한 인식이 어떠한지에 따라 자신은 물론이고 외부세계에 대한 인식도 달라진다. 자기는 어린 시절에 형성되어 성장하는 동안 다양한 사람과 상호작용을 하고, 많은 경험을 하면서 성숙해지고 복잡해진다. 자기는 자신에 대해 가지고 있는 이미지, 즉 자기상이라 할 수 있다. 자기개념은 현실적 자기와 이상적 자기로 구분되는데, 현실적 자기는 자신을 현재 어떤 사람으로 인식하는지와 관련되고, 이상적 자기는 앞으로 자신이 어떠한 존재가 되고 싶은지와 관련 있다. 이 두 자기 간의 불일치가 커지게 되면 상처받기 쉽고 불안을 느낀다. 불일치는 그 사람의 통합감과 전체감을 잃게 하고, 심리적 갈등과 문제를 겪게 한다.

(3) 자기실현경향성

자기실현경향성(self-actualizing tendency)은 모든 인간이 본성적으로 자기를 보전, 유지하고 향상시켜서 마침내 자기를 실현하고자 하는 성향을 말한다(양명숙 외, 2013). Rogers는 적절한 환경이 제공되면 인간은 누구나 스스로 성장할 수 있고, 자기의 문제를 이해하고 스스로 해결할 수 있는 잠재적 능력을 가지고 있음을 강조하였다. 인간의 자기실현경향성은 유기체의 잠재력을 발전시키는 생득적 경향을 의미하고, 자율성을 향한 발달과정이며 타율성이나 외부의 통제로부터 벗어나려는 성향이기도 하다(연문희, 이영희, 이장호, 2007). Rogers는 이 경향성이 인간의 가장 주된 동기이며 다른 모든 동기의 원천이 된다고 보았다. 이 경향성이 차단되거나 봉쇄되면 인간은 부적응적 문제를 보이게 된다.

(4) 충분히 기능하는 사람

상담자는 내담자의 자기실현화 경향성이 잘 발휘되도록 하여 내담자가 완전히 기능하는 삶을 살게 도와야 한다. Rogers는 자기실현경향성을 성취한 사람들을 충분히 기능하는 사람(fully functioning person)이라고 불렀고, 그들의 특징을 다섯 가지로 제시하였다. 먼저, 이들은 경험에 대해 개방적인 사람이고, 삶의 매 순간순간에 충실하게 실존적인 삶을 살아가는 존재이며, 실존적인 삶의 순간에 타인이나 사회의 규범을 따라 살지 않고, 자신의 유기체적 경험을 신뢰하여 자신이 옳다고 생각하는 대로 행동한다. 또한 충분히 기능하는 사람은 자기가 선택한 인생을 자유롭게 살아가며, 자신이 한 행동에 대한 책임을 자신이 감당한다. 이들은 자신이 살아가는 모든 영역에서 창의적이며 건설적으로 인생을 살아가는 능력을 지녔다(Rogers, 1961; 이형득, 1987).

(5) 변화의 필요충분조건

Rogers(1957)는 인간을 변화시키는 가장 중요한 조건 여섯 가지를 제시하였다. 이러한 조건들이 일정 기간 동안 충분히 주어진다면 건설적인 성격의 변화를 경험할 수 있을 것이라고 했다. 이 조건은 상담자와 내담자와의 관계에서 주어지는 것인데 가장 중요한 것은 감정에 대한 공감적 반영이다. 통합된 자기와 접촉하여 일치된 상담자는 내담자와 공감적인 관계를 맺는다. 만일 상담자가 내담자의 내적 참조체계를 공감적으로 정확하게 이해해 주면, 내담자는 수용받고 이해받는다는 느낌을 가지게 된다. 이런 과정을 통해서 내담자는 자신을 수용하게 되고, 자신의 내면을 개선할 수 있게 된다. Rogers는 이러한 변화가 가능하기 위해서 여섯 가지의 조건이 필요하다고 하였다. Rogers가 제시한 변화의 필요충분조건은 다음과 같다.

- 첫 번째 조건은 치료자와 가족구성원들 간의 관계, 즉 심리적 접촉이다. 이것은 다른 나머지 다섯 가지 조건들의 기초가 된다.
- 두 번째 조건은 내담자의 불일치(부조화), 즉 심리적 고통이다. 상처를 받았거나 불안하고 통합되지 않은 상태에 있는 사람을 내담자라 부른다. 이들의 개인 간 불일치와 개인 내 불일치 모두를 상담과정에서 다룬다.
- 세 번째 조건은 상담자의 존재로 상담자는 상담관계에서 일치적이고 통합적이어야 한다.
- 네 번째 조건은 무조건적인 긍정적 존중으로, 상담자는 내담자에게 무조건 긍정적인 존중을 해 주어야 한다.
- 다섯 번째 조건은 내담자의 눈을 통해 세상을 보는 공감하기다. 상담자는 내담자의 참조체계에 대해 공감적인 이해를 하고 이 경험을 내담자에게 전달하기 위해 노력해야 한다.

• 여섯 번째 조건은 이해받고 존중됨에 대한 내담자의 지각과 확인이다. 내담자는 자신이 무조건 긍정적인 존중을 받고 있음과 공감적으로 이해받고 있음을 경험해야 한다.

2) 상담목표와 과정

인간중심상담의 상담목표는 내담자가 스스로의 힘으로 현재 직면하고 있는 문제들과 앞으로 일어날 수 있는 문제들에 더 잘 대처할 수 있도록 내담자의 자기실현경향성을 향상시켜 주고, 성장하여 충분히 기능하는 인간이 되도록 돕는 것이다. 인간중심상담자들은 내담자들이 가지고 온 특별한 문제에 초점을 두지 않는다. 대신 그들은 내담자와의 관계형성에 중심을 두며 긍정적인 관계형성을 위해 무조건적이고 온정적인 태도로 반응하기, 문제를 해결하는 내담자의 능력 존중하기, 감정이입으로 내담자의 입장 이해하기를 강조한다. 인간중심상담기법은 내담자들과 긍정적인 관계를 형성하고 내담자들이 그들 자신과 세계를 탐색하고, 그들의 감정을 표현하도록 용기를 불어넣는 데 효과적이다.

인간중심상담과정은 위에서 제시한 여섯 가지 변화의 필요충분조건을 경험하는 순서대로 상담의 과정이 진행된다고 보아도 될 것이다. 내담자가 변화하는 과정에 초점을 맞추어 제시한 인간중심상담의 7단계는 다음과 같이 진행된다.

• 1단계, 소통의 부재: 자신에게는 문제가 없다고 생각하거나 문제에 대한 자신의 몫이 극히 일부분이라고 생각한다.
• 2단계, 도움의 필요성 인식 및 도움 요청: 1단계의 특징을 내담자가 가지고 있기는 하지만, 자발적으로 도움을 요청한다.
• 3단계, 대상으로서의 경험 표현: 내담자는 자신의 경험을 표현하고 받아들이지만 그러한 경험은 대상화되어 있어서 대상과의 관계 속에서 표현되거나 타인의 것처럼 묘사되기도 한다.
• 4단계, 지금-여기에서 좀 더 유연한 경험 표현: 상담의 분위기를 안전하게 지각하고, 지금-여기에서의 감정을 표현하거나 과거의 경험이 지금-여기에 주는 개인적 의미를 탐색한다.

- 5단계, 감정 수용과 책임 증진: 내담자는 자신의 감정을 현재 시제로 자유롭게 표현하기 시작하고 감정들은 충분한 경험에 가까워진다. 이들은 자신이 경험하는 것이 모순되거나 갈등됨에도 불구하고 이것을 자신의 것으로 모두 받아들이면서 통합하려는 경향을 보인다.
- 6단계, 경험과 인식의 일치: 대상으로서의 자기는 사라지고 내담자가 경험한 것이 모두 자기의 것으로 통합된다. 따라서 내담자가 하는 경험의 순간이 더 명확해지고 확실해진다.
- 7단계, 자기실현의 경험: 내담자는 자신이 누구인지, 무엇을 원하는지, 자기 태도가 무엇인지 명확하고 색다른 방법으로 알기 위해 노력한다. 내담자는 자신의 행동과 행동의 흐름, 변화의 특징을 그의 모든 심리학적인 삶 속에 통합시키고 이것이 그의 새로운 구조의 성격이 된다.

인간중심상담과정에서 상담자는 내담자가 성장하도록 도울 수 있는 상담 분위기를 형성하고 진실한 보살핌, 존중, 수용, 이해의 태도를 취해야 한다. 자신이 진실하지 않은 상태, 즉 자기지각과 현실경험 간의 괴리상태에서 상담을 시작한 내담자는 상담을 하면서 자신의 감정들을 경험하고 탐색한다. 자신이 누군가의 평가나 판단 없이 진실하게 존중과 수용, 이해받는 기회를 가지게 된다.

인간중심상담의 가장 기본적인 핵심 상담기법은 무조건적인 긍정적 수용, 진실성, 공감적 이해다. 이 기법은 최근에는 인간중심상담뿐 아니라 모든 상담의 기본 기법으로 사용되고 있다.

무조건적 긍정적 수용은 상담자가 내담자를 한 사람의 인격체로 무조건적으로 무비판적으로 존중하고, 있는 그대로의 모습을 수용해 주는 것이다. 진실성이란 내담자와 관계를 맺는 모든 순간에 상담자가 자신이 내면에서 경험하고 느끼는 바를 진실되게 표현하는 것을 말한다. 공감적 이해는 내담자의 생각, 감정, 경험에 대하여 상담자 자신의 주관적인 입장에서가 아니라 상담자 자신의 감정인 것처럼 내담자의 입장에서 듣고 반응하는 것이다. Rogers(1961)는 이 세 가지 기법이 내담자의 긍정적인 행동과 경험의 변화를 촉진하는 상담자의 태도라고 말하였다.

4. 행동주의상담이론

행동주의상담은 한 사람의 창시자에 의해서 발전된 것이 아니고, 여러 연구가의 이론에 의해서 형성되고 발전되어 가고 있는 이론이다. 가장 먼저 거론되는 학자들은 먼저 행동주의상담모델의 초기 이론인 고전적 조건형성의 이론적 기초를 놓은 학자들이다. 러시아 출신 Ivan Petrovich Pavlov(1849~1936)는 목사의 아들로 신학을 공부하다가 중도에 포기하고 대학교에서 화학과 생리학을 공부하였으며 나중에는 노벨생리의학상을 수상하였다. 또 한 사람 주요 인물은 남아프리카 출신 Joseph Wolpe(1915~1997)다. 두 번째 행동주의상담모델인 조작적 조건형성은 미국 출신 Burrhus Frederic Skinner(1904~1990)의 연구에 근거하여 발전하였다. Skinner는 작가가 되기를 원했으나, 작가의 소질이 없음을 깨닫고 심리학을 전공하기 위해 Harvard 대학원에 입학하였고, 1931년에 박사학위를 받았다. 세 번째 행동주의상담모델인 사회학습이론은 캐나다 출신 Albert Bandura(1925~)의 연구에 근거하여 발전하였다. 그는 캐나다 북부 시골마을에서 자랐으나, 1949년에 영국의 British Columbia 대학교에서 심리학을 공부하고, 그 후 미국 IOWA 대학교에서 석사와 박사학위를 취득하였다(김춘경, 이수연, 이윤주, 정종진, 최웅용, 2016).

1) 기본 가정과 주요 개념

행동주의에서는 인간을 환경에 반응하는 존재로 보았다. 인간의 모든 행동은 환경에서 오는 자극에 반응하는 양식으로 연합, 강화, 모방 등을 통해 학습된 것이라고 한다. 그래서 인간은 자신을 주도적으로 변화시키고 통제하는 능력과 정신력을 가지고 있지 못하다고 보았다. 이러한 인간관을 가진 행동주의적 상담모델은 고전적 조건형성, 조작적 조건형성, 사회학습이론의 세 영역에서 발달하였다. 기본 가정은 이 세 가지 모델의 특징을 중심으로 설명하고자 한다.

(1) 고전적 조건형성

고전적 조건형성이란 무조건적 자극에 대해 일어나는 무조건적 반사반응을 아

Pavlov, Ivan

무런 관련이 없는 다른 중성자극에 대해서도 동일하게 나타나도록 학습시키는 것을 말한다. 이 개념은 개가 사육사의 발자국 소리나 열쇠 소리만 들어도 침을 흘리는 사실을 관찰하면서 Pavlov가 찾아낸 원리다. 개는 먹이(무조건적 자극)를 주면 침(무조건적 반응)을 흘린다. 먹이를 주기 전에 무조건적 반응과 아무런 상관이 없는 종소리(중성자극)를 개에게 들려주면, 나중에는 먹이 없이 종소리만 들어도 개는 침을 흘린다. 이는 중성자극인 종소리가 무조건적 자극인 먹이와 연합되어 조건 반응을 일으켰기 때문이다. 이것을 고전적 조건형성이라고 한다.

Watson은 이 원리를 동물이 아닌 사람에게 적용했다. 그 실험이 유명한 Albert의 흰쥐 실험이다. 11개월인 Albert는 원래 흰쥐에 대한 두려움이나 공포가 없었다. 실험장면에서 Watson은 Albert가 흰쥐에게 접근할 때마다 Albert 뒤에서 매우 큰 소리를 내서 Albert가 깜짝 놀라 울게 만들었다. 이런 실험을 계속해서 반복한 이후 Albert는 큰 소리가 나지 않아도 흰쥐만 보면 놀라서 우는 공포반응을 보였다. Albert는 흰쥐에게서만 이런 공포반응을 보인 게 아니라 흰토끼, 흰 털 코트, 흰 깃털 등의 비슷한 종류를 봐도 같은 공포 반응을 보였다. 자극의 일반화 현상이 나타난 것이다.

예방주사를 맞으러 병원에 간 아이가 나중에 의사만 봐도 무서워서 우는 경우를 예로 들 수 있다. 예방주사가 유발한 아픔과 고통의 반응이 의사만 봐도 주사 맞을 때와 같은 반응을 나타낸다. 이것이 조건형성의 과정이다. 놀람, 회피, 두려움, 메스꺼움과 같은 반사적 행동들은 조건형성과정을 통해서 의미 있는 환경 자극과 연결될 수 있다. 고전적 반응적 조건형성은 일생을 통해 일어나는 많은 연합학습을 설명해 준다. 특정한 상징이 심상이나 정서적 반응 혹은 대상과 짝지어질 때, 그 상징은 새로운 의미를 지니게 된다. 다양한 청소년의 행동이나 반응은 영유아기를 통해 지속적으로 조건형성에 의해 학습된 결과라고 할 수 있고, 공포와 불안 증세도 이런 고전적 조건형성의 결과로 설명할 수 있다. 반응적 조건형성 모델은 문제행동의 조건형성과정을 탐색하고, 새로운 조건형성과정을 형성하여 문제행동을 변화시키는 데 도움을 주는 이론이다.

고전적 조건형성이론은 문제행동의 학습과정만 설명하는 것이 아니라, Pavlov의 학습법을 역으로 이용하여 잘못 습득된 행동을 소멸하는 것으로도 사용되었다. Albert도 탈조건형성과정을 실험하여 성공하였다. 고전적 조건형성의 원리를 응용한 기법으로는 체계적 둔감법과 혐오치료가 있다.

(2) 조작적 조건형성

Skinner, Burrhus Frederick

조작적 조건형성은 인간의 행동이 조건자극을 통해 수동적이며 소극적으로만 형성되는 것이 아니라 좀 더 적극적이고 능동적으로 형성되는 것을 실험으로 증명한 것으로, 특정 행동 이후에 강화를 제공함으로써 행동을 조건형성시키는 것이다. 자신의 이론을 증명하기 위해서 Skinner가 실시한 것이 스키너 상자 실험이다. 스키너 상자 안에는 지렛대와 먹이접시가 있고, 지렛대가 눌러지면 먹이가 나오게 되어 있다. 여기에 쥐를 넣어서 쥐가 상자 안에서 이리저리 다니다가 우연히 상자에 있는 지렛대를 누르게 된다. 그때 먹이가 접시에 떨어진다. 이 경험을 반복하게 되면 쥐는 자주 지렛대를 눌러서 먹이를 취하게 된다. 먹이라는 강화를 통해 지렛대를 자주 누르는 쥐의 행동이 조건형성된 것이다. 강화, 강화계획, 처벌 및 소거 등의 주요한 개념이 스키너의 상자 실험에서 나온 것이다.

행동주의상담에서는 Skinner의 조작적 조건형성에 근거를 둔 행동분석을 한다. 행동분석은 관심 있는 행동을 직접 측정하고 그 행동과 관련 있는 전제 조건과 후속 결과들을 명료히 하고, 행동을 변화시키기 위한 전제 조건과 후속 결과들을 조작하는 것이다. 여기서 중요한 것은 조작적 조건형성에서 기인하는 모든 행동이 아니라 행동분석 절차다. Ross(1976)는 행동의 원인을 개념화하면서 인간의 행동은 오랜 기간의 유전적, 기질적 요인, 과거의 학습 역사, 현재의 생리적 상태, 현재의 환경적 요인에 의하여 결정된다고 하였다. 행동 변화를 위하여 앞의 세 가지는 조작하기 어렵지만, 현재 개인의 환경은 조작적 조건형성의 원리에 입각하여 변화시킬 수 있다는 것이다. 조작적 조건형성에 있어서 행동은 선행 자극과 후속 결과 사이에서 일어나는 것으로 볼 수 있다. 행동에 뒤따르는 결과는 다음에 일어날 가능성이 있는 행동에 영향을 주기 때문에 중요하다.

행동이 다시 일어날 가능성을 증가시키는 것을 강화라고 하고, 다시 일어날 가능성을 감소시키는 것을 처벌이라고 한다. 강화에는 개인의 행동에 대한 자극을 주는 정적 강화와 개인의 행동에 대해 불쾌한 자극을 제거해 주는 부적 강화가 있다. 예를 들어, 학생이 공부를 열심히 해서 좋은 성적을 받았을 때 용돈을 주는 것은 정적 강화이고, 청소하기나 쓰레기 버리기와 같은 집안일을 안 해도 되게 하는 것은 부적 강화다. 벌에도 두 가지가 있다. 행동의 결과로 부적 강화물을 제공하는 제1유형의 벌과 정적 강화물을 빼앗는 제2유형의 벌이 있다. 예를 들면, 자녀가 공부를 안 해서 꾸중을 들으면 제1유형의 벌이고, 컴퓨터를 없애면 제2유형의 벌이다. 어떤 행동이 나타날 가능성이 바뀔 수 있는 또 한 가지 방식은 행동의 후속 결과를 제거하는 것이다. 이것은 행동의 출현 빈도를 줄이는데 이 과정을 소거라고 한다.

Skinner에 의하면 상담이란 내담자의 바람직한 행동은 더욱더 증강시켜 주며 바람직하지 못한 행동은 약화 또는 감소시킴으로서 내담자의 적응력을 높이게끔 도와주는 재학습과정이다. 행동주의상담에서 상담자가 할 일은 부적응적 행동을 적응적인 행동으로 변화시키기 위해 학습원리를 적용하는 것이다. 조작적 조건형성의 원리를 응용한 기법으로는 긍정적 강화, 행동조성, 자기표현훈련, 모방학습 및 대리경제체제 등이 있다.

(3) 사회학습이론

Bandura, Albert

사회학습이론은 자극이나 강화를 경험하지 않아도 타인의 행동을 관찰하는 것만으로도 인간은 행동을 학습할 수 있다는 Bandura의 이론이다. Bandura는 학습과 관련된 인간의 인지과정에 초점을 맞추어 사회학습이론을 발전시켰다. Bandura는 사회학습이론을 발전시키기 위해 보보인형 실험을 실시하였다. 세 집단으로 나눈 4세 된 유아들에게 보보인형을 때리고 넘어뜨리는 공격적 행동을 하는 성인의 모습을 담은 비디오를 보여 주었다. 세 집단에게 제시된 성인의 공격적 행동을 담은 비디오는 세 가지의 다른 결말을 제시하게 만들어졌다. 첫 번째 비디오는 공격적 성인이 칭찬을 받으면서 선물을 받는 장면이고, 두 번째 비디오는 공격적 성인이 혼나거나 처벌을 받는 장면이고, 세 번째 비디오는 상이나 처벌 중 아무것도 받지 않는 장면으로 처리되었다. Bandura는 비디오를 시청한 유아들을 비디오를 본 후 보보인형과 다른 장난감이 있는 방으로 들여보내서 그들이 얼마나 자주 성인과 같은 공격 행동을 하는지를 관찰하였다. 그 결과 두 번째 집단, 즉 공격적 성인이 혼나거나 처벌을 받는 결말의 비디오를 시청한 유아들이 다른 두 집단의 유아들보다 공격 행동을 덜 보이는 것을 관찰했다. 그 이후 한 번 더 실험을 했는데, 유아들에게 비디오에서 본 것을 따라 하면 선물을 주겠다고 말한 뒤 유아의 행동을 측정한 결과, 세 집단 모두에서 동일한 수준의 공격 행동을 보이는 것으로 나타났다. 이는 공격 행동에 대해 처벌받는 것을 관찰학습한 것이 공격 행동을 억제할 수는 있어도, 유아가 모델링을 통해 공격 행동을 학습하는 것에는 크게 영향을 미치지 못하는 것을 의미한다고 볼 수 있다.

사회학습이론은 사람들이 직접적으로 아무런 자극제 없이 자주 배우고 바꾸는 그들 행동의 의식에서 비롯되었는데, 이것을 관찰학습이라고도 한다. 관찰학습은 사람들의 새로운 행동 습득 능력을 광범위하게 확장시켰다.

2) 상담목표와 과정

행동주의상담목표는 학습된 인간의 부적응적 행동을 소거하고 보다 적응적이고 바람직한 행동을 새롭게 학습하거나 증진하도록 학습의 새로운 조건을 창출하는 것이다. 행동주의상담에서는 바람직한 행동은 더욱더 증가시켜 주며 바람직하지 못한 행동은 약화 또는 감소시킴으로써 이상행동자의 적응력을 높이게끔 도와주는 것을 목표로 한다.

일반적으로 행동주의상담의 과정은, ① 상담관계의 형성, ② 문제행동의 규명, ③ 행동분석, ④ 상담목표와 방법 협의, ⑤ 상담의 실행, ⑥ 상담결과의 조정 및 평가, ⑦ 상담효과의 유지와 일반화 및 종결로 구성된다. 이러한 과정에서 활용되는 주요 기술로는 주장훈련, 체계적 과민성 제거, 결과 직면, 감동적 구상법, 부의 연습, 심적 포화, 혐오기술, 정적 강화, 대리경제체제, 조형, 시범, 역할연기, 행동연습, 자기지시, 사고중지, 행동계약, 인지적 행동수정, 자기지도 등이 있다.

5. 인지행동치료이론

Beck, Aron Temkin

인지행동치료는 행동치료에서 발전하여 인간의 심리적, 정신적 문제에는 왜곡된 인지적 정보처리방법이 깊게 관여하고 있다는 인식이 대두되면서 발전하기 시작한 것이다. 인지행동치료는 인간의 외적 행동뿐 아니라 불안이나 동기 같은 내면적 변인들도 학습의 원리로 변화시키려는 행동치료적 접근이 나타나면서, 또 사회학습이론의 발전으로 행동의 변화에 인지적 요인을 고려하면서 급성장하게 된 이론이다. 이 이론은 1960년대 초반 정신분석적 치료에 불만을 가진 Beck과 Ellis에 의해서 개발되기 시작하였다. 인지행동적 접근에는 이 두 사람에 의해서 발전된 두 가지 이론이 있다. 먼저 인지행동상담은 러시아계 유대인 미국 이민자의 아들인 Aron Temkin Beck(1921~)에 의해 발전되었다. Beck은 Brown 대학교에서 영어와 정치를 전공하고, 1942년에 Yale 대학교 의과대학교에 입학하고 1946년 졸업한 이후 정신과 전문의의 삶을 살았다. 두 번째 합리적 정서행동치료는 미국 유대인 집안 출신인 Albert Ellis(1913~2007)가 발전시킨 이론이다. 어린 시절 많은 시련을 겪은 Ellis는 New York 시립대학교에서 경영학을 전공하였으나, 1943년과 1947년에 Columbia 대학교에서 임상심리학으로 석 · 박사학위를 취득하였다. 1950년대 초반까지 정신분석수련을 받다가 1953년에 정신분석과 결별하고 자신의 이론인 REBT를 주창하였다.

1) 기본 가정과 주요 개념

(1) 인지적 결정론

인지행동상담자들은 인지결정론적 입장을 가지고 있다. 인간의 감정, 정서, 행동, 사고 중 가장 중요한 것이 사고, 즉 인지라는 것이다. 개인의 감정이나 행동은 자신이 생각하는 방식이나 사고의 내용에 의해 결정된다고 본다. 이들은 인간을 자기통제와 자율성을 가진 존재로 보았고, 개인의 사고와 인지를 변화시킴으로써 부차적으로 감정과 행동을 수정할 수 있다는 관점에서 인간을 이해하고 상담을 진행한다.

(2) 비합리적 신념

Ellis, Albert

Ellis는 개인의 정서적 혼란은 대부분 비합리적 신념에서 유발된다고 보았다. 사람들이 정서적 문제를 겪는 결정적인 원인은 일상생활에서 겪는 구체적인 사건들 때문이 아니라 그 사건을 합리적이지 못한 방식으로 지각하고 받아들이기 때문이다(Ellis, 1991). 따라서 상담자는 청소년내담자들의 정서적 혼란을 유도하는 인지적 과정, 또는 비합리적 신념이 무엇인지 알아야 하며, 어떻게 그러한 비합리적 신념이 그들의 정서를 혼란케 하며 문제행동을 유발하는지를 알아야 한다. Ellis는 비합리적 신념을 지닌 사람들에게서 당위적 사고와 과장적 사고, 좌절에 대한 인내심 부족, 그리고 인간가치에 대한 총체적 비하와 관련된 비합리적 사고가 있음을 찾아냈다. 당위적 사고란 '반드시, 당연히, 꼭 ~해야 한다'는 현실과 동떨어진 경직된 생각을 하는 것으로 이것은 인간문제의 근원이 되며, 자기비하 및 타인비난 등의 비합리적 결론을 유도한다. 과장적 사고는 '~하면 아주 큰 일이 난다'와 같은 생각으로 현실을 있는 그대로 보지 않고 과장해서 생각하는 것이다. 또한 자기 및 타인 그리고 상황에 대해 극도로 파괴적인 사고를 유발하는 '다른 사람들에게 사랑을 받지 못하면 그건 끔찍한 일이다' 또는 '실수를 하면 나는 나쁜 사람이다' 등과 같은 생각이나, 개인이 원하는 것이나 요구하는 것이 이루어지지 않는 고통스러운 상황을 충분히 견디거나 인내하지 못하는 성향으로 인해 느끼지 않아도 되는 자기패배적 정서를 불러일으킨다.

Ellis(1991)가 제시한 전형적인 비합리적 신념들은 사춘기 청소년들을 이해하는데 도움이 될 것이다.

- 나는 내가 만나는 모든 사람에게 사랑받고 인정받고 이해받아야만 가치 있는 사람이다.
- 어떤 사람들은 나쁘고 사악하기 때문에 반드시 비난받고 처벌받아야만 한다.
- 일이 뜻대로 진행되지 않는 것은 내 인생이 실패했다는 의미이고 끔찍한 일이다.
- 위험하거나 두려운 일들이 일어나 큰 해를 끼칠 수 있으므로 그 가능성을 늘 생각하고 있어야 한다.

- 완벽한 능력이 있고 성공을 해야만 가치 있는 인간이다.
- 인간의 문제에는 완전한 해결책이 있고, 그 해결책을 발견할 수 없다는 것은 끔찍한 일이다.
- 세상은 반드시 공평해야 하며 정의는 반드시 승리해야 한다.
- 나는 항상 고통이 없이 편안해야만 한다.
- 나는 아마 미쳐 가고 있는지도 모른다. 그러나 나는 미쳐서는 안 된다. 왜냐하면 그것을 견딜 수 없기 때문이다.
- 인생에서의 어려움은 부딪히기보다 피해 가는 것이 편하다.
- 우리는 다른 사람에게 의지해야만 하고, 의지할 수 있는 강한 누군가가 있어야만 한다.
- 행복이란 외부 사건들에 의해 결정되며 우리가 통제할 수 있는 것이 아니다.
- 나의 과거의 사건들이 현재의 행동을 결정한다. (Ellis & MacLaren, 2005; 박경애, 1997)

(3) ABCDE 모델

ABCDE 모델은 Ellis의 성격이론의 핵심으로 인간이 비합리적 신념으로 인해서 부적응적인 정서와 행동에 고착되는 것을 설명해 주는 모델이다. 영어의 A, B, C, D, E는 선행 사건을 의미하는 activating events, 사고나 신념을 의미하는 belief system, 결과를 의미하는 consequence, 논박을 의미하는 dispute, 효과를 의미하는 effect의 머리글자를 따온 것이다. 어떤 사건(activating events: A)이 일어나면 각 개인은 이 사건을 자신의 신념체계(belief system: B)를 매개로 하여 지각하고, 사건을 자신의 가치관이나 태도에 비추어 평가하고, 그로 인해 정서적이거나 행동적인 결과(consequence: C), 즉 우울하거나 초조해하거나 화를 내는 행동 등을 하게 된다. 여기서 C가 문제가 되는데, 불안, 우울, 열등감, 시기, 질투, 죄의식 등과 같은 정서적 반응(emotional consequence: C)은 주로 개인의 신념체계(belief system: B)에 의해서 발생하는 것이지, 어떤 사건(activating events: A) 때문이 아니라는 것이다. 좀 더 정확히 말하면 그 사건에 대해 가지는 비합리적 신념(irrational belief: iB)이 문제다. 이러한 문제는 합리적인 신념(rational belief: rB)에 의해 효과적으로 논박(dispute: D)될 때 사라진다. 그리고 이러한 논박의 결과로 새로운 철학이나 새로운 인지체계를 가져오는 결과(effects: E)와 그에 따른 합리적인 감정(feeling: F)을 낳게 된다고 설명한다.

(4) 자동적 사고

자동적 사고는 Beck의 핵심개념으로 개인이 특정 사건을 경험할 때 자동적으로 떠오르는 생각이다. Beck은 인간의 심리적 문제는 환경적 스트레스나 부정적 생활사건을 경험하게 될 때 자동적으로 떠올리게 되는 부정적인 자동적 사고로 인해 유발된다고 하였다. 여기서 문제되는 것은 여러 자극에 대해 어떤 내용의 자동적 사고가 유발되는가다. 긍정적이거나 중립적인 것은 문제가 안 된다. 부정적 내용의 자동적 사고가 심리적 문제를 야기하게 된다. Beck(1979)은 우울증 환자들의 자동적 사고인 우울증의 인지삼제(cognitive triad)를 제시하였다. 첫째, '나는 가치 없는 사람이다'와 같은 자신에 대한 비관적 생각, 둘째, '나의 미래는 절망뿐이다'와 같은 앞날에 대한 염세적 생각, 셋째, '세상은 나를 받아 주지 않는다'와 같은 세상에 대한 부정적 생각이다. 이러한 생각을 가지고 있는 사람이 생활 속에서 자동적 사고를 유발하는 사건을 경험하게 될 경우 우울증이라는 심각한 심리적 문제를 가지게 된다.

(5) 역기능적 인지도식

사람들은 살면서 자신의 삶 속에서 자기 나름대로 자신과 타인, 세상과 인생 등에 대한 지식의 체계를 형성한다. 세상을 살아오는 과정 속에서 자신의 삶에 관한 이해의 틀을 형성하게 된 것이 삶의 인지도식이다. 인지행동상담자들은 사람들이 형성한 인지도식이 부정적인 내용으로 구성된 경우 삶에 기능적으로 대처하지 못하고 심리적 문제로 고통을 당할 위험이 크다고 하였다. 타인의 사랑 없이는 내가 행복해질 수 없거나, 다른 사람에게 도움을 요청하는 것은 나약함의 표시라는 생각들이 역기능적 인지도식이다. 이러한 역기능적 인지도식은 부정적인 자동적 사고를 활성화해서 심리적 문제를 야기시킨다.

(6) 인지 왜곡

자동적 사고를 유발하는 역기능적 인지도식은 인지적 오류를 발생시킨다. 인지적 오류란 자신의 현실을 제대로 지각하지 못하거나 그 의미를 왜곡하여 받아들이는 인지 왜곡을 말한다. 대표적인 인지 왜곡에는 다음과 같은 것이 있다(권석만, 2012; 양명숙 외, 2013).

- 이분법적 사고(흑백논리): 여러 가능성이 있음에도 불구하고 단지 두 개의 상반된 범주의 관점에서만 해석하는 오류다. "내가 완전하게 성공하지 못한다면, 나는 실패한 것이다."
- 파국화: 개인이 걱정하는 사건을 지나치게 과장하여 두려워하는 오류로 다른 좀 더 가능성이 있는 결과물에 대한 고려를 하지 않고 미래에 일어날 파국적인 사건을 예상하는 것을 말한다. "새로 전학 가는 학교 아이들은 모두 나를 싫어할 거야."
- 임의적(자의적) 추론: 어떠한 결론을 내릴 때 충분한 증거가 없음에도 최종적인 결론을 성급히 내려 버리는 오류다. 이성친구가 시험 준비로 바빠서 자신의 생일을 잊어버린 경우, "이제 그 애가 나와 헤어지려고 연락을 안 하는구나."라는 결론을 내리고 이별을 준비하는 경우가 이에 해당된다.
- 과잉일반화: 현재의 사실에서 과도하게 극단적 신념을 가지고 일반적인 결론을 내려 그와 무관한 상황에서도 그 결론을 적용하는 오류다. "그 파티에서 불편했어. 난 친구를 사귀는 데 필요한 자질을 가지고 있지 않나 봐."
- 선택적 추상화(정신적 여과): 상황이나 사건의 주된 내용은 무시하고 일부 특정 정보에만 주의를 기울여 사건 전체의 의미를 해석하는 오류다. 많은 사람 앞에서 강의를 한 후 대다수의 긍정적 반응보다는 소수의 부정적 반응에만 선택적으로 주의를 기울여 그 강의는 실패였다고 단정 짓는 경우가 이에 해당된다.
- 극대화 및 극소화: 사건의 의미나 중요성을 지나치게 과장하거나 축소하는 오류다. 흔히 사람들은 자신의 실수나 결정 혹은 개인의 재능을 바라볼 때 그것들을 실제보다 좀 더 큰 것처럼 보기도 하고, 자신의 장점이나 타인의 문제들을 축소해 보기도 한다. 이로 인해 결국 자신이 타인들보다 열등하다고 생각하거나 우울하다고 느끼게 된다.

2) 상담목표와 과정

REBT의 상담목표는 내담자의 자기패배적 신념과 자기 또는 타인을 비난하는 태도를 감소시키고, 좀 더 실제적이고 현실적인 사고를 증진시키도록 돕는 것이다. 이러한 상담목표는 정서적으로 왜곡된 비합리적 신념이나 태도가 내담자의 인생에 어떻게 역기능적 결과를 초래하는지를 보여 주고, 내담자가 자신의 비합리적 신념을 논박하거나 무너뜨려서 합리적 사고로 대처할 수 있도록 가르치는 과정을 통해서 달성하게 된다.

인지행동치료에서는 인지적 재구성을 목표로 한다. 이러한 상담의 목표는 내담자의 잘못된 사고체계나 부정적인 자동적 사고를 발견하여 이를 보다 적응적인 사고로 대체하고, 부정적인 자동적 사고의 근원이 되는 역기능적 도식을 찾아내어 이를 현실적인 내용으로 수정하는 상담과정을 통해서 달성하게 된다.

6. 구성주의상담이론

포스트모더니즘(postmodernism)의 확산으로 발전된 상담모델로 해결중심상담과 이야기치료가 있다. 이 두 이론은 사회구성주의(social-constructionism) 철학에 기반을 둔 상담이론으로 처음에는 가족치료에서 발달하였지만, 최근에는 모든 상담 분야에서 활발하게 활용되고 있다.

객관적인 사실과 실재만을 믿는 과학적 낙관주의와는 다르게 사회구성주의에서는 현실이 개인에 의해 사회적, 심리적으로 구성된 것이라 주장한다. 타인과 상호작용하고 사람들을 관찰하면서 개인은 새로운 의미를 구성하고 이를 통해 일어나는 변화에 근거하여 무엇이 진짜인지에 대한 사고 구조를 형성한다.

사회구성주의자들은 객관적 진실은 인식될 수 없는 것이고 객관적 진실을 추구하는 자체가 헛된 노력이라고 한다. 진리가 개인과 독립하여 진리로 존재하는 것이 아니고 환경과의 상호작용을 통해 구성되는 것이라는 점을 강조한다. 진실을 알기 위해서 경험의 일부 요소들을 선택하고 조직화하는 것 자체가 이미 주관적 목적과 필요에 의해서 행해지는 것이기 때문에 객관적 인식이란 불가능하다는 것이다. 구성주의자들은 언어(language)와 이야기(narrative)에 관심을 가지는 데, 언어와 이야기가 내담자의 현실을 구성하기 위해 사용되는 중요한 매체가 되기 때문이다(Franklin, 1998; Berger & Luckman, 1966; 정문자, 정혜정, 이신혜, 전영주, 2012에서 재인용).

1) 해결중심 상담이론

해결중심상담은 미국 Milwaukee 출신 Steve de Shazer(1940~2005), 한국 출신 Insoo Kim Berg(1934~2007: 김인수)와 그들의 동료들에 의해 Milwaukee의 Brief Family Therapy 센터에서 발달되었다. de Shazer는 사회학과 심리치료에 심취해 연구하면서 Haley와 M. Erickson의 전략적 접근법에 큰 관심을 가지고 단기치료법을 연구하였고, 그의 배우자이자 동료인 김인수와 함께 해결중심 단기가족치료를 발전시켰다. 김인수는 한국에서 약학을 전공하고 미국으로 약학을 전공하러 유학을 가서 화학과 사회복지학 석사를 한 후 심리치료에 관심을 가지고 연구하면서 Chicago 가족연구소, Falo Alto에 있는 정신건강연구소(MRI) 등에서 훈련을 받으면서 동료들과 함께 미국 Milwaukee에 단기가족치료센터를 설립하고 해결중심가족치료모델을 발전시켰다.

De Shazer, Steve

(1) 인간의 긍정적 관점 지향

해결중심상담은 인간에 대한 긍정적인 철학을 가지고 있다. 근본적으로 인간은 건강하고 능력이 있고, 누구나 자신의 문제를 해결할 수 있는 능력을 가지고 있다는 신념을 갖고 있다. 그래서 상담자는 문제를 해결하는 데 사용될 수 있는 성공과 강점, 자원과 특성들을 규명하고 이것을 내담자가 받아들일 수 있도록 하여 스스로 해결책을 찾아 나가도록 돕는다. 해결중심상담자인 O'Hanlon은 '정신적인 낙관론자'로 자신을 표현한다. 그는 해결중심상담은 먼저 상담자가 긍정적으로 이야기하고, 그다음 내담자가 긍정적으로 이야기하면, 마지막으로 내담자가 긍정적으로 생각하고, 느끼고, 행동하게 된다고 하였다. 긍정적 영향력을 확산시켜 나가는 것이 핵심이라 할 수 있다.

(2) 문제가 아닌 해결에 관심

전통적인 심리상담이 내담자의 문제의 근원이나 원인을 탐색하는 데 중점을 두었다면, 해결중심상담은 문제의 해결에 집중한다. 상담의 초점을 문제의 원인에 두지 않고, 내담자가 원하는 변화, 문제해결방안과 새로운 행동 유형에 둔다. 상담자의 질문에서도 확연히 드러난다. 문제중심상담에서는 '무엇을 도와드릴까요? 무슨 문제가 있으신가요? 문제에 대해 좀 더 자세히 말씀해 주시겠습니까? 그 문제는 언제부터 있었나요?' 등과 같은 질문을 한다. 그러나 해결중심상담에서는 '상담이 도움이 된다는 것을 어떻게 아시나요? 무엇을 변화시키기 원하시나요? 그런 문제가 없었던 적이 있었나요? 문제가 없어진다면 당신의 미래는 어떻게 될 거 같은가요?'라는 질문을 한다. 문제보다는 해결이 되었던 상황, 과거에 문제가 없었던 예외상황 또는 미래에 문제가 다 해결된 상황에 초점을 두고 질문을 한다. 문제중심의 상담에서는 문제의 원인이 되었던 과거사건이나 그 사람의 성격형성에 중요한 틀을 제공하는 과거 어린 시절에 관심을 두지만, 해결중심상담에서는 문제가 해결된 미래에 관심을 둔다. 이미 경험했던 것이 아니라 내담자의 해결되길 바라는 문제가 다 해결되고 소망하는 바가 이루어진 것에 관심을 둔다.

(3) 해결중심상담의 원리들

첫째, 병리적인 것 대신에 건강한 것에 초점을 둔다. 내담자의 성공경험에 초점을 두며, 상담에 활용한다.

둘째, 내담자의 강점, 자원, 건강한 특성을 발견하여 상담에 활용한다.

셋째, 탈이론적, 비규범적이며, 내담자의 견해를 존중한다.

넷째, 상담목표를 달성하기 위해 단순한 것에서부터 복잡한 것으로 상담함으로써 경제성을 성취한다.

다섯째, 변화는 항상 일어나며 불가피한 것이다.

여섯째, 현재에 초점을 맞추며 미래지향적이다.

일곱째, 내담자와의 자율적인 협력관계를 중요시한다. (정문자 외, 2012; Berg & Miller, 1992)

(4) 상담목표와 과정

해결중심상담에서는 내담자와 함께 내담자가 원하는 목표를 세우는 것을 중요하게 생각한다. 목표를 세울 때 해결중심상담에서 준수하는 원칙이 있다. 첫째, 내담자에게 중요한 것을 목표로 한다. 둘째, 작은 것을 목표로 한다. 셋째, 구체적이고 명확하며 행동적인 것을 목표로 한다. 넷째, 문제를 없애는 것보다는 긍정적인 행동에 관심을 둔다. 다섯째, 목표를 종식보다는 시작으로 간주한다. 여섯째, 내담자의 생활에서 현실적이고 성취 가능한 것을 목표로 한다. 일곱째, 목표 수행을 힘든 일로 인식한다.

해결중심상담에서는 상담의 기본 가정과 기본 원리가 잘 적용되는 상담기법으로 해결중심 질문기법을 개발하였다. 이것에 관해서는 제10장에 소개하도록 한다.

2) 이야기치료

White, Michael Kingsley

이야기치료는 호주 출신 가족치료사인 Michael White(1948~2008)와 캐나다 출신 문화인류학자인 David Epston(1944~)에 의해서 호주와 뉴질랜드를 중심으로 발전되어 온 상담모델이다. White는 전기기계 제도사로 일하고, 보호감찰 및 아동정신병원에서 사회복지사로도 일하였다. 그는 1981년에 Epston을 만나 함께 이야기치료이론을 발전시켜 나가면서 1983년에 Dulwich 센터를 열어서 가족치료사로 활동하였다. Epston은 캐나다에서 태어났으나, 19세에 캐나다를 떠나 1964년에 뉴질랜드에 정착하여 Auckland 대학와 Edingurgh 대학에서 사회학과 인류학을 전공하였다. 사회복지공인자격을 취득한 뒤 Auckland 병원에서 사회복지사로 일하면서 White와 함께 호주와 뉴질랜드 가족치료 발전에 기여하였다(김춘경 외, 2016).

(1) 이야기하는 존재

이야기치료는 인간이 자신의 삶을 이야기하는 존재이며 또한 자신의 이야기에 따라 인생을 살아가는 존재라는 사실에 집중하였다. 인간이 자신의 삶에서 경험하는 것을 이야기하는 것은 실제 사건이나 허구적인 사건들에 대한 자신의 생각이나 감정들을 단순히 서술하거나 정보를 전달하는 것만이 아니라, 경험된 여러 가지 사건에 의미 있는 해석을 부여하는 작업이다. 이야기를 통해 삶의 사건들을 해석하고 의미를 부여하는 작업은 단순히 과거와 현재의 삶을 반영하는 것뿐만 아니라, 현재와 앞으로 일어날 미래의 삶을 구조화하는(structuring) 역할을 한다. 이야기하는 작업을 통해 인간의 삶 속에서 형성된 구조화된 의미의 틀은 우리 인간의 삶 속의 기억, 생각, 해석, 느낌, 행동 등의 다양한 경험 중에서 어떤 것들을 주목할 것이고, 어떤 것들은 그렇지 않을 것인지에 대한 결정에 영향을 미치게 된다.

(2) 이야기 속에 들어 있는 삶

이야기 속에는 말하는 사람의 삶이 들어 있다. 정신건강에 문제가 있는 사람들은 실망, 실패 그리고 분노로 가득 찬 자기 이야기를 하고, 건강한 사람은 감사와 기쁨, 행복 등의 긍정적인 이야기를 할 것이다. 어떤 사람의 구조화된 이야기 속에는 말한 사람의 과거와 현재의 정체성이 녹아들어 있는 동시에 그 사람이 앞으로 경험하게 될 미래의 경험들을 어떻게 해석할 것인가에 대해서도 미리 예견할 수 있는 요소가 들어 있다. 개인이 가지고 있는 구조화된 이야기의 영향으로 미래에 경험할 수많은 사건들 중에서 그 이야기와 비슷한 경험들을 선택하고 비슷한 방식으로 해석하려는 경향성이 크기 때문이다. 그러나 구조화된 이야기가 정형화된 것은 아니다. 이야기는 시간이 지남에 따라 얼마든지 변할 수 있다.

이야기치료에서는 내담자의 이야기를 문제로 가득 찬 이야기, 지배적 이야기, 대안적 이야기 등으로 나누어 고찰한다. 문제가 가득 찬 이야기는 내담자들이 상담실에 올 때 가지고 온 대부분의 이야기로 삶 속의 여러 가지 사건 중에서 특별히 부정적인 영향력을 지닌 문제적 사건들에 집중하여 의미를 부여하고 해석한 것이거나, 혹은 삶의 사건들을 특별히 부정적인 방향으로 해석한 이야기를 말한다. 지배적 이야기는 개인의 삶에서 선택되어 구조화된 이야기들 중에서 그의 삶에 강력한 영향력을 미치며, 자신과 삶의 정체성을 규정하는 강력한 자료가 되는 이야기다. 대안적 이야기는 인간의 삶 속에서 문제적인 이야기의 부정적인 영향력에서 벗어나 새로운 가능성을 제시해 줄 수 있는 이야기 또는 새로운 의미의 해석을 붙인 이야기다.

(3) 문제가 문제다

이야기치료에서 문제가 되는 것은 문제를 가지고 있는 내담자가 아니라, 문제 바로 그 자체가 문제다. 문제를 자신의 의도와 전략을 가진 독립적이고 객관적인 실체로 부각시켜 문제가 문제이지 사람이 문제가 아니라는 것이다. 그래서 이야기치료사는 내담자에게 내재화(internalizing)되어 있는 문제를 객관화하고 외재화(externalizing)하는 작업을 한다. 사회구성주의 철학에서 강조한 바와 같이 문제는 문화와 역사의 산물이기 때문에 문제를 갖고 있는 사람의 정체성과 분리하여 문제를 생각해야 한다.

문제아를 둔 부모는 자녀를 공격적이고 폭력적인 아이로 표현할 때, 이야기치료사는 "공격성이 자주 아드님을 방문하는군요." 또는 "공격성이 아드님의 학교생활과 친구생활을 방해하고 나아가 부모님들과 관계도 힘들게 하고 있군요."라고 공격성을 외재화하여 말한다. 문제를 아들과 분리시켜서 문제가 문제이고, 아들은 공격성에 의해 휘둘리거나 침범당한 자녀라고 인식하게 되면 부모의 태도는 달라진다. 그렇게 되면 아들을 미워하거나 혼내는 것이 아니라, 아들을 공격하는 문제에 부모가 자녀와 함께 힘을 합하여 대항하는 노력을 할 수 있게 된다. 아들도 문제와 거리를 두려는 노력을 하게 되고, 문제를 극복했던 대안적 이야기를 찾거나 다시 씀으로써 문제해결의 방향으로 발전하게 된다(Carey & Russell, 2003).

(4) 상담목표와 과정

이야기치료의 주된 목표는 문제로 가득 찬 이야기를 하던 내담자가 건강하고 긍정적인 새로운 대안적 이야기를 만들도록 지지하는 것이다(Freedman & Combs, 1996; Zimmerman & Dickerson, 1996). 이야기치료 상담과정은 문제의 정의와 문제의 해체, 독특한 결과의 탐색, 대안적 이야기 구축, 대안적 정체성 구축의 순으로 네 단계를 거치게 되고 그 과정은 순환적으로 진행된다. 주요 상담기법은 외재화하기, 회원재구성지도, 정의예식과 외부증인집단, 치료문서 활동 등이 있다.

Chapter 10 청소년상담의 과정과 기법

상담자들은 자신들의 이론적 배경에 따라 상담과정을 다양하게 나누고 있다. 이 장에서는 이론적 구별 없이 통용될 수 있는 일반적인 상담과정을 소개하고자 한다. 접수면접부터 상담에 포함시키기도 하나, 상담을 진행하는 사람이 접수면접과 심리검사를 하지 않는 경우가 많아서 접수면접과 심리검사는 상담 전 과정으로 분리하여 소개하기로 한다. 상담기법에 관해서도 일반적으로 모든 상담에서 활용할 수 있는 기법과 매체를 중심으로 설명하고자 한다.

1. 상담 전 과정

1) 접수면접

접수면접은 정식 상담을 시작하기 전에 내담자 또는 내담자 부모를 만나서 내담자의 문제와 관련된 구체적인 정보를 얻기 위해 진행되는 과정이다. 접수면접은 부모 중 1명, 부모 모두, 내담자 혼자, 부모와 청소년내담자, 내담자와 가족 모두, 내담자와 교사 등 다양한 구성원의 조합으로 진행될 수 있다. 접수면접은 1회 또는 몇 회기에 걸쳐서 진행된다. 접수면접은 나중에 상담할 사람이 진행하기도 하지만, 상담실의 사정이 허락된다면 숙련된 상담자가 하는 것이 좋다. 모든 상담과정이 마찬가지지만, 초기 접수면접은 앞으로의 상담 진행을 위해 매우 중요한 과정이기에 접수면접자의 태도와 자세, 전문성이 매우 중요하다. 접수면접에서는 내담자와 내담자의 문제에 관한 여러 가지 정보를 수집한다.

접수면접 시 파악해야 할 주요한 정보는 상당히 많다. 먼저, 성별, 생년월일, 주소 또는 연락처, 종교, 신체 및 정신적 질병 내력, 현재 투약 중인 약물, 신체적

장애, 이전 상담경험, 상담신청경로 등 내담자에 대한 기본 정보를 파악해야 한다. 그리고 내담자의 호소문제와 관련해서 상담을 받으러 온 이유, 목적, 배경, 호소문제가 발생한 시기, 상황적 혹은 생물학적 배경, 문제가 발전된 경로, 현재의 상태와 심각성, 문제와 관련된 대인관계적 · 학업적 어려움과 변화, 내담자의 최근 심리적 · 신체적 · 환경적 기능상태, 내담자의 스트레스원, 사회적 지지체계, 호소문제와 관련된 개인사 및 가족관계, 학교생활 등을 구체적으로 파악해야 한다.

접수면접에서는 내담자에 관한 정보만 수집하는 것이 아니고 내담자에게 상담에 관한 정보도 전달해야 한다. 많은 청소년이나 그들의 부모들은 상담에 관해 잘못된 생각을 하고 있는 경우가 많다. 그래서 접수면접 시 상담자는 상담이 무엇인지, 어떤 절차를 거쳐 진행되는지, 상담을 통해 무엇을 얻게 되는지, 상담과정에서 내담자가 해야 할 일이 무엇인지 등을 내담자에게 알려 주어야 한다. 내담자가 처음부터 상담에 대해서 정확히 이해를 하여야 상담에 대한 저항을 줄일 수 있고 상담에 적극적으로 협력하여 상담의 목표를 달성해 나갈 수 있다.

2) 심리검사

초기 면접과정에서 심리검사를 하는 경우가 종종 있다. 상담자의 이론적 배경에 따라 심리검사를 전혀 사용하지 않는 경우도 있지만 내담청소년이 보이는 문제의 상태와 원인, 그리고 현재의 심리상태를 빠른 시간 안에 발견하기 위해서 심리검사를 실시한다. 심리검사를 통해서 내담자의 호소문제와 관련된 사안뿐 아니라 내담자의 동기, 인지 · 정서 · 사회적 발달상태 및 그들의 다양한 능력과 장점 및 약점, 대인관계 패턴과 성격 특성 등을 파악하게 된다. 심리검사결과는 상담의 개념화와 목적설정, 계획 등에 활용된다.

심리검사에는 여러 종류가 있다. 상담자는 어떤 검사를 해야 할지 고민하게 되는데, 청소년에 대한 폭넓은 이해를 위해서 인지평가, 성격검사, 신경심리검사, 부모성격검사 등이 모두 포함되어 있는 검사총집(full-battery)을 실시한다. 그러나 검사의 경제성을 고려할 때 꼭 필요하지 않을 경우에는 검사총집을 실시할 필요는 없다. 검사의 첫 번째 선정 기준은 내담자가 지닌 문제와의 관련성이다. 내담자의 문제를 이해하는 데 도움이 되는 정보를 제공할 수 있는 검사를 선정하는 것이 가장 중요한 선정기준이다. 그리고 검사의 목적이 명확하고, 상담의 목적이 구체적으로 세워지면 타당도와 신뢰도가 높고 표준화된 검사를 선정해야 한다. 또한 심리검사의 실용성도 중요한데, 검사 실시와 채점의 간편성, 검사의 경제성 등을 고려해야 한다. 가능하면 검사시행과 채점이 간편하며 시행시간도 적절하고 검사비용도 지나치게 부담이 되지 않는 검사를 선정해야 한다.

적절하고 유용한 심리검사를 선정하기 위해서는 상담자가 심리검사의 특징과 장단점을 이해하고 있어야 한다. 심리검사에는 측정되는 내용과 검사제작방법에 따라 주관적인 투사검사와 객관적 검사가 있다. 투사검사는 피검자의 무제한적인 다양한 반응을 허용해 주기 위해 검사의 지시방법은 간단하고 검사 자극이 불분명하고 모호하다는 특징이 있다. 따라서 투사검사는 제한 없는 자유로운 반응으로 피검자의 심리적 특성과 독특성을 측정하기에 적절하다. 반면, 객관적 검사는 구조화된 방식으로 검사가 진행되는데, 검사에서 평가하고자 하는 내용이 일정하게 제시되고 일정한 형식에 따라 반응하게 된다. 따라서 객관적 검사는 개인의 독특성보다는 개인마다 공통적으로 지니고 있는 특성이나 차원을 기준으로 하여 개인들을 상대적으로 비교하려는 목적을 지닌 구조화되고 규준에 기초한 검사라 할 수 있다.

투사검사와 객관적 검사 모두 표준화된 검사이기 때문에 검사도구나 검사시행방법, 반응의 채점방식은 일정한 표준절차에 따른다. 그러나 투사검사는 검사로서의 이러한 표준화 조건을 갖추고는 있으나 비구조적 검사라는 특징 때문에 투사적 기법이라고도 한다. 청소년들을 대상으로 표준화되어 있는 검사종류에는 행동을 평가하는 행동평가척도와 지능검사, 학습검사, 적성검사, 진로검사, 성격검사 등이 있다.

- **지능검사**에는 웩슬러 지능검사로 만 6~16세 11개월까지 적용되는 K-WISC-IV와 만 16세 0개월~69세 11개월까지 적용되는 K-WAIS-IV가 가장 많이 사용되고, 만 12세 5개월까지의 청소년에게 사용할 수 있는 카우프만 아동용 지능검사(K-ABC)도 있다.
- **학습관련 검사**에는 김아영(2013)의 학습동기검사(Academic Motivation Test: AMT), 조봉환과 임경희(2003)의 학습홍미검사, 김동일(2004)의 청소년학습전

략검사(Assessment of Learning Strategies for Adolescent: ALSA), 변영계와 김석우(2006)의 학습기술진단검사(Learning Skills Test: LST), 김성현(2009)의 학습집중력검사, 송인섭(2010)의 자기주도학습증진방법검사(Self-Regulated Learning Test: S-RLT) 등이 있다.

- **진로검사**에는 한국직업능력개발원(임언, 정윤경, 성경아, 2001)이 개발한 진로성숙도검사, 한국가이던스(1996; 2012)에서 개발한 홀랜드 진로발달검사, 안창규(1996)의 진로탐색검사(Self-Directed Search: SDS), 이형국(2009)의 진로신념검사(Career Belief Inventory: CBI), 이재창, 최인화, 박미진(2003)의 진로사고검사(Career Thoughts Inventory: CTI), 진로미결정검사(Career Decision Scale: CDS) 등이 있다.
- **직업관련 검사**에는 직업심리학자 E. K. Strong(1927)이 개발한 스트롱 흥미검사(Strong Vocational Interest Blank: SVIB), Valpar가 개발한 발파 흥미검사(Valpar Interest Survey), Gordon(1980)의 고든 직업흥미검사(Gordon Occupation Checklist), Strong과 Campbell(1985)이 개발한 스트롱-캠벨 직업흥미검사(Strong-Campbell Vocational Interest Inventory) 등이 있다.
- **성격검사**에는 미국 미네소타 대학병원에서 개발한 다면적 인성검사(Minnesota Multiphasic Personality Inventory-2: MMPI-2), Jung의 이론에 근거하여 개발된 성격유형검사 MBTI(Myers-Briggs Type Indicator), 김영환, 김지혜, 오상우, 이수정, 조은경, 홍상황(2007)이 우리나라에서 표준화한 청소년용 성격평가질문지(Personality Assessment Inventory: PAI-A) 등이 있다.
- **투사검사**에는 Herman Rorschach(1921)가 개발한 로르샤흐 검사, Murray의 이론에 근거하여 Morgan과 Murray가 개발한 주제통각검사(Thematic Apperception Test: TAT), Sacks의 문장완성검사(Sentence Completion Test: SCT), Lauretta Bender가 개발한 벤더게슈탈트 검사(Bender Gestalt Test: BGT) 등이 있다.

이 밖에도 상담자는 아동 및 청소년, 성인을 공통으로 진단하는 DSM-5의 진단 용어에 익숙해야 한다. 평가는 단지 진단을 하기 위해서뿐만 아니라 타당한 중재로 발전시키기 위해서 필요하다. DSM-5 기준은 내담자를 다른 상담소나 정신건강의학 서비스 기관에 의뢰할 때, 또는 그곳으로부터 의뢰를 받을 때를 위해서 필요하다.

3) 사례개념화

사례개념화는 접수면접, 심리검사, 관찰 등을 통해서 얻은 내담자 관련 자료들을 정리하고 체계화하여 상담계획을 세우는 것이다. 사례개념화에는 내담청소년의 현재 문제 및 기능 수준과 문제의 원인, 현재 문제를 지속시키거나 촉진 또는 강화하는 요인들, 상담목표, 상담계획 등이 포함된다.

현재의 문제와 기능 수준의 목록에는 내담자의 정서적, 인지적, 사회적, 신체적, 학업적 문제들과 내담자 가족 및 주변 환경에서의 문제 등을 기록한다. 현재 문제의 원인을 이해하려는 노력은 상담계획에서 매우 중요한 것이다. 내담자의 문제증상이 발달하는 데 영향을 미쳤을 개인적 원인, 사회관습적 원인, 가족적 원인, 생물학적 및 유전적 원인들을 면밀히 모두 조사해야 한다. 상담에서는 원인을 파악하는 것도 중요하지만 그에 못지않게 내담자의 증상을 촉진하고 강화하는 요인에 대한 이해도 매우 중요하다. 폭력의 문제를 가진 청소년의 경우 부모의 학대가 청소년의 폭력의 원인이 될 수 있고, 갑작스런 부모의 이혼이 청소년의 폭력을 촉진한 요인이 될 수 있다.

증상을 지속시킬 가능성이 있는 강화요인을 찾는 것도 청소년의 문제를 이해하고 상담계획을 세우는 데 큰 도움이 된다. 자살시도를 하고 우울증으로 병원에 입원해 있는 중학교 여학생의 경우, 평소에 부모님이 자주 격하게 부부싸움을 하였고, 급기야 부모가 별거를 하게 되니 자살소동을 벌여서라도 부모님의 갈등과 이혼을 막고 싶어 했다. 증상 이면에 깔린 잠재적 보상을 찾아내면, 적응적인 행동으로 문제를 해결할 수 있는 방안을 찾을 수 있다.

청소년의 핵심문제가 파악되고 문제의 원인 및 문제의 지속 및 강화요인을 분석하고 나면 청소년의 문제를 감소시키고 자신의 역량을 잘 발휘하여 적응적 삶을 살 수 있도록 돕기 위한 상담목표를 설정하고 이를 가장 잘 달성할 수 있는 구체적인 상담계획을 짜야 한다. 상담계획에는 내담자의 문제에 따른 구체적인 세부 목표와 이를 달성할 수 있는 중재전략 등이 포함된다. 또한 상담대상을 누구로 할지도 계획해야 하는데, 청소년 개인은 물론이고 집단, 부모, 가족, 학교교사, 또래친구들 중에서 상담에 도움이 될 사람을 포함해서 상담계획을 짠다. 또한 내담자의 특성, 성향, 기질에 맞는 상담매체를 선정하는 것도 중요하다. 상담매체가 특별한 기술을 요하는 것은 아니지만, 내담자의 취향을 고려하여 상담매체를 선택하면 내담자의 자기표현과 상담몰입이 훨씬 효율적일 수 있다.

2. 상담과정

상담과정은 상담이론에 따라 다양하게 진행된다. 이 장에서는 대부분의 청소년상담과정에서 공통적으로 진행되는 내용을 위주로 소개하고자 한다.

1) 초기단계

상담의 초기단계에서는 상담의 구조화, 관계형성하기, 상담목표 합의하기 등이 이루어져야 한다.

(1) 상담의 구조화

상담의 구조화란 상담자가 초기단계에서 내담자에게 상담에 관련된 상담의 특성, 조건, 절차 등에 관한 제반 규정과 상담의 한계에 대해 설명해 주고, 이에 대해 내담자와 상담자가 합의하는 것이다(Day & Sparacio, 1980). 제반 규정에는 상담시간, 상담약속 취소나 연기방법, 상담횟수, 상담장소, 상담자 및 내담자의 역할, 위기 시 상담자에게 연락하는 방법, 상담관계의 성격, 상담요금 규정 등에 관한 실질적인 지침이 포함된다. 상담의 한계란 상담장면에서 할 수 있는 것이 있는 반면, 할 수 없는 것이 있음을 내담자에게 분명히 구분 지어 알려 주는 것이다. 예를 들어, 상담에서 비밀보장은 가장 기본적인 원칙이다. 그러나 내담청소년이 자살의 위험이 있거나 다른 학생을 해치려 하거나 범죄의 가능성이 보인다면 비밀보장의 원칙은 지킬 수 없다는 사실을 미리 알려 주어야 한다. 또한 시간을 지켜야 하는 시간의 한계, 내담자 문제해결의 책임은 내담자에게 있다는 책임의 한계, 상담자와 아무리 친밀한 사이가 된다 하더라도 애정관계에 있어서 상담자의 윤리기준에 벗어나지 말아야 할 애정의 한계 등에 관해 설명해 주어야 한다(강진령, 연문희, 2009). 구조화는 상담자와 내담자 간의 상담관계를 명료화하고 방향성을 설정하는 데 도움을 주며, 상담자와 내담자 양쪽의 권리, 역할, 책무 등을 보호하도록 해 주며 나아가 상담을 성공적으로 이끄는 데 도움을 준다. 일반적으로, 상담의 구조화란 상담과정이 시작될 수 있도록 일종의 틀을 제공하는 것이다(김춘경, 이수연, 최웅용, 2006)

(2) 관계형성하기

신뢰로운 인간관계가 형성되지 못하면 상담은 그다음 단계로 발전해 나갈 수 없기에 치료적 관계형성은 상담 전체 과정에서 매우 중요하다. 관계형성을 위해서는 무엇보다 상담자의 태도가 중요한데, 이를 위해서는 내담자를 향한 진실되고 무조건적인 수용과 존중의 태도를 지속적으로 보여야 한다. 상담 초기 과정은 대부분의 상담에서 상담자와 내담청소년이 상호 신뢰와 수용을 바탕으로 긍정적인 관계를 형성함으로써 시작된다. 상담은 목표를 이루기 위해 대화하는 것이므로, 치료적 관계를 형성하기 위해 상담자는 청소년의 사고와 문제를 주의 깊게 듣고 자유롭게 얘기할 수 있는 분위기를 마련해 주어야 한다. 또한 청소년이 존중받고 있다고 느끼고 처벌이나 보복의 두려움 없이 자유롭게 그의 내부세계를 충분히 표현할 수 있어야 한다. 그래야만 청소년은 상담에 대한 거부감 없이 자기인식, 자기탐색, 자기노출을 할 수 있는 용기를 가지게 된다.

청소년은 상담자의 숨은 의도나 그들을 변화시키려는 직접적인 시도를 알아채는 데 놀라울 정도로 능숙하다. "선생님은 나를 도와주려는 좋은 사람 같지만, 그래도……."와 같은 말을 직접 하기도 하고, 속으로 그렇게 생각하면서 상담자가 진실로 그들을 보호하고 도와주기를 원하는지에 대해 지속적으로 의심한다. 청소년과의 긍정적이고 신뢰로운 치료적 관계를 형성하는 것이 상담의 가장 기본적이고 필수적인 조건이다. 자유롭게 자신의 생각과 욕구, 억눌린 감정 등을 탐색할 수 있도록 안전하고 수용적이고 비판단적인 상담실 분위기를 형성해 주는 것이 매우 중요하다.

(3) 상담목표 합의하기

접수면접을 통해 수집된 내담자와 내담자의 문제관련 정보를 기초로 하여 상담자가 상담목표를 설정하지만, 이를 기초로 내담자와 함께 진행해 나갈 상담에서의 목표를 합의하는 것은 매우 중요하다. 상담목표가 합의되지 않으면 상담이 제대로 진행되지 않는다. 초반에 상담이 진행되어 가는 것 같이 보여도 결국은 상담자와 내담자가 지향하는 목표가 다르기 때문에 얼마 지나지 않아 두 사람 간에 갈등이 생기게 된다. 상담목표의 합의를 무시하는 일은 실제 장면에서 초보 상담자가 흔히 하는 실수이기도 하다.

Rule(1982)에 의하면, 상담목표는 '일상적인 삶에 에너지를 불어넣어 주는 것'이다. 그러나 상담자와 내담자는 바람직하지 않은 행동을 변화시키는 데 초점을 두기 때문에 상담목표를 탐색하고 명료화하는 데에는 상대적으로 시간과 에너지를 많이 쓰지 않는다(Young, 1992; Nugent, 1990; Gelso & Carter, 1985). 상담은 실제로 '목표와 대화하는 것'이라는 말이 있다. 목표와 관련하여 상담자가 생각하는 목표와 내담자가 생각하는 목표, 또는 내담청소년의 부모나 교사가 생각하는 목표 간의 차이가 있을 때가 있다. 상담자는 청소년을 돕기 위해 거기에 있다는 사실을 청소년에게 짧지만 분명하게 이야기하고, 청소년이 중요하게 생각하는 상담의 목표에 초점을 맞추어 상담을 시작하는 것이 바람직하다.

초기 면접에서 충분한 시간을 가진 경우는 상담목표에 합의하는 부분이 간단하게 지나갈 수 있을 것이다. 그러나 초기 면접을 첫 회기로 간단히 하고 상담을 시작한 경우는 상담 초기에 상담목표를 합의하는 데 많은 시간을 보내게 될 것이다. 앞에서 이미 상담을 시작하기 전에 상담목표를 내담자와 합의해서 세밀히 정할 것을 제안했으나 상담실 상황에 따라 상담 초기에 상담목표의 합의가 이루어지는 경우도 흔히 있다. 내담자와 함께 상담목표를 명확하게 설정하고, 이것을 실천 가능한 용어로 진술하고, 어느 목표를 우선적으로 성취할 것인지를 논의하는 것은 성공적인 상담을 위해서 매우 중요하다.

2) 중기단계

중기단계는 본격적으로 상담자와 내담자가 합의한 목표를 달성하기 위한 작업을 하게 된다. 상담자의 이론적 배경에 따라 다양한 작업을 하게 될 텐데 기본적으로 내담자 문제에 대한 탐색과 분석 그리고 내담자의 인식의 변화가 주요하게 다루어진다. 상담자와의 신뢰를 바탕으로 작업한 결과 성장이 이루어지는 중기 단계를 Jernberg는 성장과 신뢰의 단계라고 하였다(O'Conner, 2001에서 재인용).

(1) 탐색과 분석

상담자의 이론적 배경에 따라 다양한 내용을 다루겠지만, 어떤 관점에서 상담을 진행하든지 중기단계의 중요한 상담목표는 내담자의 문제에 대한 심도 깊은 탐색과 분석이다(Nugent, 1990). 상담을 하면서 내담자는 자신에 대해서뿐만 아니라 자신의 관점이나 태도가 자신의 문제와 어떤 관계가 있는지에 대해서도 더 잘 이해하게 된다.

(2) 인식의 변화

자신의 생각과 욕구를 탐색하고 분석하는 과정을 통해 내담자는 자신의 삶의 목표와 행동이 왜곡되어 있고, 역기능적임을 이해하게 된다. 문제에 대한 통찰이 생기면 지금까지 자신이 행하여 왔던 행동의 양식, 또는 사고와 감정이 왜곡되었고 비현실적이었음을 알아차리게 된다. 자신의 문제에 대한 인식의 변화가 일어나면, 문제상황에서의 행동이 달라진다. 내담자 자신이 처해 있는 현재 상황이 어떠하며 그러한 상황이 어떤 기제를 통해 야기되었는지에 대한 긍정적인 관점을 가능하게 하는 재구성(reframing) 과정을 통해 내담자의 인식은 변화된다. 이러한 인식이 변하면 내담자는 다른 방식으로 반응하게 된다(Young, 1992). 유능한 상담자는 내담자로 하여금 자신의 삶의 경험들을 지속적으로 재구성하도록 돕는다.

3) 종결단계

상담은 다양한 경우로 종결하게 된다. 상담 초기에 세운 상담목표가 달성된 것으로 판단되면 종결을 준비하게 된다. 종결 시기를 대수롭지 않게 생각하는 경우가 많이 있는데, 실제로 종결은 매우 중요하다. 종결시기를 서두르면 상담을 통해 획득한 여러 가지 내담자의 심리 · 정서 · 행동적 변화가 지속되지 않고 원래의 역기능적인 행동으로 되돌아갈 수 있다. 반대로 상담을 종결해야 함에도 불구하고 상담을 지속하게 되면 내담자나 부모들이 상담자에게 의존하게 되어 내담자의 성장을 방해하는 결과를 초래하기도 한다. 종결단계는 지금까지 획득한 상담의 결과를 공고히 하고 행동으로까지의 변화를 확고히 하는 중요한 단계다.

(1) 행동지향적 계획

내담자의 인식의 변화는 행동의 변화로까지 나아가야 한다. 내담자가 통찰한 내용을 실제 삶의 현장에서 실행할 수 있도록 훈련하는 것이 중요하다. 지금까지의 작업이 감정과 행동을 통찰하는 작업이었다면, 마지막 단계에서는 행동을 통해 목표를 성취해야 한다. 종결단계에서는 상담을 통해 이미 획득한 변화를 유지하고 문제해결기술을 일반화하는 작업을 하게 된다(Dixon & Glover, 1984; Doyle, 1992). 청소년들이 자신의 삶의 현장에서 자신은 물론이고 가족과 학우, 공동체 구성원들에게 건설적인 방법으로 행동하고 나아가 타인의 유익을 위한 행동을 할 수 있도록 상담실에서 작업을 해야 한다.

(2) 평가

종결단계에서는 내담자가 상담 없이도 일상생활을 잘할 수 있다고 느끼는지, 내담자가 더 나은 대처기술을 발달시켜서 스트레스의 수준이 낮아졌는지, 긍정적 자기와 타인에 대한 인식 향상 및 주변 사람들과의 관계의 개선이 이루어졌는지 등을 확인하고(Siscoe, 1990; Young, 1992에서 재인용), 이를 통해 내담자가 성숙했는지를 평가한다(Vickio, 1990). 적절하게 종결된 상담은 단지 내담자에게 새로운 기술을 제공하거나 자기이해의 새로운 방식을 제공하는 차원을 넘어 내담자로 하여금 더 이상 자신의 문제에 얽매이지 않고 주변 환경과 원만하게 소통할 수 있는 능력이 있음을 깨닫게 해 준다(김춘경 외, 2006.)

(3) 이별의 감정 다루기

상담의 종결단계에서 상담자가 해야 할 중요한 과제는 내담자와의 이별이다. 상담이 잘 진행되어 효과가 좋을수록 내담자는 상담의 종료를 미루고 싶어 한다.

내담자의 감정은 상담자의 도움 없이 스스로 잘 할 수 있을까 하는 염려와 걱정, 그리고 지금까지 상담자와 쌓은 좋은 관계가 끝날 것이라는 데 대한 섭섭함이다. 상담자는 내담자의 감정을 이해해 주어야 하고, 내담자의 감정표현에 적절하게 반응해 주어야 한다. 상담자는 내담자와 함께해 왔던 시간이 매우 소중하고 가치로웠음을 알려 주어야 하고, 상담과정에서의 성공과 성취 등을 다시 한 번 재확인시켜 주어야 한다. 상담과정을 통해 습득한 것을 스스로도 잘할 수 있기에 상담을 종료한다는 것과 언제든지 도움이 필요할 때는 다시 만날 수 있다는 것을 알려 주어야 한다. 상담의 종료는 관계의 종결이 아니라, 스스로 독립적으로 문제를 해결할 수 있는 힘이 생겼다는 것을 알려 주는 과정이 되어야 한다.

3. 상담기법

상담이론을 실제로 구현해 내기 위해서는 적절한 상담기법을 사용해야 한다. 상담이론이 1990년대에 이미 250여 가지가 넘게 개발되었는데, 최근 들어서는 상담기법이 더욱 다양하게 개발되고 있다. 2001년 R. A. Thompson은 340쪽 분량의 200여 가지의 상담기법을 정리하여 『상담기법(Counseling Techniques)』을 출판하였다. 2년이 지난 2003년에 2판이 나왔는데, 470쪽에 300여 개가 넘는 상담기법이 수록되어 있었다. 2년이란 짧은 기간 동안 상담기법이 엄청나게 많이 늘어난 것이다. 이는 상담기법에 관한 관심이 크게 늘어나고 그에 따라 다양한 상담기법이 많이 개발되고 있음을 잘 말해 주고 있는 것이다. 이 장에서는 상담관계형성에 기본적인 상담기법과 제9장 상담이론에서 소개한 상담기법 중에서 청소년상담에 사용하면 효과적인 상담기법 몇 가지를 소개하고자 한다.

1) 수용하기

인간중심상담의 창시자 Rogers가 강조한 무조건적 긍정적 수용(acceptance)은 내담자를 하나의 인격체로 무조건적으로 존중하고 있는 그대로의 모습을 따뜻하게 받아 주라는 것이다. 수용은 내담자가 어떠한 감정과 생각, 행동을 하더라도 있는 그대로 받아 주는 것이다. 있는 그대로 받아 준다는 것은 하늘에서 비가 내리면 땅에서 다 받아 주듯이 내담자를 어떠한 판단, 진단, (긍정적, 부정적) 평가 없이 수용한다는 것이다. 문제아를 둔 부모나 교사는 그것이 불가능하고 있을 수 없는 일이라고 말하곤 한다. 그러나 수용의 치료적 능력과 변화의 효과는 대단하다. 씨앗이 싹을 피우기 전에 땅에 묻혀서 어느 정도의 세월을 보내야 하는 것처럼, 내담자가 새로운 행동과 생각, 감정을 형성하기 위해서는 상담자가 내담자와 함께 어느 정도의 기간 동안 무조건적으로 긍정적 수용을 해 주어야 한다. 필요한 기간은 내담자에 따라 다르다. 수용받은 청소년은 심리적인 힘을 가지게 되고, 문제해결 능력이 생기며, 보다 생산적이고 창조적으로 자신의 삶의 과제를 수행하게 되며 자신의 가능성을 최대한으로 실현할 수 있게 된다. 자신을 있는 그대로 상대방이 진심으로 받아 준다고 느낄 때 내담자는 활동의 자유를 얻고 성장하고 능력을 발휘하게 된다.

2) 반영하기

반영하기는 수용하는 방법 중 하나로, 내담자를 수용하면서 그가 표현하는 언어적, 비언어적 메시지의 핵심을 거울처럼 비추어 주는 것이다. 상담자는 내담자의 언어, 감정, 행동 등을 반영해 준다. 언어적 반영은 내담자가 표현하는 언어적 메시지의 핵심을 상담자의 용어로 요약하여 표현해 주는 것이다. 감정적 반영은 상담자가 내담자의 감정에 초점을 맞추어서 내담자의 명확한 감정을 거울처럼 비추어 주는 것이다. 내담자가 자신의 감정을 명확히 표현하지 못하여 혼란스러워할 때 상담자의 적절한 정서적 반영은 내담자의 답답함을 풀어 주고 자신의 혼란스러운 상태에 대한 통찰을 얻게 도와준다. 내담자의 행동과 태도에 대한 반영은 내담자의 얼굴표정, 몸의 자세, 눈의 초점 및 움직임, 손과 발의 움직임 등 내담자의 비언어적인 표현 내용을 알아차려서 시기적절하게 반응해 주는 것을 말한다.

상담자가 해석과 평가를 하지 않고 내담자가 표현하는 언어, 감정, 행동 등을 그대로 다시 되돌려 보여 주는 반영하기는 매우 단순하고 어색해 보일 수도 있다. 그러나 반영받은 내담자는 상담자가 자신을 수용하고 이해하려고 노력하고 자신의 말을 경청하고 있음을 깨닫게 되면서 존중받는 느낌을 받게 된다. 또한 거울로 자신의 모습을 보듯이 반영을 통해 내담자는 자신의 감정과 생각을 명료화할 수 있게 되며 자신을 더 깊이 이해하고 통찰해 볼 수 있는 기회를 가지게 된다.

3) 공감하기

공감하기를 강조하지 않거나 중요하지 않다고 생각하는 상담자는 없을 것이다. 내담자가 경험한 정서를 상담자도 같이 경험하는 것이 공감인데 말은 쉬우나 실제 공감을 하기는 매우 어렵다. 공감하기 위해서는 내담자의 감정을 그의 입장에서 이해하고 느낄 뿐 아니라 이해하고 느낀 감정을 내담자에게 말로 표현해서 전달해 주어야 한다.

Rogers(1987)는 공감이 이루어지기 위해서는 상담자가 내담자의 세계 속으로 들어가고 또한 상담자 자신의 세계로 되돌아올 수 있다는 것에 대한 확신을 가져야 한다고 했다. 내담자에게 빠져들지 않고 상담자 자신의 입장과 관점을 가지고 있으면서 동시에 내담자의 생각, 감정, 경험 등을 내담자의 입장이 되어서 내담자가 느낀 감정과 생각을 함께 느끼는 것이 필요하다는 것이다. 나를 있는 그대로 공감해 주는 대상과 함께 있는 것은 매우 안전하고 편안하고 행복한 경험이 된다. 공감받은 내담자는 자기존중감이 높아지고 소외감이 감소한다. 정확한 공감은 내담자의 자기각성을 증진시켜 주고 깊이 있는 자기탐색을 가능케 한다. 또한 자신의 과거 경험을 새로운 방식으로 접하고, 자기지각과 세계관을 수정할 수 있게 한다(김춘경 외, 2016b). 공감할 때는 무엇보다 내담자의 감정에 주의를 기울여야 하고, 가능한 구체적이고 짧고 정확하게 공감해 주어야 한다.

Carkhuff(1969)는 1차적 공감과 2차적 공감, 두 가지 형태의 공감을 소개했다. 1차적 공감은 내담자의 감정과 이러한 감정의 저변에 놓여 있는 경험과 행동을 이해하였다는 것을 내담자에게 전달하는 것이다. 예를 들어, 내담자가 "혼자 힘으로는 아무것도 할 수 없을 것만 같아요."라고 말했을 때, 상담자가 "무력감을 느끼는군요."라고 반응하는 것이다. 이러한 형태의 공감은 상담관계를 형성하고, 내담자에 관련된 정보를 수집하고, 문제를 명료화하는 작업에 도움이 된다. 2차적 공감은 내담자가 외현적으로 표현한 것뿐만 아니라 그것이 의미하는 것까지도 반영해 주는 것이다. 예를 들어, 내담자가 멍하니 허공을 쳐다보며 "모든 것이 잘되기를 원해요."라고 말했을 때, 상담자는 "만약 일이 잘 풀려 나가지 않는다면, 당신은 그다음 어떻게 해야 할지 막막하겠군요."라고 반응해 줄 수 있다.

Carkhuff(1969)는 공감의 수준을 5단계로 나누어 설명하였다.

- 수준 1: 상담자는 언어적 · 비언어적으로 내담자의 언어적 · 비언어적 표현에 주의 깊게 관심을 기울이지 않는다.
- 수준 2: 상담자는 내담자가 표현한 감정에 반응을 하기는 하지만, 내담자가 의사소통한 중요한 정서를 간과한다.
- 수준 3: 상담자의 표현은 내담자의 표현에 상응하고 있다.
- 수준 4: 상담자는 내담자가 표현한 감정보다 한층 더 깊은 차원의 감정을 파악하고 반응한다.
- 수준 5: 상담자는 내담자가 표현한 내용에 담긴 중요한 감정과 의미까지 파악하여 반응한다.

수준 1과 수준 2는 공감적 반응이라고 할 수 없고, 수준 3부터 공감의 시작단계다. 수준 4와 수준 5의 반응은 내담자가 표현한 것 이상을 반영해 주는 공감하기다.

4) 직면하기

직면은 내담자가 방금 말한 내용이나 행동한 것에서 나타나는 모순이나 불일치를 내담자에게 지적해 주고 왜 그렇게 했는지를 질문하는 기법이다. 상담자는 직면을 통해 내담자의 일치하지 않는 진술의 내용이나 부적절했던 행동의 측면을 검토하고 수정하도록 돕는다. 또한 직면은 사람들로 하여금 지금 어떤 일이 일어나고, 그 결과는 무엇이며, 자신의 삶을 보다 성공적으로 만들기 위해 어떤 책임 있는 행동을 취해야 하는지를 보다 명료하게 볼 수 있도록 도와준다(Tamminen & Smaby, 1981). 바람직하고, 반응적이고, 조력적이고, 적절한 직면은 성장을 촉진하며 솔직한 자기점검을 격려한다. 직면이 공격받는다는 느낌을 줄 수도 있어서 이를 회피하는 상담자들이 있다. 그러나 Rosen과 Tesser(1970)는 직면을 회피하는 것은 비효과적인 상담을 하는 것이라고 하면서 직면을 강조하였다.

직면을 사용할 때는 먼저 내담자가 직면을 수용할 만큼 상담관계가 잘 형성되었는지를 확인할 필요가 있다. 상담자는 직면을 해야 하는 분명한 이유가 있을 때에는 직면을 사용해야 한다. 직면을 사용하는 요령은 상담자가 "○○가 지금 ~라고 말했지요. 그러나 보세요."라는 문장을 사용할 수 있다(Hackney & Cormier, 1994; 강진령, 연문희, 2009). 예를 들어, "너는 더 열심히 공부를 하길 원한다고 말했어. 그러나 너는 어제 저녁에 5시간이나 컴퓨터 게임을 했다면서?"라고 하면서 내담자의 말과 행동에서 불일치되거나 모순되는 부분을 지적한다.

Devereux는 직면의 목적은 고찰을 위한 새로운 통로를 열고 자각을 증대시키기 위한 것이라고 하였고, Nelson-Jones(1990)도 직면하는 것은 다른 사람들이 그들의 지각을 확장시키고 탐색하는 것을 돕는다고 하였다. Shulman(1997)은 직면이 효과를 볼 수 있는 범주를 내담자의 주관적 기분상태와 감정, 내담자의 이야기에 숨겨진 이유, 내담자의 사적 논리, 내담자의 드러나지 않은 사적 목적, 내담자의 좌우명, 내담자의 즉각적 행동, 타인의 반응에 대한 내담자의 책임, 내담자의 자기패배적 행동, 내담자에게 대안 제시하기, 내담자에게 변화에 대한 책임 알려 주기, 시간적 요소에 직면시키기 등 총 열한 가지 범주를 제시하였다(김춘경, 2004).

5) 명료화하기

명료화(clarification)는 내담자가 진술한 내용이 모호하고 혼란스러워 이해가 잘 안 될 때 사용하는 기법으로 내담자의 문제를 거울에 비추어 보듯이 분명하게 하는 것을 말한다. 불안하거나 위기에 처한 내담자는 자신의 마음을 분명하게 표현하지 못하고 추상적이거나 모호하게 표현하는 경우가 많다. 상담자가 내담자의 내적 세계와 그의 상황을 이해하지 못하고 정확하게 그의 생각과 감정을 표현할 것을 요구한다면, 내담자는 더욱 혼란스러워하거나 불편한 상황을 회피하려 할 것이다. 이런 상황에서 상담자가 사용할 수 있는 상담기술이 명료화하기다. 상담자는 내담자의 입장에 서서 문제를 경청하고 그러면서도 객관적인 입장을 유지해야 한다. 명료화는 내담자의 문제 갈등을 분명하게 하는 것뿐만 아니라 문제 갈등에 연관된 내담자 마음속 진실을 구체적으로 이해하고 자신의 감정과 생각을 명료하게 변별할 수 있도록 돕기 위해서 사용된다.

상담자들은 상담의 모든 단계에서 명료화 기술을 이용할 수 있으나, 특히 상담 초기 과정에서 많이 사용한다(Hutchins & Cole, 1986; Young, 1992). 명료화를 이용할 때 상담자는 내담자가 표현한 것을 자신의 통찰력으로 새로운 관점과 다른 시각으로 보게 해 줌으로써 내담자가 자신의 세계를 보다 명확히 이해하도록 돕는다. 명료화를 통해 상담자는 내담자가 진술한 것 이상의 것을 듣고 전달해 주어야 한다. 내담자가 어느 정도 표현은 하고 있지만 자신이 충분히 자각하지 못하는 애매한 내용을 상담자가 가시적으로 드러내어 정리해 주어야 한다. 명료화는 내담자의 생각, 느낌, 태도, 행동, 발달사, 인간관계, 문제상황, 증상, 문제에 대한 태도 등 내담자의 모든 부분에서 이루어질 수 있다(보건복지가족부, 2008).

명료화하는 요령은 보통 내담자가 한 말을 반복하면서 "~라는 뜻이니?" 또는 "~라는 말이니?"라는 질문을 던지는 것이다(강진령, 연문희, 2009). 명료화할 때는 내담자가 추궁을 당하거나 비난받는 느낌이 들지 않도록 조심해야 한다.

6) 해석하기

해석은 내담자가 특정한 방식으로 행동하고 사고하는 이유를 파악하여, 내담자가 자신의 감정과 행동, 문제에 대한 통찰력을 발달시키고, 새로운 관점과 방식으로 자신의 문제를 바라볼 수 있도록 돕기 위해 사용되는 기법이다.

문제에 대한 새로운 관점을 가질 수 있도록 상담자는 내담자가 한 행동이나 말속에 함축되어 있는 보다 근원적이고 진실된 내담자의 마음속 생각이라고 판단되는 것을 해석해 주게 된다. 상담자의 해석은 상담자의 이론적 배경에 따라 달라진다. 해석은 내담자가 한 말을 다른 관점에서 생각해 볼 수 있도록 새로운 관점에서 바꾸어 설명하는 것이기 때문에 잘못될 가능성이 있다. 그래서 해석은 일반적으로 가설적인 형식으로 "~라고 보이는데 어떻게 생각하니?" 또는 "~라는 뜻이니?" "~라고 생각해 볼 수 있을까?"라고 말하는 것이 좋다.

해석은 내담자가 상담자의 해석을 받아들여서 자신의 이해의 관점을 바꾸고,

문제해결에 활용할 수 있어야 효과를 발휘한다. 청소년들은 상담자의 해석을 언제나 받아들이지는 않는다. 상담자가 자신의 속마음을 너무 많이 아는 것을 두려워하는 청소년의 경우는 상담자의 해석을 거부할 수도 있고 관심없이 넘길 수도 있다. 상담자는 해석할 때 내담자에게 자신의 가치관이나 감정 등을 투사하지 말아야 한다. 해석은 상담자와의 신뢰관계가 확고히 생긴 다음에 내담자의 마음이 열렸을 때 그리고 상담자가 내담자에 대한 충분한 정보를 가지고 있을 때 시도하는 것이 중요하다. 해석의 오류를 너무 두려워할 필요는 없다. 일반적으로 상담자가 내담자의 감정이 행동에 어떤 영향을 미치는지와 그 행동이 타인의 생활에 어떤 영향을 미치는가를 지적해 주는 해석은 긍정적인 효과를 볼 수 있다.

7) 저항 및 전이해석

저항이나 전이는 모든 상담에서 일어날 수 있는 것이기에 저항이나 전이의 해석은 정신분석학의 핵심기법이고 청소년상담자는 이에 대해 알고 있어야 한다.

저항은 내담자의 무의식이 의식화되는 것을 방해하는 내담자의 태도로서, 억압된 충동과 감정이 자각될 때 생기는 불안으로부터 자신을 보호하기 위해 작동하는 방어기제의 일종이다. 저항은 내담자의 무의식적 욕구표출과 무의식적 갈등해결을 방해하고 상담과정도 방해한다. 상담시간을 잊어버리거나 지각을 하는 것이 대표적인 저항의 예다. 내담자가 의식하지 못하지만 상담이나 상담자에게 저항하는 행동을 보일 때 상담자는 내담자의 저항을 해석해 주어야 한다. 무의식적으로 행해지는 내담자의 저항행동을 분석하여 저항의 원인을 자각하고, 저항행동을 통찰하게 해 주는 것은 내담자의 적응적 생활에 큰 도움이 된다.

전이 역시 상담과정에서 나타나는 방어기제의 하나로 내담자가 어린 시절 가졌던 중요한 타인과의 인간관계에서 체험한 소망, 기대, 혹은 미해결된 감정이나 갈등이 지금-여기에서 만나는 사람과의 관계에서 무의식적으로 활성화되어 재연되는 현상을 말한다. 전이는 내담자가 과거의 대인관계에서 해결되지 않은 경험을 이해하는 중요한 단서가 되어서 현재 상담장면에서 상담자와의 관계의 분석과 해석을 통해 내담자가 보다 효과적이고 적응적인 방식으로 대인관계의 문제를 해결할 수 있도록 도와준다. 내담자는 전이를 통하여 상담자를 과거의 중요한 사람으로 경험한다. 내담자는 상담자를 통하여 자기의 욕구를 충족시키려고 하며, 상담자를 이런 대상으로 인식하고 지속적으로 그런 대상을 상대하는 것처럼 행동한다. 내담자는 과거를 기억하는 대신에 과거의 관계를 무의식적으로 재작동시키고 그렇게 함으로써 과거의 관계들에 대한 풍부한 정보를 치료상황에 끌어들인다. 전이는 어디서나 볼 수 있고 타인이 그 사람의 인생에서 중요하였던 모든 상황에서 발달하기 때문에 모든 상담상황에서 전이관계가 나타나게 된다.

내담자가 상담자에게 느끼는 모든 감정이 전이라는 오해는 하지 말아야 한다. 전이의 분석과 해석이 치료의 재료로 활용될 수 있는 것은 상담자가 내담자의 전이행동을 치료적으로 활용하기 때문이다. 상담자는 다른 사람들과는 다른 방식으로 내담자에게 반응한다. 아무런 이유도 없이 상담자에 대해 적대감이나 증오심을 표현하는 내담자에게 화를 내거나 무시하지 않고 과거의 어떤 관계가 현재에 재현되는가를 밝혀서 내담자의 과거 경험이 현재 어떤 방식으로 작동되고 있는지를 내담자가 통찰할 수 있도록 도와야 한다. 그런 과정을 거쳐서 내담자는 내면의 부정적 감정이나 갈등을 행동화(acting out)하는 것이 아니라, 상황에 적절한 언어로 표현할 수 있게 된다.

8) 격려하기

격려(encouragement)는 Adler 학파의 가장 기본적이면서 핵심적인 상담기법이지만, 이 역시 모든 상담에서 사용해야 하는 중요한 상담기법이다. 격려는 용기(courage)를 북돋워 주는 것이다. 상담자를 찾아온 많은 내담자는 그들이 어떠한 문제를 가지고 왔던지 간에 모두들 삶에서 좌절되고 낙심된 사람이라 할 수 있다. 정상적인 방법으로 자신의 삶의 과제를 해결하며 살아가기 어려워 상담자를 찾아왔을 것이다. 상담자는 내담자가 자신의 부족함을 있는 그대로 용기 있게 받아들이고, 삶의 문제에서 회피하지 않고 자신이 지닌 능력을 발휘하여 삶의 문제에 용기 있게 직면할 수 있도록 지속적으로 격려해 주어야 한다. 지속적인 격려를 받은 내담자는 자신의 약점과 결점을 더 많이 수용하게 되고, 자신의 능력을 모두 발휘하여 삶의 과제를 수행하려고 노력한다. 이들은 때때로 시도한 것이 실패할지라도 크게 좌절하지 않고 또다시 시도할 수 있는 용기를 가진다. 불확실한 세상에서 이러한 삶의 자세를 가지고 사는 것만큼 중요한 일은 없을 것이다.

아들러 심리학자들에게 격려란 식물에 빛과 같은 존재다. 빛을 받지 못한 식물이 시들어 갈 수밖에 없듯이 격려를 받지 못한 내담자는 삶에서 생기를 잃게 된다. 상담자가 내담자를 격려하기 위해서 해야 할 일에 대해서는 여러 학자의 제안이 많지만 여기서는 Adams(1982)의 제안을 소개하고자 한다.

a. 내담자를 무조건적으로 존중해 주어라.
b. 그 사람이 자신에게 믿음을 가질 수 있도록 믿음을 보여 주어라.
c. 그 사람의 능력이 만족할 만하게 충분히 기능할 것이라는 기대를 가져라.
d. 노력을 가치 있는 것으로 인식하라.
e. 자유를 주고 개인의 발달을 촉진하기 위해서 (가족, 학급친구, 동료)집단을 통한 작업을 하거나 집단과 함께 작업하라.
f. 각 사람들에게 그 집단에 속해 있다는 인식을 경험하도록 도와라.
g. 성공을 보증하는 경험과 지식의 순서적이고 단계적인 대처를 위해 다른 사람들에 의해 필요한 기술과 태도를 개발하도록 도와라.
h. 그/그녀의 발달을 촉진하기 위해서 개인의 흥미와 강점을 이용하라.
i. 그들의 측면에서 어떤 노력이나 필요한 행동 없이도 다른 사람들에게 격려를 제공하라.

9) '마치 ~인 것처럼' 행동하기

이 기법은 청소년들에게 많이 활용할 수 있는 Adler 상담기법이다. 내담자가 바라는 행동을 실제 장면이 아닌 가상 장면에서 '마치 ~인 것처럼(as if)' 해 보게 하는 것이다. 내담자가 바라는 모습을 상상하면서 자신이 마치 그런 사람이 된 것처럼 행동하도록 격려하는 기법이다. Adler가 가상적 최종목적의 개념을 실제 상담에 적용하여 개발한 것이다. 내담자가 미래의 사건, 신념 또는 바라는 행동을 예견하고 가정하여 행동함으로써 미래 목표를 앞당겨 경험하도록 하는 것이다. 다른 사람 앞에서 말하는 것을 두려워하는 내담자 철수의 경우, 내담자는 자신이 아니라, 다른 사람 앞에서 아무런 두려움 없이 말을 잘하는 친구 영수의 흉

내를 내 본다. 상담자는 철수에게 다른 사람들 앞에서 말할 때 "넌 그냥 영수인 척하고, 영수가 평소에 하는 대로 행동하면 되는 거야."라고 말해 주고, 그렇게 행동해 보도록 격려한다. 이 기법은 내담자의 현재 신념과 문제인식을 변화시키기 위해, 통찰력을 제공하기 위해, 내담자가 새로운 행동과 신념을 시작할 때 재정향(reorientation)을 용이하게 하거나 실제 행동을 변화시키기 위해, 자존심, 자신감, 개념, 적성 등의 변화에 용기를 북돋워 주기 위해, 문제가 있는 행동의 목적과 목표를 새로운 방향으로 돌리기 위해 사용한다(양명숙 외, 2013).

10) 단추 누르기 기법

이 기법도 Adler 상담기법으로 청소년들의 감정조절을 자신이 선택한 사고에 의해 할 수 있음을 습득하게 하는 기법이다. 이 기법은 3단계의 연습을 통해 경험하는 것으로 먼저 내담자에게 단추를 누르는 것을 상상해 보라고 하고 눈을 감고 인생에서 아주 행복했던 사건을 상상하라고 요청한다. 그때 느꼈던 행복한 감정을 다시 한 번 느껴 보라고 한다. 경험을 했으면 2단계로 넘어간다. 2단계에서는 내담자에게 실패와 좌절 같은 불쾌한 사건을 상상하고, 그때 기분을 다시 느껴 보라고 한다. 그리고 나서 3단계로 다시 그들은 행복한 사건을 다시 상상하고 행복감을 다시 경험하도록 한다. 3단계 연습을 하고 난 후 상담자는 "나는 너에게 행복단추와 우울단추를 줄 거야. 만약 네가 행복단추를 누르면 너는 행복한 생각을 하고 행복한 감정을 느낄 거고, 만약 우울단추를 누른다면 우울한 생각과 우울한 감정을 느끼게 될 거야. 다음 주에 네가 와서 여전히 우울해한다면 나는 너에게 행복단추를 누를 수 있는데 왜 계속해서 불행단추를 선택했는지에 대해 설명해 달라고 할 거야."라고 말한다. 쉬운 작업은 아니지만, 내담자 스스로가 자신의 감정을 창조하는 것임을 깨닫게 되고 스스로 자신의 감정을 조절할 수 있는 능력을 키우도록 도울 수 있다.

11) 질문기법

질문은 상담자가 내담자를 이해하고 그와의 관계를 형성하기 위해 필요한 정보를 얻는 데 사용하는 기본적인 기법이다. 그러나 일반적으로 호기심에서 하는 질문이나, "왜?"라는 폐쇄식 질문은 내담자를 방어적이게 하거나 긴장하게 하여 거짓된 반응을 유도할 수도 있기 때문에 내담자가 자신의 생각이나 감정을 표출할 수 있는 개방식 질문을 사용할 것을 권한다.

상담자가 질문하는 방식에 따라 내담자의 문제와 해결에 관한 관점이 달라질 수 있고, 내담자의 문제해결 능력을 이끌어 낼 수 있기 때문에 상담자가 어떤 질문을 하는가는 매우 중요하다. de Shazer와 김인수는 해결방법을 더 명확하게 그리고 구체화하는 작업을 하기 위해 유용한 예외 발견 질문, 척도 질문, 기적 질문, 대처 질문, 관계성 질문 등의 다섯 가지 질문을 만들었고 해결중심상담모델의 핵심적 기법으로 사용하였다.

- 예외 발견 질문: "최근 문제가 일어나지 않은 때는 언제였습니까?" "문제가 없었을 때 언제가 제일 좋았어요?" "문제가 발생하지 않았다는 것을 어떻게 압니까?" 등의 예외 발견 질문은 문제가 있어서 상담하러 온 사람들을 문제가 아닌 해결을 찾도록 방향을 전환시켜 준다. 문제라고 생각하는 행동이 일어나지 않은 상황이나 해결을 했던 적이 있음을 이야기하면서 내담자의 자원을 발견하여 활용하고, 내담자의 자아존중감도 높여 주는 기법이다.
- 척도 질문: "최악의 상태를 0으로 하고 모든 문제가 다 해결된 상태를 10점으로 한다면 오늘의 상태는 몇 점입니까? 몇 점까지 도달해야 그런대로 만족하겠습니까?" 이 질문은 변화에 대한 동기를 강화하고 다음 단계로 전진하기 위한 탐색을 하는 과정으로 내담자에게 문제해결에 대한 확신을 주고, 스스로 변화에 투자할 수 있는 노력과 변화 상태를 수치로 표현해 보게 하는 기법이다.
- 기적 질문: "어느 날 밤 자고 있는데, 기적이 일어나 문제가 해결되었다고 해보세요. 어떻게 알 수 있죠? 뭐가 달라질까요?" 이 질문은 문제해결에 초점을 두어, 해결하기 원하는 것들을 구체화하고 명료화하고, 상담목표를 설정하는데 도움이 된다. 내담자는 기적 질문을 통해 원하는 기적을 분명히 하는 것도 자신이고, 그러한 기적을 만드는 사람이 바로 자기 자신이라는 사실을 알아차리게 된다.

- 대처 질문: "어떻게 죽지 않고 살아 있게 되었습니까? 자살을 시도한 것이 도움이 되었습니까? 그런 악조건에서 어떻게 참고 견뎌 낼 수 있었습니까?" 문제해결의 예외도 발견할 수 없고, 아무런 문제해결의 가망성을 찾지 못하는 내담자가 차라리 죽는 것이 나은데, 죽지 못해 살고 있다고 할 때 사용할 수 있는 질문이다. 대처 질문은 내담자에게 문제를 더 심각한 상황으로 가져가지 않은 힘이 남아 있다는 것과 자신에게 있는 자원과 강점을 찾게 하고 새 힘을 갖게 한다.
- 관계성 질문: "네가 저녁에 컴퓨터를 하지 않고 공부를 하는 모습을 본다면, 어머니는 어떻게 반응하실까?" "네 선생님에게 '문제가 해결되면 무엇이 달라질까요?'라고 묻는다면 선생님은 뭐라고 말씀하실까?" 이 질문은 내담자가 문제해결의 상황을 자기중심적 생각에서 벗어나 중요한 타인의 시각에서 보면서 문제해결에 관한 새로운 가능성을 찾아내는 데 도움을 주는 질문이다. 자신에게 중요한 타인이 자신을 어떻게 보고 있을까라는 생각은 내담자의 희망, 능력과 한계, 가능성 등을 알아차리는 데 도움이 된다.

12) 바람직한 행동강화 기법

행동강화 기법은 주로 행동주의상담에서 사용하는 기법으로 상담뿐 아니라 교육현장에서도 많이 사용하는 기법들이다. 대표적인 기법으로는 정적 강화와 보상기법, 부적 강화와 처벌기법, 차별강화, 조성기법, 용암법, 간헐강화, 토큰강화 기법들이 있다. 제9장에서 설명한 것 이외에 몇 가지를 추가하여 설명하고자 한다.

- 차별강화: 차별강화란 어떤 사람의 여러 행동 중 어느 하나만을 골라 선택적으로 강화하는 것을 말한다. 예를 들어, 수업시간에 수시로 자리를 이탈하는 학생의 경우 학생이 수업시간에 제자리에 앉아 있을 때만 강화를 하고 그 이외의 시간에는 강화하지 않는 것을 말한다.
- 조성: 조성 혹은 행동형성은 내담자가 한 번도 해 본 적이 없거나 거의 하지 않는 어떤 새로운 행동을 가르칠 때 효과적으로 사용되는 방법이다. 시발점

행동을 결정하고 나면 상담자는 여기에서 출발하여 최종 목표 행동에 도달할 때까지의 행동을 난이도나 완성도에 따라 나누어 쉬운 행동의 단계부터 하나씩 차례로 요구하고 상담자는 내담자가 그 단계의 행동을 완수할 때마다 강화를 주는 기법이다.

- 용암법: 용암법(fading)이란 한 행동이 다른 사태에서도 발생할 수 있도록 그 조건을 점차적으로 변경하는 과정을 말한다.
- 간헐강화: 간헐강화란 어떤 행동이 발생할 때마다 강화하지 않고 부분적으로 강화하는 것을 말한다.
- 토큰강화: 토큰강화는 집단 속의 각 개인의 다양한 행동을 수정할 때 효과적으로 사용되는 방법이다. 토큰강화자극으로는 별표, 스티커 등이 사용된다. 토큰은 돈처럼 교환가치가 부여된다. 개인은 각자 바람직한 행동을 할 때마다 토큰을 받고, 토큰은 갯수에 따라 다양한 강화자극과 교환된다.

13) 바람직하지 못한 행동감소 기법

소거, 벌, 자극 포화법, 체계적 둔감법, 행동기술 훈련, 혐오기법, 안구운동둔감법과 재처리과정 등이 바람직하지 못한 행동을 감소시키는 기법으로 사용된다. 여기서도 몇 가지만 추가로 소개하기로 한다.

- 자극 포화법: 자극 포화 혹은 포만은 혐오통제의 한 방법이다. 부적응적 행동을 충족시켜 줄 수 있는 자극을 정도가 넘치도록 제공함으로써 질리게 하여 그 행동을 그만하도록 만드는 방법이다. 담배를 끊지 못하는 사람이나 게임에 중독된 사람에게 지나칠 정도로 담배를 많이 피우게 하거나 과도할 만큼 장시간 지속적으로 게임을 하도록 함으로써 다시는 그 행동을 하고 싶은 마음이 들지 않게 만드는 것이 자극 포화법의 예가 된다. 자극 포화법은 강박 행동을 하는 사람의 강박 행동을 통제하는 데 흔히 사용된다.
- 체계적 둔감법: 대표적인 행동주의상담기법으로 이완된 상태에서 불안을 발생시키는 상황들을 위계적으로 상상하게 하여 점진적이고 체계적으로 불안을 일으키는 상황에 둔감해지도록 훈련시켜서 불안을 감소시키는 기법이다.

- 행동기술훈련: 행동기술을 가르치기 위해서 모델링, 교수, 시연, 피드백의 과정을 사용한다. 모델링은 내담자가 다른 사람의 행동을 관찰하고 관찰한 것을 활용하는 것이다. 교수는 학습자에게 적절한 행동을 설명하는 것이고, 교수를 받은 후에 혹은 모델링 후에 학습자에게 그 행동을 연습할 기회를 제공하는 것을 시연이라고 한다. 시연을 한 후에는 피드백이 뒤따라야 하며 행동의 정확도가 높아질 때까지 반복적인 시연이 필요하다. 피드백은 그 행동을 시연한 후에 즉각적으로 제공되는 것이 바람직하고, 정확한 수행에 대해서는 칭찬이나 강화를 해 주어야 한다.

14) 인지재구성 기법

인지재구성 기법은 인지행동상담에서 개발한 상담기법으로 내담자의 자동적 사고를 유도하고, 그 사고 뒤에 있는 논리를 분석하고, 역기능적 가정을 확인하며, 그 가정들의 타당성을 검토하기 위해 사용하는 기법이다. 인지재구성 기법의 예를 들면 다음과 같다(강진령, 2013; 노안영, 2005; 원호택 외, 2000; Beck, 1979; Corey, 2003; 최웅용, 2016에서 재인용).

- 사고와 감정의 감시법(monitoring thought and feeling): 다섯 가지 기록 형식(상황, 감정, 상황에 반응하는 자동적 사고, 보다 합리적 반응, 결과)을 이용해 내담자의 자기인식을 증진시키고 자신의 생각과 감정을 감시하는 것을 돕는 방법이다.
- 증거 탐문(questioning the evidence): 내담자와 상담자가 특정 믿음을 뒷받침하기 위해 사용되는 증거를 검토해 보는 것으로, '그 생각에 대해 어떤 증거를 가지고 있는가?'라는 질문을 사용할 수 있다.
- 대안 검토(examining alternatives): 내담자가 자신의 강점과 대처자원에 기초해서 선택을 하게 한다.
- 탈파국화(decatastrophizing): 내담자가 상황의 비극적 성질을 과대평가하는 것을 깨닫게 하기 위해 '일어날 수 있는 가장 나쁜 일은 무엇인가?' '그것이 정말 일어난다면 그렇게 끔찍할 것인가?' '다른 사람은 그 사태에 대해 어떻

게 대처할 것인가?' 등의 질문을 사용할 수 있다.

- 재구성(reframing): 내담자의 상황이나 행동에 대한 인식을 변화시키는 전략으로, 문제의 다른 측면에 초점을 두거나 내담자가 다른 시각에서 문제를 바라볼 수 있도록 해 주는 것이다. 예를 들면, 실직을 했을 경우 '실직은 스트레스로 받아들일 수 있지만 새로운 직업을 찾을 수 있는 기회도 된다'고 인식하도록 하는 것이다.
- 사고 중지(thought stopping): 역기능적인 사고의 진행을 멈추게 하기 위해서 '중지(stop)'라고 외치거나 내담자가 멈춤 표지판, 벽돌을 쌓은 벽 등을 상상함으로써 내담자의 생각을 제어하는 방법이다.

15) 새로운 행동 학습법

인지행동치료에서는 자동적 사고와 가정을 수정하기 위해서, 또는 특정한 부적응적 신념에 도전하거나 새로운 학습을 증진시키기 위해서 행동적 기술을 사용한다. 행동적 기술은 인지적 변화를 촉진하는 데 사용되기 때문에 각 행동실험 후에 내담자의 지각, 사고 및 결론을 파악하는 것이 중요하다(강진령, 2009; 노안영, 2008; 원호택 외, 2000; Beck, 1997; Corey, 2003; 최웅용, 2016에서 재인용).

- 모델링 또는 대리학습(modeling): 새로운 행동 패턴을 형성하고 기존의 기술을 증대시키거나 회피행동을 감소시키는 데 사용되는 전략이다. 모델이 되는 사람을 선정하여 내담자가 그 사람을 관찰하고 그 사람의 행동을 따라 해 보도록 한다.
- 역할극(role play): 내담자로 하여금 문제가 되는 쟁점(행동)을 연기하게 하고 그 행동에 대한 피드백을 얻을 수 있게 해 준다.
- 사회기술훈련(social skill training): 사회기술은 학습되는 것이며 교육을 통해 훈련을 시행한다.
- 혐오요법(aversion therapy): 부적응적인 행동이 일어났을 때 혐오자극을 제공하는 것으로, 내담자가 원하지 않지만 지속되는 부적응적 행동을 감소시키기 위해 사용된다.

4. 상담매체

청소년들은 자신의 감정이나 생각을 언어적으로 표현하는 데 어려움을 느낀다. 표현력의 한계일 수도 있지만, 심리적 저항이나 방어기제의 작용으로 청소년들은 상담사들에게 어떻게 말을 해야 할지, 무엇을 말해야 할지 모르는 경우가 많다. 자발적으로 상담에 온 청소년들도 언어적 표현만의 상담보다는 음악, 미술, 그림, 문학, 게임 놀이 등 다양한 표현매체와 창조적 활동들을 하면서 상담을 하는 것을 선호한다. 청소년상담에는 다양한 표현매체를 활용하는데 이러한 매체는 의사소통 및 표현을 촉진하고, 청소년들의 신체적, 정서적, 인지적, 사회적 기능을 증진시키며, 표현 및 창의예술활동을 통해 상담의 집중도를 높이며, 자기인식의 수준을 높이고, 예상치 못했던 문제해결의 실마리를 찾게 도와준다.

상담장면에서 다양한 상담매체를 활용한 것은 그 역사가 길다. 로마에서는 인간의 걱정을 진정시키는 데 시를 사용했고, 고대 이집트인은 정신치료에 놀이와 음악을 사용했다고 한다(Gladding, 1999). Jensen(2001)은 예술과 음악매체가 상담과정에서 의사소통과 통찰을 촉진하고, 표현하는 기법은 독창성을 촉진하고 정체성을 돌아보게 하고, 자기인식(자각)을 촉진하여 표현을 자유롭게 한다고 하였다. Brown(1996)은 표현적 매체를 사용하면, 상담과정이 고양되고 확장된다는 연구결과를 내놓았다.

표현적인 혹은 창조적인 상담매체로는 미술, 음악, 동작, 연극, 독서, 글쓰기치료, 이야기, 놀이, 게임, 사진 등이 있다.

1) 미술치료

"예술이 바로 치료다."라고 말한 Beuys(1990)는 인간은 예술을 통하여 자신의 고통을 극복하고 삶에 의미를 부여하는 능력을 가지게 된다고 하였다. 대표적인 예술활동이 미술이다. 미술활동은 자기 내면에서 일어나는 내적 욕망이나 꿈, 환상 등을 직접적으로 표현하도록 하며, 내담자의 무의식이 그림에 투사되어 나타남으로써 언어로 표현할 수 없는 것 또는 언어의 검열기능을 거치지 않은 것이 미술작품에 표현된다. 미술활동은 자기 내면과의 대화를 촉진하고, 표현된 작품을 통해 내담자는 무의식에 잠겨 있던 문제나 기억들을 의식화할 수 있게 된다. 또한 내담자는 미술활동을 통해 자기(감정, 느낌, 사고, 직관)와 타인, 그리고 환경을 더 잘 인식할 수 있게 된다(김춘경, 2004). 미술활동은 표현, 정화, 성장, 평가 등의 목적을 위해 사용된다.

- 표현: 미술활동은 청소년들의 부정적인 감정을 안전하게 사회적으로 수용될 수 있는 방식으로 표현하도록 돕는다. 다양한 미술매체와 다양한 색채 등으로 자신의 감정을 표현하게 하고, 표현된 작품을 함께 보면서 자신이 감정을 언어로 표현하는 과정을 통해 감정을 표현함은 물론이고 자신의 감정을 인식하게 되고, 나아가 감정을 안전하고 건강하게 표현하는 방법을 배우게 된다.
- 정화: 자신의 감정과 생각을 미술로 표현하는 활동은 내담자의 긴장을 이완시키고 누그러뜨린다. 미술은 다양한 매체의 조작을 용이하게 하며 생각이나 감정을 1차적으로 작품으로 표현하게 하고, 그 이후 2차적으로 작품을 보면서 상담자와 함께 내담자의 감정과 사고에 대해 언어로 표현하는 과정을 거치면서 내담자는 카타르시스를 경험하게 된다.
- 성장: 미술활동을 하는 것 자체가 정신과 감각, 신체 등을 사용하는 것이기에 미술활동은 내담자의 인지적 능력의 향상은 물론이고, 자신감을 고양하고, 개인적인 만족감, 가치감, 성취감을 느끼게 한다. 즉, 활동을 통해 내면의 또는 대인관계적 갈등을 표현하고 해결해 가면서 성장하게 된다. 창조적 미술활동은 자아통제와 자기통합을 돕고, 이는 내적 치유와 내적 성장으로 나아가게 한다. 창의적 경험은 내적 풍요로움과 융통성 있는 사회적 관계를 맺는 데도 도움이 된다. 자기인식과 타인인식의 향상을 통해 형성된 자기정체성과 자신감은 사회적 통합을 가능하게 하고, 균형 있는 삶을 사는 데 도움이 된다.
- 평가: 상담자는 청소년들이 가지고 있는 대인관계나 개인 내적 문제를 개념화하고 진단하는 데 미술기법을 활용할 수 있다. 내담자의 미술작품은 보존이 가능해 내담자의 발전을 파악하는 데도 도움이 된다. 내담자의 심리사회적 행동을 평가하기 위해 표준화된 절차를 거쳐 개발된 미술검사도구들이 많이 있고, 청소년상담장면에서 많이 활용되고 있다. 그 예로는 집-나무-사람검사(HTP), 인물화검사(DAP), 동적가족화(KFD), 가족화(DAF), 학교생활화

(KSD), 풍경구성법(LMT), 협동화법, 난화게임법, 과제화법, 상상화 그리기 등이 있다.

2) 음악치료

청소년들이 음악을 감상하는 시간은 하루 평균 몇 시간이나 될까? 스마트폰의 보급으로 요즘 청소년들의 음악감상 시간은 매일 평균 3~4시간은 될 것이다. 청소년들은 음악과 함께 산다고 해도 과언이 아닐 것이다. 음악은 이를 좋아하는 청소년들에게 활용해 볼 수 있는 매체다. 음악은 예로부터 사람을 치료하는 데 활용되었다. 그리스 신화에서 음악을 주관하는 아폴로 신이 의학의 창시자였다는 사실도 음악과 의학의 관계를 말해 주고 있다. 음악은 의식적, 무의식적으로 계속해서 인간의 신체적, 심리적, 인지적, 사회적 기능을 변화시키고 치료하는 목적으로 사용되어 왔다. 음악 자체가 청소년들의 문제와 욕구들을 해소시키는 면도 있지만 상담자가 음악이 지닌 기능을 활용하여 내담자의 문제해결과 성장을 도울 때 훨씬 더 큰 효과를 볼 수 있다. 음악이 지닌 치료적 기능은 매우 다양하다.

먼저 음악은 신체적 활동을 야기한다. 많은 연구에서 음악이 기분, 혈압, 호흡, 맥박, 심장박출, 심장박동 수, 근육긴장, 고통 등의 이완에 유익한 신체적 변화를 촉진한다는 것을 밝혔다. 노래 부르기와 악기연주를 통해 신체기관의 기능의 회복을 기대할 수 있고, 음악은 좌뇌와 우뇌를 동시에 사용하게 함으로 내담자의 인식기능을 자극하고, 그들의 언어기술을 높이는 데도 도움이 된다(Boldt, 1996). 또한 음악은 정서적 측면에서 우울증, 불안, 고독 및 비애의 감정을 완화해 준다. 이것은 음악을 통해 말로 표현하기 힘든 정서의 창조적 승화와 배출이 가능하기 때문이다. 음악활동은 감정을 표출시켜 주며 기억을 자극하고 개인을 집단으로 통합시키며 사람을 즐겁게 해 준다.

음악은 사람들의 표현을 도와준다. 흔히 과거의 회상이나 감정의 표현을 돕기 위해서 상담자는 배경음악을 사용할 수 있다. 상담의 목적에 따라 선정된 배경음악은 상담의 분위기를 개선하고, 내담자의 자기표현을 향상시키고, 부정적인 감정을 적절한 수준에서 표현하도록 돕는다(Jensen, 2001). 신체생리적인 관점에서는 '음악이 에너지와 질서를 가져오는 리듬의 특유한 능력이 결합된 것'이라는 사실을 강조한다. 음악치료의 아버지라 불리는 Gaston(1968)은 음악이 사람과의 관계에서 사회적 기능으로 사용될 수 있는 측면을 주로 연구하였다. 사회적인 관점에서 그는 음악을 통한 '치료자와 환자, 그리고 환자들 간의 교류를 통한 관계의 확립 내지는 재확립'을 강조하였다. 함께 연주하고 노래 부르는 음악활동을 통해 다른 사람들과의 관계를 개선시키고, 사회성을 향상시키며, 언어표현 능력이 향상되고, 집단음악활동을 통해 책임감이 증진되며, 타인에 대한 상호신뢰감 증진의 효과를 얻을 수 있다.

신체적, 심리적, 사회적 측면에서의 유용성을 지닌 음악은 행동의 변화를 촉구하는 기능도 지니고 있다. Gaston(1968)에 따르면, 음악은 인간 행동의 한 형태로서 아주 독특하고 강력한 영향을 미치며, 장애자나 환자들로 하여금 바람직한 행동을 획득하게 하며, 그 전의 잘못된 행동을 변화시키는 데도 도움을 준다.

3) 동작/무용치료

무용은 몸을 통한 표현예술이다. 몸은 사람들의 삶의 경험을 고스란히 다 담고 있다. 몸은 내담자의 상처와 아픔을 그때 그 현장에서 같이 경험하였고, 몸은 그것을 다 기억하고 있다. 사람들은 몸을 통해 자신과 타인, 그리고 세상을 알게 된다. 인간의 인지발달도 인생 초반에 감각운동기부터 시작되듯이 몸은 내담자의 삶과 인생에 대해 많은 것을 간직하고 있고, 또 그것들을 표현하는 도구다. 동작과 춤은 몸의 언어 또는 신체의 언어라 할 수 있다. 사람들은 동작을 통해 그들 몸에 저장되고 기록된 것들, 기억, 감정, 사고, 행동들을 표현한다. 몸의 표현 범위가 넓어지고, 표현동작방식이 다양해지게 되면 내담자의 정서나 상상의 범위도 더욱 확장되어 나갈 수 있게 된다. 청소년들은 동작을 통해 자신의 문제와 어려움을 몸으로 표현하여 내면의 문제를 외부 공간으로 표출해 낼 수 있다. 그뿐 아니라 문제에 갇혀서 위축되거나 혼란스럽고 불안한 몸동작에 머물러 있지 않고 평화로운 몸, 안전한 몸 상태를 유지하는 새로운 몸동작을 배워서 그러한 삶을 살아갈 수도 있다. 몸이 마음과 연결되어 있다는 전제 아래, 동작치료에서는 동작을 개인의 정서적, 인지적, 신체적인 통합과정으로 상담에 활용한다. 동작치료는 스트레스를 경감시키고, 사람들이 회피하려는 정서나 감각을 느끼게 해 주고,

자신감을 향상시키고, 타인과의 관계에서 자연스럽게 개인적으로나 신체적으로 경계선을 분명히 해 준다. 또한 동작치료는 자아감을 잃지 않고서도 주장적이거나 친밀할 수 있게 돕고, 치유의 단계에 관계없이 현재를 경험하고 존중하며 살 수 있도록 돕는 효과를 지니고 있다.

4) 연극치료

연극치료는 연극의 치유력에 대한 믿음에 확고히 뿌리를 두고 있다. 연극치료는 고립감을 감소시키고, 새로운 대처기술과 패턴을 익히게 하고, 감정표현의 폭을 넓히고, 긍정적인 상호작용을 경험하게 하고, 관계를 발달시키는 데 도움이 된다. 연극치료는 내담자를 주인공으로 하여 내담자가 자신의 스토리를 말하고, 문제를 풀고, 감정적 정화를 하고, 내적 경험의 깊이와 넓이를 확장하고, 이미지의 의미를 이해하고, 그리고 대인관계에서의 역할과 개인 내적 감정을 관찰할 수 있는 능력을 강화하는 적극적인 접근이다.

연극치료는 역동적이고, 활동적이며, 경험적이다. 연극을 통해, 내담자의 내적 경험이 적극적으로 탐색되고, 대인관계 기술이 고양될 수 있다. 참가자들은 자신의 삶의 역할을 강화해 왔다는 것을 알기 위해 자신의 역할 레퍼토리를 확장해 나갈 수 있다. 행동변화, 기술습득, 정서적 · 신체적 통합 그리고 인간적 성장이 예방과 중재, 치료적 장면에서 연극치료를 통해 성취될 수 있다. 아직 국내에는 연극치료보다는 Moreno(1975)에 의해 고안된 심리극이 더 많이 알려져 있고 많이 활용되고 있다. 심리극은 상담기법이라기보다는 하나의 체계적 심리치료 절차이고 이론이라 할 수 있다.

5) 놀이치료

놀이는 보통 아동상담에서 많이 사용한다고 생각하지만 최근에는 청소년상담에서도 놀이를 활용한다. 놀이가 가진 치료적 기능을 청소년상담에도 활용하여 효과를 본 것이다. 놀이는 놀이하는 사람의 내적 요구를 만족시켜 주고, 즐거움과 기쁨과 같은 긍정적인 느낌을 주어 삶의 활력을 되찾게 도와주고, 노는 사람을 놀이에 몰두하게 하여 주의집중 능력을 키워 주며, 놀면서 맛보는 자유로움과 자기주도력과 자기결정의 경험을 하게 한다. 놀이의 이러한 경험들은 충분히 치유적 기능을 담당한다고 볼 수 있다.

Amster는 놀이를 내담자의 진단과 치료의 목적으로 사용할 수 있다고 하였다. 그는 놀이의 기능으로 진단적 이해 기능, 관계형성 기능, 방어수단 기능, 언어 촉진 기능, 무의식적 소재의 발견과 긴장의 해소 기능, 발달의 촉진 기능 등의 여섯 가지를 제시하였다(Landreth, 1982에서 재인용). Brems(1993)은 놀이의 기능을 좀 더 간단히 관계형성, 자기노출, 치유의 세 가지로 정리했다.

- 관계형성 기능: 놀이는 상담자와 내담자 간의 신뢰롭고 특별한 관계의 발달을 촉진해 주는 데 효과적으로 사용될 수 있다.
- 자기노출 기능: 의식적 또는 무의식적으로 청소년은 놀면서 자기노출(self-disclosure)을 한다. 놀면서 내담자의 감정, 갈등, 문제, 관계의 어려움이 직접적 또는 상징적으로 재연된다. 이는 다른 매개체를 통해서는 표현되지 못하는 다양한 정보를 상담자에게 제공해 준다. 특히 상담에 거부감이 많은 청소년들에게 자기노출의 기능은 매우 유용하다. 놀이를 통해 정보를 획득하는 것은 상담자가 내담자를 더 잘 이해하도록 도울 뿐 아니라 내담자에게도 건전하다. 흔히 자유롭게 감정과 갈등을 표현할 기회를 가지는 것은 내담자에게 치료적이다.
- 치유 기능: 놀이를 통해 감정과 갈등이 자연스럽고 자유롭게 표현되므로 내담자는 카타르시스(catharsis)를 경험하게 된다. 가장 단순한 형식의 놀이도 카타르시스와 정화(catharsis & abreaction)를 촉진하여 치료의 효과를 제공한다. 자유로운 감정의 발산과 정화 능력을 지닌 놀이는 치유의 힘을 지니고 있다.

6) 독서치료

한 편의 시 또는 한 권의 책이 사람에게 감동을 주고, 인생을 바꾸게 했다는 말을 자주 듣는다. 독서는 사람들에게 지식과 정보를 줄 뿐 아니라 사람들을 변화시키는 힘이 있다. 상담자는 내담자에게 독서를 권하여 줌으로써 내담자 자신을 더 잘 이해하고, 문제를 해결할 수 있도록 도울 수 있다. 독서를 통하여 내담자는 자신이 문제를 안고 있는 유일한 사람이 아니라는 사실과 자신의 문제해결의 방법이 여러 가지 있을 수 있다는 사실 및 구체적인 문제해결방법을 알게 된다. 또한 다른 사람들의 어려운 상황에 대해 자세히 알게 되고, 고난과 시련의 경험이 인생에 값진 교훈이 될 수 있다는 점을 알게 된다. 이러한 사실을 알게 되면 자신이 문제를 해결하기 위해 어떻게 해야 할지를 계획하고 실천할 용기를 갖게 된다. 독서행위는 독자가 고통의 삶의 현장을 떠나 책 속으로 들어가게끔 유도한다. Munzel(1985; 변학수, 2005에서 재인용)은 병상에서 읽는 책은 자기의 상황을 '잊어버리고 다른 곳으로 생각을 유도하는 기능'을 갖고 있다고 하였다. 독서를 통해 자신의 고통을 잊어버리고 남의 고통에 관심을 가지며 다른 사람을 생각하게 함으로써 독자는 자신의 문제에서 벗어나 객관적으로 문제를 볼 수 있으며, 또한 자신뿐 아니라 다른 사람들도 같은 문제를 지니고 극복하고 있다는 점에서 안도감을 얻고 새로운 문제해결의 가능성과 힘을 얻게 된다(변학수, 2005). Alex(1993; Kramer & Smith, 1998에서 재인용)는 독서치료를 사용하는 이유를 개인의 자기인식, 자기이해 그리고 다른 사람에 대한 공감과 이해를 증진시키는 것이라고 하였고, 또한 스트레스를 경감시키고, 대처방략을 제공하며, 문제 또는 어려움에 대한 감정과 생각 모두를 성공적으로 표현할 수 있도록 개인을 돕기 위해서라고 하였다.

독서의 핵심치료 요소는 동일시, 카타르시스, 통찰이다(Gumaer, 1984). 청소년은 자기가 읽은 문학작품과 자신을 강하게 동일시한다. 다른 사람의 문제를 보면서 자신의 문제를 깨달을 수 있게 되고, 문제에 대한 정보가 없을 때는 더욱 그런 문제가 자신만의 문제가 아님을 보면서 안심하게 되고 등장인물에 빗대어서 자신의 문제를 밖으로 꺼내 놓을 용기도 가지게 된다. 이야기 속 주인공이 내담자와 나이가 비슷하고 내담자가 겪고 있는 문제들과 유사한 문제를 다룬 작품이면 동일시가 쉽게 일어날 수 있을 것이다. 독서를 통해 내담자는 자신이 겪을 수 있는 다양한 문제와 관련된 두려움, 죄책감, 부끄러움의 감정과 접촉하게 되며 그 과정에서 카타르시스를 경험하게 된다. 상담자는 문학작품을 통해서 내담자의 내면세계에 자연스럽게 우회적으로 접근할 수 있고, 청소년의 경우에도 자신이 말로 표현할 수 없었던 자신의 내면세계에 더 가까이 다가갈 수 있게 된다(Kramer & Smith, 1998). 이런 과정을 거쳐 내담자는 자기와 타인, 세상에 대한 통찰력을 가지게 된다. 이렇게 형성된 통찰력을 개인의 생활에 적용해서 자신의 문제나 어려운 현실을 창조적으로 대응해 나갈 수 있도록 돕는 것이 상담자의 역할이다. 일반적으로 상담장면에서 활용되는 작품으로는 동시, 시, 동화, 소설, 수필, 희곡 등의 문학작품과 신문과 잡지 기사, 노래 가사, 그림책 등이 있다.

7) 글쓰기치료

청소년들은 초등학교 때부터 일기쓰기를 필두로 글쓰기 교육을 받으면서 자랐다. 글쓰기는 교육적 차원에서 강조되어 왔었지만 글쓰기는 치료적 측면에서도 매우 중요한 매체다. 일찍이 Landsman(1951)은 내담자가 말하는 것보다는 쓰기를 통해서 그들의 불안을 좀 더 잘 표현할 수 있다는 것을 발견하였다. MiKinney는 쓰기가 강압적인 면이 있는 반면, 강한 감정을 풀어놓음으로써 정화적인 효과를 제공할 수 있다고 제안하였다. 쓰기는 내적 갈등, 불안과 혼란을 줄이는 데 도움이 된다. 정보를 적어 내려가는 것은 감정을 표현하고, 종이 위에 적고, 느낌을 확인하기 위한 명확한 수단이다.

심리치료에서 글쓰기활동의 가장 큰 이점은 감정을 분석하고 표현하기 위한 매개물을 제공할 수 있다는 것이다. 이는 글쓰기가 사고와 느낌, 감정과 이미지와 깊은 연계를 형성할 수 있기 때문이다. 글쓰기는 개인이 자신의 내부 자아를 형성하는 것을 돕고, 개인적 완성과 자기확인에 기여하며, 정화적 감정의 이완을 제공함으로써 지각을 강화한다(Brand, 1987).

Progoff(1978)는 자신의 내담자들과 함께 심리공책(psychological notebook)을 만들면서 글쓰기가 내담자들의 심리성장과 정서적 안녕감에 큰 효과가 있음을 보고하였다. 글쓰기는 질병의 증상 감소뿐 아니라, 정서적 갈등유화, 자기인식 양성, 행동조절, 문제해결, 불안감소, 현실지향 원조, 자긍심 증대 등의 심리적 효능을 가지고 있다(김춘경 외, 2016). 글쓰기 치료의 궁극적인 목표는 글쓰기를 통해 의식이 확장되고 통합되는 것이다. 예전에는 표현하지도 못하고 다가가지도 못했던 것들을 글쓰기를 통해 표면으로 끌어올릴 수 있는 것이다. 글쓰는 사람의 방어벽을 무너뜨릴 수 있는 힘을 글쓰기는 가지고 있다. 내면의 자기 목소리를 찾아가는 작업을 통해 자기성찰, 자신과 타인과의 관계구축의 수단이 되기도 한다.

글쓰기치료에서 많이 쓰는 기법으로는 자유로운 글쓰기, 꿈, 내면의 현인과의 대화, 시 쓰기, 스피링보드, 관점 변화, 동료대화, 대화 쓰기, 인물묘사, 보내지 않는 편지 쓰기, 순간포착, 알파벳 시, 백 가지 목록, 협력 글쓰기, 5분간 전력 글쓰기 등이 있다(김춘경 외, 2016).

Chapter 11

청소년상담 유형

청소년들의 특성과 그들의 문제가 다양하듯 이들을 효율적으로 돕기 위한 상담의 유형도 다양하게 발전되어 왔다. 이 장에서는 청소년들의 발달적 특징, 청소년문제를 보는 관점, 청소년들에게 주요한 영향을 미치는 또래집단과 부모 및 최근에 급속도로 발달된 사이버 세상의 영향력 등을 고려해서 개발된 집단상담, 가족상담, 부모상담 및 사이버상담 등에 대해서 살펴보고자 한다.

1. 집단상담

청소년이 직면하고 있는 10대 자살, 학교폭력, 약물 복용, 부모의 이혼, 인간관계에서의 실패, 삶과 가치의 혼란, 우울증 등과 같은 심각한 문제들이 대중매체를 통해 하루도 빠짐없이 보고되고 있다. 집단상담의 역사는 비교적 짧지만 이러한 문제들에 대처하는 기술을 가르치기 위한 것으로서, 청소년들의 개인적인 욕구와 개인들 상호 간의 욕구와 충돌을 다루는 것을 도와주는 데 가치 있는 접근으로 인식되어 왔다. 집단상담은 개인상담에서 경험할 수 없는 폭넓은 지지와 공감을 경험할 수 있다는 점에서 감성적으로 매우 예민한 시기에 있는 청소년들을 대상으로 하는 상담에서 효과를 볼 수 있다.

1) 집단상담의 정의

상담이 깊은 차원의 의미 있는 인간관계를 통해 현실의 문제를 해결하고 인간성의 회복을 돕는 것이라고 할 때, 이러한 상담의 목적은 집단이 지닌 치료적 역동관계를 통해서 효과적으로 달성할 수 있다. 실존치료자 Yalom(1995)은 집단

내에서 작용하는 “치료효험이 있는 요인”으로 이타주의(다른 집단원들에게 베푸는 것), 카타르시스(정서, 감정을 해소시키는 것), 동일시(집단원이나 지도자를 모델링하는 것), 가족재연(마치 어떤 사람이 가족 내에 있는 것처럼 느끼고, 그런 경험으로부터 배우는 것), 희망의 주입(삶에 희망을 느끼게 하는 것) 등을 비롯한 많은 다양한 요소를 제시하였다. 상담이 처음엔 개인상담으로 시작되었고, 현재에도 개인상담이 주를 이루고 있지만, 최근 들어서는 집단상담이 다양한 분야에 확장되어 적용되고 있다. 특히 청소년상담 분야에서는 집단상담이 대중화되어 가고 있고, 내용이나 기법 면에서도 빠르게 발전하고 있다(Myrick, 2002). 천성문 등(2004)도 청소년 분야에서 집단상담이 차지하는 비중은 국내외를 막론하고 다른 상담형태에 비해 실시되는 범위도 넓고 효과도 크다고 하였다.

집단상담의 정의는 다양하다. 집단상담의 가장 핵심이 되는 두 가지 요인은 집단상담이 한 개인의 개인적 성장과 문제해결을 도와주는 것을 목적으로 한다는 점과 집단상담이 “상호작용적, 상호역동적 과정”이라는 점이다.

> 집단상담은 생활과정상의 문제를 해결하고 보다 바람직한 성장발달을 위하여, 전문적으로 훈련된 상담자의 지도와 동료들과의 역동적인 상호교류를 통해 각자의 감정, 태도, 생각 및 행동양식 등을 탐색 · 이해하고 이를 보다 성숙된 수준으로 향상시키는 과정이다(이장호, 김정희, 1998, p. 4).

> 집단상담은 적은 수의 비교적 정상인들이 한두 사람 전문가의 지도하에 집단 혹은 상호관계성의 역학을 토대로 하여 믿음직하고 수용적인 분위기 속에서 개인의 태도와 행동의 변화 혹은 한층 높은 수준의 개인의 성장발달 및 인간관계 발달의 능력을 촉진하려는 의도에서 이루어지는 하나의 역동적 대인관계과정이다(이형득, 1992, p. 19).

집단 및 개인상담 모두 신뢰, 보살핌, 수용, 이해, 지지와 격려 등을 제공하는데, 집단상담에서는 상담자뿐 아니라, 상담에 참여하는 집단원들, 주로 또래들로부터 이와 같은 지지와 격려, 수용과 이해를 받게 된다. 이러한 상호작용은 특별히 주요 관심사가 사회적 상호작용 및 자아 표현의 영역에 있는 청소년들에게는 가치가 있다. 이장호와 김정희(1998)는 상호교류가 집단상담의 기본이라고 하고,

집단의 상호교류를 통해서 수용적이고 문제해결적인 집단분위기가 형성되고, 집단원들이 생활경험의 의미와 태도를 재정립할 수 있게 된다고 하였다. 상호작용은 집단상담에서 끊임없이 이루어지는 만남의 흐름이고, 이 흐름을 타고 나타나는 힘들이 개인을 발견하고, 성장시키고 변화시키는 역할을 한다.

집단은 청소년들이 서로를 관찰하고 배울 수 있는 훌륭한 기회를 제공한다. 집단 참여를 통해 집단원들은 자신과 타인을 돕는 기회를 최대화하고(Grayson, 1989), 타인을 돕는 것을 통해 자신의 자존감과 자기신뢰(self-confidence)를 증대시킬 수 있게 된다(Gladding, 2002).

2) 집단상담의 장점

앞서 집단상담의 정의를 설명하면서 집단상담이 지닌 장점을 언급하였으나, 다시 한 번 정리하면 다음과 같은 점들이 있다(Jacobs, Schimmel, Maffon, & Harvill, 2016; 김춘경 외, 2004).

(1) 효율성

같은 문제 또는 같은 목적을 지닌 청소년들을 함께 모아서 상담을 하면, 상담을 필요로 하는 청소년내담자들을 동시에 만날 수 있어 상담자의 시간과 노력을 절약할 수 있다. 내담자 입장에서도 오랫동안 기다리지 않고 상담을 받을 수 있어서 좋고, 경비도 절약할 수 있는 측면이 있다.

(2) 공통성의 경험

같은 문제를 가진 청소년 집단원들은 문제가 되는 자신들의 상황과 처지, 또는 개인적인 관심, 생각, 감정, 행동들이 그들만의 것이 아니고, 집단의 다른 사람들도 비슷하거나 또는 더 심각한 상황이나 처지에 놓여 있다는 사실에 놀라워하고, 안심을 하고, 함께 노력하여 해결할 수 있다는 용기를 얻는다.

(3) 소속감

공통성의 경험은 서로를 동일시하게 하고, 집단에 소속감을 느끼게 한다. 집단에 수용되는 경험이 집단의 가장 중요한 특성 중의 하나인데, 이것이 청소년들에게 집단상담이 인기가 있는 이유이기도 하다.

(4) 기술습득 및 다양한 학습

집단원들은 그들 자신과 비슷한 고민과 근심을 들을 기회를 가지면서 동일시를 할 뿐 아니라, 그들이 개인적 고민들을 어떻게 해결하는가를 서로 나누면서 다양한 관점과 새로운 해결의 대안들을 배우게 된다(Bandura, 1977; Posthuma, 1996). 집단상담을 진행하면서 각 집단원들이 개인적인 사고, 느낌, 태도, 가치 및 관심을 탐색하고, 이런 것들이 개인과 타인의 삶에 미치는 영향을 함께 나누면서 의사소통, 협력과 협상, 배려와 공감 등의 대인관계 기술도 학습할 수 있게 된다.

(5) 피드백

집단상담은 집단원에게 피드백을 받을 수 있는 기회를 제공한다. 집단의 피드백은 종종 개인적 피드백보다 더 강력하다. 단 한 사람의 피드백인 경우는 받아들이는 사람이 피드백을 그 사람의 사적인 관점으로 취급해 버릴 수 있다. 6명 또는 7명의 사람이 똑같은 이야기를 한다면, 그 정확성을 부정하기는 어렵게 된다. 행동시연 집단에서는 타인의 제안, 반응, 인식 등이 가치를 가지는 중요한 요소다. 성인에 대한 저항과 반항심이 특징인 청소년들에게 또래들의 인정과 지지는 매우 중요하다.

(6) 실생활 접근

집단상담은 일대일 개인상담보다 실제적인 상황에 더 가깝다. Gazda(1989)와 Yalom(1995), Trotzer(1989)는 집단이 사회의 축소판이며, 사회를 반영하는 "소사회"라고 불렀다. 청소년들이 살고 있는 문제의 환경인 가정, 학교, 지역사회, 또래조직 등을 비교적 안전한 집단상담 환경에서 경험해 볼 수 있다. 그들의 문제현장에서 경험하는 억울함, 답답함, 엄격함, 분노, 화, 의심, 질투, 슬픔, 좌절, 낙심 등의 감정과 직면해 보고, 그곳에서의 행동을 시연해 보면서 부적응적인 감정과 행동들을 세밀히 조사하고, 나아가 감정의 해소와 통찰의 경험을 해 볼 수 있다. 또한 집단환경은 개인이 문제와 관련되어 가져야 할 감정과 태도에 대한 방법을 학습하고, 매일의 삶에서 학습한 바를 연장하여 모방이 가능하도록 해준다.

(7) 약속의 책임감

청소년내담자들이 상담을 통해 생활 및 행동의 변화를 결심하고 자신의 결심을 지속적으로 지킬 것을 다른 사람에게 약속한다. 이러한 약속을 개인상담에서 상담자에게만 하는 것보다 집단상담에서 많은 동료 참여자들에게 할 때 훨씬 더 약속을 지킬 확률도 높아지고 약속에 대한 책임감도 강해진다. 약속을 할 때 한 사람과의 약속보다는 여러 사람 앞에서 여러 사람과 약속할 때 더욱 신중해지고, 약속에 대한 책임을 더 강하게 느끼기 때문이다. 집단의 지지와 기대를 실망시키지 않으려는 바람이 집단상담에 참여한 청소년들의 행동개선에 효과적으로 작용하게 된다.

3) 집단상담자의 자질

집단상담자는 개인상담자가 지녀야 할 인간적, 전문적, 윤리적 자질을 지녀야 함은 물론이고, 더 나아가 집단의 역동과 집단의 효과, 집단의 문제를 이해하고 다룰 수 있는 이론과 실제를 익혀야 한다. 집단상담자가 되기 위해 훈련받아야 할 분야는 다음과 같다(Jacobs et al., 2016; 김춘경 외, 2004).

(1) 개인상담 경험

집단상담자는 개인상담의 경험이 있어야 한다. 개인의 심리내적 역동을 상담해 본 경험이 있어야 한다. 집단상담에서는 다양한 집단원 간의 다양한 역동이 일어날 수 있기 때문에 경우에 따라서는 개인상담도 해야 하고, 또 집단원들 간의 집단역동도 함께 다루는 집단상담도 해야 한다. 개인상담과 집단상담을 함께 잘 진행해 나갈 수 있을 때 효과적으로 집단상담을 이끌 수 있다. 가끔씩 개인상담의 경험이 없는 상담자가 집단상담을 지도하는 경우가 있는데, 이것은 매우 위험한 일이다. 개인상담의 경험 없이 집단상담을 지도하기는 매우 어렵다.

(2) 집단상담 경험

집단상담을 지도하는 집단기술을 발달시키는 데 있어서, 연습과 경험은 매우 중요하다. 본인이 직접 상담집단을 지도하기 전에 수련된 집단상담지도자가 인도하는 집단에 여러 차례 참여해 볼 필요가 있다. 본인이 집단원으로 다양한 종류의 집단상담(성장집단, 지지집단, 과제집단, 교육집단, 상담집단, 치료집단 등)에 참여해 보고 나서 집단을 지도하는 것이 좋다. 집단상담을 할 때도 4~5명의 적은 수의 집단원으로 구성된 집단으로 연습을 시작하는 것이 좋으며, 잘 진행될 경우 집단원의 수를 증가시켜 나갈 수 있다. 집단의 주제도 본인에게 친숙한 주제를 중심으로 성장집단이나 교육집단부터 시도해 보는 것이 좋다.

(3) 계획과 조직 기술

효과적인 지도자는 계획을 잘 세워야 한다. 그들은 집단을 흥미롭고 효과적이게 하는 활동들이나 개인적으로 가치 있는 주체를 한 회기 또는 일련의 회기에 포함시켜 계획할 수 있다. 토론, 교육, 과제 또는 성장집단을 이끌 때, 유능한 지도자는 문제와 관련되어 다루어야 할 주제들을 발견하고 주제에서 주제로 흐르는 방식으로 회기를 구성한다. 이러한 계획은 효과적인 지도에 필수적이다.

(4) 주제에 대한 지식

대부분의 경우, 견문이 넓은 지도자가 정보가 부족한 사람보다 지도자의 과제를 더 잘 수행할 수 있다. 지도자는 토론을 촉진하고, 문제를 명료화하고, 생각을 공유하도록 하는 데 정보가 필요하다. 지도자가 이해하지 못하는 주제에 관해 집단을 지도하는 것은 매우 불행한 일이다.

(5) 기본적인 인간 갈등과 딜레마에 대한 충분한 이해

집단지도자는 인간의 많은 문제와 다문화적인 문제를 다루는 것에 준비되어 있어야 한다(Corey, 1995). 이것은 죄책감, 실패의 두려움, 자기가치, 부모, 분노, 사랑의 관계, 죽음의 발생과 같은 주제를 다뤄야 하는 집단상담에서 특히 그러하다. 유능한 지도자는 이러한 문제를 이해하고, 힘들어하는 사람을 도울 수 있는 방법을 알고 있어야 한다.

(6) 상담이론에 대한 충분한 이해

Corey와 Corey(1992)는 "상담진행 배후에 어떠한 이론도 가지지 않은 집단지도자들은 그 집단이 생산적 단계에 결코 도달하지 못한다는 것을 발견할 것이다." 라고 했다. 만약 당신이 다양한 상담이론에 관해 충분한 지식을 가지고 있지 못하다고 느낀다면, 이론과 관련된 책이나 워크숍을 통해 이 부분을 보충하여야 한다. 이론을 충분히 숙지하고 그것을 확실히 적용할 수 있을 때까지 많이 공부하여야 한다.

4) 집단상담 계획하기

일반적으로 집단상담을 할 때에는 다음과 같은 단계로 진행한다(Morganett, 1990; 김춘경 외, 2004).

- 1단계, 집단상담에 관련된 사람들의 욕구 알아보기: 상담자는 우선 특정한 환경에 있는 내담자에게 어떤 집단 서비스가 필요한지 알아야 한다. 집단참가자의 기본 욕구를 분명히 평가하는 것은 상담계획과 상담과정, 상담결과에까지 큰 영향을 미친다.
- 2단계, 집단상담 계획서 만들기: 집단상담에서 무엇을 할 것인지와 그것을 어떻게 진행할 것인지를 상세하게 기술한 집단상담 계획서를 만들어야 한다. 계획서에는 집단의 목적, 대상, 집단지도자, 시간, 장소, 절차와 기법 등에 관한 다양한 정보가 들어가야 한다. 집단 모임의 길이 및 횟수도 미리 계획되어야 한다. 이상적인 집단상담 시간은 보통 청소년의 경우 90~120분 동안 매주 만나는 것이다. 만나는 횟수가 많은 학교상담사는 8~12회에 걸쳐 일주일에 한두 번 통상적인 수업시간 동안 만나기를 바란다. 그러나 현실적으로 공부가 중요시되는 시점에서 수업시간에 상담을 하기는 어렵다. 이밖에도 상담과정에 활동을 활용하면 집단원들의 참여도와 집중도를 높이고, 토론만 하는 것보다는 탐구하는 주제를 보다 더 깊이 있게 다룰 수 있는 흥미롭고 다양한 활동을 활용하는 것도 집단상담의 효과를 높이는 데 도움이 된다.

- 3단계, 집단모집 광고하기: 집단상담에 참가하기 원하는 집단원을 모집해야 한다. 청소년 집단상담은 주로 부모, 교사, Wee 클래스 상담사, 보건교사들을 통해 광고를 한다.
- 4단계, 부모 · 보호자의 승인 얻기: 미성년자를 대상으로 집단상담을 진행할 때에는 부모나 법적 보호자의 사전 동의가 있어야 하고, 문서화된 승인서를 반드시 제출해야 한다.
- 5단계, 사전 면담하기: 사전 면담을 통해서 청소년들의 집단에 대한 흥미와 기대를 알아보고, 집단에 적합한 대상인지 파악하며 사전에 청소년으로부터 질문과 동의를 받는다.
- 6단계, 집단원 선정하기: 집단원을 선정하는 데 있어서 집단원들의 동질성과 이질성의 요소들이 고려되어야 한다. 무단결석, 학습부진, 연기하기, 공격성 등과 같은 문제들을 가진 대상으로 집단상담을 할 때 이 요소들을 고려해야 한다.
- 7단계, 사전검사 실시하기: 집단원들의 현재 상태를 파악하고 집단상담 이후 집단상담 및 집단원들의 상담효과를 평가하기 위해서 사전검사를 실시한다.
- 8단계, 집단활동 실시하기: 보통 8회기에서 12회기를 실시하나 집단의 주제, 집단원의 수, 집단원들의 상태 등에 따라 계획한 집단활동을 다양하게 진행한다.
- 9단계, 사후검사 실시하기: 집단상담이 종결되고 난 후에 사전검사에 사용했던 것과 똑같은 도구를 사후검사에 실시하여 집단상담의 효과를 검증한다.
- 10단계, 사후집단에 대한 추후지도와 평가하기: 마지막 회기 후 약 4~8주 정도 지난 후 추후지도를 하는 것이 적당하다. 이는 집단원들에게 그들의 성취와 집단에서 일어났던 일에 대한 생각들을 나누는 기회를 주고 집단에서 주요하게 다룬 점들을 앞으로도 어떻게 지속시킬지에 대해 새로운 아이디어를 얻는 기회를 제공한다. 또한 추후지도는 집단원들이 행동 변화 목표를 달성하는 것, 새로운 목표를 정하는 것, 방해를 극복하는 것에 관해서 상호 간의 지지를 제공할 기회를 준다.

5) 집단과정의 단계

집단상담 진행과정은 학자들마다 다양하게 분류하여 진행한다(Corey, 1995; Jacobs et al., 2016; Vernon, 2002; 강진령, 2012). 일반적으로 초기, 중기, 종결단계로 나누거나, 탐색, 작업, 생산, 통합단계(강진령, 2012), 또는 초기, 전이, 작업, 종결(Vernon, 2002)로 나눈다. 단계마다의 특성이 분명하게 나눠는 것은 아니지만, 각 단계에서의 진행 내용이 비교적 분명하게 차이가 나기 때문에 단계의 특성에 맞추어 분류한다. 여기서는 초기, 전이, 작업, 종결단계로 나누어 설명하고자 한다.

(1) 초기단계

초기단계에서는 어색한 분위기를 깨고, 집단원들 간의 응집력을 높여 집단상담의 목적과 목표를 달성할 수 있는 신뢰롭고 수용적인 분위기를 형성해야 한다. 뿐만 아니라 함께 작업하고 서로 돕기 위해서 집단상담 기간 동안 서로 지켜야 할 집단의 규칙이나 규범에 대해 논의해야 한다. 특히 집단상담자는 비밀유지와 관련한 집단규칙을 명료화하고 강조해야만 한다. 집단상담은 개인상담보다 비밀유지가 어렵다는 점도 함께 고지해야 한다. 실제로 상담자는 자신 이외에는 다른 집단원의 비밀보장에 대해서는 보장할 수 없다. 그러므로 집단상담 내용에 대한 비밀유지의 중요성을 설명하고, 예외적 경우와 위반의 경우에 대해서도 사전에 분명하게 인식시켜야 한다. Corey와 Corey(1992)는 미성년자와 작업하는 경우 비밀유지의 문제와 관련한 많은 지침을 제시했다. 그들은 집단원들에게 비밀유지에 관한 계약서를 작성하여 서명하게 하고, 법에서 요구하지 않는 경우에도 부모의 동의를 서면으로 받아야 하며, 비밀유지에 관한 학교 및 지역사회 정책들을 세심하게 준수할 것을 권고하였다.

개인상담에서와 같이 집단상담에서도 초기단계에서는 집단상담을 구조화해야 하고, 집단상담의 목적을 분명히 설명해서 집단원들이 모두 함께 한 방향으로 집단의 목적을 달성하기 위해 노력을 할 수 있도록 오리엔테이션을 잘해야 한다. 초기단계를 탐색단계라고도 하는데, 이는 집단원들이 집단과 다른 집단원들을 탐색하기 때문이다. 이때 상담자는 집단원들이 초기에 자연스럽게 가지게 되는 긴장과 불안을 감소시킬 수 있도록 편안한 분위기를 만들어 주어야 한다. 또한 청소년들은 집단의 분위기를 파악하기 위해서 또는 자신들이 어느 정도 수용되고 자신들의 문제행동이 어떻게 인식되고 있는지 등을 탐색하기 위해 집단에서의 한계를 시험해 본다. 집단 내에서 문제행동을 보이는 학생이 있는 경우는 더욱 그렇다(강진령, 2013). 집단에서의 규칙 준수와 집단 내에서의 문제행동에 대해서 분명하게 한계를 설정해 지키는 것은 초기단계부터 매우 중요하다. 집단리더가 어떻게 대처하느냐에 따라 집단의 발달에 큰 영향을 준다.

(2) 전이단계

집단단계의 발전은 쉽지 않다. 특히 상담집단의 경우 신뢰로운 분위기가 초기단계에서 형성된 거 같다가도 자신의 개인적인 삶을 공개하게 되면 방어와 저항을 보이게 된다. 대부분의 집단은 집단원들이 집단의 목적을 달성하기 위해 협력적으로 작업하는 것에 방해받는 것을 직면하게 된다. 이 단계를 전이단계라고 하는데, 저항과 방어를 특징으로 한다. 이는 집단원들이 상담시간에 늦게 오거나, 다른 사람들의 말을 주의해서 경청하지 않고 잡담을 해서 집단을 방해하거나, 자신의 생각을 말하지 않고 회피하거나, 집단 관련하여 트집을 잡는 등의 행동을 보인다. 이러한 의심과 방해, 저항과 염려의 행동은 어느 집단이나 있게 마련이므로 다음 단계로 발전하기 위해서 상담자는 이런 문제들을 바르게 인식하여 집단 안에서 효과적으로 다루어 나가야 한다. 집단원들이 보이는 저항을 불편하게 여겨서 회피하거나 어설프게 대충 넘어가게 되면 집단이 발전하지 않고 정체되어 있거나 갈등과 불신의 분위기가 맴돌게 된다. 집단상담자는 집단원들의 저항을 효과적으로 다룰 수 있는 기술과 전략을 가지고 있어야 한다. 집단상담이 성공하기 위해서는 신뢰가 확보되어야 한다.

(3) 작업단계

집단의 목표에 초점을 맞추어서 집단원들의 현재 관심사와 주요 문제들을 본격적으로 다루는 단계다. 작업단계에서는 전이단계를 거쳐서 저항과 방어가 해소되었기에 신뢰를 바탕으로 자기개방적이고 직접적인 방법으로 집단원들끼리 서로 피드백을 주고받는 분위기가 형성되어 있다. 이러한 분위기 속에서 집단원들은 각 개인들의 주요 문제나 관심사를 명료화하고 자신들이 개인적 목표를 달성하기 위해서 선택해 온 방법들을 탐색한다. 작업을 통해 집단응집력이 높아지고, 개인적으로도 자기수용과 자기노출을 통해 개인적인 성장을 경험하게 된다. 전이단계에서 보이던 저항과 방어적인 태도가 감소되면 피드백 교환이 활발해지고, 서로에 대해 더 잘 알고 이해하게 되며, 서로를 돕게 되면 자신들이 처한 인생의 문제와 상황에 보다 더 책임 있는 행동을 취하게 된다(강진령, 2012). 작업단계에서는 많은 활동을 하게 되는데, 역할 연기 및 모델링 같은 활동들은 집단원들에게 스스로를 표현하고, 다른 사람들로부터 피드백을 수용하고 행동의 새로운 방법을 관찰, 실행, 습득할 기회를 준다. 집단에서 학습한 내용을 삶의 현장에서 활용해 볼 것을 촉구하기도 한다(Vernon, 2002).

(4) 종결단계

종결단계의 주요 기능은 집단원들이 집단을 하면서 경험한 것들을 돌이켜 보면서 성취한 개인의 상담목표를 평가하는 것이다. 집단원들은 각자가 자기평가를 하고, 서로에게 피드백을 제공하고, 집단과정에서의 경험을 서로 나눈다. 각 집단원들이 집단경험을 통해 학습한 것들을 실제 삶에서 구현해 볼 수 있는 행동 및 실행 계획을 세우고 이것에 대해서 함께 논의한다. 이 밖에도 이별의 아쉬움과 미해결된 과제를 효율적으로 다뤄야 하고, 사후 평가를 한다.

2. 가족상담

청소년상담에서 다루는 청소년문제의 원인이 청소년 자신일 때도 있지만 청소년보다는 문제를 가진 부모나 역기능적인 가족체계가 청소년문제의 원인인 경우가 있다. 청소년들을 상담하다 보면 이들의 문제를 개인의 심리학적 모델만으로 이해하는 데 한계가 있다. 그럴 때 청소년들이 그런 문제행동을 할 수 밖에 없었던 청소년을 둘러싸고 있는 사회문화적 맥락, 그중에서도 청소년의 가족을 살펴보면, 그들을 훨씬 잘 이해할 수 있게 된다. Goldenberg와 Goldenberg(1988)는 가족 수준에서의 개입이 역기능적인 가족에서 청소년의 행동을 변화시키고, 가족이 대처기술을 획득(또는 재획득)하는 것을 돕기 위한 가장 효과적인 방법이라고 하였다. 청소년상담자가 가족상담적 관점에서 청소년내담자의 문제를 볼 때 보다 적합한 문제해결의 실마리를 찾을 수 있다.

1) 가족상담의 정의와 목적

가족상담은 청소년을 가족의 관계 속에서, 그리고 그 가족을 지역사회의 관계 속에서 보면서 청소년문제의 원인이 될 수 있는 역기능적 가족체제를 건강하게 기능할 수 있도록 돕는 상담접근방법이다. 가족상담은 가족을 유기적인 관계를 지닌 한 단위로 이해하고 취급한다. 정신병, 신경증, 심신증, 비행과 같은 문제행동을 내담자 개인이 지닌 증상이나 문제로 보는 것이 아니라 가족 전체의 인간관계에 대한 왜곡의 표시로 보고, 가족 내의 교류 패턴에 직 · 간접적으로 개입하여 가족체계의 문제점을 개선시키기 위한 심리적 원조다(송정아, 최규련, 1997).

가족상담의 정의에서 강조된 두 가지 개념은 가족관계와 가족체계이다. 사실 청소년상담자가 가족치료이론을 통해 배워야 할 것은 청소년문제를 진단할 때 청소년과 가족과의 관계와 가족체계론적 입장에서 청소년의 문제를 볼 줄 아는 능력이다. 가족상담의 목적은 가족 전체가 각자의 역할과 기능을 제대로 수행하도록 함으로써 각 가족구성원과 가족 전체가 성장하도록 도와주는 것이다.

가족상담이 발전되던 초기에 정신과 의사들은 정신병동 환자들을 치료하면서 그들이 병동에서는 완쾌되어 가다가도 부모나 가족들이 환자를 만나고 간 후에는 다시 그들의 증상이 재발 또는 악화 되는 것을 관찰하였다. 이때 의사들은 환자만을 대상으로 하는 치료로는 정신병의 치료가 어렵고, 또 환자의 증상 자체가 역기능적인 가족 때문에 형성될 수 있다는 사실을 알게 되었다. 그 이후로 환자만의 치료가 아닌, 증상을 지닌 가족의 구조나 체계를 바꾸는 가족상담이 발달하게 되었다.

많은 청소년의 심리 · 사회 · 행동적 문제들의 중요한 보호요인은 건강하게 기능하는 가정이다. 청소년들의 문제를 예방하고 치료할 수 있는 건강하고 잘 기능하는 가족은 어떤 특성을 가졌을까? 건강하게 기능하는 가족의 특징을 연구한 Ponzetti와 Long(1989)에 따르면, 건강한 가족들은 일반적으로 서로의 관심을 나누고, 효과적인 의사소통 패턴을 가지며, 변화에 효과적으로 적응할 수 있다. 또한 서로를 존중하고, 문제해결과 의사결정과정에 참여할 수 있으며 기꺼이 집안일에 대한 책임을 공유하고, 서로 상대의 친구를 좋아하고 함께 즐긴다. 무엇보다도 건강하고 친밀한 부부관계가 가장 중요한 특징이다(김춘경, 2004).

2) 가족상담모델

한 개인의 문제를 가족을 통해 치료하려는 가족상담가들은 역기능적인 가족의 문제를 다양한 관점에서 파악하고 가족체계를 변화시키려고 노력한다. 상담이론만큼은 아니지만 가족상담에도 많은 이론이 있다. 내담청소년들의 가족을 이해하는 데 도움이 되는 가족상담모델 몇 가지를 소개하고자 한다.

(1) 다세대 가족상담

최초의 가족체계이론가 중 한 사람인 Murray Bowen은 "가족은 정서적 관계의 체계다."라는 생각에 기본을 둔 정신역동적 가족상담이론을 발달시켰다. Bowen 이론은, ① 자기분화, ② 삼각관계, ③ 핵가족 정서체계, ④ 가족투사과정, ⑤ 정서적 단절, ⑥ 다세대 전수과정, ⑦ 자녀의 위치, ⑧ 사회적 퇴행 등 여덟 가지의 연결된 개념들로 구성된다(Friedman, 1991; Goldenberg & Goldenberg, 1991). 여기서는 청소년을 이해하는 데 가장 중요한 자아분화와 삼각관계에 대해서만 살펴보도록 한다.

Bowen은 정신분석적 개념인 '미분화된 가족자아군' 용어를 체계론적 개념인 '융합과 분화'의 용어로 바꿔서 사용하였다. 자아분화 개념이 그의 이론의 핵심 개념이고, 상담목표이자 성장목표가 된다. 청소년의 문제를 분석할 때도 그들의 자아분화 수준이 어떠한가를 살필 필요가 있다. 자아분화는 '정신 내적 수준(intrapsychic level)'과 '상호 대인적 수준(interpersonal level)'에서 파악해야 한다. 정신 내적 수준의 자아분화는 정신적 체계와 지적 체계가 구분된 것으로, 사고로부터 감정을 분리할 수 있는 능력이다. 분화 수준이 낮은 사람들은 감정으로부터 사고를 구별하기 어렵고 객관적인 사고를 거의 할 수 없다. 그들의 생활은 주변 사람들에 대한 맹목적인 추종이나 분노에 의한 거부 등 고조된 감정에 의해 지배

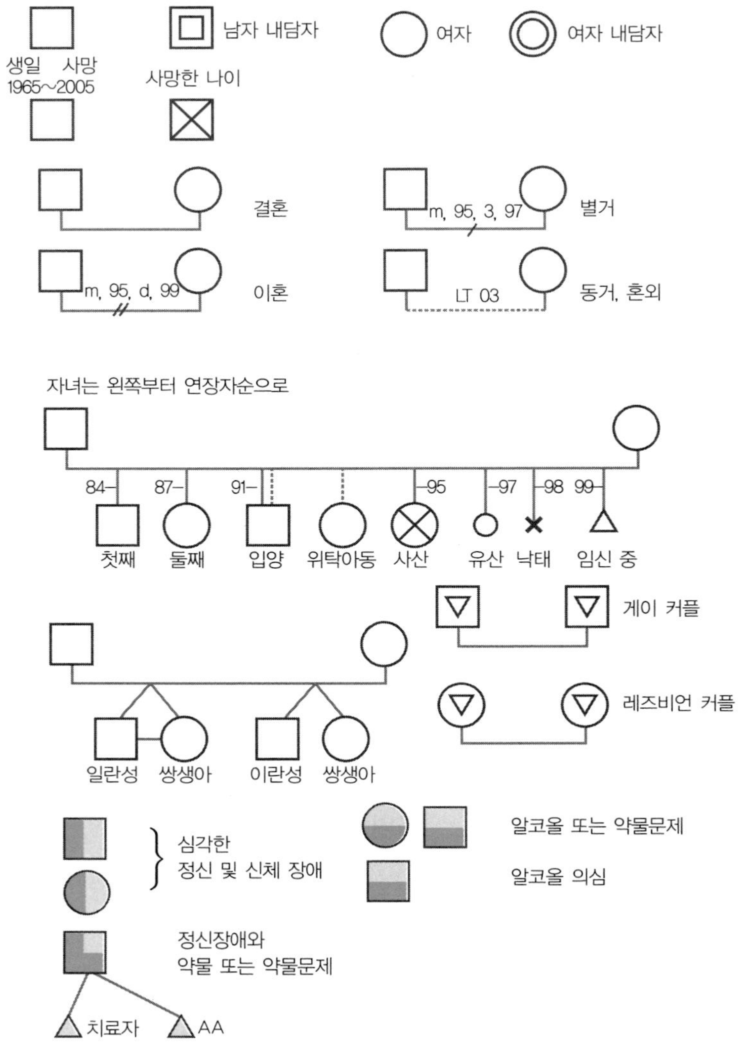

[그림 11-1] **가계도**

출처: McGoldrick, M. R., & Shellenberger, S. (1999).

받는다. 한편, 분화된 사람들은 사고와 감정이 균형 잡혀 있으며 풍부한 정서와 자발성을 지닐 뿐 아니라 충동적 감정에 좌우되지 않는 억제 능력과 객관적 사고 기능을 가지고 있다. 대인관계적 측면에서 자아분화가 안 된 사람은 확고한 자아를 발달시키지 못하고 거짓 자아를 발달시켜 자신의 신념에 따라 자주적이고 독립적인 행동을 하지 못하고 다른 사람에게 융해되려는 경향을 보인다.

Bowen은 두 사람 간의 관계가 지속되면 근본적으로 불안정하게 되고, 2인관계가 불안정해지면 안정된 상호작용을 위하여 제3자를 끌어와 삼각관계를 만든다고 하였다(Goldenberg & Goldenberg, 1991). 역기능적인 가정의 청소년들은 가정이나 학교에서 이러한 삼각관계 경험을 한다. 부부관계가 안정되지 못한 가정의 경우, 부부간에 긴장이 발생하게 되면 부모 중 한명이 자녀를 자기편으로 끌어들여 삼각관계를 맺으면서 자신의 불안을 해소하려는 시도를 한다. 부부간에 미해결된 긴장이 클수록 이러한 삼각관계, 즉 부모 중 한 사람이 자녀에 대한 애착을 더 강하게 가진다. 이로 인해 자녀의 분화 수준은 더 낮아지고, 나아가 자녀에게 부적응적인 증상이 나타날 수 있다. 가족관계에서 삼각관계가 지속적으로 반복되면 가족구성원들은 개인으로 분화되기보다는 서로간의 상호작용에서 고정적인 역할을 맡게 된다.

다세대 가족상담의 목적은 불안을 감소시키고 분화 수준을 높이는 것이다. 가족체계의 진정한 변화는 가족성원들의 자율성을 조장하며 개인들의 성장을 촉진하기 위해서 폐쇄적인 가족관계를 개방하고 삼각관계에서 벗어나도록 하는 것을 의미한다. 문제는 사람에게 있는 것이 아니고 체계에 원래부터 존재해 온 것으로 개인의 변화는 다른 사람과의 관계 변화를 통하여 이루어진다고 보기 때문에 가족상담에서는 증상에 초점을 두지 않는다. Bowen이 개발한 가계도는 모든 상담자가 알아야 할 중요한 상담도구다.

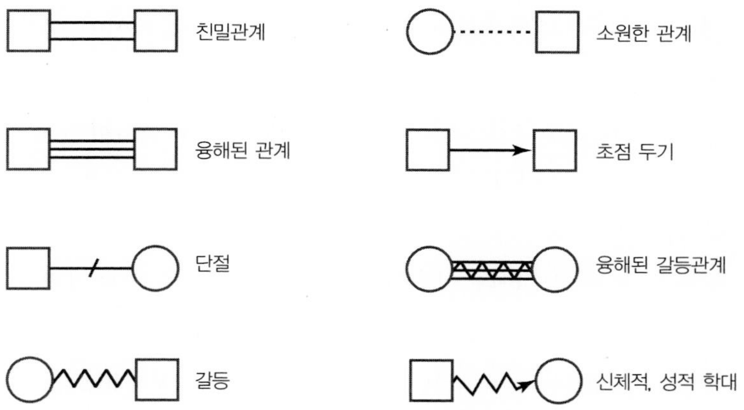

[그림 11-2] **관계를 나타내는 선**

출처: McGoldrick, M., R., & Shellenberger, S. (1999).

(2) 구조적 가족상담

상담자들은 가족구조의 맥락에서 청소년의 문제를 이해하고, 가족구조를 재구성하는 것을 촉진하기 위해 구조적 가족치료를 이용할 수 있다(Goldenberg & Goldenberg, 1988). Minuchin에 의해 창시된 구조적 모델에서는 경계선, 규칙, 융통성에 주목한다(Clapinto, 1991; Minuchin & Fishman, 1981; Nichals & Schwartz, 1991). Minuchin(1974)은 가족의 하위체계와 경계선을 가족의 기능을 평가하는 척도로 이용하였다. 그는 가족의 다른 환경과 생활주기에 따라 변화하는 하위체계들 사이의 친밀성과 적절하면서 융통성 있는 경계선을 가진 가족을 건강한 가족으로 묘사하였다(Green & Kolevzon, 1984). 문제를 가진 역기능적 가족들은 가족구성원들 간에 밀착되어 있어 지나치게 친밀한 특성을 나타내거나 또는 가족구성원들 간에 관계가 경직되고 분리된 특성을 나타낸다(Colapinto, 1991).

구조적 모델에서는 가족에는 많은 하위체계가 있다고 보았다. 대표적인 하위체계는 부부하위체계, 부모하위체계, 부모-자녀하위체계, 형제하위체계가 있다. 그 외에도 성하위체계, 공통관심하위체계 등이 있다. 모든 하위체계는 그 나름의 역할과 기능을 가지고 있다. 하위체계가 그 역할과 기능을 제대로 하지 못하면 가족은 어려움을 겪게 된다. 예를 들어, 형제하위체계는 자녀들이 그들 또래집단과의 관계를 배울 수 있는 사회화의 장이다. 형제간의 상호작용을 통해 그들은 서로 지지하기도 하고 갈등하기도 한다. 형제체계 또는 가족체계의 경계가 너무 경직되어 있거나 밀착되어 있으면 자녀들이 다른 사회체계에 들어가는 데 어려움을 갖게 된다. 부부하위체계의 경우에도 부부간의 경계선이 너무 경직되어 있으면 다른 하위체계들이 고립되어 스트레스를 받고, 반면 부부간 경계선이 너무 느슨하게 되어 있으면 다른 하위체계들이 부부기능을 간섭하여 가족 내의 질서가 산만해지게 된다. 이와 같이 가족의 하위체계를 평가해 보면 청소년이 겪고 있는 문제를 해결할 수 있는 구조적 실마리를 발견할 수 있다.

가족의 구조를 볼 때 또 하나 살펴야 할 것이 경계선이다. 대인관계의 경계선(boundary)은 다양한 하위체계를 분리시키고, 접촉의 양을 조절하고 개별성과 자율성을 규정한다(Goldenberg & Goldenberg, 1991; Nichols & Schwartz, 1991). 경계선은 경직된 상태, 산만한 상태, 명확한 상태로 나타나는데, 경직된 경계선(rigid boundary)을 가진 가족의 구성원들은 서로 간에 그리고 외부체계와 거의 접촉이 없고, 산만한 경계(diffuse boundary)를 가진 가족은 관계가 밀착되어 있어 가족구성원의 독립과 자율성의 결핍을 초래하고, 명확한 경계선(clear boundary)을 가진 가족에서는 가족들끼리 서로 지지하고 격려하는 모습을 보이고, 가족들의 독립과 자율성이 보장된다.

구조적 가족상담의 목적은 역기능적인 가족의 구조를 재구조화하여 드러난 문제나 증상을 제거하는 데 있다. 이를 위해서 가족위계구조를 적절히 확립시켜 주고, 부모가 연합하고 각 하위체계가 분리 독립하여 기능하도록 하며, 각 하위체계의 경계선이 명확해지도록 돕고, 밀착된 가족의 경우 개인이나 하위체계가 서로 분화하도록 도와야 한다(정문자, 정혜정, 이선혜, 전영주, 2012; 제석봉 외, 2015).

(3) 의사소통 가족상담

의사소통 가족상담을 발전시킨 Satir는 상담실에 오는 가족구성원들의 자존감이 낮은 것이 근본적인 문제라고 생각했다(Fenell & Weinhold, 1989). 가족들의 자존감이 함께 높아지고, 보다 더 긍정적인 시각을 가지게 될 때, 가족구성원들 간에 더 적절한 관계를 맺고 솔직한 대화를 하게 된다고 믿었다. Satir는 감정적 측면을 중요시하며 가족성원들의 자존감을 증가시키는 것을 가족치료에서 중요하게 다루었다.

또한 Satir는 가족의사소통에 초점을 두고 가족과 함께하는 작업의 방법을 개척하였다. 그녀는 가족구성원이 더 솔직하고 효과적인 방법으로 의사소통하는 것을 배우면, 가족들의 관계도 개선되고 가족의 자존감도 높아질 수 있다고 믿었다. Satir는 가족의사소통의 패턴을 재구성하는 것을 상담의 목표로 하였다(Fenell & Weinhold, 1989; Goldenberg & Goldenberg, 1991).

Satir는 가족들의 의사소통을 관찰하면서 건강한 가족구성원들은 다른 가족구성원들에 의해 보복, 앙갚음, 거부당할 것의 두려움 없이, 자신들이 무엇을 느끼고 생각하는지를 솔직하게 표현하는 것을 관찰하였다. 반면, 병리적 가족들은 진실한 감정을 감추거나 상대를 무시하는 방식으로 의사소통하는 것을 관찰하였다. 이러한 관찰을 토대로 내담자 가족의 의사소통을 네 가지의 역기능적 의사소통(회유형, 비난형, 초이성형, 산만형)과 한 가지의 일치형의 기능적 의사소통 유형을 개념화하였다.

또한 Satir는 가족규칙을 가족을 변화시키는 데 중요한 개입요인으로 사용하였다. 가족구성원들의 고통이 가족 내 역기능적 가족규칙 때문일 수도 있기 때문이다. 건강한 가족에서는 가족규칙이 명료하고, 상황에 따라 가족규칙은 융통성을 가지고 변할 수 있다. 그리고 가족구성원들은 어떻게 규칙이 발달되었고 왜 그것들이 중요한지를 이해한다. 그러나 역기능적인 가족의 규칙들은 경직되어 있고, 은밀하게 강요된다. 가족구성원들은 어떻게 또는 왜 규칙들이 형성되었는지, 그리고 그들이 필요할 때 그것들을 바꿀 수 있는 방법을 알지 못한다. 은밀한(covert) 규칙들은 구성원들이 명확하고 직접적으로 의사소통하는 것을 방해한다. 그것은 그들이 사고하고 느끼는 것, 일치하고 불일치하는 것, 명확화를 요구하는 것을 표현할 수 있는 개인 구성원의 자유를 제한할 것이다(Satir, 1972). 가족에서 통용되고 있는 암묵적, 비암묵적 규칙을 찾아서 작업하는 것은 청소년의 문제를 해결하는 단서가 되기도 한다. Satir는 가족상담장면에서 역할놀이, 게임, 가족조각, 다른 적극적 상호작용 상담기법 등을 많이 개발하여 상담의 효과를 높이는 데 크게 기여하였다.

Satir 모델의 치료목표는 안정이 아니라 성장이며, 개인의 경험확대, 증상완화와 사회적 적응, 통합력 증진, 외적 행동과 내적 경험의 일치, 폭넓은 선택의 자유, 의존성의 탈피 등을 목표로 한다. 가족들이 제시하는 문제들을 중요시하면서 정서적으로 약한 측면에 초점을 두고, 가족구성원들 상호 간에 욕구와 감정에 좀 더 관심을 갖게 하며, 가족들끼리 감정을 나누도록 하였다. Satir의 가족상담을 경험적 가족상담이라고도 한다.

(4) 전략적 가족상담

전략적 가족상담모델에서는 가족의 반복적인 역기능적 행동에 직접 개입하여 내담자의 문제를 단기간에 전략적인 방법으로 해결하는 것을 목표로 한다(Goldenberg & Goldenberg, 1991; Nichols & Schwartz, 1991). 체계적 치료자들은 가족구성원들이 가족역동이나 표출되는 문제의 기능에 대해 통찰을 얻을 필요가 있다고 믿지 않는다. 문제를 변화시키기 위해, 치료자들은 지시적, 권위적, 전략적으로 내담자를 교묘히(manipulative) 다룬다(Haley, 1976). 이 이론의 최초 제안자인 Madanes와 Haley는 가족문제를 제거하는 첫 단계로 상담자가 가족이 문제를 명확하게 정의 내릴 수 있도록 돕는 것을 제안하였다. 상담자가 가족에서 표출되는 문제와 그것의 기능을 이해한다면, 그들은 가족에게 가족체계 조직을 변화시킬 수 있는 지시를 내린다. 상담자는 이런 변화가 표출되는 문제에 기능하는 체계적 기능들을 제거하고 문제를 지탱하는 가족체계를 변화시킨다(Goldenberg & Goldenberg, 1991).

전략적 가족상담은 MRI 상호작용모델, 전략적 구조주의모델, 밀란모델 등 세 가지의 주요 모델이 있고, 이 모델들은 가족치료 분야의 포스트모더니즘의 도래를 촉진하였다(정문자 외, 2012). 의사소통, 이중구속, 피드백 고리, 가족항상성, 가족규칙, 권력과 위계, 가족게임 등 다양한 개념으로 가족의 반복적인 역기능, 증상을 지속시키는 가족체계 또는 가족 내 역동을 설명하고 있다. 전략적 모델의 1차적인 상담목표는 제시된 문제 및 증상의 해결이며, 나아가 문제행동을 일으키는 가족체계의 변화를 이루어 내는 것이 전략적 가족상담의 궁극적 목표다. 전략적 모델은 다른 가족상담모델과 달리 이론보다는 기법 위주의 접근이라고 할 수 있다. 청소년상담에 효과적으로 적용해 볼 수 있는 역설적 기법은 전략적 가족상담모델에서 핵심적인 기법이다.

Haley는 내담자가 '증상을 통해 상대에 대한 통제를 지속한다'고 보고 상담자가 상담관계에서 통제를 유지하기 위해서 역설적 개입을 사용할 것을 제안하였다(정문자 외, 2012). 역설적 개입은 재정의, 처방, 제지 등 3단계를 거쳐 진행되는데, 재정의는 문제에 대한 가족의 생각을 변화시키기 위하여 증상을 긍정적인 의미로 재명명하는 것이다. 예를 들면, 친구들을 괴롭히는 문제를 가진 청소년의 행동을 다른 아이들과 친해지고 싶어서 하는 행동이라고 재명명하는 것이다. 가출하려는 아들의 아버지가 "이 자식은 도저히 가망이 없어요. 부모에게 고마운 줄도 모르고 책임감도 없고 구제불능입니다. 난 포기했어요."라고 말할 때, 전략적 상담자는 다음과 같이 재명명, 또는 재구조화할 것을 아버지에게 알려 줄 수 있다. "내 아들은 용기가 있어요. 남자에게 대담한 면이 중요한 것이긴 하지만, 잘못되어 자신을 망쳐 버릴 위험성이 높아서 걱정입니다." 재명명은 저항을 줄이고 행동의 변화를 가져올 수 있다.

처방은 문제로 인식된 증상을 의도적으로 명확하게 계속해서 하도록 요청하는 것이다. 즉, '친구와 싸워라' '분노를 폭발해라'와 같이 간단하나 수용하기 어려운 증상을 처방하는 것이다. 제지하기 역시 역설적 개입으로 증상 또는 문제가 너무 빨리 변화하는 것을 제지하는 것이다. '천천히 변화하는 것이 내담자에게 좋다'는 메시지를 내담자에게 주어서 내담자나 그 가족들의 저항을 미리 예견하고 다루는 것이다. 역설적 개입은 내담자에게서 무의식적으로 발동되는 변화의 저항에 의식적으로 행동할 수 있는 처방을 내리는 것이다. 역설적 개입에는 증상처방, 고된 체험기법, 위장기법 등 다양한 기법이 있다.

전략적 개입을 시도하려는 상담자는 부모에게 적대적이고 반항을 하는 청소년에게 부모한테 계속 대들라고 말할 수 있다. 역설개입이 제대로 적용되면, 이 청소년은 상담자에게 반항하려고 부모에게 순종하게 된다. 역설기법은 전략적 상담가가 선호하는 방법이긴 하지만, 남용해서는 절대 안 되는 위험성이 있다. 청소년상담자들이 전략적 기법들을 이용하려면, 기법의 적절한 적용에 대한 다방면의 훈련과 감독을 받아야 한다. 실제 상담자들 사이에서도 전략적 개입에 대해서는 논쟁이 많다. 상담장면에서 역효과를 낸 사례들이 종종 보고되기 때문이다. 예를 들어, 상담자에게 저항이 강하고 반항심이 센 학생에게 공부하는 것을 시간낭비라고 하면서 시험 때문에 공부하지 말라는 지시를 내렸다면, 상담자는 학생이 자신의 말에 저항할 것을 계산하고 이러한 지시를 내렸을 것이다. 그런데 그 학생이 상담자에게 저항하지 않고 실제로 공부를 하지 않아서, 시험에 실패하고 나서 상담가가 시키는 대로 해서 시험을 망쳤다고 원망을 한다면 이는 분명히 상담자가 전략적 기법을 잘못 사용한 것이다.

3. 부모상담

부모가 의뢰하지 않은 청소년상담일지라도 상담자는 부모와 많은 작업을 한다. 상담실을 찾는 대부분의 부모는 자녀 문제를 걱정하면서 자녀 때문에 자신이 얼마나 힘든지, 자녀가 앞으로 변화될 가능성이 있는지를 궁금해하면서 자녀를 변화시켜 줄 것을 부탁한다. 부모역할을 하기가 쉬웠던 적은 없었겠지만, 여성의 사회진출이 늘어나고 가족형태가 변화하면서 부모의 역할과 기능도 예전과 많이 달라졌고, 부모뿐 아니라 청소년들의 주변 환경도 엄청난 변화를 겪으면서 부모와 자녀관계는 약화되었거나 악화되어 가고 있다. '문제 자녀 뒤에는 문제 부모가 있다'는 말이 정설이 된 오늘날 문제 자녀를 둔 부모들은 불안, 초조, 죄책감 등 엄청난 스트레스에 시달리고 있다.

청소년상담자는 한 손으로는 부모교육훈련을 하고, 다른 한 손으로는 부모를 내담자로 상담해 주어야 한다는 말이 있다. 부모교육은 부모의 비효율적인 양육태도가 자녀에게 미치는 영향에 대해 설명해 주고, 기능적이고 바람직한 양육기술을 훈련시켜 주는 것이다. 부모상담은 부모의 감정적 문제가 부모로서의 기능을 다하지 못하게 할 경우 부모를 개인상담해 주는 것이다. 여기서는 부모의 개인적 상담보다는 부모교육을 중심으로 소개하고자 한다.

자녀가 문제를 일으키면 많은 사람이 부모를 비난한다. 부모교육의 대가인 Gordon(2000)은 부모가 잘못한 것은 무엇이고, 부모가 자녀를 효과적으로 잘 기르기 위해서 무엇을 해야 하는지를 어디서 배워야 하는가를 물었다. 그는 부모를 비난만 할 것이 아니라, 부모가 어떻게 자녀와 상호작용해야 하는지에 대해 다양한 형태의 도움을 부모에게 주어야 한다는 주장을 하였고, 전 세계적으로 엄청난 호응을 얻었다. 어떤 부모들은 그들의 아이들과 무엇을 해야 할지 전혀 모른다(Clark, 1996; Stephenson, 1996; Vernon, 2002; Levy & O'Hanlon, 2001). 그래서 부모가 되기 전에 부모가 될 자격증을 먼저 받게 하자는 주장을 하는 사람들이 많이 있다. 현실적으로 실행이 어려워서 그렇지 타당한 주장이다.

1) 부모관계와 관련된 청소년들의 호소문제

청소년 자녀들과의 갈등은 청소년 당사자는 물론이고, 부모와 다른 가족식구들 모두에게 어려움을 겪게 한다. 부모들은 급격하게 변한 청소년 자녀의 태도에 놀라게 되고, 지금까지 사용했던 자녀양육방식이 더 이상 효과가 없게 되면서 자녀양육에 무력감을 느끼고 좌절하고 낙담한다. 청소년 자녀들이 주로 호소하는 문제에는 부모님의 지나친 간섭과 개입, 다른 아이들과의 차별과 비교로 인한 심리적 상처, 부모와의 거리감, 소홀, 무관심 등이 있다. 이 외에도 부모와 긍정적인 관계를 형성하지 못하여 겪는 어려움, 부모의 체벌, 구타, 언어폭력 등 신체적, 정서적 학대로 인해 생기는 어려움이 있고 결손가정에서의 부적응, 부모의 무능력으로 인한 열등감, 반항, 무시 등으로 인해 생기는 심리사회적 문제들이 있다. 이러한 문제를 겪는 청소년들은 학교 부적응, 등교거부, 비행, 지나친 성생활, 약물남용 등의 일탈행위를 하거나 불안, 우울, 자살 등 신경증적 증상을 나타낸다.

2) 청소년기 부모-자녀 간 갈등 심화과정

부모와의 갈등은 사춘기를 겪기 시작하는 초기 청소년기에 최고조에 달하고, 중기와 후기 청소년기까지 이어진다(Collins, 1990; Silverberg & Steinberg, 1990, Smetana, 1988). 갈등을 해결하는 과정에서 부모와의 관계가 좋아지는 경우도 있으나, 대부분의 청소년들과 부모와의 갈등은 그들의 관계를 악화시키고, 나아가 심리 · 정서 · 행동상의 문제를 초래한다. 부모와 청소년 자녀 간의 파괴적 갈등 관계가 어떻게 진행되는지를 아는 것은 부모가 자녀의 현상태를 이해하고, 앞으로 어떻게 자녀와의 관계가 악화되어 갈 것인지를 예견하고 변화시키는 노력을 하는 데 도움이 된다. Gothard(1997; 금명자, 송미경, 이호준, 이지은, 2005에서 재인용)는 청소년 자녀와 부모 간 갈등이 파괴적으로 심화되어 가는 과정을 8단계로 제시하였다.

- 1단계(상처받은 영혼-대화 단절-무시): 자녀가 마음에 상처를 받으면 우선 아이는 말이 줄어든다. "그럴 수도 있지." 하면서 대수롭지 않게 넘긴다면 부모에 대한 애정이 줄어들고 자신을 가족으로부터 소외시키게 된다.
- 2단계(애정의 상실-감사의 소실-옛날과 비교): 이렇게 소외된 감정은 부모에게 감사하지 않는 행동으로 나타난다. 부모는 아이들이 감사해하지 않는 행동을 보고 자신이 자랄 적의 삶과 비교하여 자녀를 나무란다. 그러면 아이들은 부모의 권위의식에 신물을 느끼고 무시하려 한다.
- 3단계(권위의 거부-고집 부림-잔소리): 부모의 권위의식에 신물을 느끼는 자녀는 부모를 무시하고 싶으나 노골적으로 드러내지는 못하고, "싫어요." "신경 쓰지 마세요."라는 말을 자주 하면서 고집을 부린다. 이런 자녀를 보면서 부모의 잔소리는 늘어나게 된다.
- 4단계(자신의 권위 주장-노골적 반항-규제와 요구): 자신의 권위에 관심을 갖

게 되고 이를 표현하기 시작하면서 청소년 자녀는 부모에게 대놓고 자기주장을 하고 따지고 반항한다. 그러면 부모는 더욱 권위를 내세우면서 자녀에게 명령과 요구를 더 많이 하게 된다.

- 5단계(반항의 합리화-나쁜 친구의 사귐-조사, 심문): 자녀는 부모에 대한 두려움이나 분노와 같은 무거운 심정을 완화하려고 합리화를 시작하는데, 자기와 비슷한 경험을 하고 있는 친구를 만나고 같이 지내면서 "나만 그러는 게 아니다. 내 친구 누구도 그런다." 하면서 마음을 달랜다. 아이가 집 밖으로 돌면 부모는 사귀는 친구에 대해 관심을 가지면서 수사관처럼 자녀를 조사하고 심문한다.
- 6단계(감각적인 만족의 추구-방어-저주와 묵인): 아이는 찰나적 쾌락에 탐닉하고 좀 귀찮고 힘든 일은 하지 않으려 하며 이런 게 "뭐가 나빠요? 나를 편하게 해 주는데." "나만 그러나요? 다른 애들도 다 이래요." 하면서 자신의 감각적 방종을 방어한다. 그러면 부모는 자녀에게 배신감과 분노를 느끼거나 아예 자녀를 포기해 버린다.
- 7단계(죄의식-타인 비난-자기 방어): 자녀들은 겉으로는 합리화하고 방어하는 모습을 보이지만 마음속으로는 심한 죄책감을 느낀다. 이들은 부모를 비롯한 주위 사람들과 사회를 원망하고 비난하게 되는데, 이러한 비난행위에 대해 부모는 "나는 할 수 있는 만큼 다 했다." "더 이상 어쩔 수 없다." 라는 생각을 하면서 자기방어를 한다.
- 8단계(자살 충동-우울이나 흥분-절망): 청소년들이 더 이상 자신의 갈등을 버텨 낼 힘이 없고 거의 무기력 상태에 이르게 되면 자살 충동이나 우울을 심하게 경험하게 된다. 때로는 마약에 탐닉하거나 헛된 생각이나 사이비 종교에 몰입하기도 한다. 이러한 자녀의 상태에 대해 부모는 말할 수 없는 비참함을 느끼면서 절망한다.

3) 부모교육 내용

청소년 부모들에게 교육하는 대표적인 교육 내용에는 경청의 기술, 수용의 기술, 나-전달법, 격려의 기술이 있다.

(1) 경청의 기술

부모와의 소통의 부재는 청소년들의 성장발달에 장애가 된다. 심리사회문화적 변화 속에서 주어진 삶의 과제를 수행하려면 아직은 성인의 도움이 필요한 시기이기 때문에 부모와의 효율적이고 기능적인 의사소통이 청소년들에게 중요하다. 많은 부모는 자녀들과 소통하고 싶어 하면서 자신이 하고 싶은 말만 하지, 자녀의 생각과 감정, 어려움과 문제 등에 대해서는 주의를 기울이지 않는다. 소통하는 데 있어서 가장 중요한 것이 경청하는 것이다. 자녀가 하는 말에 주의를 기울여 들어 주는 것만으로도 자녀는 부모의 관심과 자신을 이해하려는 노력이나 태도 등을 보고 느끼면서 부모에게 마음을 열게 되고 더 많은 말을 하게 된다. 자녀들은 자신의 생각이나 감정을 표현하면서 자신의 문제를 스스로 분석하고, 문제해결의 실마리도 찾아 나갈 수 있게 된다.

쉬울 것 같은 경청이 실제로는 쉽지 않다. 부모와 자녀 간에는 더욱 그렇다. 상담자는 부모들에게 자녀와의 소통의 방법을 알려 주면서 무엇보다 먼저 자녀의 말을 귀 기울여 들어 줄 것을 권한다. 경청의 기술에는 네 가지가 있다.

- 첫째는 자녀의 마음의 생각과 감정을 알고 싶다는 마음을 가지고 자녀의 말을 조용히 들어 주기만 하는 것이다(침묵하기). 말 중간에 끼어들고 싶은 경우가 있을지라도 자녀가 충분히 자신의 문제를 다 털어놓을 때까지 기다리면서 들어 주는 것이 중요하다.
- 둘째는 자녀의 말을 열심히 듣고 있다는 표시를 언어적, 비언어적으로 해 주는 것이다(소극적 경청). "그랬구나" "맞아" "으음" 등의 언어적 반응이나 고개를 끄덕인다든지 미소를 짓는 표정 등으로 진지하게 듣고 있음을 전하는 것이다.
- 셋째는 계속해서 더 이야기를 하도록 격려하는 것이다(개방적 반응). "그것에 대해 좀 더 이야기해 주면 좋겠다." "네 생각은 어떤데?" "그때 어떤 느낌이나 생각이 들었어?"라는 말로 반응해 준다. 이러한 반응은 자녀가 자신의 생각과 감정을 더 깊이 풀어 나가면서 부정적 감정의 해소나 문제해결의 가닥을 잡아 나갈 수 있게 하고, 부모에 대한 신뢰감도 높이게 한다.
- 넷째는 좀 더 적극적으로 자녀의 말을 경청하는 것이다(적극적 경청). 보다

적극적으로 자녀와 대화하는 자세로 자녀가 이야기한 것과 이야기하지 않은 내면의 숨은 감정과 생각까지도 이해하고 싶다는 뜻을 반영해 주는 것이다 (Gordon, 2000).

(2) 수용의 기술

인간중심상담에서 수용의 중요성에 대해서 살펴보았다. 자녀들에게 수용되고 있음을 전달하는 것은 그들이 이해받고 있다는 느낌 그 이상의 것을 가져다준다. 부모에게 수용받고 있다는 사실은 자신들이 어른의 세계에서 중요한 환경의 일부분이라는 것을 믿게 한다(Dinkmeyer, McKay, & Dinkmeyer, 1997). 부모가 자녀의 말을 수용해서 들어 줄 때, 부모는 자녀에게 "너의 생각과 느낌은 중요해." "나는 너의 경험에 대하여 듣는 것이 매우 흥미로워." 그리고 "나는 너의 생각과 느낌을 알기 원해."라는 메시지를 전달하는 것이다. 수용받은 아이들은 그들이 자유로울 수 있고 존중받는다는 느낌을 가지게 된다. 수용받아 본 아이가 다른 사람도 수용할 줄 알고, 존중받아 본 아이가 다른 사람도 존중하게 된다. 아주 간단한 내용인 것 같지만 수용의 경험은 부모가 자녀에게 해 주어야 할 가장 기본적인 배려와 헌신이다.

(3) 나-전달법

'나-전달법'은 Thomas Gordon(2000)이 자신의 부모효율성 프로그램에서 개발한 것이다. 사람들은 흔히들 상대방이 문제행동을 하면 '너-메시지'를 사용한다. 예를 들어, 자녀가 TV를 시청하는 것을 보면, "야, 니가 지금 TV나 볼 때니? 가서 공부나 해."라고 말한다면 이것은 너-메시지를 전달한 것이다. '너-전달법'은 자녀를 책망하는 듯한 말투로 전달되기 때문에 상대에게 비난받는다는 느낌이 들게 하여 반항심을 불러일으키게 된다. 그리고 너-메시지는 명령조로 들려서 자녀를 수동적인 아이로 키우거나, 또는 따지기 좋아하는 행동을 심어 주게 된다. 이러한 문제점을 감소시키기 위해서 개발된 것이 나-전달법이다.

나-전달법은 내가 수용할 수 없는 상대의 언행이 나에게 어떠한 영향을 미치고 있고, 그로 인해 내가 어떠한 상태에 있는지를 상대에게 전달하는 방법이다. 나-메시지를 전달할 때에는 상대방의 문제행동, 그 행동이 나에게 미치는 구체적인 영향, 내가 느끼는 부정적인 감정, 나의 바람 등을 상대방에게 전달하면 된다. 하나씩 순서대로 보면 다음과 같다.

- 1단계: 문제행동 서술(네가 ~하면)
- 2단계: 이유 서술(~하기 때문에)
- 3단계: 나의 느낌 서술 (나는 ~하게 느낀다)
- 4단계: 나의 바람 서술(~하면 좋겠어)

'나-전달법'은 자녀들의 저항과 반항을 줄이고, 갈등이 일어날 확률을 줄일 수 있을 뿐 아니라, 자녀와의 관계를 생산적으로 유지 · 발전시킬 수 있게 돕고, 자녀가 존중받고 있다는 느낌을 가지게 한다. 나아가 자녀 스스로가 자신의 행동을 변화시킬 수 있는 기회를 준다. 예를 들어 보자. 집에 늦게 들어오는 자녀에게 너-전달법으로 말하는 부모는 "너는 정말 약속을 안 지키는구나. 이번에는 약속을 지킬 줄 알았어. 왜 약속을 안 지키는데? 약속했잖아!"라고 할 것이다. 이러한 메시지는 자녀를 궁지로 몰고 부모와의 대화를 단절하게 한다. 그러나 나-메시지를 쓰는 부모는 "네가 약속한 시간에 집에 들어오지 않아서 (나는) 걱정되고 화가 났어. 네가 어디에 있는지 모르고 언제 들어올지 모르니 무슨 사고가 생기지 않았을까 불안했어. 앞으로는 꼭 약속을 지켜 주면 좋겠어."라고 할 수 있다. 이 말을 들은 자녀는 부모에게 반항하고 화를 내기보다는 자신이 약속을 지키지 않았음을 반성하고 걱정을 끼쳐 드림에 미안해할 것이다. 다음에는 약속을 지킬 것을 다짐도 할 것이다.

(4) 격려의 기술

격려는 제10장에서 설명한 내용이지만, 부모교육자들은 격려의 방법을 의사소통 기법의 기초가 되고 자녀들의 지적 능력을 발달시키는 유용한 방법이라고 강조하고 있다(Dreikurs & Soltz, 1964). 자녀를 격려하기 위해서 부모는 자녀의 용기를 북돋워 주어야 하고, 단점과 실패에 대해서는 최소한도로만 평가를 해야 한다. 또한 자녀에게 관심이 있음을 보여 주어야 하고 함께 시간을 보내야 한다. 자녀가 낙담하지 않도록 자녀의 침묵을 존중해 주어야 하고, 노력하는 자체를 존중하고 성공만을 강요해서는 안 된다. 자녀의 관점을 존중하고 자녀의 입장을 이해하려고 노력하고 부모와 자녀 모두를 위해 긍정적이 되도록 노력해야 한다(Vernon & Al-Mabuk, 1995).

4) 문제해결모델

청소년들은 부모와 본질적인 의견의 차이를 보이면서 갈등을 넘어 충돌사태까지 가기도 한다. 충돌사태를 잘 마무리하기 위해서는 부모가 앞서 배운 경청, 수용, 나-전달법 등의 방법을 사용하여 자녀와 협상을 해야 한다. 여기서는 자녀와 협상할 때 알아 두면 좋은 문제해결모델을 소개하고자 한다(Friend & Cook, 1992). 이 모델은 6단계로 진행된다.

- 1단계, 문제 이해: 부모와 자녀가 현재 그들이 가지고 있는 문제에 대해서 함께 이해하고, 그들이 모두 그 문제에 책임이 있을 수 있음을 인정해야 한다. 문제에 대한 인식과 근거에 대해 함께 합의하는 단계다.
- 2단계, 가능한 해결책 숙고: 부모나 자녀 모두에게 적극적인 참여가 기대되는 단계로, 도덕적 판단 없이 문제를 해결할 수 있는 많은 해결책을 자유롭게 창조하는 것이다. 부모와 자녀는 이 단계에서 함께 협력하여 해결의 가능성을 찾는 작업을 하게 된다.
- 3단계, 가장 좋은 해결책의 선택: 2단계에서 제안된 많은 해결책을 하나하나 비판적으로 탐색하면서 가장 만족스러운 해결책을 찾는 작업을 해야 한다. 이 과정이 지루하고 힘이 들고 서로 다른 의견으로 다툼이 생길 수도 있지만, 협상과 타협을 통해 서로가 합의할 수 있는 해결책을 마련해야 한다. 양쪽 모두는 만족스러운 해결책에 도달하도록 자진해서 타협해야만 한다.
- 4단계, 선택된 해결책이 가져올 법한 결과 토론: 어렵게 해결책이 결정되었다 하더라도 그 해결책이 어떠한 결과를 가져올 것인가에 대해 한 번 더 토론을 해야 한다. 해결책이 어떻게 진행될 것이며, 만일 실패하게 될 요인은 무엇인지 등에 대해서 토론해야 한다.
- 5단계, 약속 확립하기: 해결책으로 합의된 내용을 이루기 위해서 부모와 자

녀 모두가 해야 할 일, 해결책이 실제로 실행되기 위해서 노력해야 할 사항들을 충실히 수행할 것을 약속해야 한다.

- 6단계, 평가 계획: 마지막 단계는 전체 과정을 평가하는 것이다. 새로운 행동에 착수하기 전에 부모와 아이는 문제에 대한 그들의 해결책을 재검토하는 특별한 시간을 가져야 한다. 그들이 세운 해결책을 다시 한 번 평가하는 것에 의미를 제공해 주는 것이 좋다. 해결책을 다시 한 번 검토하면서 미처 생각하지 못한 또 다른 선택사항을 고려하는 단계로 돌아갈 수도 있다.

4. 사이버상담

1) 사이버공간의 이해

"사이버(cyber)"라는 용어는 1980년대 초반부터 사용되기 시작한 신조어다. 이 용어는 MIT 공대의 수학자 Norbert Wiener가 '사이버네틱스(cybernetics)'라는 말을 사용하기 시작한 데서 비롯된 것으로 'cyber'란 'cybernetics'의 줄임말로서 '인공두뇌' 또는 '가상'이라는 개념으로 통용되고 있다. 사이버공간은 시간과 공간의 한계를 뛰어넘을 수 있게 해 주는 컴퓨터를 매개로 하여 사람 간의 의사소통을 가능케 하고, 이를 토대로 사이버공동체가 형성된 공간이다.

사이버공간은 컴퓨터 내에서 만들어져 인간과 기계의 접합으로 현실처럼 감각하는 가상공간이기 때문에 이를 '가상현실(virtual reality)' '컴퓨터에 의해 탄생된 인공세계' '컴퓨터로 인해 건설된 현실' '인공현실' 등으로 불린다. 사이버공간의 출현으로 우리는 새로운 문화에 노출되어 있다. 익명성과 개방성이 묘하게 얽혀져 있는 사이버공간은 기존의 삶과 사고방식을 변화시키고, 인간관계양식마저 변화시키고 있다. 사이버공간은 이미 우리 삶속에 깊숙이 들어와 자리를 잡았다. 특히 청소년들에게는 주요한 활동 및 놀이공간이 되었다. 청소년들의 삶의 주요무대인 사이버공간의 특징으로는 익명성, 평등성, 개방성, 문제를 통한 의사소통, 탈억제성 등이 있다(한국교육개발원, 2000).

- 익명성: 사이버공간에서는 이름 대신 아이디를 사용하며, 아이디가 개인을 대변한다. 상대도 아이디만 알 뿐 나이, 성, 이름, 학력, 외모, 사회적 지위 등은 알 수가 없다. 아이디는 개인이 작명하거나 선택한다. 한 사람이 여러 개의 아이디를 가지고 있기도 하다. 아이디만으로는 그 사람을 알 수 있는 단서가 전혀 없다. 대체로 익명성이 보장되는 사이버공간에서도 오랫동안 교류를 하게 되면 서로에 대한 정보를 공유할 수 있지만, 이 또한 본인이 원하지 않을 경우 비밀로 할 수도 있고, 경우에 따라서 가상의 인물로 가상공간에서 활동하기도 한다.
- 평등성: 익명성의 특징과 연결되는 부분으로 연령과 사회적 지위 등의 특징을 모르는 상태에서 교류하기 때문에 평등한 위치에서 상호작용이 가능하다. 장기간 상호교류를 통해 서로를 알게 되면 이 또한 변화될 수 있겠지만, 현실 세계에서보다는 훨씬 더 평등한 관계가 가능한 공간이 사이버공간이다.
- 개방성: 사이버공간에서는 공동체의 가입과 탈퇴, 상호작용 참여 여부 등이 자유롭다. 어느 활동에 어떤 방식으로 참여할 것인가도 개인의 판단에 따라 자유롭게 결정되고, 참여는 물론이고 탈퇴까지도 본인이 원하면 언제든지 가능하다. 자유롭게 방문할 수 있는 공간도 많이 열려 있어 사이버공간은 개방적 특징이 있다.
- 문자를 통한 의사소통: 사이버공간에서는 문자로 의사소통한다. 현실세계의 면대면 의사소통에서 사용하는 다양한 감각적 의사소통 채널이 제한되고 단지 문자로 된 텍스트에만 한정되어 있어 상대를 이해하는 데 어려움이 있을 수 있다. 반면, 텍스트를 작성한 본인의 입장에서는 텍스트를 쓰면서 자신의 입장과 감정에 몰입하는 효과를 경험할 수도 있다.
- 탈억제성: 자신의 신분이나 지위가 공개되지 않는다는 익명성과 연결되어서 사람들은 자신의 행동이나 감정을 덜 절제한다. 자신의 감정에 몰입하여 억눌린 욕구를 거침없이 표현하면서 욕설과 폭언, 비판 또는 거짓말과 왜곡된 정보 등을 쏟아내어 상대에게 상처를 주는 경향이 자주 일어난다.

2) 사이버상담의 특징과 효과

(1) 사이버상담의 특징

사이버상담이란 상담자와 내담자가 사이버공간에서 만나서 하는 상담활동이다. 상담을 "도움이 필요한 사람이 전문적인 훈련을 받은 사람과의 관계에서 자신의 생활과정상의 문제를 해결하고 생각, 감정, 행동 측면의 인간적 성장을 위해 노력하는 학습과정"(이장호, 1995)이라고 정의할 때, 사이버상담(cyber counseling)은 말 그대로 가상공간에서 이루어지는 '전문상담'을 말한다. 대면상담과 목적은 동일하되 그 목적을 이루기 위해 사용하는 매체가 다르고, 그 방법상의 특징으로 인해 전통 상담과 여러 가지 차이가 있다. 사이버상담의 특징은 다음과 같다(김동일 외, 2014; 임은미, 2006).

- 컴퓨터를 매개로 한 상담: 사이버상담의 가장 두드러진 외형적 특징으로는 상담자와 내담자가 실제로 만나서 상담이 이루어지는 것이 아니라 컴퓨터를 매개로 하여 상담자와 내담자가 의사소통을 한다는 것이다. 상담자는 내담자의 문제나 감정, 생각, 행동상의 특징을 단지 컴퓨터 모니터에 떠오른 문자나 영상을 통해서만 파악할 수 있다.
- 접근의 용이성: 시간적 제약과 공간적 제약을 극복하여 장소와 시간에 구애받지 않고 언제 어디서든지 쉽게 접속하여 상담을 받을 수 있다. 면대면 상담이나 전화를 이용한 상담의 경우 상담이 이루어지는 데는 시간적 제약이 있으나, 사이버상담의 경우 즉시적으로 이루어지는 채팅상담을 제외하면, 어느 시간대에나 내담자가 상담실을 이용할 수 있다. 사이트에 올려놓은 상담사례나 문제해결에 도움을 받을 수 있는 다양한 자료, 음악파일, 동영상 등은 상담자가 근무하지 않는 시간에도 내담자에게 개방되어 있기에 도움을 줄 수 있다. 또 내담자가 상담을 받고 싶을 경우, 자신이 편리한 시간에 도움을 요청하는 편지를 이메일로 상담실에 띄우면 상담자는 근무시간에 답장을 작성해서 내담자의 이메일 주소로 발송할 수 있으며 내담자는 자신에게 편리한 시간에 답장을 열어 볼 수 있다. 면대면 상담에서는 주로 내담자가 상담실을 방문해야 하고, 상담자는 상담을 하기 위한 물리적인 시설을 갖추고

있어야 한다. 그러나 사이버상담은 컴퓨터만 있으면 어디서나 가능하다. 최근엔 스마트폰의 보급으로 훨씬 더 사이버상담이 활성화되고 있다.

- 문자 중심의 의사소통: 사이버상담은 내담자의 감정, 사고, 행동이 문자를 통해 상담자에게 전달되고, 내담자에게 보내는 상담자의 배려, 경청, 이해, 설명 등의 메시지가 문자를 통해 전달된다. 문자 중심의 의사소통은 전달하려는 내용이 간단하거나 모호하지 않은 경우에는 효과적으로 사용될 수 있지만 내용이 복잡하거나 애매하고 다양한 정서적인 내용을 담고 있을 경우에는 제한적인 의사소통이 되기도 한다.
- 익명성: 사이버상담에서는 상대방의 목소리조차 듣지 못하기 때문에 내담자의 진짜 성(gender)조차 모르는 상태에서 상담을 진행해야 한다. 상담자가 상담 도중 내담자의 성, 이름, 신분 등에 대하여 물어볼 수 있지만 일부러 묻지 않거나 상담자가 물어도 내담자가 대답하지 않거나 거짓으로 말할 수 있기 때문에 내담자의 인적 사항을 거의 파악할 수 없다.
- 내담자의 자발적 참여: 사이버상담은 내담자가 자신의 문제를 해결하려는 노력의 일환으로 방문하는 경우가 많아서 내담자의 자발적 참여가 크다. 특히 청소년들에게는 익명성이 보장되고, 상담의 시작과 끝, 공개하고 싶은 정보 내용 등이 내담자의 주도하에 이루어지기 때문에 내담자의 상담동기가 높다. 청소년에게 익숙한 사이버매체를 통한 상담이기에 자발적인 상담이 어려운 청소년들이 선호하는 상담영역이 되어 가고 있다(이영선, 2006).
- 풍부하고 용이한 정보획득: 사이버상담은 광활한 가상공간을 무대로 하기 때문에 사이버상담실에 내담자의 문제를 이해하고 해결하는 데 필요한 많은 정보와 자료를 준비하여 공개할 수 있다. 자신의 문제와 관련된 풍부한 정보와 자료는 내담자가 스스로 자신의 문제를 탐색하는 데 큰 도움을 준다.

(2) 사이버상담의 효과 및 한계

아직 역사가 짧은 사이버상담의 효과에 대해서 많은 연구가 이루어지고 있다. 지금까지 밝혀진 사이버상담의 효과로는 다음과 같은 점이 있다.

- 신속한 상담관계형성: 사이버상담에서는 상대방이 실제로 어떤 사람인지 판

단하기 어렵지만, 사이버공간에서의 익명성과 개방성은 상담자와 내담자의 상담관계에 있어 효과적인 면을 제공한다. 익명성으로 인하여 상담자를 의식하지 않고 자신의 의견이나 감정을 보다 자유롭고 솔직하게 표현할 수 있다. 사이버상담에서는 대면상담에서보다 관계형성에 시간과 노력을 덜 기울이고도 기본적인 상담관계가 쉽게 맺어질 수 있다. 상대방에 대한 이해의 한계로 작용할 수도 있지만, 상대방의 표정이나 모습과 같은 정보 없이 문자로만 의사소통하기 때문에 문자에만 초점을 맞추어 상담하는 면이 집중을 높이는 효과도 있다는 보고도 있다(이영선, 김동일, 2007). 특히 사이버상담은 신체적 장애나 콤플렉스가 있는 경우에는 더욱 효과적이다. 비대면 접촉을 통한 만남은 심리적으로 사회적 관습에서 자유로울 수 있는 정서적 안정감을 부여한다. 사이버공간에서의 상호작용이 좀 더 자유롭고 평등한 관계에서 이루어진다는 면이 상담관계형성에 긍정적 영향을 미칠 수 있다.

- 감정정화 기능(catharsis): 일상에서 받은 스트레스로 인해 부정적 정서에 압도되어 있을 때 누군가에게 자신의 감정을 쏟아 놓으면 카타르시스를 경험하게 된다. 사이버상담은 익명적인 특성이 있어서 상대방이나 주위 환경의 방해를 받지 않고, 자신의 감정과 생각을 있는 그대로 표현할 수 있는 장이 될 수 있다.
- 자기 및 타인이해: 채팅상담 시 문자를 통한 상담은 상대방의 비언어적 정보가 차단되어 사고와 정서에 집중하게 되므로 자신과 타인에 대한 느낌을 배우는 데 용이하다는 의견이 많은 연구에서 확인되고 있다(문성원, 1998; 이영선, 김동일, 2007).
- 행동변화 의지: 상담을 통해 알게 된 것을 행동으로 옮길 동기가 생기고 사이버상담을 통해 어떻게 행동해야 할지도 결정할 수 있게 되었다는 보고가 있었다(이영선, 김동일, 2007).
- 다양한 상담 유형 가능: 사이버공간에서는 개인상담뿐 아니라 집단상담도 가능하다. 인터넷에서 집단상담 유형 중에서 온라인 자조집단과 치료집단까지 가능하고 좋은 반응을 얻고 있다. 이 밖에도 사이버공간에서는 여러 명의 전문가 또는 관계자 및 관심 있는 이들의 조언이나 상담을 받을 수 있는 공개상담, 자신이 있는 공간에서 실시간으로 할 수 있는 채팅상담, 게시판상

담, 이메일상담, 영상상담 등 다양한 유형의 상담이 가능하다.

사이버상담은 스마트폰의 보급증가와 더불어 청소년들에게 쉽게 접근할 수 있는 상담영역이어서 앞으로 더욱 발전가능한 상담 분야다. 사이버상담이 더욱 효과적으로 발전하기 위해서는 사이버상담의 한계점을 극복하기 위한 노력이 꾸준히 이루어져야 할 것이다. 사이버상담 발전에 필요한 노력은 다음과 같다.

- 사이버상담 기법과 기술 개발: 사이버상담의 특징을 잘 고려한 사이버상담 기법과 기술, 전략 등이 개발되어야 할 것이다. 사이버상담자들은 내담자의 익명성으로 인한 혼란, 사이버상담장면에 대한 불안, 기관 내의 갈등의 어려움을 경험하는 것으로 드러났다(서선아, 한재희, 2016). 또한 문자만으로 내담자를 파악해야 하기 때문에 혼란에 빠질 수 있다(Barak, Klenin, & Proudfoot, 2009). 기존의 면대면 상담자들은 경험하지 못했던 일들을 효과적으로 처리할 수 있는 사이버상담기술을 개발하여 습득해야 할 것이다.
- 사이버내담자의 특성이해: 사이버공간에서의 인간이해는 또 다른 차원에서 연구되어야 할 분야다. 사이버상담 내담자는 익명성을 갖기 때문에 책임의식이 약하고 자신의 욕구를 거르지 않고 그대로 표출하거나 장난삼아 상담을 하는 상황이 발생될 수도 있다(서선아, 한재희, 2016; 임은미, 김지은, 박승민, 1998). 사이버공간에 대한 이해는 많이 이뤄지고 있는데, 그 공간 안에서 생활하는 인간에 대한 이해는 아직 초보 수준이다. 사이버상에서 내담자는 대면상담에서 만나는 내담자보다 상담과정에서 더 많은 통제력과 주도성을 갖게 된다. 자신에 관한 정보를 선택적으로 공개할 수도 있고, 언제든지 상담을 중단해 버릴 수도 있다. 사이버문화라는 새로운 문화 속에서 다르게 사고하고 행동하는 인간에 대한 이해가 급선무일 것이다.
- 탈억제성 방지규정 마련: 익명성으로 인한 수평적 관계는 자유롭게 자신의 의견을 표현할 수 있는 장점이 있는 반면, 자신의 신분이나 지위로부터의 자유로움은 자신의 행동이나 감정을 덜 절제하게 한다. 직설적인 표현과 욕설, 폭언을 하는 경우가 발행할 수 있으며 거짓정보, 사실에 대한 의도적 왜곡, 상대방에 대한 심한 비판과 적대적인 양상을 보이기까지 한다. 의사소통과

상호작용의 왜곡이 일어나는데 자신의 정체를 감추고 거짓되고 인위적인 자아들 사이에 왜곡된 의사소통이 일어날 수 있는 개연성이 높다(윤병섭, 이홍재, 2005). 사이버상담자들은 내담자의 비협조나 불만을 넘는 내담자들의 공격적 태도를 경험하거나 자살, 자해 등의 예측할 수 없는 위기 발생에 노출됨으로써 초긴장적인 불안을 경험하는 사례가 있어 대면상담자들보다 더 큰 어려움을 경험하는 것으로 드러났다(서선아, 한재희, 2016).

- 문자를 통한 의사소통의 한계극복: 사이버상담자는 비언어적 수단, 표정, 말투, 몸짓, 음성의 강약 등이 사이버공간의 의사소통 수단에서 배제되고 문자로만 상대방의 의사를 파악해야 하는 어려움이 있다. 글쓰기에 어려움을 가진 청소년의 경우에는 제한적이다. 통신매체의 기술 개발로 언어가 그대로 문자로 변환되는 시스템이 실용화되면 머지않아 이러한 문제들도 극복할 시대가 올 것으로 예상된다.

3) 사이버상담 유형

사이버상담은 이메일, 채팅, 게시판, 화상, 데이터베이스 등 다양한 방식으로 진행된다. 이 중에서 채팅상담과 화상상담은 실시간으로 상담자와 내담자가 컴퓨터를 매개로 이루어지는 상담인 반면, 이메일상담, 공개게시판상담, 데이터베이스상담은 비실시간으로 상담자나 내담자가 시간이 될 때 자유롭게 이용할 수 있는 상담이다(김동일 외, 2014; 임은미, 2006).

- 채팅상담: 상담자와 내담자가 컴퓨터 앞에서 서로 문자로 실시간 대화를 주고받는 채팅상담은 주로 단회로 진행되며 상담의 시작과 끝이 내담자에 의해 주도되며, 상담 중에 내담자가 일방적으로 채팅방에서 나갈 수 있다.
- 게시판상담: 게시판상담은 공개상담이라고도 한다. 사이버상담실에 개설된 게시판에 내담자가 자신의 문제를 올리면 그 게시판을 보는 많은 사람이 모두 답글을 달아 줄 수 있는 형식의 상담이다. 공개상담을 통해서는 많은 사람의 다양한 해결책을 들을 수 있는 장점이 있다. 경우에 따라서는 전문가가 아주 정확하고 유용한 정보를 주고 가는 경우도 있다. 많은 사람의 관심과

공감을 받을 수 있고, 문제를 게시한 사람뿐 아니라, 같은 문제를 가진 사람도 게시판을 보면서 자신의 문제에 대한 해결책을 찾기도 한다. 청소년상담의 경우 같은 또래의 비슷한 문제를 가진 청소년들에게 도움이 되는 상담 유형이다.

- 이메일상담: 내담자가 자신의 사연을 상세히 적어서 상담자에게 전달하면, 상담자는 내담자의 메일을 읽고 거기에 답장하는 형식으로 이루어지는 상담이다. 공개상담과는 달리 1:1 비밀상담의 형태로 이루어지며, 이메일상담은 단기로도 장기로도 이루어질 수 있는 상담이다. 사이버상담의 장점을 효과적으로 활용하면 장기적으로 많은 혜택을 받을 수 있는 상담 유형이다.
- 데이터베이스상담: 사이버상담실의 주요 내담자들의 문제에 도움이 되는 다양한 자료를 자료실에 저장해 놓고, 필요로 하는 내담자나 내담자 가족, 상담자들이 활용할 수 있도록 만든 정보상담이라 할 수 있다. 여기에 있는 자료는 필요로 하는 사람들이 언제든 열람하는 방식도 있지만, 청소년들에게 유익한 정보를 매일 또는 일주일에 몇 번씩 주기적으로 보내 주는 방식으로 운영되기도 한다.
- 영상상담: 컴퓨터 기술의 발전으로 컴퓨터 영상으로 얼굴을 보면서 상담자와 내담자가 상담하는 사이버대면상담이라 할 수 있다. 사이버상담의 장점과 대면상담의 장점이 효과적으로 합치된 상담이라 할 수 있다.

사이버상담실 홈페이지 화면

비밀상담실 상담사례

2001-01-10	0611	이젠
2000-12-30	0611	새해엔...
2000-12-09	0611	맞아요...
2000-11-30	0611	산다는게...
2000-11-20	0611	겨울
2000-11-16	0611	오랜만...
2000-10-12	0611	날씨가 좋아요
2000-10-04	0611	선생님
2000-09-20	0611	반갑습니다...
2000-08-07	0611	그런데요...
2000-07-30	0611	그냥요
2000-07-03	0611	벌써
2000-06-25	0611	방학
2000-06-23	0611	안녕하세요
2000-06-17	0611	선생님
2000-06-11	0611	맞아요.
2000-06-09	0611	글쎄요...
2000-06-07	0611	알지만...
2000-06-03	0611	마음이...
1999-09-24	0611	추석
1999-09-20	0611	정말.
1999-09-16	0611	오늘은 좋은날
1999-09-11	0611	감사합니다.
1999-09-06	0611	잘지내셨어요?
1999-08-23	0611	선생님3
1999-08-19	0611	마음이 ...
1999-06-15	0611	선생님
1999-06-14	0611	선생님
1999-06-14	0611	무서워요.

청소년상담시스템 "다 들어줄 개"

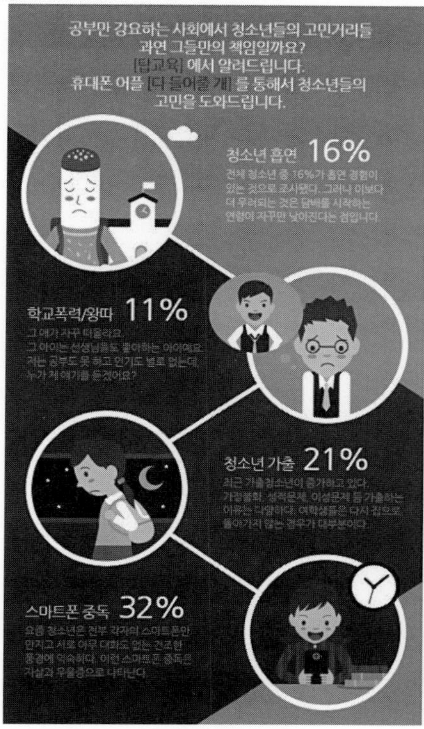

"다 들어줄 개"는 학생자살예방을 위해 교육부와 생명보험사회공헌재단, 자살과 학생정신건강연구소에서 개발하고 운영하고 있는 위기문자상담 시스템이다.

Chapter 12

청소년문제 유형별 상담

청소년상담자는 청소년이 경험하는 문제들을 파악하고 효과적인 상담방법과 기술을 사용하여 상담을 진행해야 한다. 이 장에서는 제6장과 제7장에서 살펴본 부적응 문제들 중에서 우울, 집단괴롭힘, 위험성행동, 중독에 관한 상담 내용을 다룬다. 아울러 진로와 관련된 상담 내용을 다룬다. 진로설계는 청소년기 주요 발달과업이므로 부적응 문제의 해결뿐 아니라 잠재력을 개발한다는 점에서 청소년상담의 주요 영역이므로 진로관련 이론들과 함께 진로상담 사례를 살펴보고자 한다.

1. 우울상담

1) 우울의 개념과 유형

개념상 우울이라고 할 때 일반적으로 증상, 증후군, 장애의 세 가지 다른 현상을 일컬을 수 있다(Milling, 2006, p. 374). 첫째, 증상을 일컫는 것으로서 슬픈 정동(sad affect)이 우울일 수 있으며, 둘째, 함께 나타나는 증상이나 행동들의 집단인 증후군으로서 우울은 슬픈 정동뿐 아니라 흥미저하, 수면문제, 활력상실, 주의집중의 어려움, 기타 증상들을 포함하며, 셋째, 장애로서의 우울은 DSM이나 국제질병사인분류(International statistical classification of diseases and related health problems: ICD)와 같은 진단분류체계에 포함된 특별한 증상으로 구성된 증후군으로 볼 수 있다(Milling, 2006, p. 374). DSM-5의 우울증 진단기준은 앞서 제6장에서 살펴보았다.

청소년기의 우울은 자살가능성이나 자살생각에 대한 강력한 예측변인으로 알려져 있다. 청소년기에 발병한 우울증은 성인기에도 지속되는 경향이 있으며, 특히 예후가 나쁜 성인 우울증과 관련 있다고 보고된다. 일반청소년을 대상으로 3년에서 5년에 걸쳐 우울증이 재발할 확률은 약 40%에 이른다고 알려져 있다(Hammen & Rudalph, 2003, p. 244). 청소년기 우울증의 높은 유병률과 재발률, 부정적 결과에도 불구하고, 우울장애를 경험하는 많은 수의 청소년이 적절한 치료를 받는 경우는 1/3에도 미치지 못하는 것을 알려져 있으므로(Lynch & Clarke, 2006; Stice, Rohde, Gau, & Wade, 2010), 청소년기 우울에 대한 예방 프로그램의 중요성이 강조되고 있다. 이후의 절에서는 예방 프로그램에 주안점을 두고 상담사례를 살펴보고자 한다.

2) 관련 요인

우울증은 다양한 요인이 작용하는 복합적 상태로, 우울의 원인을 파악하기 위해서는 유전, 신경호르몬과 같은 생물학적 요인, 인지양식, 스트레스 사건들, 대인관계 등을 포괄하는 다양한 요인을 고려해야 한다. 우울증은 하나의 위험요인에 의해 발생하기보다는 여러 위험요인이 축적되거나 상호작용하여 발생한다. 우울에 대한 위험요인을 살펴볼 때, 다른 정신장애의 위험요인으로도 작용하는 일반 위험요인과 우울증의 위험요인으로만 작용하는 특정 위험요인으로 구분하여 살펴보기도 한다. 한편, 위험요인과 우울증상 간의 관계는 매개변인을 통하여 설명될 수도 있고, 연령, 성, 관계 특성과 같은 변인에 의하여 조절효과를 나타낼 수도 있다.

Beardslee와 Gladstone(2001)은 청소년 및 성인 우울증이 발생하는 데 연관된 위험요인으로 기분장애를 가진 부모나 가까운 친척이 있는 것, 심각한 스트레스원을 갖는 것을 포함시켰는데, 이러한 스트레스원에는 상실, 이혼, 별거, 실직, 직업불만족, 만성적 신체질환, 외상경험, 아동의 경우 학습장애가 해당된다. 이 외에도 낮은 자아존중감과 자기효능감, 무력감과 무망감을 갖는 것, 여성인 점, 가난한 생활이 발생위험요인에 포함된다. Garber(2006)는 이론적 고찰을 통하여 우울증의 위험요인으로 여성, 우울증의 가족력, 준임상적 우울증상, 불안, 스트레스 생활사건, 신경생물학적 조절장애, 기질/신경증과 같은 성격, 부정적 인지, 자기

조절이나 대처방식문제, 대인관계의 역기능을 포함시켰다. 관점이나 입장에 따라 강조하는 우울관련 요인들이 다르지만, 우울과 연관된 요인들을 크게 개인적 측면과 환경적 측면으로 구분하여 살펴보기로 한다.

(1) 우울관련 개인적 요인

생물학적 입장에서는 유전적 영향, 뇌기능과 신경전달물질이 우울장애와 연관된다고 본다. 유전적 및 생물학적 기초를 가진 기질도 우울과 연관된다고 알려져 있어서 부정적 자극에 민감하며 경계심이 많고 긴장하는 부정적 정서성향은 우울과 연관되고, 이러한 기질적 특성이 환경과 상호작용하여 우울증을 발생시키는데 기여하게 된다(Yuh et al., 2009).

개인적 측면의 다른 위험요인으로 귀인양식을 들 수 있는데, 앞서 제6장에서 살펴본 것과 같이 귀인이란 개인의 행동결과의 원인과 책임소재를 어디에 귀속시키는가를 살펴보는 것이다. 우울은 부정적 사건을 내적, 지속적, 전체적으로 귀인하고, 긍정적 사건을 외적, 단편적, 특정적으로 귀인하는 양식과 관련된다. 또한, 우울증은 인지적 오류와 연관되었다고 알려졌는데, 우울증을 지닌 사람은 역기능적인 도식에 의해 생각이 왜곡되며 인지적 오류를 범하게 된다(Beck, Rush, shaw, & Emery, 1991/1997, p. 28). Beck이 제시한 인지적 오류의 대표적인 예로 임의적 추론, 선택적 추상화, 과잉일반화, 과장과 축소, 개인화, 이분법을 들 수 있으며, 이러한 예는 제9장의 인지행동치료이론에 설명되어 있다.

개인의 활동 수준이 낮고 대인관계기술이 부적절할 때, 우울증이 발생하고 유지된다는 주장도 있다. 이러한 입장에서는 우울한 청소년들이 사회적 기능에 결함이 있고, 대인관계에 대한 기대와 지각이 부정적이며, 타인으로부터 호감을 받지 못한다고 설명한다(Wicks-Nelson & Israel, 2015, p. 202).

(2) 우울관련 환경적 요인

청소년이 성장하는 가족맥락은 유전과 환경의 영향을 통하여 우울증을 발달시키는 중요한 환경이다. 자신이 가치 있는 존재라고 믿는 신념은 친밀한 대인관계를 통하여 습득되므로, 직접적 상호작용이 이루어지는 미시체계인 가족의 지지는 우울과 관계있다. 예를 들어, 부모의 온정과 수용차원 및 거부와 비난차원은 우울증과 관련되며, 부모의 지지 및 온정을 높게 지각한 자녀는 낮게 지각한 자녀보다 우울성향이 더 낮다고 알려져 있다. 우울한 청소년은 일반적으로 부정적 가족관계와 가족갈등, 통제적 상호작용을 보고하는데, 가족환경은 우울증 발달에 선행되는 위험요인으로 밝혀지고 있다. 부모의 정신병리도 청소년의 우울과 관련된다고 알려졌는데, 이에 대한 예방적 접근이 강조되고 있다(Yuh, Maloy, Kenney, & Reiss, 2006).

부모와의 의사소통은 청소년의 우울증상이 지속되는 데 영향을 줄 수 있다. 한국 청소년패널조사 종단자료에 기초한 연구에서, 중3 시기에 부모와 대화가 잘 이루어지지 않았던 학생일수록 우울의 수준이 높았고, 중3에서 고3 시기 동안 부모의 대화의 질이 상대적으로 악화된 학생일수록 우울의 변화양상도 더 부정적이었는데, 이러한 결과는 부모와의 소통이 청소년의 우울 수준에 연관되었음을 시사한다(송예리아, 김진영, 2013).

사회적 지지의 결손은 우울증의 발생이나 진행에 중요한 환경적 요인으로 간주되어 왔다. 전반적으로 높은 수준의 사회적 지지는 낮은 수준의 우울증상과 관련된 반면, 사회적 지지의 주요 근원인 가족, 또래, 교사로부터의 거부는 우울증을 증가시킨다.

부정적 사건이나 스트레스 같은 환경적 측면의 위험요인도 청소년의 우울을 설명하는 주요 요인으로 알려져 있다. 스트레스에 대한 정의와 관점은 학자에 따라 다르지만, 스트레스는 바람직한 목적이 결여되었거나 바람직하지 않은 사건이 불가피하게 존재하는 상황과 관련된 개념으로, 가족의 사망이나 질병과 같은 주요 생활사건뿐 아니라 주변의 사소한 비난이나 불쾌한 경험과 같은 일상적 스트레스 사건들이 청소년기 우울을 유발한다고 본다.

3) 상담 사례

지금까지 많은 보편적 우울증 예방 프로그램이 실행되고 평가되었다. 이 프로그램들은 학교를 기반으로 하는 경우가 대부분이며 인지행동 절차를 강조하는데, 일부는 대인관계 심리치료 관점의 요소들을 추가하였다(Wicks-Nelson & Israel, 2015, p. 216). 인지행동 절차에 추가하는 우울예방전략으로는 대처기술, 사회적 문제해결력, 사회적 기술, 의사소통기술, 부모양육이 있다(Garber, 2006). 학교에서 인지행동과 사회적 문제해결력을 가르치는 집단개입 프로그램인 '펜실베니아 탄력성 프로그램(Penn Resiliency Program: PRP)'은 참여자에게 신념, 감정, 행동의 연계, 인지양식, 인지적 재구조화 기술 등을 가르치는데, 프로그램에 참여한 청소년들은 참여하지 않은 청소년보다 사후검사나 추수검사에서 우울증상이 적게 나타났으나, 청소년 프로그램의 메타분석 결과 효과크기는 성인 프로그램의 경우보다 낮아서 0.11에서 0.21로 추정되었다(Brunwasser, Gillham, & Kim, 2009).

인지행동전략은 수업형식의 워크숍을 통해서도 활용될 수 있다. Seligman, Schulman과 Tryon(2007)은 대학생을 대상으로 인지행동전략을 활용한 우울 및 불안 예방 프로그램을 실시하였다. 워크숍은 1주에 1회 2시간씩 8주에 걸쳐 총 16시간으로 구성되었으며, 집단은 10명에서 12명의 대학생과 1명의 리더로 구성되며, 리더는 회기 초기에 각 참여자와 일대일 모임을 가진다. 이러한 워크숍에서는 변화에 대한 인지이론(사고, 감정, 행동 간의 관계), 부정적인 자동적 사고와 그 기저에 깔린 신념을 확인하기, 부정적인 자동적 사고와 비합리적인 신념에 의심하고 논박하는 증거를 찾기, 부정적인 자동적 사고를 건설적인 해석과 신념으로 대체하기(대안모색, 사고를 중단하는 것, 주의를 분산시키는 것), 행동 활성화 전략(시간관리, 창의적 문제해결, 주장훈련 등), 대인관계기술(적극적 경청, 타인조망, 감정통제, 수동적 및 주장적 및 공격적 행동), 스트레스 관리(이완훈련), 이러한 대처기술을 새롭거나 관련된 상황에 일반화하는 것과 같은 다양한 주제를 다루었다. 참가자들은 워크숍이 끝난 후에도 웹기반 추수회기에 접할 수 있었으며, 이메일를 통하여 훈련자와 연락을 하며, 이후에 우울증상을 측정하는 검사점수가 높아졌을 경우 코치와 면대면 추후상담(booster session)를 가지도록 하였다.

Yankura와 Dryden(2011, pp. 170-192)은 Ellis가 내담자와의 작업에서 사용하였던 다양한 인지적, 행동적, 정서적 방법을 소개하였는데 이러한 방법들은 상담에 활용될 수 있다. 예를 들어, 인지적 기법으로는 구조화된 논박, 합리적 자기진술, 타인과 REBT 사용하기, 독서치료와 오디오치료, 상담 회기 녹음테이프 재검토 등이 있다. Ellis는 ABCDEF 이론을 소개하였는데 이전의 장에서 설명되었듯이 선행사건(A)이 정서적 · 행동적 결과(C)를 초래하는 것이 아니라, 각 개인의 A에 대한 신념체계(B)가 C를 초래하고 이러한 비합리적인 신념을 논박(D)하는데 논박은 비현실적이고 검증할 수 없는 자기패배적 가설들을 논리적으로 가르쳐서 감소시키고 현실적 사고를 증진시키는 방법으로 새로운 철학이나 인지체계를 가져오는 결과(E)와 새로운 감정(F)을 형성하게 된다. 구조화된 논박은 ABCDEF 이론에 기초한 활동지를 일상적으로 이용하고 숙제로 작성하게 하여 비합리적인 신념을 확인하고 논박하는 법을 가르치며, 합리적 자기진술을 연습하도록 격려하고(예: 합리적인 자기진술문이 적힌 카드를 하루에 몇 차례씩 보면서 생각하게 함), 내담자가 REBT를 사용하여 친척이나 친구의 문제를 도와줄 수 있게 하며, 독서치료와 오디오치료, 녹음테이프 재검토를 하도록 추천한다. 또 다른 예로 행동적 기법으로는 수치심-공격연습, 위험 감수 연습, '거기에 머물기' 활동, 반-지연행동연습, 보상과 벌의 사용 등이 있다. 수치심-공격 연습은 내담자가 공공상황에서 다소 어리석고 이상한 행동을 시도하도록 하는데, 내담자가 타인의 손가락질을 심각하게 받아들이지 않고 설사 수치스러운 방식의 행동을 했더라도 자신을 인정하게 하며, 타인들이 어리석은 행동에 자주 언어공격을 하는 것은 아니라는 인식을 하면서 비합리적인 수치심을 감소시키게 된다. 위험감수연습은 변화하고자 하는 영역의 위험상황에 과감하게 연습을 감행하는 것이며, '거기에 머물기' 활동과 반-지연행동연습 역시 내담자 자신이 가진 비합리적 신념에 논박을 제공하게 하며, 보상과 벌을 통해 내담자로 하여금 숙제에 도전하도록 한다.

한편, 긍정심리학의 개념을 사용하여 청소년의 우울증상을 경감시키기도 한다. 긍정심리학은 정신병리를 강조하기보다는 인간 강점의 특징과 잠재력을 강조하며, 청소년기 우울증의 예방을 위해서 우울증상의 감소뿐 아니라 긍정적 감정을 증진시키는 전략을 강조한다. Seligman, Rashid와 Parks(2006)는 우울증을 경감시키는 데 긍정심리학을 사용할 것을 제안하면서 긍정심리치료를 강조하는데, 행복의 개념을 즐거운 삶, 참여적 삶, 의미 있는 삶의 3요소로 구분하고, 긍정적 감정, 참여, 의미를 증진시키는 활동을 강조한다. 강점행동목록의 가치들은 강점 사용하기, 긍정경험을 인식하기, 자서전 쓰기, 충만하고 감사한 삶을 발견하기, 적극적으로 반응하기, 향유하기를 포함하는 내용으로 구성되었는데, 구체적으로 주별 회기 내용을 요약하면 다음과 같다(Seligman et al., 2006).

- 1회기의 강점 사용하기: 자신의 상위 다섯 가지 강점을 측정하기 위하여 질

문지를 작성하고, 이러한 강점을 일상생활에 더 활용하는 방법을 생각하기

- 2회기의 세 가지 좋은 점/축복 인식하기: 매일 저녁, 일어났던 세 가지 좋은 점과 일어난 이유를 쓰기
- 3회기의 사망기사/자서전: 자신이 풍요롭고 만족스러운 삶을 마치고 사망했다고 상상하기. 사망기사에 말하고 싶은 것은 무엇인가? 자신이 어떻게 기억되고 싶은지를 요약하는 한두 장 분량의 에세이 쓰기
- 4회기의 감사의 방문: 자신이 매우 고맙게 생각하지만 제대로 고마움을 표시하지 못했던 어떤 사람을 생각하기. 자신의 감사를 표시하는 편지를 작성하고 전화하거나 대면하여 그 사람에게 편지를 읽어 주기
- 5회기의 적극적/건설적 반응하기: 적극적-건설적 반응은 다른 사람의 좋은 소식에 확실히 긍정적이며 열광적으로 반응하는 것임. 적어도 하루에 한 번 자신이 아는 어떤 사람에게 적극적이고 건설적으로 반응하기
- 6회기의 향유하기: 자신이 평소 서둘러 일했던 어떤 것을 즐겨 보는 시간을 가진 후에 자신이 했던 것, 자신이 어떻게 다르게 했는지, 급하게 서둘렀을 때와 비교하여 어떻게 느꼈는지를 쓰기

2. 집단괴롭힘상담

1) 집단괴롭힘의 개념과 유형

(1) 집단괴롭힘의 개념

집단괴롭힘과 유사한 개념을 가진 용어로는 학교폭력, 왕따, 집단따돌림, 또래괴롭힘, mobbing, bullying 등이 있다. 집단괴롭힘은 강자의 위치에 있는 1명 혹은 그 이상이 욕구 해소나 목적 달성을 위해 약자의 위치에 있는 사람에게 신체, 관계, 언어, 심리적 가해행위를 지속적이고 반복적으로 하는 행동이다(강진령, 유형근, 2000; Olweus, 1993). 협박이나 욕설 등의 언어적, 심리적 폭력 행동, 따돌림, 무시 등의 소외형 폭력 행동, 때리거나 특정 장소에 가두고 돈이나 물건을 빼앗거나 강제로 심부름을 시키는 등의 신체적, 행동적 폭력 행동 등을 예로 들 수 있

다(전신현, 이성식, 2010; 청소년폭력예방재단, 2012).

집단괴롭힘의 발생이 사이버상으로 확대되면서 문제의 심각성이 더욱 커지고 있는데 이를 사이버집단괴롭힘(cyber bullying)이라고 한다(양방원, 홍혜영, 2016; 전신현, 이성식, 2010; 정여주, 김동일, 2012; 정여주, 두경희, 2014). 사이버집단괴롭힘은 사이버상에서 특정인을 괴롭히는 행동으로 실제 집단괴롭힘이 확장 혹은 전환되어 발생하는 행동이다. 사이버집단괴롭힘은 이메일, 문자메세지, 이미지 전송, 웹사이트, 블로그, 채팅방, 게시판 등에 욕설 혹은 공격적인 말을 하거나 영상을 올리는 행위, 의도적으로 온라인상의 모임에서 따돌리는 행위, 피해자의 아이디를 도용해서 곤란에 빠뜨리는 행위 등을 포함한다(양방원, 홍혜영, 2016; 전신현, 이성식, 2010; 정여주, 김동일, 2012; 정여주, 두경희, 2014). 실제 집단괴롭힘이 사이버상으로 연장되어 발생할 때 피해자는 자살과 같은 극단적인 선택을 할 정도로 고통은 훨씬 더 커진다(양방원, 홍혜영, 2016; 이주형, 2013; 조윤오, 2013; 한희정, 정혜진, 2014).

(2) 집단괴롭힘 역할자의 유형

집단괴롭힘은 가해자와 피해자와의 관계에서만 발생하는 것이 아니라 가해행동과 관련하여 다양한 역할을 수행하는 집단구성원들간의 상호작용적 과정 안에서 발생, 지속, 저지, 강화된다. 집단괴롭힘 역할자는 가해와 피해당사자 그리고 잠재적 역할자로 분류할 수 있는데 잠재적 역할자는 다시 가해에 직접 가담하지는 않지만 가해자를 지지하는 가해동조자, 피해자를 방어하는 피해보호자, 가해행동을 목격하고도 못 본 체하거나 피하고 누구의 편도 들지 않는 무관심방관자로 분류할 수 있다(김지은, 박혜준, 2016; 서미정, 2008; 심희옥, 2005; 조영미, 임영식, 2015; 차윤희, 2005; Salmivalli, Lagerspetz, Bjorkqvist, Osterman, & Kaukiainen, 1996; Sutton & Smith, 1999).

가해동조자는 피해자의 고통에 대한 공감 능력이 부족하고 왜곡된 도덕적 사고 특성을 가지고 있어서 가해행동에 대해 부정적으로 생각하지 않고 피해자가 잘못해서 괴롭힘을 당한다고 생각하는 경향이 있다(서미정, 2008). 피해보호자는 피해자의 고통을 공감하고 가해행동을 부정적으로 생각하며 피해자를 방어한다. 무관심방관자는 피해자의 고통에 공감은 하지만 피해자를 도와주면 자신도 보복

당할 것을 두려워하여 방관자의 역할을 지속하는 집단으로 이들은 가해동조자나 피해방어자로 변화될 가능성이 크다(서미정, 2008). 그러므로 집단괴롭힘의 문제를 해결하기 위해서 방관자 집단의 역할 전환을 위한 교육에 주의를 기울일 필요가 있다.

가해자가 가해행동을 할 때 무관심방관자나 가해동조자의 행동은 가해행동을 암묵적으로 승인하거나 때로는 보상함으로써 가해행동을 지속시키는 효과가 있다. 또한 가해자와 피해자의 역할이 중첩되어서 나타날 수도 있고 시간이 흐름에 따라서 피해자가 가해자로 바뀔 수도 있다(서미정, 김경연, 2004). 그러므로 집단괴롭힘에 포함되어 있는 역할자를 단순히 가해자와 피해자의 두 입장으로만 볼 수 없고 이 두 입장에 대한 개입만을 통해서는 집단괴롭힘의 문제를 해결하는 데 한계가 있다(김혜원, 임광규, 임동훈, 2013; 조영미, 임영식, 2015).

2) 관련 요인

집단괴롭힘은 개인의 심리적 특성을 비롯해서 가정, 학교, 친구, 지역사회, 문화적 요인들이 결합되어서 나타나는 복합적인 문제이다. 왜곡된 인지나 공격성향, 부정적인 정서 등 집단괴롭힘과 관련된 취약한 심리적 특성을 가지고 있다고 해도 이러한 청소년들이 모두 집단괴롭힘의 문제를 발생시키는 것은 아니다. 환경적 취약성이 복합적으로 작용할 때 문제가 발생할 수 있으며 바꾸어 말하면 환경적인 보호나 지지를 통해서 문제 발생을 예방할 수도 있다(이미영, 장은진, 2015). 여기서는 편의상 집단괴롭힘 관련 요인을 심리적 요인과 환경적 요인으로 나누어 살펴볼 것이다. 그러나 심리적 요인과 환경적 요인이 독립적으로 집단괴롭힘의 문제 발생과 관련되어 있는 것이 아니라 상호작용적 혹은 복합적으로 관련되어 있음을 고려해야 한다.

(1) 집단괴롭힘 관련 심리적 요인

청소년 집단괴롭힘 관련 심리적 요인은 인지적, 정서적 요인으로 분류할 수 있다(김혜원, 임광규, 임동훈, 2013; 두경희, 2015; 이미영, 장은진, 2015). 대표적인 인지적 요인으로 스트레스에 대한 대처방식, 귀인 성향, 비합리적 신념을 들 수 있고 정서적 요인으로는 공감, 공격성, 우울, 자아존중감 등을 들 수 있다. 이러한 요인들은 집단괴롭힘을 유발하는 요인이기도 하고 집단괴롭힘 경험의 결과로 나타난 요인이기도 하다.

먼저, 집단괴롭힘과 관련된 인지적 요인에 대해서 구체적으로 살펴보겠다. 친구관계에서 받는 스트레스에 대해 소극적으로 대처할수록 집단괴롭힘의 피해자가 되거나 피해 정도가 더 크다. 선행연구에 의하면 아동이나 청소년 집단괴롭힘 피해자는 친구들의 괴롭힘에 대해서 소극적이거나 회피적인 대처방식을 사용하며 이러한 대처방식은 자살생각과도 관련이 있다(김혜원, 이해경, 2000; 신재선, 정문자, 2002; 양방원, 홍혜영, 2016). 스트레스 대처방식뿐 아니라 집단괴롭힘 역할자들 간에 귀인 성향에 있어서도 차이를 보인다. 집단괴롭힘 피해자는 다른 역할자에 비해서 또래의 가해행동을 내가 통제할 수 없다고 생각하는 외적 귀인을 더 많이 하기 때문에 무력감에 빠지게 되어 피해상황을 벗어나지 못한다(김혜원, 2011b; 문진명, 2000). 또한 집단괴롭힘 방관자 중에서도 가해자 편에서 선 방관자들은 피해방어자 편에 선 방관자들보다 집단괴롭힘의 원인을 피해자에게 돌리는 비난귀인을 더 많이 한다(김지은, 박혜준, 2016). 비합리적 신념체계 또한 집단괴롭힘 행동과 관련이 있다. 집단괴롭힘의 방관자 유형 중에서 가해동조자가 무관심방관자와 피해방어자에 비해서 비합리적 신념 수준이 더 높았는데 자기비하를 많이 하고 규칙에 대한 인내심이 적었다(이미욱, 하정희, 최윤영, 2015).

다음으로 집단괴롭힘과 관련된 정서적 요인을 살펴보면, 집단괴롭힘 가해자는 피해자의 고통에 대한 공감 능력과 자신의 행동에 대한 죄의식 수준이 낮아 자신의 행동을 정당화하는 경향이 있다(박보경, 한세영, 최미경, 도현심, 2004; 백지현, 2010; 신순갑, 2012; 허승희, 최태진, 2008). 유형별 방관자들 간에도 공감 수준에 있어서 차이가 있는데 피해방어자가 무관심방관자나 가해동조자에 비해서 공감 수준이 높다(김지은, 박혜준, 2016; 서미정, 2008). 공격성도 집단괴롭힘 가해행동과 관련된 주요 요인이며(김혜원 외, 2013; 이미영, 장은진, 2015) 동시에 피해경험과도 관련된다. 가해자들은 또래관계에서 우월한 지위를 확보하기 위해 공격적 행동을 하며 피해자들은 또래관계에서 발생하는 갈등에 대해 지나치게 민감하여 공격적인 반응을 보임으로써 또래의 공격 행동을 유발하기도 한다(박보경 외, 2004; 박성희, 2015).

우울감, 불안감, 외로움과 같은 부정적 정서도 집단괴롭힘 행동과 관련되어 있다. 피해자는 반복된 괴롭힘으로 인해 자아존중감이 손상되고 무력해지며 이로 인해 우울감에 빠지게 된다(김예성, 김광혁, 2008; 전신현, 이성식, 2017; 최미경, 2006). 피해자뿐 아니라 가해자도 집단괴롭힘 경험이 없는 청소년들에 비해서 우울, 불안 등의 부정적 정서 수준이 높다(김혜원 외, 2013; 조주영, 오인수, 2014). 자아존중감과 집단괴롭힘은 상호작용적으로 관련이 있다. 자아존중감이 낮은 청소년들은 자기통제력과 방어 능력이 떨어지므로 집단괴롭힘의 피해자가 될 가능성이 있고 동시에 지속적인 피해경험의 결과로 자아존중감이 떨어진다(김예성, 2000; 김재철, 최지영, 2011; 김혜원, 2011b; 이은주, 2004). 반면에 집단괴롭힘 가해행동은 또래관계에서 지배적 입장을 갖게 되어 일시적으로 자아존중감의 상승에 기여한다고 보는 입장도 있으나(김예성, 2000; 박보경 외, 2004; 오승환, 2007) 대인관계에서 갈등을 경험하게 되고 긍정적인 대우를 받지 못하게 되어 결국은 자아존중감이 손상되고 이를 회복하기 위해 폭력적 행동을 할 수 있다(이은희, 공수자, 이정숙, 2004; 임영식, 1998).

(2) 집단괴롭힘 관련 환경적 요인

집단괴롭힘 관련 환경적 요인을 가족, 친구, 학교와 지역사회요인으로 분류할 수 있다. 먼저, 가족요인으로는 가족의 구조적 결손, 빈곤, 부모의 부정적인 양육, 가족관계 갈등, 가족폭력 등이 청소년 자녀의 집단괴롭힘 경험과 관련되어 있다. 가족의 구조적 결손은 빈곤과 관련될 가능성이 있고 빈곤은 부모의 방임, 무관심, 가족폭력 등의 문제와 관련될 가능성이 있다. 이와 같이 가족의 구조적인 문제가 부모의 부정적 양육과 같은 과정적 문제와 관련되어 있고 이로 인해 자녀가 집단괴롭힘을 경험할 가능성이 있다(신순갑, 2012; 이미영, 장은진, 2015; 조춘범, 2010). 거부와 수용을 반복하는 부모의 비일관적인 양육, 과잉보호적인 양육, 방임적인 양육, 체벌 위주의 양육은 자녀로 하여금 수동적이고 자신을 방어하지 못하며 공감 능력이 부족하고 폭력적인 성향이 발달하게 한다(박보경 외, 2004; 변귀연, 2002; 이경님, 2001; 이해경, 김혜원, 2001; 전재천, 2000; 주민하, 임성문, 2017; 최미경, 도현심, 2001; 황은영, 도현심, 신정희, 2008). 부부간이나 부모-자녀 간의 갈등과 가족폭력을 자주 경험하고 목격한 자녀들은 폭력으로 문제해결하는 것을 모방하고 학습하게 되어 친구관계에서 갈등이 생기면 폭력적으로 행동할 가능성이 있다(송정아, 김영희, 2001; 신순갑, 2012; 오승환, 2007; 이상균, 2005; 이상정, 안은미, 정익중, 2017; 황은영 외, 2008).

집단괴롭힘과 관련된 친구요인으로는 친한 친구 유무, 비행 친구 유무, 친구관계의 질, 또래압력 등을 들 수 있다. 친한 친구들이 있으면 집단괴롭힘 피해의 표적이 될 가능성이 적다. 왜냐하면 피해자 친구들의 보복이 두려워 가해행동을 못하기도 하고 피해를 당한 경우에는 친구들이 피해자를 방어해 주기 때문이다. 이와 같이 친한 친구들의 존재는 집단괴롭힘 피해의 보호요인으로 기능한다(변귀연, 2002; 정여주, 김윤희, 2013; 황은영 외, 2008). 그러나 비행 친구들의 존재는 집단괴롭힘 가해와 피해 행동을 유발하거나 증가시킨다(오승환, 2007; 이상균, 2005; 조윤주, 정옥분, 2009; 주민하, 임성문, 2017; 하은혜, 조유진, 2007; 한아림, 2012). 왜냐하면 비행친구들의 행동을 모방하기 때문이며 비행친구들로부터 받는 또래압력에 동조하기 때문이다.

청소년 집단괴롭힘은 주로 학교에서 발생하기 때문에 학교환경과 학교적응도는 집단괴롭힘 문제와 관련되어 있다. 입시 위주의 교육으로 인한 또래들 간의 과잉경쟁적인 분위기, 교사와의 대화 단절이나 애착 부족, 교사의 권위 추락은 학생들 간에 폭력적 행동이 발생하게 하는 위험요인이다(김혜원, 2011a; 박성희, 2015; 오승환, 2007; 이규미, 이대식, 김영혜, 2003; 이은희 외, 2004; 조영미, 임영식, 2015). 청소년들의 학교만족도, 성적, 학교 활동에 대한 참여도가 낮을수록 집단괴롭힘 피해경험률이 높은 반면에 학생들이 학교에 대해 긍정적인 인식을 가지고 소속감을 느끼며, 폭력을 허용하지 않는 학교의 분위기가 조성될수록 집단괴롭힘 문제 발생이 감소되고 집단괴롭힘의 피해자를 방어하는 행동이 증가한다(김미영, 2007; 김예성, 박현선, 2007; 김혜원, 2011a; 류경희, 2004). 또한 학교 정책이 일관성이 있고, 학생들이 학교의 중요한 의사결정에 참여할 수 있다는 인식을 가지고 있으며 학급 구성원 간에 일체감이 높을수록 집단괴롭힘 문제발생률이 낮다(조영미, 임영식, 2015). 이러한 결과들은 집단괴롭힘의 문제를 예방하기 위해서 학교 차원에서 어떠한 노력을 기울여야 할지에 대한 시사점을 제공한다.

학교뿐 아니라 폭력적인 행동이나 일탈행동을 허용하는 지역사회의 무질서하고 유해한 분위기와 환경은 청소년들의 집단괴롭힘 문제발생에 직 · 간접적으로 영향을 준다(김재엽, 최선아, 임지혜, 2015; 이규미 외, 2003; 이미영, 장은진, 2015). 지역사회에서 발생하는 폭력적인 행동에 대한 직접적인 목격뿐 아니라 대중매체를 통한 폭력 행동의 지속적인 관찰은 폭력에 대한 둔감화와 관찰학습 효과를 가져와 죄책감없이 폭력적인 행동을 하게 되는 원인이 된다(도기봉, 2009; 문성호, 2000; 신순갑, 2012; 오병호, 이상구, 2012; 이은희 외, 2004).

3) 상담 사례

집단괴롭힘 폭력적 행동은 인지이론, 정신분석이론, 생태학적 이론 등 여러 가지 이론으로 설명될 수 있지만 앞서 집단괴롭힘 관련 요인 부분에서 서술한 바와 같이 집단괴롭힘은 개인의 심리적 특성을 비롯해서 가정, 학교, 친구, 지역사회, 문화적 요인 등 생태학적 체계들이 결합되어서 나타나는 복합적인 문제이기 때문에 생태학적 이론의 관점에서 집단괴롭힘의 맥락을 분석하고 상담을 위한 정보를 제공하는 연구 사례를 소개하고자 한다.

최근 6개월 이내 집단괴롭힘 가해행동으로 징계를 받은 중 · 고등학생 7명을 대상으로 임상심리전문가 2명이 학생 1인당 1～2회 관찰과 면담을 통해서 이들이 집단괴롭힘 가해행동을 하게 된 맥락을 분석하였다(이미영, 장은진, 2015). 연구의 결과는 집단괴롭힘 가해행동을 유발하는 심리적 요인과 환경적 요인의 상호작용적 영향에 대한 정보를 제공하고 이를 기초로 생태학적 관점에서 집단괴롭힘 가해행동의 문제를 해결하기 위한 효과적인 접근방법을 제시한다. 연구결과에 의하면 집단괴롭힘 가해행동은 가해자의 심리적 요인뿐 아니라 가족, 또래, 학교, 지역사회요인이 복합적으로 관련되어 발생한다. 심리적 요인들로는 폭력에 대한 허용적인 태도, 불안한 정서, 충동성과 공격성이 제시되었고 환경적 요인들로는 가족폭력에의 노출경험, 부모의 무관심이나 무시 등 부정적 양육, 또래로부터 무시받은 경험, 교사와의 정서적 거리감, 가해행동에 대한 처벌과정에서 부모, 경찰, 특별교육, 피해자와의 만남을 통해 경험하는 느낌이나 생각 등이 상호작용적으로 집단괴롭힘 가해행동과 관련되어 있다.

이 연구에서 7명의 가해자를 다음의 세 유형으로 분류하였다. '사회적으로 조건화된 동조 유형' '정서적으로 취약한 유형' '반사회적 성격 유형'인데 비록 적은 사례로부터 도출된 유형이지만 가해행동의 대표적인 유형을 포괄한다(이미영, 장은진, 2015). 각 유형별로 적합하고 체계적인 상담개입방법을 제안하고 있는데 그 내용을 살펴보면, '사회적으로 조건화된 동조 유형'은 또래의 영향을 많이 받는 유형으로 집단괴롭힘의 가해행동을 주도하지 않으나 비행친구들의 가해행동에 동조하고 가담함으로써 그들로부터 인정과 애정의 욕구를 충족하고 폭력상황에서 자기의 주장을 건강하게 하지 못하는 유형이다. 이 유형에 속하는 집단괴롭힘 가해청소년들은 비행친구들의 영향력을 줄이기 위해 건강한 친구관계를 가질 수 있는 전략과 건강한 자기주장 능력을 키우는 상담적 개입이 요구된다.

'정서적으로 취약한 유형'은 가족관계를 비롯한 다양한 대인관계에서 부정적인 정서경험이 많은데, 특히 부모의 학대 등 가족폭력의 피해와 가해경험으로 인해 폭력적인 행동에 대한 양가감정을 갖는 정서적인 취약성을 갖는 유형이다. 이들은 주로 스트레스 상황에서 폭력적인 가해행동을 하게 된다. 이러한 유형에 대해서는 자신의 부정적인 정서를 인식하고 안전하게 처리할 수 있는 스트레스 대처기술을 키우는 상담적 개입이 효과적이다. 특히 이 유형의 가해자들은 처벌과정에서 경찰, 교사, 부모가 자신을 대하는 태도나 행동에 대해 민감하고 정서적 불안정을 느끼는 정도가 크고 이는 다시 폭력적 행동의 원인 제공자가 되기 때문에 부모, 교사, 경찰 등 주위 사람들이 가해자를 어떻게 대해야 하는지에 대한 교육이 필요함을 강조하였다.

끝으로 '반사회적 성격 유형'은 내재된 분노, 자극추구성향, 자기통제력의 부족, 충동성으로 인해서 폭력적인 가해행동을 하는 유형이다. 특히 아동기에 가정폭력에 장기간 노출된 경우 내재된 분노감이 큰데 이러한 성격 특성이 발달된 청소년들이 갈등상황을 접하게 될 때 내재된 분노감이 충동성과 함께 작용하여 반사회적인 가해행동을 할 수 있다. 이러한 유형의 가해자들에 대해서는 감정을 조절하는 훈련, 합리적이고 비폭력적인 갈등해결방법을 학습할 기회를 제공하는 것이 효과적인 상담개입방법이다. 또한 내재된 분노가 부모의 부정적인 양육이나 폭력적 행동으로부터 비롯되었을 가능성이 크기 때문에 부모와 가족 상담이 적극적으로 병행되어야 한다. 특히 이러한 유형의 가해자들은 다른 유형에 비해서 자신의 행동을 변화시키려는 동기가 부족하고 남에게 간섭받기를 원하지 않는 경향이 크기 때문에 상담의 동기를 유발하는 것 그리고 상담자와의 안정적이고 지속적인 관계를 유지하는 것이 중요하다고 연구자들이 강조하였다(이미영, 장은진, 2015).

3. 위험성행동상담

1) 위험성행동의 개념과 유형

(1) 위험성행동의 개념

청소년기는 성행동(sexuality) 발달의 중요한 시기이다. 성행동이란 성적인 행동을 말하는데 신체접촉을 통한 직접적 성행동과 성적 대상이나 매체를 관찰하는 간접적 성행동을 모두 포함한다(백혜정, 김은정, 2008). 생리학이나 정신분석학적 관점에 의하면 사춘기 신체적 성숙과 성호르몬 분비의 증가로 인해 청소년기에는 아동기에 억압되어 있던 성적 욕구가 강해지므로 성적 행동이 증가한다. 그러므로 청소년들이 성적 행동을 하는 것은 정상적인 발달 특성일 뿐 아니라 자아정체감을 확립하고 부모로부터 독립하기 위해 필요한 행동이다(박현숙, 정선영, 2011; 송명자, 2016; 장휘숙, 2004; Steinberg, 2011).

그러나 사회적으로 미성숙한 존재로 대우받는 청소년기에 성적 욕구의 표현행동은 청소년 스스로 감당하기 어려울 수 있고 다른 일탈적 행동과 관련이 되었을 가능성이 있기 때문에 문제적 행동으로 취급될 가능성이 크다. 청소년의 성행동이 개인의 성숙한 성의식에 바탕을 둔 자유의지에 따른 것이 아니라 이익을 창출하기 위한 수단에서 비롯되거나 타인의 강요에 의한 것이면 성행동의 결과는 부적응적일 뿐 아니라 심각한 범죄행위가 될 수 있다(한상철, 2009).

청소년기 성과 관련된 바람직하지 않은 행동을 포괄적으로 지칭하여 위험성행동(sexual risk behavior)이라고 한다. 위험성행동은 성문제행동, 성일탈행동, 성적 부적응 행동과 같은 의미를 갖는다(모경환, 이미리, 김명정, 2014; 박현숙, 정선영, 2011; 조주영, 김영희, 2006; 한상철, 2009). 청소년기 위험성행동의 발생은 앞서 말한 바와 같이 청소년기의 생리적 발달 특징과 관련이 있지만 환경적 특성과도 밀접한 관련이 있다. Bronfenbrenner의 생태학적 관점에 의하면(Bronfenbrenner,

1989), 청소년의 위험성행동은 청소년 개인의 발달적 특징뿐 아니라 청소년을 둘러싼 생태학적 환경과의 상호작용에 의해서 발생한다(김은화, 전귀연, 2007; 조주영, 김영희, 2006). 청소년 발달에 가장 직접적인 영향을 주는 근접맥락인 가족, 친구, 학교의 부정적인 면뿐 아니라 대중매체와 인터넷을 통해 우리사회에 만연되어 있는 상업주의와 급속한 성개방 풍조는 청소년들의 위험성행동 발생에 심각한 영향을 준다(김재엽, 김희진, 장대연, 이현, 2017; 한상철, 2009). 여기서는 청소년 위험성행동의 대표적인 예로 성폭력, 성매매, 원치 않은 임신을 다루고자 한다.

(2) 위험성행동의 유형별 특성

청소년 위험성행동의 대표적인 유형은 성폭력, 성매매, 원치 않은 임신을 포함한다. 첫째, 성폭력이란 상대방이 원하지 않는데 강제적으로 가하는 신체적, 정신적인 성적 행동을 말한다(김재엽 외, 2017; 대검찰청, 2016; 모경환, 이미리, 김명정, 2014; 한국성폭력상담소, 2013; WHO, 2013). 성폭력 행동에 포함되는 행동의 종류가 확대되고 있는데 최근의 공통적 개념에 의하면 성기노출, 성적 농담, 스토킹 등의 직접적 성희롱, 스마트폰 등 카메라를 이용한 타인의 신체부위 촬영행위 및 음란물 전송이나 음란물 시청을 강요하는 간접적 성희롱, 그리고 신체접촉을 수반한 추행, 강제적 성관계 시도 및 강간을 포함하는 성적 일탈행위를 모두 포함한다.

성폭력 발생 현황을 살펴보면 청소년은 성폭력 가해자보다 피해자가 될 가능성이 더 많다(김지선, 박미랑, 윤정숙, 2010; 전영실 외, 2007). 그러나 청소년기 성폭력 행동의 폐해는 피해경험, 가해경험 가릴 것 없이 심각하다. 왜냐하면 청소년기 성폭력 피해경험은 자책감, 수치심, 소외감, 불안, 절망감, 대인기피증, 복수심, 자살충동과 시도 등의 부적응 행동 발생의 원인이 되고 이러한 부정적 영향은 성인기까지 지속될 뿐 아니라 가해행동으로 나타날 가능성도 있기 때문이다(이진아, 2010; 이해주, 이미리, 모경환, 2006; 박용순, 2000). 또한 청소년 성폭력 가해행동은 재발 위험성이 크다(고정애, 박경, 2013; 이수정, 장현석, 2004).

둘째, 성매매는 성을 통해 경제적 이익을 추구하는 행동이다. 원조교제나 조건만남이란 말로 표현되는 청소년 성매매는 성을 사고파는 사람이 인터넷을 통해 개별적으로 만나서 성관계를 갖는 것인데 주로 청소년이 성인으로부터 돈이나 물품 등을 받고 성관계를 갖는다(모경환 외, 2014). 대체로 빈곤, 가정폭력, 성폭력 등의 위험에 처해 있는 청소년들이 그렇지 않은 청소년들에 비해서 성매매를 하게 될 가능성이 있으며 쉽게 돈을 벌 수 있기 때문에 성매매에서 벗어나기 어렵다.

성매매 청소년들을 대상으로 한 조사에 의하면, 성매매를 시작하게 되면 장기화되는 경향이 있고 빠져나오기가 어려운 구조다(남미애, 홍봉선, 2009; 최해연, 곽윤영, 김은영, 배주미, 2011). 지속적인 성매매 경험을 통해서 청소년들은 신체적, 정신적으로 심각한 피해를 입게 되는데 성매매 상대로부터 성적 학대를 경험하거나 반복된 임신과 낙태경험, 성병 등으로 건강이 상할 뿐 아니라 성을 상품으로 전락시키는 왜곡된 성의식이나 고립감, 모멸감, 자포자기의 심정으로 인해 부적응적인 신념체계나 성격을 형성하게 되므로 환경적, 신체적, 행동적, 심리적으로 통합적인 지지가 없이는 청소년들의 성매매 유입의 문제를 해결하기 어렵다(남미애, 홍봉선, 2009; 이춘화, 2005, 조성연, 이용교, 방은령, 2000; 한상철, 2009).

셋째, 원치 않은 임신이다. 청소년기의 임신은 거의 원치 않은 임신이다. 정부에서 65,000여 명의 전국 중·고등학생을 대상으로 2005년부터 매년 실시하고 있는 청소년건강행태 온라인조사에 의하면(교육부, 보건복지부, 질병관리본부, 2016), 성관계 시작 연령이 남학생은 2005년에 13.4세에서 2016년에 12.9세로 여학생은 2005년에 14.0세에서 2016년에 13.4세로 지난 10년간 남녀학생 모두 대략 6개월 정도 빨라졌다. 이는 준비되지 않은 상황에서 임신을 하게 되는 시기가 점점 저연령화되고 있음을 시사한다. 이러한 청소년기의 원치 않은 임신은 가출이나 성매매, 성폭력 등의 위험행동과 관련되었을 가능성이 크다.

원치 않은 임신을 한 청소년들의 공통적인 특성이나 문제들은 임신에 대한 지식 부족, 학업중단, 사회적 지지의 부족이다. 피임을 제대로 하지 않아서 임신을 하게 되며 임신을 하고 나서도 인공유산이 불가능한 시점에서 임신 사실을 아는 경우가 흔하다(윤미현, 이재연, 2002). 임신이나 분만으로 인해서 대부분 학업을 중단하게 되는데 학업을 지속하려는 의지가 있어도 임신 전후로 80% 이상이 중고등학교를 중퇴 혹은 휴학한다(교육과학기술부, 2010; 김만지, 2004; 윤미현, 이재연, 2002). 이들이 임신과 관련한 도움을 요청할 수 있는 사회적 지지원은 제한적이다. 아이의 아버지에 대한 불신과 자신의 가족들부터의 비난이 두려워 같은 나이 또래의 친구들에게 먼저 도움을 요청한다는 보고가 있는데 이러한 상황은 청소년 임산부의 미래뿐 아니라 아이의 미래를 위해서 매우 위험한 상황이다(윤미현, 이재연, 2002). 이렇게 원치 않은 임신을 한 청소년들은 자신과 아기의 미래와 출산에 대한 불안과 두려움뿐 아니라 가족과의 갈등, 친구들로부터의 소외, 미혼부와의 갈등, 학교와 사회로부터의 처벌적 대우, 무엇보다 주위의 도움 없이 혼자 분만, 육아와 학업 지속을 감당하게 될 경우 경제적 지원 부족 등으로 스트레스가 심각하다(김만지, 2000; 박현미, 최한나, 2016; 성정현, 김지혜, 신원우, 2011; 최승희, 2012).

2) 관련 요인

청소년기 위험성행동의 관련 요인은 생태학적 관점에서 살펴볼 필요가 있다(김은하, 전귀연, 2007; 조주영, 김영희, 2006). Bronfenbrenner(1989)의 생태학적 관점에 의하면 제5장에서 살펴본 바와 같이 개인의 행동은 개인의 유전적, 심리적 특성뿐 아니라 개인을 둘러싼 겹구조적인 환경과의 상호작용적 영향의 결과이기 때문에 개인의 행동을 설명하기 위해서는 개인의 특성뿐 아니라 환경적 특성을 함께 고려해야 한다. 특히 생태학적 관점에서는 개인을 둘러싼 겹구조적인 환경을 미시체계, 중간체계, 외체계, 거시체계로 분류하여 설명하므로 청소년의 위험성행동을 설명하기 위해서 어떠한 환경적 맥락을 고려해야 하는지 시사점을 준다.

청소년의 성행동은 성충동이 증가하는 청소년 개인의 생리적, 심리적 특성과 밀접하게 관련되어 있지만 청소년을 둘러싼 환경적 영향이 어떠한가에 따라서 자아정체감을 확립하고 부모로부터 독립하기 위한 건강한 행동이어야 할 성행동이 위험성행동으로 표출된다(Kotchick, Shaffer, Miller, & Forehand, 2001). 그러므로 청소년기 위험성행동의 발생 원인을 파악하고 그에 따른 개입 전략을 모색하기 위해서는 개인적 요인과 환경적 요인의 영향을 함께 고려할 필요가 있다.

(1) 위험성행동 관련 개인적 요인

성별과 연령은 청소년 위험성행동과 관련된 기본적 요인이다. 성폭력 가해행동은 주로 남자, 피해는 주로 여자, 성매매 행동은 주로 여자, 원치 않은 임신은 여자 청소년이 행동의 당사자다. 성적으로 성숙할수록 위험성행동을 경험할 가능성이 크다. 여기서는 위험성행동 관련 개인적 요인으로 심리적 요인에 대해서 살펴보고자 한다. 청소년 위험성행동과 관련된 심리적 요인으로는 공통적으로 낮은 자아존중감, 부정적인 자아정체감, 왜곡된 성의식, 부족한 성지식 등이 있다.

청소년기 낮은 자아존중감은 또래의 일탈행동 요구에 대한 강한 동조 성향을 나타내어 위험성행동을 비롯한 위험행동을 하게 될 가능성을 높인다(이종화, 2005). 또한 부정적인 자아정체감을 갖는 청소년들은 자신을 드러내기 위해서 조숙한 성행동이나 위험성행동을 할 가능성이 높다(김만지, 2004; 이해경, 이경성, 신현숙, 2004; 조아미, 이명화, 2001). 정의적 요인뿐 아니라 인지적 요인도 청소년 위험성행동과 관련이 있다. 우리 사회의 상업주의와 급속한 성개방풍조, 음란매체가 청소년들의 무절제하고 왜곡된 성의식을 발달시키는데 이는 청소년들의 성폭력 가해 및 피해경험, 성매매, 원치 않은 임신 등의 위험성행동의 발생으로 이어진다(김혜자, 심미정, 2014; 손병덕, 2014; 주지혁, 김형일, 2013). 왜곡된 성에 대한 정보는 사회에 만연하여 청소년들이 이에 노출되어 있는 반면에, 피임을 비롯한 성을 관리하는 정확한 지식이 부족하여 원치 않은 임신을 하거나 임신에 대한 인지시기가 늦어서 청소년 미혼모가 된다(이행숙, 2002; 정해숙, 최윤정, 최자은, 2014).

(2) 위험성행동 관련 환경적 요인

청소년 위험성행동 관련 환경적 요인은 생태학적 관점에서 미시체계에 속하는 가족, 친구, 학교요인과 외체계에 속하는 사회적 요인을 포함한다. 가족은 청소년에게 가장 기본적이고 안정된 보호와 지지를 제공해야 할 맥락이다. 그러나 부모의 사망, 이혼, 별거 혹은 빈곤 등으로 인한 가족의 구조적 결손, 부모의 학대, 폭력, 부정적인 양육 등으로 인한 가족의 과정적 결손은 청소년기 자녀의 심리적, 행동적 부적응 행동을 유발하고 이러한 부적응 행동이 위험성행동의 유발로 이어진다. 가족으로부터 기초적인 보호를 받지 못하고 방임이나 학대를 받을 경우 가출을 하게 되고 가출이 장기화되면 위험행동을 비롯하여 성매매 등의 위험성행동을 할 가능성이 있다(박현숙, 정선영, 2011; 정해숙 외, 2014; 최해연 외, 2011).

친구요인은 청소년 위험성행동 발생과 밀접하게 관련된 주요 맥락이다. 또래집단의 성에 대한 태도가 개방적일수록 위험성행동을 할 가능성이 높다(박현숙,

정선영, 2011). 가족의 지지를 받지 못하는 청소년들의 경우는 또래집단의 지지를 받고자 하는 욕구가 크기 때문에 그 영향이 더욱 크다. 또래집단의 성에 대한 태도뿐 아니라 흡연, 음주, 약물 복용 등의 일탈행동에의 노출도 성폭력, 성매매 등의 위험성행동 발생과 관련이 있다(전영실 외, 2007; 최해연 외, 2011).

학교도 청소년기 위험성행동 발생과 관련해서 고려해야 할 주요 맥락이다. 하루 중 오랜 시간을 보내는 학교는 가족 못지않게 청소년기 발달에 중요한 영향을 미친다. 청소년의 학교부적응은 학업중단으로 이어질 가능성이 있는데 학업중단은 청소년의 위기상황을 판단할 수 있는 지표이기도 하다(김만지, 2004; 남미애, 홍봉선, 2009; 서정애, 2009; 이춘화, 조아미, 2004; 이해경 외, 2004; 정해숙 외, 2014). 학업중단청소년은 일반청소년보다 성폭력 피해경험과 원치 않은 임신경험이 더 높았으며, 학교 밖에서 학생이 아닌 나에 대한 대안적 정체감을 발달시키기 위해서 조숙한 성행동을 하거나 위험성행동을 할 가능성이 높다는 연구결과들이 있다(김만지, 2004; 서정애, 2009; 정해숙 외, 2014).

가정, 친구, 학교요인뿐 아니라 성에 대한 사회의 인식과 대중매체는 청소년의 위험성행동 발생에 대한 책임이 크다. 성을 상품화하는 물질만능주의 사회에서 청소년들이 성매매에 유입되기 쉽다(정규석, 조정자, 유순화, 2003). 그러므로 청소년 성매매의 문제는 청소년의 문제가 아니라 청소년의 성을 사는 성인의 문제다. 성을 상품화하는 사회적 풍조는 청소년들의 왜곡되고 부정적인 성의식을 발달시키고 이는 청소년의 위험성행동의 발생으로 이어진다(김정희, 1992). 청소년의 왜곡된 성의식에 대해서는 무분별하고 음란한 성적 자극과 정보를 제공하는 대중매체의 책임도 크다. 청소년들의 음란대중매체 접촉은 성에 대해 지나친 개방성, 성적 폭력 행동에 대해 무감각, 성폭력 피해자에 대한 공감 능력 저하와 관련이 있다(김은실, 김귀정, 김봉한, 2011; 김재엽 외, 2017; 김혜자, 심미정, 2014; 박용한, 2014; 박현숙, 정선영, 2011; 주지혁, 김형일, 2013).

3) 상담 사례

청소년 위험성행동 중에서 성폭력 피해 청소년을 위한 상담 사례를 살펴보고자 한다. 청소년기 성폭력 피해경험의 후유증은 적절하게 개입하지 않으면 신체,

정서, 인지, 사회적 영역 전반에 걸쳐 성인기까지 지속될 가능성이 크다(양미진, 김은영, 김래선, 류다정, 장은희, 2015). 적절하게 치료를 받지 못했을 경우에 행동적으로는 자해, 섭식장애 등의 부적응 증상을 보이고 성인이 되어서 부부간 성행동의 기피 등의 문제를 경험하며(이진아, 2010), 사회정서적으로는 낮은 자아존중감, 불안, 우울증, 수치심과 죄책감, 분노와 복수심, 대인관계 기피 등의 부정적인 사회정서 반응을 보인다(이진아, 2010; 오경자, 최지영, 신예주, 2011). 인지적으로는 왜곡된 사고를 가지게 되어 자신에 대한 혐오감을 느끼고 이러한 생각이 자해행동으로 이어지기도 한다(이진아, 2010).

성폭력 피해 청소년들이 이러한 피해경험의 후유증을 극복하도록 심리적, 환경적으로 지원하는 다양한 상담 프로그램이 진행되었다. 청소년 위험성행동 관련 요인에 대한 부분에서 살펴본 바와 같이 청소년기 위험성행동의 발생에는 개인적, 환경적 요인이 모두 복합적으로 관련되어 있다. 낮은 자아존중감, 부정적 자아정체감, 왜곡된 성의식과 부족한 성지식 등의 개인적 요인으로 인해 자신을 보호하지 못하고, 가족, 친구, 학교, 사회의 비지지적이고 일탈행동을 조장하며 상업주의적인 성문화를 조장하는 환경적 요인이 모두 청소년의 성폭력 피해경험에 책임이 있다.

이와 같은 청소년 위험성행동 관련 요인에 대한 연구결과들을 기초로 성폭력 피해 청소년을 위한 심리적 상담 프로그램은 정서를 조절하고 왜곡된 인지를 재구조화하며 대처기술을 훈련하는 합리적 · 정서적 행동치료나 인지치료와 같은 인지행동적 접근의 상담이 효과적인 것으로 평가받고 있다(양미진 외, 2015; 최지영, 신의진, 오경자, 2009; 한국성폭력상담소, 2013). 인지행동적 접근의 상담은 성폭력 피해 후 경험하는 두려움과 분노 등의 정서와 관련되어 있는 왜곡된 인지를 재구조화하고 합리적인 사고를 갖도록 도와서 일상생활에의 적응도를 높이는 것을 목적으로 한다(최지영 외, 2009). 그러나 성폭력 피해 청소년들이 성폭력의 후유증을 극복하고 일상적인 삶으로 되돌아오기 위해서는 심리적 지원뿐 아니라 신체적 후유증을 치료할 수 있는 의료적 지원, 성폭력 피해사실을 입증하기 위한 증거수집과 법적 보호를 받을 수 있는 법적 지원, 임신을 하게 된 경우 낙태, 분만, 양육 절차에 대한 경제적 · 행정적 지원 등 환경적 지원을 포함한 통합적 지원이 필요하다(김혜원, 2011c; 박용순, 2000; 손병덕, 2014; 양미진 외, 2015).

양미진 등(2015)이 청소년상담현장의 실무자를 위해 개발한 성폭력 피해 청소년 개입매뉴얼은 이러한 통합적 지원의 관점에서 개입 시기별, 개입 대상별 고려사항들을 포함하고 있어서 성폭력 피해 청소년에 대한 효과적 상담을 위해 필요한 정보다. 성폭력 피해 청소년 개입매뉴얼에 의하면(양미진 외, 2015) 성폭력 피해 청소년을 위한 통합적 지원에 있어서 다음의 여섯 가지 요소를 강조한다. 첫째, 상담 초기에 상담자와 성폭력 피해자와의 신뢰로운 관계형성이다. 둘째, 성폭력 피해로 인한 분노나 두려움 등의 감정을 상담장면에서 표출하는 것이다. 셋째, 성폭력 피해경험에 대한 왜곡된 인식의 재구조화다. 넷째, 성폭력 피해 청소년들이 자신의 강점을 발견하고 자신을 돌볼 수 있는 대처기술을 훈련하는 것이다. 다섯째, 청소년 자녀의 성폭력 피해 발생에 대한 부모의 적절한 대처를 위한 부모교육을 실시하는 것이다. 여섯째, 의료, 법률, 생활 지원 등의 통합적 서비스 제공하는 것이다.

여섯 가지 요소를 지원하기 위해서 성폭력 피해 청소년을 위한 상담적 개입 단계를 초기, 중기, 후기로 나누고 있다. 초기단계에서는 성폭력 피해 청소년을 발견해서 성폭력 피해 내용에 대한 다각적 정보를 수집하고 피해의 심각성 정도에 따라서 즉각적 위기 개입과 의료적 지원을 제공한다. 또한 성폭력 피해 청소년의 부모를 대상으로 피해상황을 이해하고 자녀를 지원할 수 있도록 돕고 성폭력 가해자 처벌과정에 개입해서 지원한다. 피해 청소년에 대한 상담목표를 설정하고 연계지원에 대한 계획을 세운다.

중기단계에서는 피해 청소년들의 심리적 후유증을 다루기 위한 부정적 정서 조절훈련, 왜곡된 인지를 수정하고 대처기술을 습득하기 위한 상담, 손상된 자존감과 친밀감을 회복하기 위한 상담적 개입과 함께 의료적, 법적, 사회적 지원을 제공한다. 이와 같이 성폭력 피해 청소년 당사자를 대상으로 한 상담뿐 아니라 피해 청소년의 가족들도 외상을 극복하고 피해 청소년을 지원할 수 있도록 심리적 교육적 상담을 제공하고 의료적 지원이나 법적 대응을 할 수 있는 정보를 제공한다. 후기단계에서는 성폭력 피해 청소년과 부모상담의 성과를 평가하고 연계 서비스를 통한 통합적 개입의 성과를 최종점검하고 종결과 사후관리를 한다.

4. 중독상담

1) 중독의 개념과 유형

앞서 제7장에서 살펴본 바와 같이 중독에 대한 정의와 관점은 다양한데, 중독이란 특정한 대상 물질이나 행동을 장기간에 걸쳐 과도하게 사용하여 자신이나 주위에 폐해를 초래하고 이를 조절하려 하지만 통제력을 상실하고 반복하는 자기조절 실패군으로 정의 내릴 수 있다(박상규 외, 2017, p. 15). 박상규(2016, pp. 30-31)는 중독심리를 연쇄적인 중독심리과정모형으로 설명하였다. 개인은 처음 물질을 섭취하면 좋은 느낌과 쾌감을 경험하게 되고, 그러한 쾌감을 계속 갈망하여 집착이 생기고, 집착으로 인하여 반복적으로 물질을 경험하는 행동을 하게 되며, 이러한 행동이 지속되어 중독단계에 이르게 되면 강박증상이 생기고 중독행위를 하게 된다.

다양한 중독관련 활동이 존재하며, 중독 유형에 따라 특성이나 원인, 이론적 접근, 개입이 달라진다. 예를 들어, 청소년의 물질장애의 경우 가족의 이해와 지원은 필수적인데, 이러한 청소년 약물남용 가족중심치료의 이론적 토대는 크게 가족체계이론, 인지행동이론, 사회생태발달이론으로 요약할 수 있다(정수경, 2004). 가족체계이론은 상호작용의 변화를 통하여 가족 및 청소년 자녀의 기능을 향상시키고 궁극적으로 약물행동을 비롯한 문제행동을 감소시킨다고 보는 한편, 인지행동이론에서는 가족 내의 신호를 측정 관리하여 약물남용과 연관된 조건과 행동을 감소시키면서 약물남용과 상반된 조건들을 강화하고자 한다(정수경, 2004). 예를 들어, 약물상담에 대하여 Beck 이론에 근거한 인지적 접근을 적용한다면, 내담자와의 협력적 치료관계를 바탕으로 내담자에 대한 다양한 정보를 통합하여 사례를 개념화해야 한다. 상담자는 구조화된 회기를 통하여 내담자로 하여금 인지적 모형에 친숙하게 하고 다양한 전략을 사용하여 내담자가 가졌던 기존의 신념을 내부 통제신념으로 대체하도록 도와준다. 사회생태발달이론에서는 임상적 개입의 범위를 확대하면서, 약물남용 청소년과 가족의 위험요인 및 보호요인을 파악하고 치료하는 데 활용한다(정수경, 2004).

한편, 인터넷과 스마트폰의 사용이 확산됨과 동시에, 과도한 사용 및 중독 유형과 대응방안에 대하여 관심이 높아지고 있다. 인터넷과 스마트폰은 다각도로 활용되고 있는데, 예를 들어 대학생이 스마트폰을 실용적 또는 사회적 용도로 사용하는 것은 사회적 역량에 영향을 미쳤고, 자녀의 문제행동장애를 치료하는 부모훈련 프로그램에 스마트폰을 활용한 실험은 효율적이었다(Bian & Leung, 2015; Jones et al., 2014). 그러나 인터넷 및 스마트폰의 과다사용에 대한 사회적 관심도 증가하고 있는데, 인터넷 및 스마트폰의 과다사용은 강박적 사용, 내성, 금단, 부정적 결과와 같은 문제를 초래한다. 강박적 사용은 인터넷을 하면서 대부분의 시간을 보내며 인터넷을 하지 않는 동안에도 인터넷을 할 생각만 하고 인터넷에서 뭔가 새로운 일이 일어나고 있을 것 같은 생각에 사로잡혀 있는 경우를 예로 들 수 있으며, 내성과 금단은 인터넷을 사용하는 시간이 점차 늘어나며 더 큰 자극을 요구하며 인터넷을 하지 않으면 심리적 어려움을 경험하며, 사용하지 않을 때에도 인터넷에 대한 생각으로 집중력이 떨어지는 경우를 예로 들 수 있다. 인터넷 및 스마트폰 과다사용은 일상생활에서 어려움을 겪는 것 외에도, 현실세계보다 가상공간에서 만난 사람들에게 친밀감을 보이는 가상세계 지향이 포함된다. 한편, 인터넷과 관련된 중독은 다음과 같이 구분할 수 있다.

- 정보검색중독: 자신에게 정말 필요한 것보다 정보수집 자체에 집착하여 강박적으로 웹사이트나 자료를 검색하는 상태
- 온라인게임중독: 게임에 접속하여 자기통제력을 잃고 병적으로 게임에 집착하여 사용하는 상태
- 채팅중독: 문자 혹은 대화에 과도하게 집착하여 심각한 사회적 · 정신적 · 육체적 및 금전적 지장을 받는 상태
- 음란물중독: 섹스나 포르노 등의 내용물을 담고 있는 인터넷사이트 등을 강박적으로 계속 드나드는 상태
- 온라인도박중독: 국내외에 개설된 카지노 사이트에 금전을 송금한 후 인터넷상에서 포커, 훌라 등의 게임을 하는 상태
- 기타 쇼핑중독, 휴대전화중독 등

2) 관련 요인

Alan Carr(2002/2008)는 사회발달모형에 대한 선행연구를 제시하면서, 약물의 오락적 사용으로부터 유해한 약물남용으로 진전시키는 위험요인을 다음과 같이 열거하였다(Carr, 2002/2008, p. 348)

- 부모의 알코올 및 약물사용
- 불명확한 규칙, 느슨한 감독 및 비일관된 규율
- 만성적이며 심각한 가족갈등
- 청소년기로 지속되는 아동기 초기의 행동문제
- 낮은 학문적 성취, 학습장애, 학교문제
- 사회적 기술 및 부정적인 기분상태를 조절하는 데 요구되는 기술의 부족
- 정상이 아닌 또래집단성원
- 비조직적이고, 스트레스가 가득하며, 비지지적인 가족이나 약물을 즉시 사용할 수 있는 높은 범죄집단의 가족성원

Kumpfer와 Bluth(2004)는 물질남용장애에 대한 취약성과 탄력성에 대한 이론적 고찰 논문을 기술하며 선행연구들에서 규명된 물질사용의 가족위험요인들을 추출하였는데, 부모와 형제자매의 약물남용, 서투른 아동양육과 사회화 경험, 아동에 대한 비효과적인 감독과 훈육기술, 부정적인 부모-자녀관계, 부정적인 가족환경(예: 지나친 가족갈등, 부부불화, 가정폭력), 가족해체와 가족 스트레스, 사회적으로 유리된 가족과 지역사회 지원의 결여, 가족 내 문화적응의 차이 및 역할 전환이나 자녀보다 문화적응이 미흡한 부모가 청소년에 대한 통제력을 상실하는 것을 나열하였다. 이러한 위험요인에 대비시키면서, 연구자들은 부모와 자녀 간의 교류과정을 통하여 아동의 탄력성을 구축할 수 있는 보호과정을 제시하였는데, 이러한 보호과정에는 최소한 1명의 돌보는 성인을 제공하는 것, 친사회적 애착과 결속을 촉진하는 것, 긍정적인 성인남성의 참여를 촉진하는 것, 권위적 부모양육방식, 부모의 온정과 정서적 지지를 촉진하는 것, 부모-자녀가 함께 보내는 시간을 증가시키는 것, 긍정적인 민족 및 문화정체감을 촉진하는 것, 문화적응의

차이와 가족갈등을 완충하는 것, 건전한 역할모델을 제공하는 것을 포함시켰다. 또한 청소년이 생애기술과 유능성을 배우도록 가르치고 코칭하는 것, 감정이입과 정서적으로 반응적인 돌봄을 제공하는 것, 강압적 교류과정을 억제하는 훈육과 감독, 스트레스를 감소시키고 가족질서와 조직을 증가시키는 것, 부모나 가족이 자녀의 수행에 대하여 적절하게 높은 기대를 발달시키고 소통하는 것, 의미 있는 가족참여를 위하여 도움을 요구하고 기회를 제공하는 것, 꿈과 인생목적을 북돋우는 것, 알코올과 약물에 대한 규칙과 기준을 설정하는 것, 강한 확대가족과 친구지원구조를 유지하도록 촉진하는 것이 포함되었다. 이 외에도 응집력 있고 갈등 없는 가족관계, 청소년이 대처기술과 자신감을 발달시킬 기회를 갖도록 생활경험에서 적절한 정도의 모험을 제공함, 학업 및 사회적 생활경험의 발달을 지원하는 것, 긍정적인 규범 및 도덕발달을 촉진하는 것, 긍정적인 친구나 활동을 선택하도록 돕는 것이 물질남용장애 보호과정으로 포함되었다.

인터넷과 스마트폰을 과도하게 사용할 경우 야기되는 부적응이 부각되면서, 과도한 사용에 영향을 미치는 다양한 특성을 규명하려는 노력들이 진행되고 있다. 청소년의 스마트폰중독에 영향을 미칠 수 있는 예측변인들은 크게 개인의 심리적 특성, 스마트폰 기기의 특성, 가정환경 등으로 구분할 수 있다(한국청소년정책연구원, 2013b, pp. 21-22). 개인의 심리적 특성으로는 우울, 불안, 충동성, 모방성, 공격성, 자기통제력이 관계되며, 기기적 특성으로는 인터페이스적 기능(디스플레이, 색상, 디자인), 문자 서비스 이용, 스마트폰 사용시간이 관계되며, 가정환경으로는 부모의 중재를 들 수 있다.

3) 상담 사례

청소년의 약물중독의 경우, 상담과정을 초기, 중기, 종결기로 구분할 수 있다(최은영, 양종국, 김영근, 이윤희, 김현민, 2014, pp. 314-319). 상담 초기에는 청소년의 심리적 · 신체적 문제를 잘 평가해야 하는데, 이러한 과정에서 청소년의 약물사용 수준을 확인하고, 앞으로 그것이 어떤 영향을 미칠 것인지를 파악한다. 상담자는 청소년으로 하여금 약물사용을 절제하고 치료를 받을 수 있도록 동기화하며, 의학적인 방법을 연계하여 해독작업을 하며, 다양한 평가와 면접을 통하여 청소년의 상태를 파악한 후에는 앞으로의 치료절차를 계획한다. 상담 중기에 상담자는 상담계획에 따라 청소년들이 약물사용을 절제하며 재발에 대처할 수 있도록 구체적인 사고 및 행동의 변화를 촉진한다. 건설적인 대안을 제시하여 청소년으로 하여금 익숙해지게 하는 과정도 이 시기에 포함된다. 상담 종결기에는 청소년이 감정처리기술 및 의사결정기술을 배우며, 긍정적 행동 패턴을 확립하고 기분유지기술 및 의사소통기술과 단호하고 효과적인 거절기술을 발달시키도록 도와준다.

청소년 중독상담에서 가족의 이해와 협조는 필수적이다. 청소년의 물질중독상담은 청소년에 의해 자발적으로 이루어지기보다는 가족이나 타인에 의해 비자발적으로 시작되는 경우가 많으며, 부모를 대상으로 한 행동관리기술은 효과적인 것으로 알려져 있다. 청소년의 물질장애를 예방하기 위해서는 부모자신이 자녀에게 좋은 예시가 되어야 하며, 자녀의 생활을 모니터하며, 자녀와 공정한 규칙을 설정하고 위반하였을 경우에는 그에 상응하는 대가를 감수하게 해야 한다. 부모는 자녀와 긍정적 관계를 유지하며, 의사소통 통로를 유지해야 하며, 필요하다면 친구나 이웃의 도움을 받아 자녀의 물질남용의 위험을 감소시켜야 한다. 기존의 이론 및 연구들을 토대로, 최은영 등(2014)은 비행 및 약물사용 청소년들의 가족상담적 개입에서 가족구조를 파악하기 위한 질문들을 다음과 같이 요약 · 정리하였다(pp. 274–276).

- 가족을 구성하는 사람들이 누구라고 생각하는가?
- 가족 내 각 구성원들의 위치와 역할은 무엇이며, 얼마나 유동적인가, 자녀의 성장에 따라 어떻게 변화되어 왔는가?
- 가족 내 하위집단은 어떻게 구성되었으며, 집단들 간 또는 개인과 집단들 간의 연계성은 어떠한가?
- 공식적인 힘의 소유자와 실제적인 힘의 소유자는 누구이며, 어떻게 힘을 행사하는가?
- 가정에 어려움이 없을 때와 있을 때 위의 사항이 어떻게 변화하는가?
- 가족들 간의 의사소통양식은 어떠한가?
- 가족과 주변 환경의 연계성은 어떠한가?
- 청소년의 위치와 역할은 약물사용 이전과 이후에 어떻게 변화하였는가?

- 청소년문제가 가족에게 갖는 의미는 무엇인가?
- 청소년문제에 대처할 수 있는 방안은 무엇인가?
- 청소년문제를 촉진하거나 저지할 수 있는 가족 내 요인은 무엇인가?
- 청소년문제로 가장 큰 어려움을 겪는 구성원은 누구이며 이유는?
- 청소년문제를 중지하는 데 도움을 줄 수 있는 가장 건강하고 힘있는 구성원은 누구인가?

한편, 인터넷 및 스마트폰의 과도한 사용과 관련하여, 인터넷 과다사용이 의심될 때에는 수면양상에 어려움이 있는지, 컴퓨터 사용 전후에 과민반응이 있는지, 죄책감을 보이거나 컴퓨터 사용을 은폐하려는 시도가 있는지, 악몽이나 컴퓨터 사용에 관한 꿈을 꾸는지, 사회적 회피가 있는지에 대한 사항을 파악해야 한다(최태영, 한덕현, 2014, p. 477). 한국정보화진흥원에서는 전국 17개 광역시 · 도에 설치한 스마트쉼센터를 통해 예방교육 및 상담, 실태조사 등을 추진하고 있다. 스마트쉼센터(2018)가 예시한 인터넷중독을 예방하고 대응하기 위한 지침을 소개하면 다음과 같다.

- 인터넷중독 예방지침
  - 특별한 목적 없이 컴퓨터를 켜지 않는다.
  - 컴퓨터 사용시간을 가족들과 협의하여 결정한다.
  - 컴퓨터 사용시간과 내용을 사용일지에 기록하는 습관을 들인다.
  - 컴퓨터 옆에 알람시계를 두어 사용시간을 수시로 확인한다.
  - 인터넷 사용 이외에 운동이나 취미활동시간을 늘린다.
  - 인터넷 때문에 식사나 취침시간을 어기지 않는다.
  - 스스로 인터넷 사용 조절이 어려울 경우, 시간관리 소프트웨어를 설치한다.
- 자녀 인터넷 사용 가이드
  - 자녀의 학습을 돕는 긍정적인 인터넷 사용을 격려한다.
  - 인터넷 사용을 일방적으로 통제하기보다는 자녀와 협의한다.
  - 부모도 인터넷을 활용하여 자녀와의 접촉 기회를 자주 가진다.
  - 자녀의 인터넷 사용환경을 자주 체크하고 개선사항을 살펴본다.

– 평소 자녀의 생각이나 고민에 대해 관심을 갖고 대화한다.
– 인터넷 이외의 자녀의 흥미나 관심사에 적극적으로 함께 참여한다.
– 인터넷 사용으로 인해 가족과 학습에 지장이 생길 경우 전문상담기관의 도움을 받는다.

인터넷 및 스마트폰에 대한 지나친 의존을 보이는 청소년은 지원 서비스를 활용할 필요가 있다. 우리나라에서는 초등학교 4학년, 중학교 1학년, 고등학교 1학년 등을 대상으로 인터넷 이용습관 진단 전수조사를 매년 실시하고 있으며, 위험군의 청소년에게 지원 서비스를 제공하고 있다. 인터넷치유캠프(인터넷RESCUE)는 여성가족부가 주최하고 한국청소년상담복지개발원이 주관하는 11박 12일의 기숙형 치료캠프로, 청소년상담사, 청소년지도사, 소아청소년 정신과 전문의 등 각 분야별 전문가가 함께 기숙하면서 인터넷 및 스마트폰중독 위험군 청소년들을 집중적으로 치료하며, 초등학교 고학년과 보호자를 대상으로 2박 3일간 진행되는 가족치료 프로그램도 운영하고 있다. 심각한 어려움을 경험하는 청소년의 경우 집단 프로그램에 참여할 수 있는데, 이형초와 안창일(2002)은 인터넷게임을 과사용하는 중학생을 선별하여 인터넷게임중독의 인지행동 프로그램을 실시하여 효과를 검증하였다. 프로그램은 9회의 치료회기와 2회의 부모회기로 구성되었고, 게임행동에 대한 인식 및 인지적인 왜곡 수정하기, 적절한 대안활동 찾기, 자기통제력 증진하기, 게임과 관련된 대인갈등 해소하기, 재발방지 및 위험상황에 대처하는 내용을 중심으로 주 1회, 1시간 30분씩 9주간 실시되었는데 주요 내용을 발췌하여 정리하면 〈표 12–1〉와 같다.

인터넷 사용 문제와 연관된 상담은 일련의 절차를 거치는데, 상담자는 부모면담과 내담자 면담을 진행하며, 중독관련 심리평가를 수행하고, 공존질환 여부를 평가한 후, 정신과에 의뢰하거나 개인상담이나 가족상담을 하는 방향으로 진행한다(박상규 외, 2017, p. 266). 상담자는 상담을 준비하며 내담자의 욕구와 인터넷 사용 간의 관계를 파악하기 위해 내담자가 자주 이용하는 사이트나 인터넷게임을 이해할 수 있어야 하며, 1차적 목표를 인터넷사용장애에 둘 것인가 또는 공존장애에 둘 것인가를 평가하고, 내담자의 전반적인 자기통제력을 증진시키는 데 궁극적 목표를 두어야 한다. 또한 상담자는 긍정적인 피드백을 사용하면서 내담자 자신이 변화의지를 갖도록 도와주고, 신뢰관계를 형성하며, 가족상담을 병행할 필요가 있다(박상규 외, 2017, p. 284).

현대사회에서 청소년의 중독은 예방과 적극적인 대응방안이 모색될 필요가 있다. 청소년의 중독이 정서적 문제나 비행같은 다른 심리적 및 행동적 어려움을 수반하는 경우는 흔히 볼 수 있으며, 재발도 상대적으로 높은 편이다. 또한 청소년기의 중독은 학업성취를 비롯한 전반적 삶에 심각한 손상을 초래할 수 있으며, 교육체계나 사법체계에 부정적 영향을 미치고 사회경제적 비용을 현저히 증가시킨다. 따라서 청소년의 중독에 대한 개입은 통합적으로 이루어져야 하며, 중독을 예방하는 데 다각적인 노력을 기울어야 하겠다.

〈표 12-1〉 인터넷게임중독 인지행동치료 프로그램 개요

회기	주제	주요 사항
1	게임중독 인지행동 프로그램의 소개 및 동기 확인하기	집단상담 참가자들의 동기를 확인하고 전반적인 교육을 실시하고, 게임의 사용 패턴과 게임에 몰두하게 되는 심리적인 기제를 확인한다.
2	게임으로 인한 생활의 변화 탐색하기	게임 사용의 장단점을 평가하고 앞으로 생겨날 결과를 미리 예상하도록 하여 문제인식을 증진시킨다. 게임 조절 동기를 증진할 수 있도록 가족과 친구에게 협조를 구하도록 한다.
보호자 교육 1	게임중독 프로그램 설명 및 대처방법에 대한 교육	게임중독에 대한 설명과 프로그램의 취지를 이해하고 자녀들의 동기를 증진시킬 수 있도록 한다. 가정에서의 대처방법과 자녀의 게임이용 패턴 및 문제점을 확인한다. 프로그램 참여 취지를 이해하고, 긍정적인 지지를 할 수 있도록 한다.
3	시간 사용 관찰 및 목표설정하기	실제 시간 사용에 대해 영역별로 나누어 관찰하고 스스로 평가하여 시간 관리에 대한 자기인식을 높이는 것이 목적이다. 시간 관리 계획표를 작성하고, 그에 따르는 강화와 처벌을 정하여 스스로 시간 사용에 대한 이해를 높이고 통제감을 습득하도록 돕는다.
4	부정적인 사고 및 의지력을 약하게 만드는 생각 파악하고 수정하기	게임을 통제하기 위해 자신감을 증진시킨다. 게임 사용을 줄이기 위해 부정적인 사고를 긍정적으로 전환하고, 미래 꿈을 확인하고 달성하도록 돕는 구체적인 계획을 수립한다.

5	대안 행동 찾기 및 나를 자랑하기	자신의 장점을 인식하고 지금까지 즐겁게 경험했던 활동을 찾아본다. 이러한 과정을 통하여 게임 사용을 간접적으로 감소시키는 효과를 갖도록 한다.
6	스트레스 관리하기	자신의 주요 스트레스원을 인식하고 스트레스 대처에 대한 평가를 한다. 효과적인 대처방법을 학습하여 스트레스와 게임 간의 연결고리를 약화시킬 수 있도록 훈련한다. 주요 스트레스원, 대처방법, 이후의 정서적인 변화 등을 인식하고, 긴장이완법을 훈련하고 즐거움을 줄 수 있는 목록표를 작성한다.
7	가족 및 친구와 갈등 해결하기	게임과 관련된 전반적인 대인관계 갈등문제를 다룬다. 특히 가족과 게임으로 인해 생기는 갈등에 대한 이해 및 문제해결방법을 학습한다. 가정에서 게임 조절에 방해되는 요소를 확인하고 문제해결 방법을 토론하여 실제적인 도움을 주도록 한다. 게임 조절 시 어려움을 초래하는 친구들과의 관계에 대처하는 방법을 학습한다.
8	성공요인과 방해요인 확인하기	게임 조절의 성공 및 방해요인을 확인한다. 시간계획표를 다시 작성하여 게임 사용시간을 줄이고 게임 조절에 따른 심리적인 문제에 대처할 수 있는 힘을 상승시킨다.
9	정리하고 남아 있는 문제를 확인하기	프로그램을 정리하고 소감을 나눈다. 현재 게임에 대한 행동을 평가하고 새로운 계획표를 작성한다. 앞으로 생겨날 문제들을 확인하고 그에 대처할 수 있는 방법을 모색한다.
보호자 교육 2	프로그램의 효과 평가 및 재발 방지교육	게임중독 프로그램의 효과를 평가하고 이후 교육방법을 지도한다. 치료효과를 평가하고, 원인과 앞으로 생겨날 문제점에 대해 확인하고 해결법을 설명한다.

출처: 이형초, 안창일(2002).

5. 진로상담

1) 진로의 개념과 유형

(1) 진로의 개념

진로는 직업적 경력이라는 의미뿐 아니라 미래지향적인 행로의 의미도 포함하는 총체적 개념이다. 진로를 탐색하고 선택하는 것은 인간의 삶에서 중요한 의사결정과정이며, 진로설계는 청소년기에 이루어야 할 주요한 과업 중의 하나다. 우리나라 아동 및 청소년의 정신건강실태를 파악하기 위한 조사에서, 초등학생부터 고등학생에 이르는 전체 응답자의 약 41.8%가 진로문제 때문에 스트레스를 경험한다고 응답하였고, 초등학생의 경우 11.9%로 스트레스를 받는 비율이 높지 않았으나, 고등학생의 경우 72.3%로 진로문제 관련 스트레스가 가장 높았다(한국청소년정책연구원, 2012, p. 70).

청소년들이 진로를 지속적으로 결정하지 못하고 스트레스를 받는 이유는 다양하다. Kelly와 Lee(2002)는 대학생을 대상으로 진로미결정과 관련된 요인들을 추출하였는데, 진로결정에서의 어려움은 다음 세 가지에 기인한다고 보았다.

- 진로미결정은 의사결정 이전에 일어나는 문제에 기인할 수 있는데, 자기 자신, 직업세계, 진로결정과정의 단계에 대한 정보가 부족하거나 자아정체감의 지위가 혼미에 해당하는 경우를 들 수 있다.
- 진로미결정은 선택불안과 같은 정서적 경험이나 특질적 문제로 결정을 못하는 인지적 경험에 기인할 수 있다.
- 타인과의 불일치가 진로미결정의 원인일 수 있는데, 만족스러운 진로선택이 되려면 특정 직업선택에 상반된 의견을 가진 중요한 타인과의 갈등이 해결되거나 관리되어야 한다.

급속한 사회변동으로 인하여 현대사회의 개인들은 일자리 변화에 적합하게 대처해야 하며, 진로상담의 필요성이 더욱 강조되고 있다. 진로상담에 대하여 여러 가지 용어가 혼용되고 있는데, 일반적으로 진로상담(career counseling)이란 “개인의 진로발달을 촉진하거나 진로계획, 진로 및 직업의 선택과 결정, 실천, 직업적응, 진로변경 등의 과정을 돕기 위한 활동을 의미한다”(김봉환, 정철영, 김병석, 2006, p. 19).

(2) 진로이론

진로에 관련된 이론은 일반적으로 선택적 관점과 발달적 관점으로 구분된다. 진로선택이론으로 Parsons의 특성-요인이론, Roe의 욕구이론, Holland의 인성이론 등이 포함된다. 진로발달이론의 기본 가정은 진로발달이 전 생애에 걸친 과정이며, 진로지도 프로그램은 생애 모든 단계에서 개인들의 욕구를 충족시키도록 설계되어야 한다고 본다(Zunker, 2002, p. 34). 진로발달이론으로는 Ginzberg의 3단계 직업선택발달이론, Super의 5단계 생애진로발달이론, Tiedeman과 O'Hara의 발달이론, Gottfredson의 직업포부에 대한 발달이론 등이 포함된다. 근래의 경향으로는 인지적 정보처리이론, 가치중심적 진로접근이론, 자기효능감이론, 사회인지적 진로이론이 소개되고 있다. 이러한 이론들에 대하여 살펴보기로 한다.

① Parsons의 특성–요인이론

특성–요인이론(trait–and–factor theory)은 객관적 분석을 통한 개인에 대한 이해, 직업세계에 대한 이해, 합리적 추론을 통한 개인 특성과 직업요인의 연결을 모색하는 것이다. 학자들이 도출한 특성–요인이론의 기본 가정은 다음과 같이 요약할 수 있다(김봉환, 정철영, 김병석, 2006, p. 48; 지용근, 김옥희, 양종국, 김희수, 2009, p. 56). 첫째, 각 개인은 신뢰할 수 있고 타당하게 측정될 수 있는 고유한 특성을 가지고 있다. 둘째, 직업은 성공적으로 일을 수행하기 위하여 특정한 특성을 소유하고 있는 근로자를 요구한다. 셋째, 직업선택은 직선적 과정이며 매칭이 가능하다. 넷째, 개인의 특성과 직업의 요구 간에 매칭이 잘 이루어질수록 성공의 가능성이 커진다. 즉, 특성–요인이론의 핵심특징은 각 개인이 독특한 유형의 능력과 특질을 가지고 있는데, 이러한 능력과 특성은 객관적으로 측정가능하며, 다양한 형태의 직무요건과 관련된다고 보는 점이다(Zunker, 2002, p. 26). 따라서 특성–요인이론은 사정(assessment)도구의 개발 및 직업정보의 정교화와 밀접하게 연관되어 있다.

특성–요인상담은 여러 검사를 통하여 내담자의 특성을 파악하고, 각 직업의 특성과 연결시키는 것으로, 특성–요인상담과정은 검사나 면접을 통하여 자료를 수집하는 분석단계, 자료를 통하여 내담자의 특성을 파악하는 종합단계, 내담자의 특징을 기술하고 진로문제의 원인을 진단하는 진단단계, 가능한 결과들을 파악하고 대안과 조정사항들을 찾는 예측단계, 바람직한 적응을 위해 내담자와 상의하는 상담단계, 새로운 문제에 대한 행동계획을 수립하도록 조력하고 지도하는 추수지도 단계로 구분된다(지용근 외, 2009, p. 61).

② Roe의 욕구이론

Roe의 이론에 따르면 다양한 직업에 종사하고 있는 개인들은 각기 다른 욕구를 가지고 있으며, 욕구가 직업선택에 영향을 미치는데, 이러한 욕구의 차이는 초기 아동기 경험에서 기인한다고 보았다. 욕구이론은 성격이론과 직업분류를 통합하는 데 이론적 초점이 있었고, 직업을 분류하는 모델을 제시하였다.

Roe는 직업을 인간지향적(person-oriented)과 비인간지향적(또는 사물지향적; nonperson-oriented) 범주로 구분하였다. 인간지향적 직업으로는 서비스직, 비즈니스직, 관리직, 일반문화직, 예술직이 있고, 비인간지향적 직업으로는 기술직, 야외활동직, 과학직이 포함된다. 서비스직은 타인의 욕구와 복지에 관심을 갖고 봉사에 관련하는 것과 관련되며, 비즈니스직은 상대방을 설득하는 데 초점을 두고 판매하는 것에 관련되며, 관리직은 기업조직과 효율적 기능에 관심을 두며, 일반문화직은 개인보다는 인류 활동에 흥미가 있으며, 예술직은 예능과 오락에 관심을 둔다. 기술직은 사물을 다루는 데 관심을 두며, 야외활동직은 천연자원을 개발하는 일이나 축산업과 관련되며, 과학직은 의학과 같이 과학에 관련된 직업을 말한다. 이러한 군집들은 책임이나 능력 등에 따라 고급전문관리, 중급전문관리, 준전문관리, 숙련직, 반숙련직, 비숙련직으로 구분할 수 있다.

Roe가 제시한 명제는 다음과 같이 5개로 요약될 수 있다(한국청소년개발원, 2004, pp. 194-195). 첫째, 모든 특성의 발달잠재성은 유전적으로 제약을 받지만, 특성에 따라 유전적 통제의 정도와 성격은 다르다. 둘째, 개인의 유전적 특성의 발달방법과 정도는 개인의 독특한 경험뿐 아니라 가정의 사회경제적 배경, 사회문화적 배경에 의해 영향을 받는다. 셋째, 유전적 제약을 거의 받지 않는 흥미, 태도, 성격과 같은 변인들은 주로 개인의 경험에 따라 발달양식이 결정된다. 넷째, 정신에너지는 흥미를 결정하는 주요 요인이다. 다섯째, 욕구의 강도는 성취동기를 유발하는 강도를 결정하는 주요 요인이다. 부모-자녀관계 유형이 수용형인 경우, 사람들에게서 욕구가 충족된 경험이 많아서 서비스나 교직 등에 종사하게 되고, 정서집중형인 경우, 감정에 민감하기 때문에 예술계통을 선호하며, 회피형인 경우 사람에게서 욕구가 충족된 경험이 적어서 기술직이나 연구직을 선호하게 된다.

③ Holland의 인성이론

Holland 이론은 성격 유형과 환경모형을 통하여 진로이론을 발전시켰는데, 핵심은 개인들이 각자 발달된 선호하는 개인적 유형의 지향성(orientation)을 만족시키는 직업을 선택한다는 점이다. 직업적 흥미는 성격의 일부이며, 개인은 자신의 능력과 기술을 표현하고 태도와 가치를 표현하고 자신에게 맞는 역할 수행이 가능한 환경을 추구하고, 개인의 행동은 성격과 환경적 특성의 상호작용에 따라 결정된다. Holland의 인성이론은 '구조적 상호작용' 또는 '유형론적 상호작용'으로도 불리는데, 직업과 관련된 많은 정보를 조직하기 때문에 구조적 또는 유형론적이라고 보며, 진로는 개인과 환경 간의 상호작용의 결과물이라고 보기 때문에 상호작용이라는 용어를 사용한다(Holland, 1997/2004, p. 25).

Holland 이론은 직업에 대한 다음과 같은 네 가지 가정을 전제로 한다(Holland, 1997/2004, pp. 13-16). 첫째, 대부분의 사람은 여섯 가지 성격 유형(실재적, 탐구적, 예술적, 사회적, 기업적, 관습적 유형) 중에서 하나로 분류될 수 있다. 각 성격 유형은 독특한 문제해결방법과 태도를 갖고 있으며, 측정도구를 비롯한 다양한 방법을 통하여 개인의 특징을 측정할 수 있다. 둘째, 환경모형도 여섯 가지(실재적, 탐구적, 예술적, 사회적, 기업적, 관습적 모형)가 있는데, 각 환경은 해당하는 성격 유형의 사람들에 의해 지배되고 환경을 평가할 수 있다. 셋째, 사람들은 자신의 기술과 능력을 발휘하고 태도와 가치를 표현할 수 있으며, 자신의 특징과 부합되는 문제와 역할 수행이 가능한 환경을 추구한다. 넷째, 행동은 성격과 환경의 상호작용에 의해서 결정된다.

Holland는 이러한 네 가지 주요 가정 외에 부가적 개념으로, 일관도, 분화도, 정체성, 일치도, 계측성을 제시한다(Holland, 1997/2004, pp. 16-19). 일관도는 성격 유형과 환경모형과의 관련 정도를 의미하며, 분화도 또는 변별도는 사람이나 환경이 얼마나 잘 구별되는가를 나타내는 정도다. 정체성 중에서 개인적 정체성은 분명하고 안정된 목표나 재능을 통하여 획득되고, 환경적 정체성은 환경이나 조직이 분명한 목표나 일관된 보상 등을 제공할 때 획득된다. 일치도는 환경에 맞는 성격 유형을 가진 사람에게 더 많은 기회가 있다고 보며, 계측성은 이러한 성격 유형과 환경모형 간의 관계는 육각형 모형에 따라 결정된다고 본다.

Holland는 다음과 같이 6개의 성격 유형과 6개의 환경모형을 발달시켰다.

- 현실형 또는 실재형(Realistic: R): 신체적으로 강건하며, 실제적으로 문제를 다루며, 사교성이 부족하다. 적합한 진로로는 자동차엔지니어, 농부, 전기공 등이 있다.
- 탐구형(Investigative: I): 관념적인 특성이 있으며, 행동보다는 사고가 우선한다. 현상을 관찰하고 상징적이고 체계적이며 창조적으로 탐구하는 것을 좋아하나 남을 설득하는 것과 같은 사회활동을 싫어한다. 생물학자, 물리학자와 같은 과학과 수학분야의 진로가 이 유형에 해당된다고 본다.
- 예술형(Artistic: A): 자유로우며 비체계적 활동을 좋아하며, 창작활동을 하려고 한다. 예술활동을 통하여 상호작용하나, 논리적이고 체계적 능력은 부족하다. 문학가, 작곡가와 같이 저작이나 미술의 진로 등이 이 유형에 해당된다.
- 사회형(Social: S): 어휘구사가 뛰어나고 대인관계 기술이 있다. 사람들에게 어떤 사실을 알려 주고 돌보는 활동을 좋아하며, 도구나 기계를 다루는 질서정연하고 체계적 활동은 싫어한다. 교사, 상담자, 목회자같이 인간들을 전문적으로 대하는 직업 등이 이 유형에 해당된다.
- 기업형(Enterprising: E): 통솔하거나 상품을 팔거나 설득하기 위하여 언어 능력을 활용한다. 조직적 목표나 이득을 얻는 활동을 좋아하나 상징적이며 관찰해야 하는 과학적 활동을 싫어한다. 판매원, 경영, 변호사, 정치와 같은 진로 등이 이 유형에 해당된다.
- 관습형(Conventional: C): 비구조화된 활동을 싫어하며, 예속된 형태의 직업이 적합하다. 분명하고 정돈된 일을 좋아하며, 모험적이며 비조직적인 활동을 싫어하며, 사무 능력은 좋으나 예술적 능력은 매우 낮다. 이 유형의 진로는 사무직 근로자, 은행원, 비서 등을 포함한다.

Holland는 육각형 모형을 통하여 여섯 가지 성격 유형과 환경 및 그 상호작용들 간의 심리적 유사성을 보여 주었다. 축약된 육각형 모형을 제시하면 [그림 12-1]과 같다.

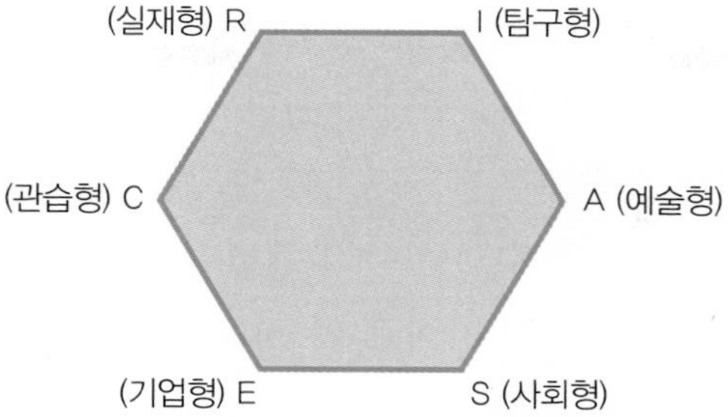

[그림 12-1] Holland의 육각형 모형

Holland의 인성이론에 바탕을 둔 검사도구로 직업선호도검사(VPI), 자기방향탐색(SDS), 직업탐색검사(VEIK), 자기직업상황(MVS), 경력의사결정검사(CDM)를 들 수 있다. 예를 들어, 직업선호도검사는 내담자가 160개의 직업목록에 흥미정도를 표시하도록 되어 있고, 자기방향탐색은 직업환경과 성격특징을 대응시킨 여섯 종류의 유형을 설정하고 각 유형의 점수를 구하도록 되어 있다.

④ Ginzberg의 발달이론

Ginzberg와 동료들은 직업선택이론을 발달적 관점에서 최초로 접근했다고 간주된다. 직업선택은 가치관, 정서적 요인, 교육의 양과 종류, 실제 상황적 여건으로 구성된 네 가지 요인의 상호작용이며, 소망들(wishes)과 가능성들(possibilities) 간의 타협이므로 비가역적이라고 주장하였다(김봉환 외, 2006, p. 80). Ginzberg와 동료들에 따르면, 발달적 과정으로서의 직업선택은 일반적으로 11세경 시작되어 17세 직후나 성인 초기에 끝나므로 일반적으로 6년에서 10년의 기간이 소요된다고 보았다.

Ginzberg는 진로선택이 한순간에 발생하는 것이 아니라 발달적 과정임을 강조하면서 현실과의 타협이론(compromise with reality theory)을 주장하였는데, 진로선택의 과정을 환상기(fantasy stage), 시험기 또는 잠정기(tentative stage), 현실기(realistic stage)로 구분하였다. 환상기는 11세경까지 발생하며, 아동은 능력이나 훈련, 현실적 고려를 하지 않고 원하는 것을 상상한다. 예를 들어, 어린 아동들은 영화스타, 의사, 비행기 조종사, 발레리나와 같이 무제한의 다양한 대답을 하며, 특별한 제복으로 쉽게 구별할 수 있는 직업을 선택하기 쉽다. 시험기는 11세에서 17세 정도로 흥미(interest), 능력(capacities), 가치(values), 전환(transition)의 네 가지 하위단계로 나뉘는데, 흥미나 취미에 따라 직업을 선택하려는 흥미단계(11~12세), 직업의 필수조건이나 보수를 생각하며 직업성공과 관련하여 자신의 역량을 생각하는 능력단계(13~14세), 직업선택에서 다양한 요인을 고려해야 함을 인식하고 직업과 자신의 가치관 및 역량을 종합적으로 평가하는 가치단계(15~16세), 학교, 또래, 부모와 같은 주위압력이나 고등학교를 졸업하는 상황에 맞추어 시험기로부터 현실적 선택을 하는 전환단계(17세경)를 거친다. 현실기는 17세부터 청소년이 직업선택을 분명하게 하는 시기로, 탐색(exploration), 구체화(crystallization), 특수화 또는 상세화(specification)의 세 가지 하위단계로 구분된다. 현실기의 탐색단계(17~18세)는 취업에 대한 지식과 이해를 높이고자 집중적인 조사를 하는 시기이며, 구체화단계(19~21세)는 일련의 선택들로 축소하는 시기이며, 특수화 또는 상세화단계는 일반적 선택에서 세분화된 유형으로 제한하는 시기다. 〈표 12-2〉는 Ginzberg의 발달단계를 보여 준다.

⑤ Super의 발달이론

Super의 직업행동의 발달이론은 광범위하게 적용되는 이론이다. 이 생애발달

〈표 12-2〉 Ginzberg의 직업발달단계

단계	연령	하위단계 및 특징
환상기	~11세경	능력, 훈련, 현실을 고려하지 않고 원하는 것을 상상함
시험기	11~17세경	• 흥미단계(11~12세): 흥미나 취미에 따른 선택 • 능력단계(13~14세): 직업의 필수요건이나 보수를 고려하여 직업의 성공과 관련하여 자신의 역량을 고려함 • 가치단계(15~16세): 다양한 요인을 인식하고 직업과 자신의 가치관 및 역량을 종합적으로 평가함 • 전환단계(17세경): 주위압력 및 시간관점을 인식하여 현실적 선택을 함
현실기	17세~	• 탐색단계(17~18세): 취업에 대한 이해를 증진시키기 위하여 집중적 조사 • 구체화단계(19~21세): 일련의 선택으로 축소함 • 상세화단계: 일반적 선택에서 세분화된 유형으로 제한함

이론에서 직업발달은 자신의 자아개념을 직업세계에서 발달시키고 시행하는 과정이다. Super는 처음 2단계인 성장기와 탐색기는 아동 및 청소년에게서 발생하며 다음 3단계인 확립기, 유지기, 쇠퇴기는 성인기에 발생한다고 보았다.

Super의 발달이론에서 자아개념은 핵심부분으로, 개인들은 자기표현의 가장 효과적 수단을 제공하는 직업을 통하여 자아개념을 충족시킨다(Zunker, 2002, p. 37). Super는 직업발달단계를 성장기(growth stage), 탐색기(exploratory stage), 확립기(establishment stage), 유지기(maintenance stage), 쇠퇴기(decline stage)로 구분하였다(Zuncker, 2002, p. 37). 성장기는 출생에서 14, 15세에 해당하는데, 자아개념과 연관된 역량, 태도, 흥미, 욕구의 발달로 특징지어지는 시기이며, 탐색기는 15세에서 24세의 기간으로 선택이 축소되나 결정되지 않는 잠정적 단계가 특징이며, 확립기는 25세에서 44세에 해당하며, 직업경험을 통한 시도가 특징이다. 유지기는 45세에서 64세이며, 직위와 상황을 향상시키기 위한 적응과정이 특징이며, 쇠퇴기는 65세 이후이며, 작업의 산출결과가 감소하며 은퇴하는 시기다.

이러한 진로발달단계는 직업행동 및 태도의 준거틀이 되며, 진로발달과업을 통하여 입증된다. 직업발달과업은 선호하는 진로에 대한 계획을 세우고 어떻게 실행할지 고려하는 결정화 과업(crystallization; 14~18세), 개인이 자세한 자원을 통하여 진로계획을 구체화하고 직업선호로 바뀌는 특수화 과업(specification; 18~21세), 직업선호를 위한 훈련을 완성하고 진로에 진입하는 실행화 과업(implementation; 21~24세), 개인이 진로상 자신의 위치를 확립하고 진로상황에 안정감을 느낄 때 도달하는 안정화 과업(stabilization; 25~35세), 어떤 진로에서 승진하고 선임이 되는 공고화 과업(consolidation; 35세 이후)으로 구분할 수 있다(Zunker, 2002, p. 38). Super는 생애단계 및 연령에 따라 다양한 생활영역에 있어서의 진로발달을 나타내는 생애진로무지개를 제시하였다. Super는 진로아치형 모형을 통해서 개인의 특징과 사회의 특성을 기둥에 세워 표현하였는데, 왼쪽 기둥에는 욕구나 지능, 가치, 흥미 등으로 이루어진 개인의 심리적 측면을 보여 주고, 오른쪽 기둥은 경제지원, 사회제도, 노동시장 등으로 이루어진 사회정책적 측면을 보여 준다.

⑥ Tiedeman과 O'Hara 발달이론

Tiederman과 O'Hara에 따르면, 진로발달은 인지발달의 전반적 과정 내에서 전개되며, 자아정체감이 진로발달에서 중요한 역할을 한다. 진로발달은 자아정체감이 계속적으로 분화하고, 발달과제들을 처리하고, 심리사회적 위기들을 해결하는 과정으로 개념 지을 수 있다(Zunker, 2002, p. 81). 과정은 탐색(exploration), 결정화(crystallization), 선택(choice), 명료화(clarification), 순응(induction), 개혁(reformation), 통합(integration)의 단계를 거치게 된다. 진로의사결정단계는 크게 예상기와 실천기로 구분되는데, 7단계에서 처음 4단계인 탐색기, 결정화기, 선택기, 명료화기는 예상기에 포함되며, 이후의 단계인 순응기, 개혁기, 통합기는 실천기에 포함된다.

⑦ Gottfredson 직업포부에 대한 발달이론

Gottfredson은 아동기와 청년기에 중점을 둔 이론을 주장했는데, 직업열망이나 포부가 어떻게 발전되는지에 관심이 있었다. 직업포부의 발달이론에 따르면, 사회경제적 배경과 지능 수준은 자아개념에 영향을 주며, 인간은 자기심상에 맞는 직업을 원하므로 자아개념이 직업선택에서 중요한 요인이라고 보았다. 직업선택은 인지도를 통하여 대안들을 배제해 나가는 과정이다. 직업포부의 발달은 다음의 4단계로 진행된다.

- 1단계: 크기와 힘에 대한 지향성(orientation to size and power; 3~5세)
  외형적 관심단계이며, 유아는 직관적인 사고과정을 보인다.
- 2단계: 성역할에 대한 지향성(orientation to sex roles; 6~8세)
  아동은 성역할을 인식하기 시작하며, 자아개념이 성역할에 의해 영향받는다.
- 3단계: 사회적 가치에 대한 지향성(orientation to social valuation; 9~13세)
  아동에게서 또래집단의 비중이 증가하면서, 직업마다 사회적 지위가 다르다는 인식을 하고, 사회적 지위가 낮은 직업에 대하여 무관심해지고 자신에게 가능한 직업범주를 설정한다.
- 4단계: 내적이며 고유한 자아에 대한 지향성(orientation to the internal, unique self; 14세 이후)

성인과 비슷한 수준으로 생각하며, 타협의 과정을 통해 자신의 능력과 진입 가능성을 고려하여 직업선택을 하려 한다.

지금까지 살펴본 이론들 외에도, 진로이론의 근래의 경향으로 인지적 정보처리이론, 가치중심적 진로접근모델, 자기효능감이론, 사회인지적 진로이론이 소개되고 있다. 인지적 정보처리이론은 Peterson, Sampson, Reardon에 의해서 개발된 것이며, 인지적 정보처리이론을 진로발달에 적용한 것으로 진로문제해결과 선택에 있어서 인지적으로 정보를 처리하는 인간의 사고과정을 중요시한다(김봉환 외, 2006, pp. 95−96). 인지적 정보처리이론에서는 진로상담을 학습과정으로 간주하며, 진로선택을 정보처리과정으로 접근한다. 진로문제해결은 CASVE로 표시되는 일련의 절차를 통하여 증진시킬 수 있다고 강조하였는데, CASVE는 의사소통(Communication), 분석(Analysis), 통합(Synthesis), 가치부여(Valuing), 집행(Execution)을 의미한다(지용근 외, 2009, p. 126).

Brown이 제안한 가치중심적 진로접근모델은 인간 행동이 흥미보다는 개인의 가치에 의해 상당부분 영향을 받는다고 가정한다(김봉환 외, 2006, p. 98). 가치는 개인의 특성과 경험의 상호작용에 의해 형성되며, 아동들은 성인들을 통하여 가치를 단편적으로 발전시키며, 이러한 가치는 이후 행동 패턴을 형성하는 핵심이 된다. Brown은 진로상담자들이 내담자에게 '의사결정을 방해하는 정서적 문제가 있는가? 내담자에게 진로와 생애역할 간의 관계가 분명하게 있는가? 가치가 구체화되어 왔고 우선순위가 매겨져 있다는 증거가 있는가?'와 같은 질문을 통해 가치를 알아보아야 한다고 제안하였다(김봉환 외, 2006, p. 100).

자기효능감이론은 Bandura의 사회학습이론을 토대로 Hackett와 Betz가 주장한 이론인데, 자기효능감 수준이 낮은 여성은 진로이동이나 진로선택에서 제약을 받으며, 남녀 간에 성취환경이 다른 작업환경에 있을 때 여성은 자기효능감 개발에 방해를 받는다고 본다(김봉환 외, 2006, pp. 102−103). 사회학습이론에서 효능감이란 자신의 능력에 대한 일종의 신념체계로 볼 수 있는데, 목표한 결과를 산출하는 데 필요한 행동을 자신이 성공적으로 실행할 수 있다는 확신이다(Bandura, 1977, p. 79). 효능감은 개인의 역량에 관한 것이라는 점에서, 특정한 행동이 어떤 결과를 가져올 것이라고 추정하는 기대결과(outcome expectation)와는 구별된다(Bandura, 1977, p. 79).

Krumboltz의 사회학습이론은 직업선택과 개발이 개인이 학습할 수 있는 행동의 반복으로 보고, 진로의사결정에 영향을 미치는 네 가지 요인을 유전적 자질과 특별한 능력, 환경적 조건과 사건, 학습경험, 과제기술접근으로 분류하였다. 유전적 자질은 진로기회를 촉진하기도 하고 제한하기도 하며, 환경에서의 특별한 사건이 개인의 교육과정과 진로선택에 영향을 준다. 학습경험은 2개의 유형으로 구분되는데, 도구적 학습경험(instrumental learning experiences)은 선행사건, 행동, 결과를 통하여 학습되며(예: 피아노 연주로 상을 타고 열심히 연습하고 흥미를 갖게 됨), 연상적 학습경험(associate learning experiences)은 중립적인 어떤 사건이나 자극이 정서적으로 비중립적인 사건이나 자극과 연관될 때 발생한다(예: 병원에서 치료받은 후 건강을 회복하고 의사가 되기를 희망함). 개인은 새로운 문제를 해결하기 위해 과제접근기술을 사용하는데, 과제접근기술에는 문제해결기술, 일하는 습관, 정보수집 능력, 인지적 과정 등이 포함된다. 이러한 진로결정요인들은 상호작용하여 자기관찰의 일반화, 세계관의 일반화, 과제접근기술, 행위의 산출과 같은 결과로 나타난다.

사회적 인지이론의 대표자는 Lent, Brown, Hackett를 들 수 있으며, 개인의 진로발달을 개인-환경-행동의 상호작용으로 보는 것이 핵심이다. 개인적, 신체적 속성과 외부환경은 외형적 행동에 영향을 미칠 뿐 아니라 행동은 개인과 환경에 영향을 미치면서 상호작용하는데, 이 관점에서는 진로발달의 개인적 결정요인을 자기효능감, 성과기대 및 개인목표로 개념화해 왔다(김봉환 외, 2006, p. 103). 사회적 인지이론에서 진로선택의 경로는 다음과 같은데, 첫째, 자기효능감 및 성과기대는 진로관련 흥미를 조장한다. 둘째, 흥미는 목표에 영향을 미친다. 셋째, 목표관련 행동은 성취경험으로 인도한다. 넷째, 결과는 향후 진로선택 경로를 결정하는데, 즉 자기효능감이 강화 또는 약화되느냐에 의하여 결정된다. 다섯째, 진로결정 혹은 목표수정이 수립된다(한국청소년개발원, 2004a, pp. 224-225).

(3) 진로상담의 목표와 과정

진로상담은 진로선택과 진로적응이 주요 목표이므로 선택과 결정이 강조된다. 진로상담자는 내담자로 하여금 자기 자신과 직업세계에 대하여 이해하고 진로결정과정의 단계를 숙지하며, 능동적으로 합리적인 의사결정을 할 수 있도록 도움을 주어야 한다. 진로상담이 효과적으로 이루어지기 위해서는 다음과 같은 기본원리가 적용되어야 한다(한국청소년개발원, 2004a, p. 177). 먼저 상담자는 내담자에 대한 신뢰 및 공감적 이해를 형성해야 하며, 최종선택은 내담자 스스로 결정하도록 유도해야 한다. 상담자는 오랜 기간 진로결정을 하지 못하고 있는 진로미결정자를 조기에 발견하며, 내담자가 합리적인 의사결정기법을 갖게 한다. 상담자는 효과적인 진로관련 정보를 알고 직업세계에 대한 충분한 숙지가 이루어져야 하며, 내담자의 결정 수준에 따른 차별적인 진단과 처치를 할 필요가 있다. 이러한 진로상담은 단기적으로 직업을 갖는 것에 치중하기보다는 전 생애발달 측면에서 논의될 필요가 있으며, 각 내담자의 진로결정의 정도에 맞추어 상담을 차별적으로 진행할 필요가 있다.

김봉환 등(2006, pp. 33-36)은 진로상담의 일반적 목표를 다섯 가지로 제시하였다. 첫째, 자신에 대한 정확한 이해 증진이다. 다양한 직업세계에서 개인이 자신에게 적합한 직업을 선택할 수 있도록 진로상담은 청소년으로 하여금 자신의 가치관, 능력, 성격, 적성, 흥미, 신체적 특성을 이해할 수 있도록 해야 한다. 둘째, 직업세계에 대한 이해 증진이다. 진로상담은 개인으로 하여금 급변하는 현대사회에서 분화되는 다양한 직업의 종류와 본질을 올바르게 이해할 수 있도록 해야 한다. 셋째, 합리적인 의사결정 능력의 증진이다. 진로지도는 진로를 선택하는 '결정'을 수반하는데, 진로상담을 통하여 청소년이 진로에 관한 의사결정과정에 초점을 두고 의사결정 기술을 증진시키도록 도와주어야 한다. 넷째, 정보탐색 및 활용 능력의 함양이다. 내담자가 직업세계를 이해하고 궁극적으로 선택하기 위해서는 정보의 역할이 중요한데, 진로상담과정은 내담자가 원하는 정보를 알려주는 범위에서 더 나아가 내담자 스스로 정보를 탐색하고 활용하는 능력을 갖도록 안내하는 역할도 필요하다. 다섯째, 직업에 대한 올바른 가치관 및 태도형성이다. 올바른 직업관과 직업의식을 형성하기 위해서는 일을 목적이 아닌 수단으로 여기는 고정관념, 직업자체에 대한 편견, 성역할에 대한 고정관념에서 벗어나야 한다고 알려져 있다.

이러한 목표에 비추어 보았을 때, 진로상담에서 상담자는 내담자와 라포를 형성하여 허용적 상담분위기를 조성하며, 내담자의 의사결정을 도울 수 있도록 내담자의 심리적 특성을 이해하고 심리검사 결과를 활용하며, 직업에 대하여 객관적이고 유용한 정보를 제공하여 내담자가 합리적인 진로선택을 하도록 도와주어야 한다. 일찍이 진로상담에 대하여 언급한 Williamson은 내담자를 도와주기 위한 진로상담의 과정을 분석, 종합, 진단, 예측, 상담, 추수지도의 6단계로 구분하였다. 진로상담자는 이러한 6단계를 통하여 개인의 특성에 대한 자료를 수집하고 검사를 실시하여 분석하고, 내담자를 분류하기 위해 정보를 종합하고, 진로문제를 진단하고 각 대안의 가능성을 예측하고, 실제 상담을 시행한 후 필요한 부분을 보충하는 추수지도를 한다.

진로상담의 과정은 일반상담의 전개방식과 유사하게, ① 관계수립 및 문제의 평가, ② 목표설정, ③ 문제해결을 위한 개입, ④ 훈습(working through), ⑤ 종결 및 추수지도를 포함하는 다음 5단계로 진행될 수도 있다(김봉환 외, 2006, 274-291; 한국청소년개발원, 2004, pp. 176-177). 첫 번째 단계인 관계수립 및 문제의 평가단계에서는 내담자의 정서상태 및 상담동기를 파악하고, 일반적 정보뿐 아니라 진로계획 및 발달에 대한 정보를 통하여 문제를 평가해야 한다. 이 단계에서 상담자와 내담자는 서로의 역할과 책임을 논의하면서, 상담에 대한 책임을 명료화하고 구조를 제공할 수 있다. 두 번째의 목표설정단계에서는 내담자의 유형에 따라 적절하게 개입한다. 내담자는 진로욕구의 성격에 따라 진로결정형, 진로미결정형, 우유부단형으로 구분된다. 진로결정형은 특정한 진로를 선택한 경우인데, 다음 세 가지 하위범주로 구분할 수 있다. 첫째, 결정-확신형은 자신의 선택이 적합한지 명료화하기를 원하는 내담자이며, 둘째, 결정-실행형은 자신의 선택을 이행하기 위하여 도움이 필요한 내담자이며, 셋째, 결정-갈등회피형은 진로의사가 결정된 것으로 보이나 중요한 타인과의 갈등을 피하기 위한 것으로 실제로는 결정을 내리지 못한 내담자다. 이러한 진로결정형 내담자에게는 충분한 진로정보를 확인하게 하고 결정과정을 탐색하고 진로를 준비시킬 수 있다. 진로미결정형은 특정 직업에 대한 결정을 하지 못한 경우로서, 상담자는 내담자로 하여금 자기 자신 및 진로를 숙고하게 하고 구체적 직업정보를 활용하도록 도와준다. 진로미결정형도 세 가지 하위범주로 구분할 수 있는데, 미결정-발달형은 자기 자신, 직업, 의사결정 지식이 부족한 내담자이며, 미결정-선택지연형은 현재 선택을 할 필요가 없어 진로결정을 못한 내담자이며, 미결정-다중잠재력형은 다양한 능력과 지나치게 많은 기회를 갖게 되어 진로결정이 어려운 내담자다. 우유부단형의 경우에는 동기를 개발하고 막연한 불확실성을 감소시키도록 도와줄 수 있다. 세 번째의 문제해결을 위한 개입단계에서는, 내담자의 의사결정 수준에 따른 차별적인 개입을 해야 한다. 네 번째의 훈습단계를 거쳐, 마지막 종결 및 추수지도단계에서는 내담자의 변화와 목표달성 정도를 평가하고, 남아 있는 문제를 예측하고 논의하며, 상담의 종결에 대한 내담자의 태도를 평가하는 것으로 마무리한다.

이재창 등(2017)은 진로상담의 기법으로 내담자에 대한 이해를 돕는 기법, 직업세계의 이해를 돕는 기법, 의사결정을 돕는 기법을 소개하였는데, 이러한 기법들은 고착된 것이 아니라 다양한 목적으로 유연하게 적용가능하다(pp. 170-186). 상담자는 내담자에 대한 이해를 넓히기 위해 질문을 통하여 정보를 얻고 직업세계를 탐색하게 하며, 진로심리검사와 직업카드를 활용하며, 가치관 목록 작성 및 평가를 통하여 가치관을 구체화시키며, 진로가계도를 작성할 수 있다. 직업세계의 이해를 돕기 위해, 진로상담자들은 내담자에게 정보를 제공하며 실제 모델이나 동영상을 활용한 역할모델을 제시할 수 있으며, 내담자로 하여금 직업체험을 하게 할 수 있다. 내담자의 의사결정을 돕기 위해, 직면, 해석, 강화, 역할극, 심상과 이완을 활용하여 진로선택과 적응문제를 도울 수 있다. 진로상담자는 의사결정을 어렵게 하는 진로장벽을 다루고, 의사결정 도구를 활용하여 진로실천계획을 문서화된 형태로 작성하고 기록하도록 한다. 이때 진로실천계획은 생애에 걸쳐 포괄적이고, 생애주기에 맞추어 사용가능하도록 발달적 특성을 반영하며, 내담자 중심으로 내담자의 유능성에 기초하여야 한다.

2) 진로선택 관련 요인

(1) 진로선택 관련 개인적 요인

진로선택은 개인적 요인과 환경적 요인이 상호작용하여 이루어진다. 우선, 개인적 특성은 진로설정에 우선적으로 고려되어야 할 주요한 요인인데 지능, 적성, 흥미, 신체적 조건 등이 포함된다. 첫째, 개인의 지능은 의사결정이나 포부 수준, 선택한 직업에서의 성공여부에 영향을 미치는 개인적 요인이다. 둘째, 적성은 진로선택과 밀접하게 연관된 요인인데, 적성이란 어떤 직종에서 요구되고 있는 특수 능력이나 소질 정도를 의미한다(백지숙 외, 2009, p. 266). 어떤 직종은 언어능력을 요구하기도 하고, 어떤 직종은 수리 능력을 요구하기도 하며, 독창성이 필요한 직업이 있는 반면, 순응성이 필요한 직업이 있는 것처럼 직종에 따라 요구되는 적성이나 재능은 다르다. 셋째, 흥미는 직업선택이나 만족에 영향을 미치는 개인적 요인으로, 일반적으로 직업에 대한 흥미가 클수록 성공이 높을 것으로 예측된다. 넷째, 개인이 가진 신체적 조건에 따라 직업선택의 범위가 달라질 수 있다.

(2) 진로선택 관련 환경적 요인

환경적 요인은 부모나 사회계층과 같은 사회적 환경과 직업의 내용이나 전망과 같은 직업적 조건으로 구분할 수 있다. 먼저 사회적 환경요인으로 부모는 자녀의 직업선택에 대하여 여러 측면에서 영향을 미친다. 부모는 자녀에게 특정한 직업을 요구하기도 하고, 환경을 조성하며, 모델로 작용할 수 있다. 청소년의 직업선택에 미치는 부모의 영향력은 자녀의 연령에 따라 다르게 나타날 수 있으며, 부모는 긍정적 영향뿐 아니라 과도한 부담을 주는 부정적 영향도 줄 수 있다. 또래나 학교관계자가 청소년의 직업선택에 영향을 주기도 하며, 사회경제적 지위는 청소년이 직업에 대한 지식이나 정보를 얻고 조언을 구하는 데 영향을 주게 된다. 한편, 직업적 조건도 청소년이 직업을 선택하는 데 고려할 사항인데, 직업의 보수체계, 필요한 교육 수준이나 자격여건, 발전가능성이나 사회적 인식 등에 따라 청소년이 선택하는 직업의 종류가 달라진다.

3) 상담 사례

진로상담은 청소년의 발달적 측면을 고려하여 학교급별로 달라질 수 있다. 백지숙 등(2009)은 초등학교, 중학교, 고등학교로 구분하여 진로상담방법을 정리하였는데, 주요 내용을 일부 발췌하면 다음과 같다(pp. 276-280).

• 초등학생
  – 환경에 대한 이해(예: 좋아하는 지역사회 장소를 그리게 하고 토의함. 지역사회

에 관한 글자 맞추기 퍼즐을 완성함)

- 일의 세계에 대한 이해(예: 좋아하는 직업 열 가지를 적게 하고, 인기 있는 다섯 가지 직업을 기록하고, 각 직업의 공통점을 토론함. 신문이나 관찰을 통해 '이 주간의 직업인'을 선정, 해당 직업인의 역할 및 임무에 대한 목록을 작성하게 함)
- 사람들의 차이점을 이해하기(예: 만약 누구든지 될 수 있다면 누가 되고 싶은지 가상질문에 의견을 적고 토의함)

• 중학생

- 의사결정과 문제해결기술들을 학습하기(예: 세 가지 직업을 선정하고 의사결정모델을 활용하여 자신에 가장 적합한 직업을 선택하게 함)
- 교육과 직업적 측면의 목표들에 자아개념을 관련시키기(예: 심리검사를 활용하여 자신의 특성을 이해하게 함)
- 장점들과 능력을 이해하기(예: 학생들이 조사한 직업에서의 성공을 위해 필수적인 교과목의 목록을 열거하고 토의하게 함)

• 고등학생

- 의사결정기술과 문제해결기술을 심화하기(예: 자신의 성격적 특성을 나타낼 수 있는 자서전을 쓰게 하고 2인 1조로 성격적 특성이 어떻게 사용되는지 토의하게 함)
- 일의 습관, 직업윤리 및 타인과 더불어 일하는 방법과 기술 발달시키기(예: 학생들로 하여금 직업수행의 감독자인 것처럼 역할놀이를 하게 함)
- 개인, 사회적 기술을 함양하기(예: 적절한 행동과 옷차림에 대한 사회적 인식을 보여 주는 발행물을 골라 토의하게 함)
- 직업의 세계를 이해하고 준비하기(예: 학생들에게 적절한 직업을 파악하고 이력서, 자기소개서 등을 작성하고 토의하게 하며, 모의면접에 참여하게 함)

앞에서 살펴보았듯이 초등학생들은 진로를 인식하는 단계에 해당하는데, 일의 세계 및 환경에 대한 이해를 증진시키고, 사람들의 차이점을 이해하면서 진로에 대한 인식을 증진시키고 진로의식과 동기를 갖는 단계다. 초등학생 시기는 Super

의 발달이론에서 성장기에 해당하며, Ginzberg의 직업발달단계에서는 환상기에 해당하여 능력이나 훈련, 현실을 고려하지 않고 원하는 것을 상상한다. 이 시기는 Piaget의 인지발달의 4단계에서 구체적 조작기에 해당하는 시기이며, 규칙이 있는 게임이나 신체활동이 가미된 활동이 유용할 수 있으며, 비언어적 행동의 의미를 파악해야 한다. 중학생의 진로상담은 자신의 능력과 흥미를 객관적으로 이해하게 하고, 자신에게 가능한 직업군을 탐색하고 진로계획을 잠정적으로 수립하게 한다. 중학생의 진로상담으로 도구를 활용할 수 있고, 긍정적 자아개념과 가치관을 갖게 하며, 또래동조성이 높은 시기이므로 또래를 활용한 구조적 집단상담 프로그램이 활용될 수 있다. 고등학생의 진로상담에서는 구체적 직업과 관련된 자신의 적성, 해당진로를 수행하는 여건, 자신에게 기대되는 역할을 객관적으로 인식하며 구체적 진로를 선택하거나 진로선택의 목표를 현실적으로 수립할 필요가 있다. 고등학생의 진로상담에서 상담자는 직업수행 지식 및 기술을 습득하게 하고, 진로와 관련한 전망을 고려한 미래시각을 갖도록 도와준다.

참고문헌

강경미(1994). 소아기 우울증: 소아기 우울증의 개관과 발달학적 측면. **소아청소년정신의학**, 5(1), 3-11.

강승희, 김대현(2006). 학년 및 성별에 따른 대학생의 비판적 사고 기능과 사고 성향의 차이 연구. **청소년학연구**, 13(5), 25-48.

강진령(2012). **학교집단상담**. 서울: 학지사.

강진령(2013). **상담과 심리치료**. 경기: 양서원.

강진령, 연문희(2009). **학교상담**. 경기: 양서원.

강진령, 유형근(2009). **고등학생을 위한 학교상담 프로그램**. 서울: 학지사.

강희양, 손정락(2007). 인터넷 및 게임 중독 관련 변인에 대한 메타 분석. **한국심리학회지: 건강**, 12(4), 733-744.

고정애, 박경(2013). 청소년 성폭력가해자들의 피해자 공감향상을 위한 프로그램개발 및 효과. **청소년학연구**, 20(5) 107-129.

공계순, 박현선, 오승환, 이상균, 이현주(2013). **아동복지론**(4판). 서울: 학지사.

곽금주(2016). **발달심리학: 아동기를 중심으로**. 서울: 학지사.

곽금주, 문은영(1993). 청소년의 심리적 특징 및 우울과 비행간의 관계. **한국심리학회지: 발달**, 6(2), 29-43.

곽영숙, 임명호(2012). 청소년 자살/자해 · 폭력. 대한소아청소년정신의학회 편저, **청소년정신의학**(pp. 379-404). 서울: 시그마프레스.

교육과학기술부(2010). 학생 미혼모 실태조사. 교육과학기술부.

교육부, 한국교육개발원(2016). 교육통계연보. 교육부.

교육부, 보건복지부, 질병관리본부(2016). 제12차 청소년건강행태온라인조사 통계. 질병관리본부.

구병삼(1977). 우리나라 여성 초경에 관한 연구. **대한산부인과학회지**, 20(9), 623-647.

권석만(2012). **현대 심리치료와 상담이론**. 서울: 학지사.

권석만(2017). **인간이해를 위한 성격심리학**. 서울: 학지사.

권혜진(1991). 청소년의 분노에 관한 연구. **중앙의대지**, 16(특집호), 79-88.

금명자, 송미경, 이호준, 이지은(2005). **청소년 부모상담**. 서울: 한국청소년상담원.

김규태, 방경곤, 이병환, 윤혜영, 우원재, 김태연, 이용진(2013). **학교폭력의 예방 및 대책**. 경기: 양서원.

김동일 외(2014). **청소년 상담학 개론**. 서울: 학지사.

김동일, 신을진, 이명경, 김형수(2011). **학습상담**. 서울: 학지사

김동일, 이윤희, 강민철, 김영근(2013). 청소년 인터넷 중독 위험군에 대한 잠재집단 프로파일 분석. **상담학 연구**, 14(4), 2143-2162.

김만지(2000). 미혼모의 스트레스 관리를 위한 프로그램의 효과. **청소년학연구**, 7(2), 247-275.

김만지(2003). 여자청소년의 성관계에 영향을 미치는 요인에 관한 연구: 또래집단의 성관련 경험, 사회적지지, 그리고 대처를 중심으로. **대한가정학회지**, 41(6), 63-74.

김만지(2004). 미혼모의 임신 연령과 관련 요인에 관한 연구:개인, 또래, 학교요인을 중심으로. **한국청소년연구**. 15(2), 5-25.

김명희, 이현경(2014). **상담과 심리평가**. 경기: 교문사.

김문정(2016). 뉴 실버세대를 위한 사진교육 연구: 에릭슨의 심리사회적 발달단계의 노년기 자아통합감을 중심으로. **한국사진학회지**, 37, 45-58.

김미영(2007). 학교체계가 중학생의 학교폭력에 미치는 영향. **한국청소년연구**, 18(2), 287-314.

김봉환, 정철영, 김병석(2006). **학교진로상담**. 서울: 학지사.

김상균(2005). 비행청소년과 일반청소년의 도덕발달 차이 연구. **한국공안행정학회보**, 20, 2-26.

김상범, 남영옥(2017). 청소년의 성비행과 자극추구성향, 또래동조성, 비행친구접촉의 경로분석. **미래청소년학회지**, 14(1), 51-73.

김선미, 고하영, 박수현, 양은주(2012). 메타분석을 통한 국내 아동 청소년의 우울관련변인 탐색. **한국심리학회지: 문화 및 사회문제**, 18(4), 533-555.

김선아, 김춘경(2006). 사회인구학적 변인과 자아관련 변인이 청소년의 우울에 미치는 영향. **정서행동장애연구**, 22(3), 325-348.

김선애(2014). **청년발달과 이해**. 서울: 창지사.

김성은, 박산하, 김진석(2014). 청소년 사이버 일탈과 관련변인의 탐색: 다층 포아송모형의 적용. **교육학연구**, 52(1), 147-168).

김소영(2013). 고등학생의 일상생활스트레스, 자아존중감, 정서조절, 시리사회적 적응간의 관계: 다집단분석을 통한 성별차이 탐색. **청소년문화포럼**, 35(1), 92-113.

김신혜, 박미정(2012). 내분비계 장애물질과 사춘기 발달. *Endocrinology and Metabolism, 27*(1), 20-27.

김영화, 김계현(2011). 자아정체감 지위에 따른 대학생의 진로결정문제, 진로준비행동의 차이: 자아정체감 성취와 조기완료의 비교를 중심으로. **청소년상담연구**, 19(1), 169~182.

김영희, 안상미(2008). 가족의 응집성과 적응성, 부모-자녀 간 의사소통, 가족갈등과 청소년의 우울 및 비행. **청소년학연구**, 15(2), 1-30.

김예성(2000). 초등학생의 또래괴롭힘에 영향을 미치는 요인. 서울대학교 대학원 박사학위논문.

김예성, 김광혁(2008). 초등학교 아동의 또래괴롭힘 경험유형에 따른 우울불안, 학교유대감, 공격성의 차이 및 피해경험을 통한 가해경험 변화. **아동학회지**, 29(4), 213-229.

김예성, 박현선(2007). 초등학교 또래괴롭힘 피해 아동의 학교적응유연성에 관한 연구. **한국아동복지학**, 23(2), 65-97.

김예성, 안재진(2014). 사춘기 성숙시기에 따른 여자청소년들의 적응에 관한 연구: 공격성과 학교규칙 준수를 중심으로. **청소년문화포럼**, 41(1), 40-64.

김은경, 양재원, 정유숙, 홍성도, 김지혜(2005). 아동 및 청소년에서 소아우울척도(Children's Depression Inventory)의 요인구조. **한국심리학회지: 임상**, 24(3), 693-707.

김은실(2017) 애착이론에 기반 한 중독예방상담의 실제. **상담과 지도**, 52, 285-293.

김은실, 김귀정, 김봉한(2011). 고등학생들의 사이버 음란물 접촉과 성범죄와의 관계성 분석. **한국콘텐츠학회논문지**, 11(6), 8-17.

김은화, 전귀연(2007). 청소년 성행동에 영향을 미치는 생태학적 변인. **대한가정학회지**, 45(7), 71-91.

김의철, 박영신, 탁수연, 김정희, 오미선(2013). 청소년 사이버 자기개념, 자기효능감, 친구관계, 주관적 안녕감과 학업성취도: 인터넷 중독인 식집단과 비중독집단의 비교. **한국심리학회지: 문화 및 사회문제**, 19(2), 285-318.

김인경, 윤진(1995). 청소년기 자아중심성: 이론과 현상의 개관. **한국심리학회지**, 14(1), 117-136.

김재엽, 곽주연(2017). 청소년의 스마트폰 중독과 인터넷 유해매체 노출이 성폭력 가해행동에 미치는 영향. **한국청소년연구**, 28(4), 255-283.

김재엽, 김희진, 장대연, 이현(2017). 가정폭력 노출이 청소년의 성폭력가해에 미치는 영향: 유해매체 접촉의 매개효과와 성별차이를 중심으로. **청소년복지연구**, 19(2), 111-136.

김재엽, 최선아, 임지혜(2015). 지역사회 환경이 청소년의 학교폭력 가해행동에 미치는 영향: 폭력허용도의 매개효과 검증. **청소년학연구**, 22(11), 111-135.

김재철, 최지영(2011). 부모 학대가 공격성에 미치는 영향: 자존감, 학교폭력 피해경험의 매개효과. **아동교육**, 20(1), 19-23.

김정열(2016). **청소년문제와 보호**. 경기: 공동체.

김정희(1992). 청소년과 성폭력: 원인과 대책을 중심으로. **한국청소년연구**, 10(2), 169-181.

김준호, 노성호, 이성식, 곽대경, 박정선, 이동원, 박철현(2013). **청소년비행론**(3판). 서울: 청록출판사.

김지경, 안선영, 이계오, 이미리, 김성식, 김명희, 박일혁(2010). **한국 청소년 패널조사(KYPS) Ⅶ: 아동 · 청소년 패널조사 기초연구**. 서울: 한국청소년정책연구원.

김지선, 박미랑, 윤정숙(2010). **아동 청소년대상 성범죄의 발생추세와 동향분석**(2000~2009년). 여성가족부.

김지은, 박혜준(2016). 또래괴롭힘 상황에서 주변또래의 잠재적 참여유형에 따른 사회인지적 특성 비교. *Korean Journal of Child Studies, 37*(4), 69-81.

김춘경 외(2004). **아동집단상담 프로그램**. 서울: 학지사.

김춘경(2004). **아동상담: 이론과 실제**. 서울: 학지사.

김춘경, 이수연, 이윤주, 정종진, 최웅용(2016a), **상담의 이론과 실제**(2판). 서울: 학지사.

김춘경, 이수연, 이윤주, 정종진, 최웅용(2016b). **상담학사전 1~5**. 서울: 학지사.

김춘경, 이수연, 최웅용(2006). **청소년상담**. 서울: 학지사.

김춘경, 정여주(2001). **상호작용놀이를 통한 집단상담: 이론과 실제**. 서울: 학지사.

김태련 외(2010). **발달심리학**. 서울: 학지사.

김혜원(2011a). 청소년들의 집단따돌림과 집단괴롭힘 피해 경험에 따른 심리적 부적응 및 학교부적응. **청소년학연구**, 18(5), 321-356.

김혜원(2011b). 집단따돌림과 집단괴롭힘에 따른 남녀 청소년들의 심리적 건강, 학교인식 및 학교적응에 대한 구조분석. **청소년복지연구**, 13(2), 173-198.

김혜원(2011c). 청소년 성매매의 현황 및 특징에 대한 분석: 2000년대 이전과 이후의 비교를 중심으로. **청소년학연구**, 18(4), 310-127.

김혜원, 이해경(2000). 학생들의 집단괴롭힘 관련경험에 대한 예언변인들의 탐색: 초, 중, 고등학생간 비교를 중심으로. **교육심리연구**, 15(1), 183-210.

김혜원, 임광규, 임동훈(2013). 집단괴롭힘 가해 피해 목격 경험이 청소년들의 심리사회적 적응에 미치는 영향. **청소년학연구**, 20(5), 77-106.

김혜자, 심미정(2014). 청소년의 인터넷 음란물 접촉에 따른 성의식과 이성교제태도. *Journal of Digital Convergence, 12*(5), 367-376.

남미애, 홍봉선(2009). 성매매청소년 교육수강제에 참여하는 청소년의 현황 및 사회적 피해경험에 관한 연구. **청소년학연구**, 16(2), 63-94.

노안영(2003). **성격심리학**. 서울: 학지사.

노안영(2005). **상담심리학의 이론과 실제**. 서울: 학지사.

노용구, 이철원, 박선기, 오세이, 이주연, 김영재 외(2008). **여가학총론**. 서울: 레인보우북스.

대검찰청(2016). **2016 범죄분석**. 대검찰청.

도금혜(2008). 청소년의 개인특성 변인과 가정환경변인이 친구관계에 미치는 영향. **한국심리학회지: 발달**, 21(3), 133-150.

도기봉(2009). 지역사회 환경적 요인이 학교폭력에 미치는 영향: 공격성을 중심으로. **한국지역사회복지학**, 29, 83-103.

두경희(2015). 아동, 청소년상담: 대학생의 자기개념 명확성정도에 따른 사이버폭력 피해자의 정서와 인지 반응. **상담학연구**, 16(5), 213-228.

류경희(2004). 창원시 중 · 고등학생의 학교생활 부적응에 영향을 미치는 가족관련 변인. **한국생활과학회지**, 13(2), 195-213.

모경환, 이미리, 김명정(2014). 청소년문제와 보호. 서울: 교육과학사.

모경환, 이미리, 이봉민(2018). 청소년문제. 서울: 한국방송대학교출판부.

문성원(1998). 컴퓨터에 의해 매개되는 사회적 유능성 증진 프로그램의 개발 및 효과 검증. 연세대학교 대학원 박사학위논문.

문성호(2000). 지역사회폭력에 노출된 청소년의 특성 및 평가모형 개발을 위한 탐색적 연구. 청소년학연구, 7(1), 125-148.

문용린, 문미희(1993). 한국 청소년의 도덕판단력 발달 연구개관: DIT를 사용한 연구를 중심으로. 청소년학연구, 1(1), 43-57.

문진명(2000). 시설청소년과 일반청소년의 또래 피해 지각에 따른 또래 따돌림 귀인 및 소외감. 서울대학교 대학원 석사학위논문.

민경환, 김지현, 윤석빈, 장승민(2000). 부정적 정서 조절 방략에 관한 연구: 정서 종류와 개인 변인에 따른 정서조절 양식의 차이. 한국심리학회지: 사회 및 성격. 14(2), 1-16.

박경애(1997). 인지 · 정서 · 행동 치료. 서울: 학지사.

박경애, 김혜원, 주영아(2010). 청소년 심리 및 상담. 경기: 공동체.

박광숙, 이영희, 고성희(2012). 초등학교 고학년 학생의 사춘기 체험. 질적연구, 13(2), 79-91.

박민근(2014). 당신이 이기지 못할 상처는 없다. 경기: 청림출판사.

박보경, 한세영, 최미경, 도현심(2004). 또래괴롭힘 집단에 따른 아동의 인성특성, 부모에 대한 애착 및 부모의 부부갈등. 한국가정관리학회지, 22(1), 45-54.

박상규(2016). 중독과 마음챙김. 서울: 학지사.

박상규, 강성군, 김교헌, 서경현, 신성만, 이형초, 전영민(2017). 중독의 이해와 상담실제(2판). 서울: 학지사.

박선희(2015). 청소년 자살행위 실태와 관련요인. 서울: 집문당,

박성수, 김혜숙, 이숙영, 김창대, 유성경(1997). 청소년상담원리. 서울: 한국청소년상담원.

박성수, 박재황, 황순길, 오익수(1993). 청소년상담정책연구. 서울: 청소년대화의 광장.

박성연, 케네스 루빈, 정옥분, 윤종희, 도현심(2007). 아동의 성, 기질, 행동억제 및 어머니의 양육행동과 아동의 순종행동 간의 관계. 아동학회지, 28(4), 1-17.

박성희(2015). 청소년 가해자의 생애사 재구성을 통한 학교 폭력 예방 방안. 교육의 이론과 실천, 20(1), 33-57.

박연정, 정옥분, 김경은(2006). 청소년의 창의성과 자아존중감 및 자기효능감과의 관계. 인간발달연구, 13(1), 35-60.

박영신(2017). 성별에 따른 대학생의 성격특성, 인지적 통제와 위험행동의 관계. 한국청소년연구, 28(4), 113-135.

박옥임, 백사인, 박준섭, 박병훈, 이수진, 김정일(2013). 청소년 심리 및 상담. 서울: 창지사.

박용순(2000). 청소년 성폭력 예방을 위한 사회복지적 접근: 가해자와 피해자를 중심으로. 청소년학연구, 7(2), 137-159.

박용한(2014). 폭력적 미디어물에의 노출이 공격성 및 공격행동에 미치는 영향에 대한 고찰. 교육연구논총, 35(1), 125-146.

박은아(2003). 신체존중감이 주관적 안녕감에 미치는 영향에 관한 비교문화연구: 한국과 미국 여대생을 대상으로. 한국심리학회지: 일반, 22(2), 35-56.

박재황, 남상인, 김창대, 김택호(1993). 청소년상담교육과정개발연구. 서울: 청소년대화의 광장.

박정란, 서홍란, 장수한(2011). 청소년 복지론. 경기: 양서원.

박정혜, 김춘경(2013). 자살 위험 청소년을 대상으로 한 심상 치료 사례. 한국문학치료연구, 29, 203-264.

박춘자, 김종운, 강성비(2017). 활동중심 품성계발 집단상담 프로그램이 다문화 가정 아동의 학교생활 적응과 자아정체감 및 친 사회성에 미치는 효과. 초등상담연구, 16(2), 97-119.

박하얀, 정윤경, 최해연(2015). 정서표현양가성의 발

달과 이에 따른 정서표현성, 문제행동 및 심리적 안녕감: 아동 청소년 성인집단의 비교. 한국심리학회지: 발달, 28(3), 189-207.
박현미, 최한나(2016). 청소년미혼모가 지각하는 학업복귀의 장애요인. 청소년학연구, 23(4), 1-24.
박현숙, 정선영(2011). 청소년의 위험 성행동 경로분석. 정신간호학회지, 20(1), 49-60.
배성만(2015). 성별에 따른 청소년 인터넷 게임중독의 관련 요인. 청소년학 연구, 22(8), 285-405
백지숙, 김혜원, 김영순, 박은령, 임형택, 주영아(2009). 청소년상담. 서울: 신정.
백지연(2016). 경력개발전략 이론과 실제: SUCCESS! 진로—작업 탐색. 서울: 학지사.
백지현(2010). 남녀 청소년의 또래괴롭힘 참여자 역할 유형에 따른 인지적, 정서적, 사회적 특성. 이화여자대학교 대학원 석사학위논문.
백혜정, 김은정(2008). 청소년 성의식 및 행동 실태와 대처방안 연구. 서울: 한국청소년정책연구원.
백혜정, 이순묵(2002). 학교 적응의 문제를 가진 청소년들의 도덕판단: 도덕발달 단계 및 도덕지향을 중심으로. 한국심리학회지: 발달, 15(1), 57-79.
백혜정, 이순묵(2004). 세 집단 간의 비교를 통하여 본 우리나라의 사람들의 도덕지향에 대한 연구: Kohlberg의 도덕발달단계 및 도덕지향을 중심으로. 한국심리학회지: 발달, 17(1), 79-93.
변귀연(2002). 집단괴롭힘 피해학생의 역량강화를위한 집단프로그램 개발과 효과, 서울대학교 대학원 박사학위논문.
변영순, 이난희, 이경희(2014). 여대생의 섭식문제 관련요인. 기본간호학회지, 21(4), 362-369.
변학수(2005). 문학치료. 서울: 학지사.
보건교육포럼(2010). 전국 초중고 여학생의 초경 현황 연구 결과. 보건교육포럼 보도자료.
보건복지가족부(2008). 다문화가족 상담 가이드북.
보건복지부, 질병관리본부(2013). 2013국민건강통계: 국민건강영양조사 제6기 1차년도. 발간번호 11-1351159-000027-10.
서미정(2008). 방관자의 집단 특성에 따른 또래괴롭힘 참여 역할행동. 아동학회지, 29(5), 79-96.
서미정, 김경연(2004). 아동의 개인적, 환경적 특성과 또래괴롭힘. 아동학회지, 25(2), 93-108.
서선아, 한재희(2016). 청소년 사이버상담자의 심리적 적응과정 분석. 상담학 연구, 17(4). 21-36.
서정애(2009). 십대미혼모의 임신경험 구성에 관한 연구. 한국청소년연구, 20(1), 281-308.
성정현, 김지혜, 신원우(2011). 청소년 미혼모의 대안교육기관 경험에 관한 연구. 한국가족복지학, 33, 223-258.
손강숙, 정소미(2017). 청소년의 부모, 친구, 교사와의 자기표현에 관한 질적 연구 - 인문계 고등학생을 중심으로. 한국청소년시설환경학회지, 15(4), 177-190
손병덕(2014). 청소년 성범죄 실태와 개입 프로그램 분석. 청소년학연구, 21(4), 339-357.
송광섭, 권성진, 권선옥(2014). 사춘기 남학생의 연간 발육량과 체력 및 비만율의 종단적 연구. 한국발육발달학회지, 22(2), 85-91.
송명자(2008). 발달심리학. 서울: 학지사.
송보라, 이기학(2014). 인간생태체계모형을 바탕으로 한 진로적응성과 가족환경 요인들 간의 관계모형 검증: 남녀 대학생의 차이를 중심으로. 한국심리학회지:여성, 19(3), 211-232.
송순(1994). 아동의 도덕성 발달에 영향을 미치는 요인들에 대한 연구. 한국가정관리학회지, 12(1), 49-61.
송예리아, 김진영(2013). 경제적 곤란 및 부모와의 소통과 청소년기 우울의 관계에 대한 종단적 연구. 청소년학연구, 20(5), 131-155.
송정아, 김영희(2001). 학교폭력에 대한 청소년들의 심리적, 행동적 학교적응 강화프로그램 효과성 연구 II. 청소년복지연구, 3(1), 79-94.
송정아, 최규련(1997). 가족치료 이론과 기법. 서울: 하우.
송현옥, 박아청, 최성열(2010). 청소년의 가정환경,

지각된 사회적지지, 자기효능감과 자아정체감 간의 관계. **청소년학연구**, 17(2), 109-129.
스마트쉼센터(2018). 인터넷중독예방가이드. https://www.iapc.or.kr/site/summainfo/showGuidePrevDetail.do
신동업(2017) 학교내 청소년문제행동의 유형과 교육적 지도방안에 관한 연구. **복지상담교육연구**, 6(2). 157-185.
신명희, 서은희, 송수지, 김은경, 원영실, 노원경, 김정민, 강소연, 임호용(2017). **발달심리학**. 서울: 학지사.
신순갑(2012). 학교폭력. **철학과 현실**, 93, 24-44.
신의진, 육기환(2012). 성 관련 위기 상황: 청소년 대상 성폭력/청소년 성문제. 대한소아청소년정신의학회 편, **청소년정신의학**(pp. 405-435). 서울: 시그마프레스.
신재선, 정문자(2002). 초등학생의 또래 괴롭힘 유형과 스트레스 대처행동에 관한 연구. **아동학회지**, 23(5), 123-138.
심혜숙, 전순희(2008). 청소년이 지각하는 부모양육태도와 심리적 독립의 관계. **교육연구**, 18, 67-87.
심희옥(2005). 또래괴롭힘과 대인간 행동특성에 관한 횡단 및 단기종단 연구: 참여자 역할을 중심으로. **아동학회지**, 26(5), 263-279.
양명숙 외(2013). **상담이론과 실제**. 서울: 학지사.
양미경, 조복희(2000). 에릭슨의 발달과업으로 본 아버지의 자녀양육 생산성과 유아 아버지간 애착 안정성이 관계. **대한가정학회지**, 38(2), 57-64.
양미진, 김은영, 김래선, 류다정, 장은희(2015). 청소년상담 현장실무자를 위한 성폭력피해청소년 개입매뉴얼 개발. **사회과학연구**, 31(3), 313-339.
양방원, 홍혜영(2016). 중학생의 사이버 불링피해 경험이 자살생각에 미치는 영향: 스트레스 대처행동의 조절효과를 중심으로. **청소년학연구**, 23(9), 351-380.
양재원, 김근영(2009). 한국판 자기지각 정서경험 척도(K-HIF)의 타당화. **인간발달연구**, 16(2), 143-170.
여성가족부(2014). 청소년 유해환경 접촉 종합실태조사. 연구보고 2014-52.
여성가족부(2016). **청소년백서**. http://www.mogef.go.kr/kor/skin/doc.html?fn=80d138a493994397b0c724d5b16dd9e0.pdf&rs=/rsfiles/201806/
여성가족부. 위기청소년 상담 및 복지 지원(CYS-Net)운영. http://www.mogef.go.kr/sp/yth/sp_yth_f006.do
여종일(2015). 가족관계와 부모와의 의사소통이 청소년의 스마트폰 중독에 미치는 영향: 자아존중감과 충동성의 매개효과. **열린부모교육연구**, 7(1), 101-112.
여종일(2017). **정신병리와 가족**. 서울: 학지사.
연문희, 이영희, 이장호(2007). **인간중심상담**. 서울: 학지사.
오경자, 최지영, 신예주(2011). 성폭력 피해아동 단기집단치료프로그램 개발 및 운영. 서울: 여성·아동폭력피해 중앙지원단. 현장전문가들이 인식한 성폭력 피해 청소년의 특성과 개입방안.
오병호, 이상구(2012). 지역사회에서 청소년 학교폭력의 예방 대책에 관한 연구. **21세기 사회복지연구**, 9(2), 231-252.
오승환(2007). 청소년의 집단괴롭힘 관련 경험에 영향을 미치는 생태체계적 요인분석. **정신보건과 사회사업**, 25, 74-98.
오윤선, 황인숙(2016). **청소년문화론**. 경기: 양서원.
오제은(2005). 커플관계 치료에 있어서 '어린시절의 상처'치료의 중요성: 이마고 커플관계치료와 내면아이치료 모델을 중심으로. **상담학연구**, 6(3), 1055-1070.
원호택, 박현순, 이민규, 김은정, 조용래, 권석만, 신현균, 이훈진, 이영호, 송종용, 신민섭(2000). **심리장애의 인지행동적 접근**. 서울: 교육과학사.
유영주, 김순옥, 김경신(2013). **가족관계학**(제3판). 경기: 교문사.

유옥영(2016). 초중고 여학생의 초경 연구: 초경 연령 변화와 관련요인, 반응. 한국보건교육학회지, 2(1), 73-96.

유진, 강필중(2003). 한국형 감각추구척도의 타당도 검증과 스포츠 참가 예측분석. 한국스포츠심리학회지, 14(2), 249-264.

유진이(2013). 청소년 심리와 상담. 경기: 양서원.

육혜련(2017). 가출청소년의 성매매피해 경험에 대한 연구. 청소년복지연구, 19(1), 109-136.

윤미현, 이재연(2002). 한국 10대 미혼모의 특성에 관한 연구. 아동학회지, 23(3), 149-169.

윤병섭, 이홍재(2005) 사이버 공동체내에서의 바람직한 인간관계 형성 전략. 한국인간관계학보, 10(1), 23-41.

이경님(2001). 아동의 또래괴롭힘과 관련변인간의 인과관계: 아동의 행동문제, 내외통제소재와 어머니의 양육행동을 중심으로. 대한가정학회지, 39(8), 31-52.

이규미 (1999). 청소년의 분노와 분노처리과정에서의 공격행동에 관한 체험분석. 이화여자대학교 대학원 박사학위청구논문.

이규미, 이대식, 김영혜(2003). 심각한 폭력 가해학생에 대한 사례분석: 폭력유발 요인과 예방안. 한국심리학회지: 상담 및 심리치료, 15(2), 367-382.

이미리 (1995). 고3 청소년의 시험스트레스에 대한 대처전략과 우울증 수준과의 관계. 대한가정학회지, 33(5), 89-98.

이미리(1996). 청소년의 우울증 수준에 있어서 문화적 차이와 일상생활 활동경험과의 관계-한국과 미국 고등학교 3학년생의 비교, 아동학회지, 17(1), 137-152.

이미리(2001). 초기 청소년의 스트레스와 폭력행동과의 관계에 대한 일상생활활동 경험의 중재효과. 아동학회지, 22(4), 167-188.

이미리(2002). 청소년 초기 일상생활활동 경험의 특성과 스트레스 수준. 대한가정학회지, 41(1), 69-84.

이미리(2003a). 중학생들의 폭력가해행동수준에 따른 일상적 대인맥락의 외현적, 내면적 경험차이. 청소년복지연구, 5(1), 37-52.

이미리(2003b). 중학생의 또래폭력행동피해와 일상활동경험의 관계. 한국심리학회지:발달, 16(2), 87-110.

이미리(2003c). 청소년기 행복감 수준의 일상맥락 변화에 따른 다양성. 한국심리학회지: 발달, 16(4), 193-209.

이미리(2005). 청소년기 자아존중감과 가족, 친구, 학업, 여가, 직업 변인들의 관계: 긍정적 자아평가와 부정적 자아평가를 중심으로. 한국청소년연구, 16(2), 263-293.

이미리(2006a). 고3생의 인터넷 사용량에 따른 심리, 행동, 대인관계 특성의 차이. 대한가정학회지, 44(7), 11-20.

이미리(2006b). 일상활동 중의 심리상태로 나타난 청소년기 폭력성의 분석. 한국장애행동과학회, 3(1), 79-88.

이미리(2006c). 청소년의 우울증에 대한 스트레스와 대처전략의 상호작용 효과, 아동학회지, 27(5), 67-78.

이미리(2009a). 청소년 초기 혼자 보내는 시간의 맥락적 특성과 발달적 잠재력 탐색. 아동학회지, 30(4), 173-189.

이미리(2009b). 청소년기 분노정서 경험의 발달과 자아존중감, 부모, 친구, 학업, 여가 맥락의 영향. 청소년복지연구, 11(2), 127-143.

이미리(2011). 청소년기 친구관계의 특성. 제1회 한국생애학회 추계학술대회. 연세대학교 삼성관 2011. 9. 2.

이미리(2012). 사춘기 진입 시기 일상생활경험의 초경 여부에 따른 차이 및 우울증과의 관계. 청소년복지연구, 14(3), 121-139.

이미리(2013). 청소년기 혼자 시간의 자발성 여부에 따른 활동내용과 심리상태의 차이. 청소년복지연구, 15, 2, 175-195.

이미리, 길은배, 유병열, 김진호(2012). 청소년 초기 정서의 우울 수준에 따른 차이: 일상적 대인맥락 변화를 중심으로. 미래청소년학회지, 9(2),

61-78.

이미리, 김진한(2005). 일상생활에서 나타나는 청소년기 우울증의 정서적 증상: 대인맥락 변화를 중심으로. **대한가정학회지, 43**(5), 81-91.

이미리, 박주희, 정현숙(2015). 양친, 한부, 한모 가족 청소년의 적응과 가족환경특성 비교. **한국가정관리학회지, 33**(4), 147-160.

이미리, 박진아(2015). 청소년기 자아존중감 수준에 따른 일상활동 중 플로우(flow) 경험의 차이. **미래청소년학회지, 12**(4), 81-101.

이미리, 이명숙(2010). 보호관찰 청소년과 일반 청소년의 비교를 통한 청소년기 비행 관련 생태학적 맥락분석. **미래청소년학회지, 7**(4), 67-85.

이미리, 조성연, 길은배, 김민(2014). **청소년학개론**. 서울: 학지사.

이미영, 장은진(2015). 학교폭력 가해자가 경험한 학교폭력 맥락에 관한 질적연구. **한국심리학회지: 발달, 28**(3), 115-140.

이미욱, 하정희, 최윤영(2015). 또래 괴롭힘에서 주변인 역할 집단에 따른 비합리적 신념, 공격성, 사회불안의 차이. **청소년학연구, 22**(9), 137-161.

이미화(2009). 한국 청소년 여성에서의 비정상 사춘기 발달. **대한산부인과학회지, 52**(12), 1197-1203.

이병철(1995). 사춘기 이상과 성장장애. **대한산부인과학회 연수강좌, 26**, 49-57.

이상균(2005). 청소년 또래폭력 가해경험에 대한 생태체계적 영향요인. **한국아동복지학, 19**, 141-170.

이상선(2005). 거식 행동과 폭식행동에 자기 평가의 신체 비중, 신체 불만족, 완벽주의, 충동성이 미치는 영향. 연세대학교 대학원 박사학위논문.

이상선, 오경자(2003). 외모관련 사회문화적 태도 설문지의 타당화 연구. **한국심리학회지:일상, 22**(4), 913-926.

이상정, 안은미, 정익중(2017). 학대 피해 경험이 있는 가정외보호 아동의 학교폭력에 영향을 미치는 원인 조건에 관한 탐색적 여구: 퍼지셋 질적 비교연구(Fs/QCA)방법론의 적용. **청소년복지연구, 19**(4), 57-84.

이수경, 고애란(2003). 사춘기 여학생의 신체성장에 따른 신체이미지 및 자기존중감, 의복태도 형성모델, 한국의류학회 학술발표논문집 2003, 1, 101-101.

이수정, 장현석(2004). 청소년 성폭력의 심리적 원인으로서 애착결핍. **한국청소년연구, 15**(2), 415-442.

이순형(2009). **한국아동의 일상생활문화**. 서울: 서울대학교출판부.

이승현, 강지현, 이원상(2015). **청소년 사이버폭력의 유형분석 및 대응방안 연구**. 연구총서 15-11-07. 한국형사정책연구원.

이여주(2011). 여중생의 뷰티에 대한 인식과 태도 및 행동에 관한 연구. 서울벤처대학원대학교석사학위청구논문.

이영미(2004). 아동의 체형 지각과 신체상 지각에 따른 부정적 정서. **대한가정학회지, 42**(8), 133-145.

이영분, 신영화, 권진숙, 박태영, 최선령, 최현미(2008). **가족치료 모델과 사례**. 서울: 학지사.

이영선(2006). 채팅상담성과 측정도구 개발 및 타당화 연구. 숙명여자대학교 대학원 박사학위논문.

이영선, 김동일(2007). 채팅상담 성과척도 개발 연구. **한국심리학회지: 상담 및 심리치료, 19**(2), 467-488.

이윤주(2016). 행동주의상담. 김춘경, 이수연, 이윤주, 정종진, 최웅용 공저, **상담의 이론과 실제**. 서울: 학지사.

이윤희, 한유경(2015). 중학생의 인성에 영향을 미치는 교원 요인에 대한 위계적 분석. **한국교원교육연구, 32**(3), 305-325.

이은경, 신아라, 김선경, 이응택(2017). 청소년기 자아정체감과 진로정체감의 종단연구. **청소년문화포럼, 50**, 92-112.

이은경, 이양희(2006). 아동용 정서경험 척도의 신뢰도 및 타당도 검증: 긍정적 정서와 부정적정서를 중심으로. 한국심리학회지: 발달, 19(4), 93-115.
이은주(2004). 집단괴롭힘과 자아존중감의 관계에 대한 단기종단적 연구. 청소년학연구, 11(1), 141-165.
이은희, 공수자, 이정숙(2004). 청소년들의 가정, 학교, 지역의 심리사회적 환경과 학교폭력과의 관계: 분노조절과 비행친구 접촉의 매개효과. 한국심리학회지: 상담 및 심리치료, 16(1), 123-245.
이장호(1995). 상담심리학. 서울: 박영사.
이장호, 김정희(1998). 집단상담의 원리와 실제. 서울: 박영사.
이재규, 김종운, 김현진, 박혜숙, 백미숙, 송재홍, 신을진, 유형근, 이명경, 이자영, 전명남(2013). 학습상담. 서울: 학지사.
이재창, 조봉환, 최인화, 임경희, 박미진, 김진희, 정민선, 최정인, 김수리(2017). 상담전문가를 위한 진로상담의 이론과 실제(2판). 경기: 아카데미프레스.
이종화(2005). 10대 여학생의 임신경험관련 요인에 관한 예측모형. 한국청소년연구, 16(1), 345-382.
이주형(2013). 학교폭력 예방을 위한 사이버불링에 대한 연구: 미국의 법적 대응의 특징과 법제도입을 위한 검토를 중심으로. 분쟁해결연구, 11(1), 133-157.
이지연, 성옥련(2000). 청소년의 위계적 대인관계 표상이 분노통제에 미치는 영향. 한국심리학회지: 발달, 13(2), 99-113.
이지현, 심혜원(2014). 한국판 정체감 유형척도 5의 타당화 연구. 청소년학연구, 21(5), 359-390.
이진아(2010). 청소년 성폭력 피해 학생 상담. 상담과 지도, 44, 357-372.
이춘화(2004). 대안학교 교육만족도 분석. 공주대학교 대학원 석사학위논문.
이춘화, 조아미(2004). 청소년 성매매의 상습화 예방 및 치료프로그램 개발연구. 한국청소년개발원
이한아, 우민정(2016). 청소년 우울 위험군의 개인적, 심리적, 환경적, 인지적 특성. 한국여성체육학회지, 30(3), 299-310.
이해경, 김혜원(2001). 초등학생들의 집단괴롭힘 가해행동과 피해행동에 대한 사회적, 심리적 예측변인들: 학년과 성별을 중심으로. 한국심리학회지: 사회 및 성격, 15(1), 117-138.
이해경, 이경성, 신현숙(2004). 청소년의 성매매 경험 유무를 변별하는 사회심리적 특성 연구. 청소년학연구, 11(1), 297-315.
이해주, 이미리, 모경환(2006). 청소년문제론. 서울: 한국방송통신대학교 출판부.
이행숙(2002). 청소년 미혼모 정책에 관한 연구. 인하대학교 대학원 박사학위논문.
이현림, 천미숙(2003). 청소년의 자아정체감과 학교생활 적응간의 관계 분석. 청소년학연구, 10(4), 511-541.
이현정, 조병은(2014). 자아정체감 발달 수업에서의 포트폴리오 수업방법의 효과와 학년별 추이: 기술, 가정교과의 청소년 이해단원을 중심으로. 한국가정과교육학회지, 26(1), 119-134.
이현철, 최성보(2012). 한국 청소년들의 생활만족도 종단 분석. 사회과학연구, 51(2), 159-187.
이형득(1987). 상담의 이론적 접근. 서울: 형설출판사.
이형초, 안창일(2002). 인터넷 게임중독의 인지행동치료 프로그램 개발 및 효과 검증. 한국심리학회지: 건강, 7(3), 463-486.
이희연, 하은혜(2015). 청소년 우울증상의 지속에 대한 인지취약성의영향과 성차: 6개월 종단연구. 한국심리학회지: 여성, 20(2), 157-179.
임영식(1998). 학교폭력에 영향을 미치는 요인에 관한 연구. 청소년학연구, 5(3), 1-26.
임은미(2006). 사이버상담의 이론과 실제. 서울: 학지사.
임은미, 김지은, 박승민(1998). 청소년 사이버상담의 실제와 발전방안. 청소년 상담연구, 6(1). 115-132.
임은미, 이영선, 김지은(2000). 사이버진로상담 지침서. 서울: 한국청소년상담원.
임하늘, 최재용, 이윤호(2015). 생태체계적 접근을

통한 비행의 성차 연구. 한국범죄학, 9(3), 69-102.

임혜림, 김서현(2017). 부모양육태도가 또래애착을 매개로 중학생의 자아정체감에 미치는 영향. 한국생활과학회지, 26(3), 171-185.

임희수, 박성연(2002). 어머니가 지각한 아동의 기질, 어머니의 정서조절 및 양육행동과 아동의 정서조절간의 관계. 아동학회지, 23(2), 37-54.

장선철, 송미현(2004). 고등학생의 외모만족도와 자아존중감 및 학교적응의 관계. 청소년학연구, 11(3), 115-133.

장휘숙(2004). 청년심리학. 서울: 박영사.

장휘숙(2005). 청소년 어머니 갈등과 관련 변인들: 성별, 연령, 신체성숙 수준, 주관적 연령, 애착을 중심으로. 한국심리학회지: 발달, 18(1), 97-113.

전신현, 이성식(2010). 청소년의 후대전화를 이용한 사이버 집단괴롭힘 현상의 원인 모색. 청소년학연구, 17(11), 159-181.

전신현, 이성식(2017). 학교폭력 피해경험이 우울에 미치는 영향에서 자긍심 및 사회지지의 작용과 성별차이. 한국청소년연구, 28(2), 131-155.

전영실, 강은영, 박형민, 김혜정, 황태정, 정유희(2007). 성폭력 범죄의 유형과 재범억제방안. 한국형사정책연구원.

전재천(2000). 초등학생의 집단따돌림과 부모의 양육태도, 학교적응과의 관계. 연세대학교 교육대학원 석사학위논문.

정규석, 조정자, 유순화(2003). 청소년 성매매에 관한 다체계 모델 검증. 청소년학연구, 10(3), 349-359.

정문자, 이미리, 전연진(2007). 내면화와 외현화 행동문제집단과 정상집단 아동의 인구학적, 가족기능적 특성의 차이. 아동학회지, 28(2), 251-265.

정문자, 정혜정, 이선혜, 전영주(2012). 가족치료의 이해. 서울: 학지사.

정미연(2000). 한국 고등학생의 배려지향적 도덕성과 정의지향적 도덕성 연구. 고려대학교 대학원 석사학위논문.

정수경(2004). 약물남용 청소년의 가족중심치료 프로그램 연구에 관한 고찰. 정신보건과 사회사업, 17, 04-132.

정여주, 김동일(2012). 청소년의 사이버폭력 피해 경험과 정서조절. 상담학연구, 13(2), 645-663.

정여주, 김윤희(2013). 집단따돌림 극복집단과 지속집단 구분 요인에 대한 구조 분석. 가족과 상담, 3(1), 15-32.

정여주, 두경희(2014). 청소년 사이버폭력의 원인, 결과, 개입에 대한 연구 동향: 예방상담학적 관점에서. 청소년학연구, 21(8), 373-406.

정영숙(2000). N세대의 친사회도덕 발달: 관련변인의 탐색 및 증진 방안의 모색. 한국심리학회지: 발달, 13(3), 21-42.

정옥분(2005). 청년심리학. 서울: 학지사.

정옥분(2008). 청년발달의 이해. 서울: 학지사.

정옥분(2015). 청년발달의 이해(3판). 서울: 학지사.

정옥분, 곽경화(2002). 청소년기, 성년기, 중년기의 배려지향적 도덕성에 관한 연구. 인간발달연구, 9(2), 1-15.

정윤주(2010). 청소년 초기의 신체상 태도와 관련 변인들 간의 관계. 대한가정학회지, 48(5), 103-117.

정은석, 이주연(2014). 아동 청소년의 자아존중감 발달 궤적-성별차이를 중심으로. 한국복지패널 학술대회 논문집, 7, 473-489.

정은숙, 이정아, 임현숙(2005). 한국 여성의 초경개시 임계 체중과 체지방률. 대한지역사회영향학회지, 10(2), 196-204.

정해숙, 최윤정, 최자은(2014). 학생 미혼모 학습권 보장 방안. 서울: 한국여성정책연구원.

정현숙(1993). 부모의 이혼에 따른 자녀들의 적응. 아동학회지, 14(1), 59-75.

정현숙(2004). 다양한 가족에서의 청소년 발달. 한국심리학회지: 사회문제, 10(특집호), 29-45.

정현숙, 유계숙(2001). 가족관계. 서울: 신정.

제석봉, 김춘경, 천성문, 이영순, 김미애, 이지민(2013). **가족치료**. 서울: 정민사.

조금주(2011). 청소년 아르바이트 경험과 비행 및 자기존중감, 부모 양육행위와의 관계 분석. **청소년학연구**, 18(1), 1-29.

조성연, 이용교, 방은령(2000). 청소년의 원조교제에 대한 탐색적 연구. **청소년복지연구**, 2(2), 99-116.

조아미, 권두승(1998). 자아관련 변인을 중심으로 한 비행청소년의 문제행동 결정요인. **청소년학연구**, 5(3), 27-43.

조아미, 이명화(2001). 성매매청소년의과거, 현재 그리고 미래. **청소년복지연구**, 3(2), 57-71.

조영미, 임영식(2015). 집단따돌림 역할자 유형분석 및 학교 영향요인검증. **청소년학연구**, 22(9), 111-135.

조용환(1993). 청소년 연구의 문화인류학적 접근: 청소년의 실체와 청소년 문화의 이해. **한국청소년연구**, 14(가을), 5-17.

조윤오(2013). 청소년의 사이버불링 피해 실태 및 피해 유발 요인 연구. **한국공안행정학회보**, 22(4), 304-327.

조윤주, 정옥분(2009). 청소년의 동조적 또래괴롭힘에 대한 매개된 조절모형검증 - 또래동조성의 작용을 중심으로. **인간발달연구**, 16(3), 91-111.

조은영, 임정하(2014). 대학생의 긍정정서 및 부정정서가 심리적 안녕감에 미치는 영향: 인지적 유연성의 매개효과를 중심으로. **한국청소년연구**, 25(4), 185-210.

조주영, 김영희(2006). 청소년의 위험성행동과 관련된 개인 가족 주변환경 체계요인의 경로모형. **대한가정학회지**, 44(3), 181-195.

조주영, 오인수(2014). 청소년의 학교폭력 경험유형과 유형변화 및 정서문제 간의 관계. **한국청소년연구**, 25(4), 301-323.

조춘범(2010). 청소년의 가정폭력경험 및 부모 자녀 상호작용이 폭력비행에 미치는 영향. **청소년복지연구**, 12(1), 93-121.

주민하, 임성문(2017). 도덕적 이탈과 사이버불링의 관계: 부모감독과 또래압력의 조절효과. **미래청소년학회지**, 14(4), 1-20.

주지혁, 김형일(2013). 청소년의 성정향성, 인터넷 음란물 노출 및 노출 후 행태 사이의 관계에 관한 탐색적 연구: PLS 구조모형 분석을 중심으로. *The Journal of Digital Policy & Management, 11*(6), 11-21.

지용근, 김옥희, 양종국, 김희수(2009). **개정증보 진로상담의 이해**. 서울: 동문사.

차윤희(2005). 또래괴롭힘 상황에서 학령기 아동의 역할과 사회적 이해. 연세대학교 대학원석사 학위논문.

천성문, 박명숙, 박순득, 박원모, 이영순, 전은주, 정봉희(2004). **상담심리학의 이론과 실제**. 서울: 학지사.

청소년상담복지개발원(2012). 학업중단청소년 유형별 상담매뉴얼 개발. **2012 청소년상담연구**, 167.

청소년폭력예방재단(2012). **2012년도 전국학교폭력실태조사 보고서**. 서울: 청소년폭력예방재단.

최경숙(2000), **발달심리학**. 서울: 교문사

최미경(2006). 아동의 또래괴롭힘 및 자아존중감과 외로움간의 관계. **아동학회지**, 27(4), 133-145.

최미경, 도현심(2001). 또래 괴롭힘 피해아의 경험에 관한 심층면접. **한국가정관리학회지**, 19(2), 31-47.

최병목(2002). 특집: 중고교생의 휴대폰사용 유형에 대한 비교분석 연구. **대한보건연구**, 28(4), 398-418.

최성환, 최해연(2014). 청소년 정서조절의 이해: 측정도구의 개발 및 타당화. **한국심리학회지: 일반**, 33(4), 833-852.

최승희(2012). 미혼모자시설 내 대안교육기관의 운용 실태와 개선방안. **학교사회복지**, 23, 281-306.

최웅용(2016). 인지행동치료. 김춘경, 이수연, 이윤주, 정종진, 최웅용 공저. **상담의 이론과 실제**.

서울: 학지사.

최윤진(2000). 아동의 권리와 청소년의 권리. **청소년학연구**, 7(2), 277-300.

최은영, 양종국, 김영근, 이윤희, 김현민 (2014). **청소년비행 및 약물중독상담**(2판). 서울: 학지사.

최인재(2010). 청소년기 자녀의 자살 생각에 대한 부모자녀관계의 영향: 자아존중감 및 우울의 미개효과를 중심으로. **청소년학연구**, 17(9), 105-130.

최지영, 신의진, 오경자(2009). 성폭력피해 아동에 대한 외상초점 인지행동치료의 효과검증: 탐색적 연구. **인지행동치료**, 9(1), 57-73.

최태영, 한덕현(2014). 인터넷 게임장애. 홍강의 편, **소아정신의학**(pp. 471-480). 서울: 학지사.

최해연, 곽윤영, 김은영, 배주미(2011). 청소년 탈성매매 과정 연구: 근거이론을 중심으로. **청소년상담연구**, 19(1), 183-202.

통계청 보도자료(2018). 2017년 혼인 · 이혼 통계. 보도일시. 2018. 3. 21.

통계청(2017). **한부모가구비율**. e-나라지표. http://www.index.go.kr/potal/main/EachDtlPageDetail.do?idx_cd=1578

통계청, 여성가족부 보도자료(2017). 2017년 청소년 통계. 보도일시 2017. 4. 18. http://kostat.go.kr/portal/korea/kor_nw/2/1/index.board?bmode=read&aSeq=360039

하은혜, 조유진(2007). 또래동조성이 집단괴롭힘 가해행동에 미치는 영향에 대한 개인내적 중재요인 - 남 · 여 초등학생을 대상으로. **인간발달연구**, 14(4), 49-64.

학교폭력예방 및 대책에 관한 법률(2012. 1. 26. 개정, 2012. 7. 27. 시행)

한국고용정보원(2011). **2012 한국직업사전**(Korea dictionary of occupations).

한국교육개발원(2000). **초중등학생의 사이버상에서의 상호작용 양상 분석**. 서울: 한국교육개발원.

한국보건사회연구원(2015). 한국사회의 사회 · 심리적 불안의 원인분석과 대응방안. 연구보고서 2015-22. https://www.kihasa.re.kr/common/filedown.do?seq=17849

한국성폭력상담소(2013). **2012년 한국성폭력상담소 상담통계 및 상담동향 분석**. 서울: 한국성폭력상담소.

한국성폭력상담소, 여성주의상담팀(2014). 한국성폭력상담소 2013년 상담통계 현황. **반성폭력**, 8, 73-79.

한국여성정책연구원(2016). 2015년 전국다문화가족실태조사분석. 연구보고 2016-03.

한국인터넷진흥원(2014). **한국인터넷백서**. 서울: 한국인터넷진흥원.

한국인터넷진흥원(2017). 2017년 인터넷이용실태조사. 한국인터넷진흥원.

한국정보화진흥원 스마트쉼센터. https://www.iapc.or.kr/site/summainfo/showGuideInternetDetail.do

한국정보화진흥원(2013). 2013년 인터넷중독 실태조사. NIA-RER 13077.

한국청소년개발원(2004a). **청소년상담론**. 경기: 교육과학사.

한국청소년개발원(2004b). **청소년심리학**. 경기: 교육과학사.

한국청소년정책연구원(2011). 아동 · 청소년 정신건강 증진을 위한 지원방안 연구 I: 총괄보고서. 연구보고 11-R22.

한국청소년정책연구원(2012). 아동 · 청소년 정신건강 증진을 위한 지원방안 연구 II: 총괄보고서. 연구보고 12-R15.

한국청소년정책연구원(2013a). 다문화청소년 종단조사 및 정책방안 연구 I: 총괄보고서. 연구보고 13-R12.

한국청소년정책연구원(2013b). 스마트폰확산에 따른 청소년보호방안 연구. 연구보고 13-R08.

한국청소년정책연구원(2014a). 스마트시대 대중매체를 통한 청소년의 성 상품화 대응방안 연구. 연구보고 14-R13.

한국청소년정책연구원(2014b). 청소년 사이버불링 실태 및 대응방안 연구. 연구보고 14-R07.

한국청소년정책연구원(2014c). 청소년 아르바이트

실태조사 및 정책방안연구 I. 연구보고14-R01.

한국청소년정책연구원(2014d). 청소년복지론(2판). 경기: 교육과학사.

한국청소년정책연구원(2015). 청소년 아르바이트 실태조사 및 정책방안연구 II. 연구보고15-R07.

한국청소년정책연구원(2016). 한국 아동 · 청소년 패널조사 VII: 기초분석 보고서 II: 청소년 매체이용 추이 및 코호트 간 비교분석. 연구보고16-R17-2.

한국특수교육학회(2008). 특수교육대상자 개념 및 선별기준.

한국학중앙연구원(2018). 한국민족문화대백과. http://encykorea.aks.ac.kr/Search/List

한상철(2004). 중소도시 청소년의 위험행동 예측요인 분석. 교육심리연구, 18(3), 193-210.

한상철(2006). 청소년의 위험행동과 삶의 질: 위험행동에 대한 보호요인의 역할. 한국심리학회지: 사회문제, 12(5), 99-116.

한상철(2008). 청소년학: 청소년 이해와 지도(2판). 서울: 학지사.

한상철(2009). 청소년 성행동에 영향을 주는 위험요인 및 보호요인의 분석. 미래청소년학회지, 6(4), 185-210.

한상철(2015). 청소년 위험행동과 긍정적 발달. 미래청소년학회 추계학술대회 자료집.

한상철, 이수연, 임순선, 류수현, 김우철(2012). 청소년 심리 및 상담. 경기: 정민사.

한상철, 조아미, 박성희(1997). 청소년심리학. 서울: 양서원.

한아림(2012). 또래괴롭힘에 대한 규준적 신념과 또래동조성에 또래괴롭힘 가해 행동에 미치는 영향. 성균관대학교 대학원 석사학위논문.

한태영, 이세란(2005). 청소년의 정서관련 변인과 학업 스트레스의 관계: 체험정서, 표현정서 및 정서지능의 영향. 한국심리학회지: 학교, 2(1), 37-58.

한희정, 정혜진(2014). 국내 사이버불링 연구 동향: 개념과 연구 경향성을 중심으로. 스피치와 커뮤니케이션, 180-217.

허승희, 최태진(2008). 초등학교 폭력예방을 위한 집단상담 프로그램의 적용과 그 효과I: 가해 성향 아동을 대상으로. 초등교육연구, 21(3), 175-197.

허혜경, 김혜수(2010). 청년발달. 서울: 학지사.

홍성흔, 도현심(2002). 모자녀관계 및 자아존중감과 청소년의 성취동기간의 관계. *Family and Environment Research, 40*(12), 145-158.

황은영, 도현심, 신정희(2008). 또래괴롭힘 집단의 유형에 따른 부부갈등, 어머니의 양육행동 및 아동의 친구관계의 질. 한국가정관리학회지, 26(5), 419-432.

황혜정(2002). 아동과 청소년의 친구관계 발달에 관한 연구. 아동학회지, 23(3), 35-49.

황혜정, 김경회, 이혜경, 어주경, 나유미(2003). 아동과 환경. 서울: 학지사.

Achenbach, T. M.(1991). *Manual for the Youth Self-Report and 1991 Profile*. Burlington: University of Vermont.

Adams, P. L. (1982). *A primer of child psychotherapy* (2nd ed.). Boston: Little, Brown, & Company.

American Psychiatric Association. (2013). *Diagnostic and statistical manual of mental disorders(DSM-5)*. Arlington, VA: American Psychiatric Publishing, Inc. 권준수 외 공역(2015). 정신질환의 진단 및 통계편람. 서울: 학지사.

Ansbacher, H. L., & Ansbacher, R. R. (Hg.). (1982). *Alfred Adlers individualpsychologie*. Reinhardt Munchen/Basel.

Arlow, J. A. (1989). Psychoanalysis. In R. J. Corsini (Ed.), *Current psychotherapies*. Itasca, IL: Peacock.

Arnett, J. (2004). *Emerging adulthood: The winding road from the late teens through the twenties*. NY: Oxford University Press.

Årseth, A. K., Kroger, J., Martinussen, M., & Marcia, J. E. (2009). Meta-analytic studies of identity status and the relational issues of attachment and intimacy. *Identity: An International Journal of Theory and Research, 9*(1), 1-32.

Bandura, A. (1977). *Social learning theory*. Englewood Cliffs, NJ: Prentice-Hall.

Barak, A., Klein, B., & Proudfoot, J. G. (2009). Defining internet-supported therapeutic interventions. *Annals of Behavioral Medicine, 38*(1), 4-17.

Baumrind, D. (2005). Patterns of parental authority and adolescent autonomy. *New Directions for Child and Adolescent Development, 108,* 61-69.

Beardslee, W. R., & Gladstone, T. R. G. (2001). Prevention of childhood depression: Recent findings and future prospects. *Biological Psychiatry, 49,* 1101-1110.

Beck, A. T., (1976). *Cognitive therapy and emotional disorders*. New York, NY: International Universities Press.

Beck, A. T., Rush, J., Shaw, B. F., & Emery, G. (1991). *Cognitive theory of depression.* The Guilford Press. 원호택, 박현순, 신경진, 이훈진 조용래, 신현균, 김은정 공역(1997). **우울증의 인지치료**. 서울: 학지사.

Belsky, J., Steinberg, L., & Draper, P. (1991). Childhood experience, interpersonal development, and reproductive strategy: An evolutionary theory of socialization. *Child Development, 62*, 647-670.

Berg, I. K., & Miller, S. D. (1992). *Working with the problem drinker: A solution-focused approach.* 가족치료연구모임 역(1995). **해결중심적단기가족치료**. 서울: 하나의학사.

Berkowitz, R. (1990). On information and regulation of anger and aggression: A cognitive-neoassociationistic analysis. *American Psychologist, 45,* 494-503.

Berscheid, E., & Walster, E. (1974). *Physical attractiveness.* San Diego, CA: Academic Press.

Beuys, J. (1990). "Kunst ist ja Therapie"und "jeder Mensch ist ein Künstler. Die Neuen Kreativitätstherapien" *Junfermann Verlag Paderborn*, 33-40.

Bian, M., & Leung, L. (2015). Linking loneliness, shyness, smartphone addiction symptoms, and patterns of smartphone use to social capital. *Social Science Computer Review, 33*, 61-79.

Boldt, S. (1996). The effects of music therapy on motivation, psychological well-being, physical comfort, and exercise endurance of bone marrow transplant patients. *Journal of Music Therapy, 33*(3), 164-188.

Brammer, L. P. (1988). *The helping relationship*. Engelwood Cliffs, NJ: Prentice-Hall.

Brand, A. G. (1987). *Writing as counseling: Elementary School guidance and Counseling, 21*(4), 247-285.

Brems, C. (1993). *A comprehensive guide to child psychotherapy*. Boston, MA: Allyn & Bacon.

Bronfenbrenner, U. (1977). Toward an experimental ecology of human development. *American Psychologist, July,* 513-531.

Bronfenbrenner, U. (1989, April). *The developing ecology of human development: Paradigm lost or paradigm regained*. In biennial meeting of the Society for Research in Child Development, Kansas City, MO.

Bronfenbrenner, U., & Morris, P. A. (2006). The biological model of human development. In R. M. Lerner (Ed.), *Handbook of child psychology: vol. 1. Theoretical models and human development* (6th ed., pp. 793-828). Hoboken, NJ: John Wiley & Sons, Inc.

Brown, Aarons, & Abrantes (2001). Adolescent alcohol and drug abuse. In C. E. Walker & M. C. Roberts (Eds.), *Handbook of clinical child psychology* (3rd ed., pp. 757-775). Hoboken, NJ: John Wiley & Sons, Inc.

Brown, B. (2004). Adolescents' relationships with peers. In R. M. Lerner & L. Steinberg (Eds.), *Handbook of adolescent psychology* (2nd ed., pp. 363-394). Hoboken, NJ: John Wiley & Sons, Inc.

Brown, J. (1976). *Practical applications of the personality priorities*. Clinton, MD: B S F Associates, Inc.

Brown, N. W. (1996). *Expressive processes in group counseling*. Westport, CT; Praeger.

Brunwasser, S. M., Gillham, J. E., & Kim, E. S. (2009). A meta-analytic review of the Penn resiliency program's efffect on depressive symptoms. *Journal of Consulting and Clinical Psychology, 77,* 1042-1054.

Bukowski, W. M., Simard, M., Dubois, M. E., & Lopez, L. S. (2011). Representations, process, and development: A new look at friendship in early adolescence. In E. Amsel & J. Smetana (Eds.), *Adolescent vulnerabilities and opportunities: Developmental and constructivist perspectives* (pp. 159-181). New York, NY: Cambridge University Press.

Burns, R. M. (2010). *Child, family, school, community: Socialization and support* (8th ed.). Belmont, CA: Wadsworth, Cengage Learning.

Campbell, b. C., Prossinger, H., & Mbzivo, M. (2005). Timing of pubertal maturation and the onset of sexual behavior among Zimbabwe school boys. *Archives of Sexual Behavior, 34,* 505-516.

Caplan, G. (1964). *Principles of preventive psychiatry*. New York, NY: Basic Books.

Capuzzi, D., & Gross, D. (2001). *Introduction to group counseling*. Denver, CO: Love Publishing

Carey, M., & Russell, S. (2003). Re-authoring: Some answers to commonly asked questions. *International Journal of Narrative Therapy and Community Work, 3,* 60-71.

Carkhuff, R. R. (1969). *Helping and human relations, 1*. New York, NY: Holt, Rinehart & Winston.

Carr, A. (2002). *Prevention: What works with children and adolescents?* Psychology Press. 김정휘 역(2008). 발달장애 아동과 청소년 문제의 예방원리와 실제. 서울: 시그마프레스.

Carr, D., & Springer, K. W. (2010). Advances in families and health research in the 21st century. *Journal of Marriage and Family, 72*(June), 743-761.

Carter, B., & McGoldrick, M. (Eds.). (1980). *The changing family life cycle: A framework for family therapy*. 정문자 역(2000). **가족생활주기와 치료적 개입.** 서울: 중앙적성출판사.

Caspi, A., Lynam, D., Moffitt, T. E., & Silva, P. (1993). Untraveling girls' delinquency: Biological, dispositional and contextual contribution to adolescent misbehavior. *Developmental Psychology, 29,* 19-30.

Cicchetti, D. (2006). Development and psychopathology. In D. Ciccetti & D. J. Cohen. (Eds.), *Developmental psychopathology* (2nd ed.). *Vol. 1. Theory and method* (pp. 1-23). Hoboken, NJ: John Wiley & Sons, Inc.

Clark, L. (1996). *SOS! Help for parents: A practical guide for handling common everyday behavior problems*. Bowling Green, KY: Parents Press.

Colapinto, J. (1991). Structural family therapy. In A. Gurman & D. Kniskern (Eds.), *Handbook of family therapy: Vol. 2* (pp. 417-443). New York, NY: Brunner/Mazel.

Colby, A., Kohlberg, L., Gibbs, J., & Lieberman, M. (1983). A longitudinal study of moral judgement. *Monographs of the Society for Research in Child Development, 48,* (1-2, Serial No. 200).

Collins, A. W., & Steinberg, L. (2006). Adolescent development in interpersonal context. In N. Eisenberg (Ed.), *Handbook of child psychology* (6th ed.): *Vol. 3. Social, emotional, and personality development* (pp. 1003-1067). Hoboken, NJ: John Wiley & Sons, Inc.

Collins, W. A. (1990). Parent-child relationships in the transition to adolescence: Continuity and change in interaction, affect, and cognition. In R. Montemayer, G. Adams, T. Gullota (Eds.), *Advances in adolescent development: Vol 2. The transition from childhood to adolescence*. Beverly Hills, CA: Sage.

Compton, W. M., Thomas, Y. F., Stinson, F. S., & Grant, B. F. (2007). Prevalence, correlates, disability, and comorbidity of DSM-IV drug abuse and dependence in the united states. *Archive General Psychiatry, 64,* 566-576.

Corey, G. (1995). *The theory and practice of group counseling*. 조현춘 외 공역(2000). **집단심리상담의 이론과 실제**. 서울: 시그마프레스.

Corey, G. (1998). *Theory and practice of counseling and psychotherapy*. 조현춘, 조형태 공역(1998). **심리상담과 치료의 이론과 실제**. 서울: 시그마프레스.

Corey, G. (2001). *The art of integrative counseling*. 현명호, 유제호 공역(2001). **상담 및 심리치료의 통합적 접근**. 서울: 시그마프레스.

Corey, G. (2003). *Theory and practice of counseling and psychotherapy*. Belmont, CA: Brooks/Cole Publishing Company.

Corey, M., & Corey, G. (1992). *Groups: Process and Practice*. Pacific Grove, CA: Brooks/Cole.

Corsini, R. J., & Wedding, D. (Eds.) (2005). *Current psychotherapies* (7th ed.). Thomson Learning. 김정희 역(2007). **현대심리치료**. 서울: 박학사.

Day, R. W., & Sparacio, R. T. (1980). Structuring the counseling process. *Personnel and Guidance Journal, 59,* 246-249.

de Shazer, S. (1985). *Keys to solution in brief therapy*. New York, NY: Norton.

DeAngelis, T. (2009). Life-saving outreach: University counseling centers are launching creative campaigns and retooling student services to prevent student suicides. *Monitor on Psychology, 40*(8), 62-65.

Diamond, L, M., & Aspinwall, L, G. (2003). Emotion regulation across the life span: An integrative perspective emphasizing self-regulation, positive affect, and dyadic processes, *Motivation and Emotion, 27*(2), 125-156.

Dinkmeyer, D. Jr., & Sperry, L. (2002). *Counseling and psychotherapy: An integrated, individual psychology approach*. 김춘경 역(2004). **상담과 심리치료: 아들러 개인심리학의 통합적 접근**. 서울: 시그마프레스.

Dinkmeyer, D., & McKay, G. (1997). *Systematic training for effective parenting*. Circle

Pines, MN: American Guidance Service.

Dixon, D. N., & Glover, J. A. (1984). *Counseling: A problem-solving approach*. New York, NY: Wiley.

Dolgin, K. G. (2014). *The adolescent development, relationships, and culture* (13th ed., Pearson New International Edition). London, England: Pearson Education Limited.

Doyle, R. E.(1992). *Essential skills & strategies in the helping process.* Pacific Grove, CA: Brooks/Cole.

Dreikurs, R., & Soltz, V. (1964). *Children The challenge*. New York, NY: Hawthorn.

Dreikurs, R. (1967). *Psychodynamics, psychotherapy, and counseling.* Chicago, IL: Alfred Adler Institute.

Dumas, J. E., & Nilsen, W. J. (2005). *Abnormal child and adolescent psychology*. Pearson Education, Inc.

Dumas, J. E., & Nilsen, W. J. (2005). *Abnormal child and adolescent psychology*. Pearson Education, Inc.

Edwards, C. D. (1978). Social experience and social judgement in East African young adults. *Journal of Genetic Psychology, 133,* 19-29.

Ehly, S., & Dustin, R. (1989). *Individual and group counseling in schools.* New York, NY: Guilford Press.

Eisenberg, N. (2001). The core and correlates of affective social competence. *Social Development, 10,* 120-124.

Elkind, D. (1978). *The child's reality: Three developmental themes.* Hillsdale, NJ: Erlbaum.

Elkind, D. E. (1967). Egocentrism in adolescence. *Child Development, 38*, 1025-1034.

Ellis, A., & MacLaren, C. (2005). *Rational Emotive Behavior Therapy: a therapist's guide* (2nd ed.). 서수균, 김윤희 공역(2007). **합리적 정서 행동치료**. 서울: 학지사.

Ellis, A. (1991). The philosophical basis of rational-emotive therapy. *Psychotherapy in Private Practice, 8,* 97-106.

Engels, R. C. M., & Bogt, T. (2001). Influences of risk behaviors on the quality of peer relations in adolescence. *Journal of Youth and Adolescence, 30*(6), 675-695.

Erikson, E. (1950). *Childhood and society*. New York, NY: W. W. Norton.

Erikson, E. (1968). *Identity: Youth and crisis*. New York, NY: W. W. Norton.

Farrington, D. P. (2004). Conduct disorder, aggression, and delinquency. In R. M. Lerner & L. Steinberg (Eds.), *Handbook of adolescent psychology* (2nd ed.). Hobken, NJ: John Wiley & Sons, Inc.

Fenell, D., & Weinhold, B. (1989). *Counseling families*. Denver, CO: Love.

Fisher, S. (1986). *Development and structure of the body image.* Hilldale, NJ: Earlbaum.

Freedman, J., & Combs, G. (1996). *Narrative therapy: The social construction of preferred realities*. New York, NY: Norton.

Friedman, E. (1991). Bowen theory and therapy. In A. Gurman & D. Kinskern (Eds.), *Handbook of family therapy: Vol. 2* (pp. 134-170). New York, NY: Brunner/Mazel.

Friend, M., & Cook, L. (1992). *Interactions: Collaboration skills for school professionals.* White Plains, NY: Longman.

Garber, J. (2001). Development and depression. In A. J. Sameroff, M. Lewis, & S. M. Miller (Eds.), *Handbook of developmental psychopathology* (2nd ed., pp. 467-490). New York, NY: Kluwer Academic/Plenum Publishers.

Garber, J. (2005). Depression and the family. In J. L. Hudson & R. M. Rapee (Eds.), *Psychopathology an the family.* San Diego, CA: Elsevier Inc.

Garber, J. (2006). Depression in children and adolescents: Linking risk research and prevention. *American Journal of Preventive Medicine, 31,* s104-s125.

Garmezy, N. (1985). Stress resistant children: the search for protective factors. In J. E. Stevenson (Ed.), *Recent research in developmental psychopathology* (pp. 213-233). Oxford, England: Pergamon Press.

Garmezy, N. (1987). Stress, competence, and development: Continuities in the study of schizophrenic adults, children vulnerable to psychopathology, and the search for stress-resistant children. *American Journal of Orthopsychiatry, 57,* 159-174.

Garmezy, N., & Masten, A. S. (1986). Stress, competence, and resilience: Common frontiers for therapist and psychopathologist. *Behavior Therapy, 17,* 500-521.

Gaston, E. (1968). *Music in Therapy.* New York, NY: MacMillan.

Gavazzi, S. M. (2011). *Families with adolescent: Bridging the gaps between theory, research, and practice.* New York, NY: Springer.

Gazda, G. M. (1973). *Human relations development.* A manual for educators, Boston, MA: Ally & Bacon.

Gazda, G. M. (1989). *Group counseling: A developmental approach*, Boston, MA: Allyn & Bacon.

Gazda, G. M., Ducan, J. A., & Meadows, M. E. (1969). *Theories and methods of group counseling in school.* Springfield, IL: Charles C. Thomas.

Gelso, C. J., & Carter, J. A. (1985). The relationship in counseling and psychotherapy: Components, consequences, and theoretical antecedents. *The Counseling Psychologist, 13,* 155-243.

Gilligan, C. (1982). *In a Different Voice: Psychological Theory and Women's Development.* Cambridge, MA: Harvard University Press.

Gladding, S. T. (1990). Coming full cycle: Reentry after the group. *Journal for Specialists in Group Work, 15*, 130-131.

Gladding, S. T. (1995). *Family therapy: History, theory, and practice.* Englewood Cliffs, NJ: Prentice Hall.

Gladding, S. T. (1996). *Counseling: A comprehensive profession.* New York, NY: Merrill.

Gladding, S. T. (1999). *Counseling: A comprehensive profession.* New York, NY: Merrill.

Gladding, S. T. (2002). *Group work: A counseling specialty* (6th ed.). New York, NY: Merrill.

Gladding, S. T. (2012). *Counseling: A comprehensive profession* (4th ed.) New York: Merrill.

Goldenberg, I., & Goldenberg, H. (1988). Family systems and the school counselor. In W. Walsh & N. Giblin (Eds.), *Family counseling in school settings* (pp. 26-38). Springfield, IL: Charles C. Thomas.

Goldenberg, I., & Goldenberg, H. (1991). *Family therapy: An overview* (3rd ed.). Monterey, CA: Brooks/Cole.

Gordon, B. N., & Schroeder, C. S. (2006). Chap. 25: Sexual problems in children. In C. E. Walker & M. C. Roberts (Eds.), *Handbook of clinical child psychology* (3rd ed., pp.495-522). New York, NY: John Wiley & Sons, Inc.

Gordon, D. (1978). *Therapeutic metaphors.* Cupertino, CA: Meta.

Gordon, T. (2000). *Parent effectiveness training: The proven program for raising responsible children*. New York, NY: Three Rivers Press.

Graber, J., Brooks-Gunn, J., & Warren, M. P. (2006). Pubertal effects on adjustment in girls: Moving from demonstrating effects to identifying pathways. *Journal of Youth and Adolescence, 35*, 391-401.

Grayson, E. (1989). *The elements of short-term group counseling*. Washington, DC: St. Mary's Press.

Green, R., & Kolevzon, M. (1984). Characteristics of healthy families. *Elementary School Guidance and Counseling, 19*, 9-18.

Grotevant, H. D., & Cooper, C. R. (1985). Patterns of interaction in family relationships and the development of identity exploration in adolescence. *Child Development, 56,* 415-428.

Gumaer, J. (1984). *Counseling and therapy for children*. 이재연, 서영숙, 이명조 공역(1997). **아동상담과 치료**. 서울: 양서원.

Guo, J., Hill, K. G., Hawkins, J. D., Catalano, R. F., & Abbott, R. D. (2002). A developmental analysis of sociodemographic, family, and peer effects on adolescent illicit drug initiation. *Journal of the American Academy of Child & Adolescent Psychiatry, 41*(7), 838-845.

Guy, J. D. (1987). *The personal life of the psychotherapist*. New York, NY: Wiley.

Hackney, H., & Cormier, L. S. (1994). *Counseling strategies and interventions* (4th ed.). Englewood Cliffs, NJ: Prentice Hall.

Haley, J. (1976). *Problem solving therapy*. San Francisco, CA: Jossey-Bass.

Haley, J. (1984). *Ordeal therapy*. San Francisco, CA: Jossey-Bass.

Hall, C. S., & Lindzey, G. (1970). *Theories of personality*. 이지영 외 공역(1977), **성격의 이론**. 서울: 중앙적성출판사.

Hall, C. S. (1954). *A primer of Freudian psychology*. New York, NA: The New American Library.

Hammen, C., & Rudolph, K. D. (2003). Childhood mood disorders. In E. J. Mash & R. A. Barkley (Eds.), *Child psychopathology* (2nd ed., pp. 233-278). New York, NA: The Guilford Press.

Hankin, B. L., Wetter. E., & Cheely, C. (2008). Sex differences in child and adolescent depression. In J. R. Z. Abela & B. L. Hankin (Eds.), *Handbook of depression in children and adolescents* (pp. 377-414). New York, NY: The Guilford Press.

Harrington, R. (2002). Affective disorders. In M. Rutter & E. Taylor (Eds.), *Child and adolescent psychiatry* (4th ed., pp. 463-485). Malden, MA: Blackwell Science, Inc.

Harter, S. (1993). Causes and consequences of low self-esteem in children and adolescents. In R. F. Baumeister (Ed.), *Self-esteem: The puzzles of low self-regard.* New York, NY: Plenum.

Harvey, J. H., & Fine, M. A. (2004). *Children of divorce: stories of loss and growth.* Mahwah, NJ: Lawrence Erlbaum Associates, Inc.

Hirschi, T. (2002). *Causes of delinquency.* Piscataway, NJ: Transaction Publishers.

Hjelle, L. A., & Ziegler, D. J. (1981). *Personality theories*. 이훈구 역(1998). **성격심리학**. 서울: 법문사.

Holland, J. L. (1997). *Making vocational choices: A theory of vocational personalities and work environment* (4th ed.). 안창규, 안현의 공역(2004). **홀랜드 직업선택이론**. 서울: 한국가이던스.

Horowitz, J. L., & Garber, J. (2006). The prevention of depressive symptoms in child and adolescents: A meta-analytic review. *Journal of Consulting and Clinical Psychology, 74,* 401-415.

Hutchins, D. E., & Cole, C. G. (1986). *Helping relationships and strategies*. Pacific Grove, CA: Brooks/Cole.

Izard, C. E. (1977). *Human emotion*. New York, NY: Plenum Press.

Jacobs, Ed. E., Schimmel, S. J., Masson, R. L., & Harvill, R. L. (2016). *Group counseling: strategies and skills.* 김춘경 역(2003). **집단상담: 기술과 전략**. 서울: 시그마프레스.

Jespersen, K., Kroger, J., & Martinussen, M. (2013). Identity status and moral reasoning: A meta-analysis. *Identity, 13*(3), 266-280.

Jimerson, S. R., Swearer, S. M., & Espelage, D. L. (2010). International scholarship advances science and practice addressing bullying in schools. In S. R. Jimerson, S. M. Swearer, & D. L. Espelage (Eds.), *Handbook of bullying in schools: An international perspective* (pp.1-6). New York, NY: Routledge.

Jones, D. J., Forehand, R., Cuellar, J., Parent, J., Honeycutt, A., Khavjou, O., Gonzalez, M., Anton, M., & Newey, G. A. (2014). Technology-enhanced program for child disruptive behavior disorders: Development and pilot randomized control trial. *Journal of Clinical Child and Adolescent Psychology, 43*(1), 88-101.

Jensen. K. L. (2001). The effects of selected classical music on self-disclosure. *Journal of Music Therapy, 38,* 2-27.

Kazdin, A. E. (2005). *Parent management training.* 정영조, 김조남, 이정임, 김승연 공역(2007). **말썽많은 아이 제대로 키우기**. 서울: 시그마프레스.

Kazdin, A. E., Kraemer, H., Kessler, R., Kupfer, D., & Offord, D. (1997). Contributioins of risk-factor research to developmental psychopathology. *Clinical Psychology Review, 17,* 375-406.

Kelly, K. R., & Lee, W. C. (2002). Mapping the domain of career decision problems. *Journal of Vocational Behavior, 61*(2), 302-326.

Kernis, M. H., Grannemann, B. D., & Barclay, L. C. (1989). Stability and level of self-esteem as predictors of anger arousal and hostility. *Journal of Personality and Social Psychology, 56,* 1013-1022.

Kessler, R. C., & Walters, E. E. (1998). Epidemiology of DSM-III-R major depression and minor depression among adolescents and young adults in the national comorbidity survey. *Depression & Anxiety, 7,* 3-14.

Kessler, R. C., & Wong, M. B. (2009). Epidemiology of depression. In I. H. Gotlib & C. L. Hammen (Eds.), *Handbook of depression* (2nd ed., pp. 5-22). New York, NY: The Guilford Press.

Kohlberg, L. (1969). Stage and Sequence: The cognitive-developmental approach to socialization. In D. A. Goslin (Ed.), *Handbook of Socialization Theory and Research*. Chicago, IL: Rand McNally.

Kohlberg, L. A. (1984). *The psychology of moral development: The nature and validity of moral stages, Vol. 2.* New York, NY: Harper & row.

Kotchick, B. A., Shaffer, A., Miller, K. S., & Forehand, R. (2001). Adolescent sexual risk behavior: A multi-system perspective. *Clinical Psychology Review, 21*(4), 493-519.

Kramer, P. A., & Smith, G. G. (1998), Easing the Pain of Divorce Through children? Literature, *Early childhood Education Journal, 26*(2), 89-95.

Kumpfer, K. L., & Bluth, B. (2004). Parent/child transactional processes predictive of resilience or vulnerability to "substance abuse disorders". *Substance Use & Misuse. 39*(5), 671-698.

Landreth, G. L. (1982). *Play therapy*. Springfield, IL: Charles C. Thomas.

Landsman, T. (1951). The therapeutic use of written materials, *American Psychologist, 6,* 317.

Larson, R. (2002). Globalization, societal change, and new technologies: What they mean for the future of adolescence. *Journal of Research on Adolescence, 21*(1), 1-30.

Larson, R. W., Wilson, S., & Mortimer, J. T. (2002). Conclusions: Adolescents' preparation for the future. *Journal of Research on Adolescence, 12*(1), 159-166.

Larson, R. W., Wilson, S., & Rickman, A. (2009). Globalization, societal change, and adolescence across the world. In R. Lerner & L. Steinberg (Eds.), *Handbook of adolescent psychology* (3rd ed., Vol. 2, pp. 590-622). New York, NY: Wiley.

Laser, J. A., & Nicotera, N. (2011). *Working with adolescents: A guide for practitioners.* New York, NY: The Guild Press.

Lazarus, A. A. (1992). The multimodalapproach to the treatment of minor depression. *American Journal of Psychotherapy, 86*(1), 50-56.

Lee, M. (2003). Korean adolescents' "Examination Hell" and their use of free time. *New Directions for Child and Adolescent Development. 99*(Spring), 9-22.

Levy, R., & O'Hanlon, B. (2001). *Try and make me! Simple strategies that turn off the tantrums and create cooperation*. St. Martin's Press.

Lewinsohn, P. M., Hops, H., Roberts, E. R., Seeley, J. R., & Andrews, J. A. (1993). Adolescent psychopathology: I. Prevalence and incidence of depression and other DSM-III-R disorders in high school students. *Journal of Abnormal Psychology, 102,* 133-144.

Loeber, R., & Farrington, D. P. (2000). Young children who commitcrime: Epidemiology, developmental origins, risk factors, early interventions, and policy implications. *Development and Psychopathology, 12,* 737-762.

Luthar S. S., Cicchetti, D. & Becker, B. (2000). The constructs of resilience: A critical evaluation and guidelines for future work. *Child Development, 71,* 543-562.

Lynch, F. & Clarke, G. (2006). Estimating the economic burden of depression in children and adolescents. *American Journal of Preventive Medicine, 31*, 143-151.

Maccoby, E. E., & Martin, J. A. (1983), Socialization in the context of the family: Parent-child interaction. In P. H. Mussen (Ed.), *Handbook of child psychology: Vol. 4. Socialization, personality, and social development* (pp. 1-102). John Wiley & Sons.

Marcia, J. E. (1966). Development and validation of ego identity status. *Journal of Personality and Social Psychology, 3*(5), 551-558

Marcia, J. E. (1980). Identity in adolescence. In

J. Adelson (Ed.), *Handbook of adolescent psychology* (pp. 159-187). New York, NY: Wiley.

Masten, A. S., & Garmezy, N. (1985). Risk, vulnerability, and protective factors in developmental psychopathology, In B. B. Lahey & A. E. Kazdin (Eds.), *Advances in clinical child psychology: Vol. 8* (pp. 1-52). New York, NY: Plenum Press.

Masten, A. S., Hubbard, J. J., Gest, S. D., Tellegen, A., Garmezy, N., & Ramirez, M. (1999). Competence in the context of adversity: Pathways to resilience and maladaptation from childhood to late adolescence. *Development and Psychopathology, 11,* 143-169.

McGoldrick, M. R., & Shellenberger, S. (1999). *Genograms: Assessment and intervention.* 이영분, 김유숙, 정혜정 공역(2005). **가계도: 사정과 개입.** 서울: 학지사.

Mendle, J., Turkheimer, E., & Emery, R. E. (2007). Detrimental psychological outcomes associated with early pubertal timing in adolescent girls. *Developmental Review, 27,* 151-171.

Merikangas, K. R., He, J., Brody, D., Fisher, P. W., Bourdon, K., & Koretz, D. S. (2010). Prevalence an treatment of mental disorders among US children in the 2001-2004 NHANES. *Pediatrics, 125,* 75-81.

Merton, R. (1968). *Social theory and social structure.* New York, NY: Free Press.

Miller, P. H. (1983). *Theories of developmental psychology.* New York, NY: W. H. Freeman and Company.

Miller, W. B. (1958). Lower class culture as a generating milieu of gang delinquency. *Journal of Social Issues, 14,* 5-19.

Milling, L. S. (2006). Depression in preadolescents. In C. E. Walker & M. C. Roberts (Eds.), *Handbook of clinical child psychology* (3rd ed., pp. 373-392). New York, NY: John Wiley & Sons, Inc.

Minuchin, S., & Fishman, H. (1981). *Family therapy techniques.* Cambridge, MA: Harvard University press.

Minuchin, S. (1974). *Families and Family therapy.* 김종옥 역(1988). **가족과 가족치료.** 서울: 법문사.

Moreno, J. J. (1975). *The theatre of spontaneity,0* 1. New York, NY: Beacon Press.

Morganett, R. S. (1990). *Skills for living: Group counseling activities for young adolescents.* 김춘경 역(2002). **삶의 기술: 중고등학교 학생들을 위한 집단상담.** 서울: 학지사.

Mosak, H. (1989). Adlerian psychotherapy. In R. J. Corsini (Ed.), *Current Psychotherapies.* 김정희, 이장희 공역(2004). **현대심리치료.** 서울: 중앙적성출판사.

Mufson, L., & Dorta, K. P. (2003). Interpsersonal psychotherapy for depressed adolescents. In A. E. Kazdin & J. R. Weisz (Eds.), *Evidence-based psychotherapies for children and adolescents* (pp. 148-164). New York, NY: The Guilford Press.

Mustanski, B. S., Viken, R. J., Kapiro, J., Pulkkinen, L., & Rose, R. J. (2004). Genetic and environmental influences on pubertal development: Longitudinal data from finnish twins at ages 11 and 14. *Developmental Psychology, 40,* 1188-1198.

Myrick, R. (2002). *Developmental guidance and counseling: A practical approach.* Minneapolis, MN: Educational Media.

Nelson, M. (2003). School Bullies Going High Tech. http://www.canoe.ca/NewsStand/LondonFreePress/News/2003/09/02/174030.html

Nelson-Jones, R. (1990). *Human relationship*. Pacific Grove, CA: Brooks/ Cole.

Nichols, M., & Schwartz, R. (1991). *Family therapy: Concepts and methods* (2nd ed.). Boston, MA: Allyn & Bacon.

Noland, R. M. (2006). Childhood sexuality and sexual behavior. In R. J. Waller (Ed.), *Fostering child and adolescent mental health in the classroom* (pp. 203-222). Thousand Oaks, CA: Sage.

Nolen-Hoeksema, S., & Hilt, L. M. (2009). Gender differences in depression. In I. H. Gotlib & C. L. Hammen (Eds.), *Handbook of depression* (2nd ed., pp.386-404). New York, NY: The Guilford Press.

Nugent, F. A. (1990). *An introduction to the profession of counseling*. Columbus, OH: Merrill.

O'Connor, K. J. (1991). *The play therapy primer: An integration of theories and techniques.* New York, NY: Wiley.

Olson, D. H. (1985). *Family Inventories: Inventories used in a national survey of families across the family life cycle* (rev. ed.) St. Paul, MN: Family social science, University of Minnesota Press.

Olson, D. H., & Lavee, Y. (1989). Family systems and family stress: A family life cycle perspective. In K. Kreppner & R. M. Lerner (Eds.), *Family systems and lifespan development* (pp. 165-195). Hillsdale, NJ: Lawrence Erlbaum Associates.

Olweus, D. (1993). *Bullying at school: What we know and what we can do.* Cambridge, MA: Blackwell.

Olweus, D. (2010). Understanding and researching bullying. In S. R. Jimerson, S. M. Swearer, & D. L. Espelage (Eds.), *Handbook of bullying in schools: An international perspective* (pp. 9-32). NY: Routlege.

Parke, R. D., & Slaby, R. G. (1983). The development of aggression. In E. M. Hetherington (Ed.), *Handbook of child psychology: Vol. Socialization, personality, and social development* (4th ed., pp. 547-641). New York, NY: Wiley.

Patterson, S. J., Sochting, I., & Marcia, J. E. (1992). The inner space and beyond: Women and identity. In G. R. Adams, T. P. Gullotta, R. Montemayor (Eds.), *Adolescent identity formation.* Newbury Park, CA: Sage.

Ponzetti, J., & Long, E. (1989). Healthy family functioning: A review and critique. *Family Therapy, 14*, 43-49.

Posthuma, B. W. (1996). *Small groups in therapy settings: Process and leadership*. Boston, MA: Allyn & Bacon.

Progoff, I. (1978). *At a journal workshop: The basic text and guide for using the intesive journal process.* New York, NY: Dialogue House Library.

Rathunde, K., & Csikszentmihalyi, M. (2006). The developing person: An experimental perspective. In R. M. Lerner (Ed.), *Handbook of child psychology* (6th ed.)*: Vol. 1. Theoretical models and human development* (pp. 465-515). Hoboken, NJ: John Wiley & Sons, Inc.

Reinecke, M. A., & Ginsburg, G. S. (2008). Cognitive-behavioral treatment of depression during childhood and adolescence. In J. R. Z. Abela, & B. L. Hankin (Eds.), *Handbook of depression in children and adolescents* (pp. 179-206). New York, NY: The Guilford Press.

Rende, R., Slomkowski, C., Lloyd-Richardson, E., & Niaura, R. (2005). Sibling effects on substance use in adolescence: Social contagion and genetic relatedness. *Journal of Family Psychology, 19*(4), 611.

Roberts, D. F., Henriksen, L., & Foehr, U. G. (2009). Adolescence, adolescents, and media. In R. M. Lerner & L. Steinberg (Eds.), *Handbook of adolescent psychology* (3rd ed.): *Vol. 2: Contextual influences on adolescent development* (pp. 314–344). Hoboken, NJ: John Wiley & Sons, Inc.

Rogers, C. R. (1957). The necessary and sufficient conditions for psychotherapeutic personality change. *Journal of Consulting Psychology, 21*. 95–103.

Rogers, C. R. (1961). *On becoming a person.* Boston, MA: Houghton Mifflin.

Rogers, C. R. (1987). The underlying theory: Drawn from experience with individuals and groups. *Counseling and Values, 32*, 38–46.

Rohde, P., & Andrews, J. A. (2006). Substance use disorders. In C. A. Essau (Ed.). *Child and adolescent psychopathology: Theoretical and clinical implications.* London & NY: Routledge.

Rossi, E. (1985). *Dreams and the growth of personality*. New York, NY: Brunner/Mazel.

Rubin, K. H., & Krasnor, L. R. (1986). Social cognitive and social behavioral perspectives on problem solving. In M. Perlmutter (Ed.), *Minnesota symposium on child psychology* (Vol. 18, pp. 1–68).

Rubin, K. H., Bukowski, W. M., & Parker, J. G. (2006). Peer interactions, relationships and groups. In N. Eisenberg (Ed.), *Handbook of child psychology* (6th ed.). *Vol. 3. Social, emotional, and personality development* (pp. 571–645). Hoboken, NJ: John Wiley & Sons, Inc.

Rubin, R. J. (1978). *Bibliotherapy sourcebook.* Phoenix, AZ: Oryz Press, London.

Rueter, M. A., Scaramella, L., Wallace, L. E., & Conger, R. D. (1999). First onset of depressive or anxiety disorders predicted by the longitudinal course of internalizing symptoms and parent–adolescent disagreements. *Archives of General Psychiatry, 56*(8), 726–732.

Rule, W. R. (1982). Pursuing the horizon: Striving for elusive goals. *Personnel and Guidance Journal, 61*, 195–197.

Rutter, M. (1985). Resilience in the face of adversity: Protective factors and resistance to psychiatric disorder. *British Journal of Psychiatry, 147,* 598–611.

Rutter, M. (1987). Psychosocial resilience and protective mechanisms. *American Journal of Orthopsychiatry, 57*(3), 316–330.

Rutter, M. (2014). Nature–nurture integration. In M. Lewis & K. D. Rudolph (Eds.), *Handbook of developmental psychopathology* (3rd ed., pp. 45–66). New York, NY: Springer.

Rutter, M., Yule, B., Quinton, D., Rowlands, O., Yule, W., & Berger, M. (1974). Attainment and adjustment in two geographical areas III. *British Journal of Psychiatry, 125,* 520–533.

Salisch, M. V. (2001). Children's emotional development: Challenges in their relationships to parents, peers, and friends. *International Journal of Behavioral Development, 25*(4), 310–319.

Salmivalli, C., Lagerspetz, K., Bjorkqvist, K., Osterman, K., & Kaukiainen, A. (1996). Bullying as a group process: Participation roles and their relations to social status within the group. *Aggressive Behavior, 22,* 1–15.

Santrock, J. W. (2004). *Adolescence* (9th ed.). McGraw-Hill, Inc. 김현정, 박영신, 방희정, 유성경, 이계원, 정명숙, 조아미, 최윤미 공역. **청년심리학**. 서울: 박학사.

Satir, V. (1972). *People making*. Palo Alto, CA: Science and Behavior Books.

Schwartz, S. J., Mullis, R. L., Waterman, A. S., & Dunham, R. M. (2000). Ego identity status, identity style, and personal expressiveness: An empirical investigation of three convergent constructs. *Journal of Adolescent Research, 15*(4), 504-521.

Seligman, M. E. P., Schulman, P., & Tryon, A. M. (2007). Group prevention of depression and anxiety symptoms. *Behaviour Research and Therapy, 45,* 1111-1126.

Seligman, M. E., Rashid, T., & Parks, A. C. (2006). Positive psychotherapy. *American Psychologist, 61*(8), 774-788.

Selman, R. (1980). *The growth of interpersonal understanding: Developmental and Clinical Analyses.* New York, NY: Academic Press.

Shaffer, D. R. (2001). *Developmental psychology: Childhood and adolescence* (6th ed.). Cengage Learning. 송길연, 장유경, 이지연, 정윤경 공역(2006). **발달심리학**. 서울: 시그마프레스.

Sheras, P. L. (2001). Depression and suicide in adolescence. In C. E. Walker & M. C. Roberts (Eds.). *Handbook of clinical child psychology* (3rd ed.) (pp. 657-673). New York, NY: John Wiley & Sons, Inc.

Shneidman, E. (1985). *Definition of suicide.* Lanham, MD: Rowman & Littlefield Publishers, Inc.

Shneidman, E. (1993). *Suicide as psychache: A clinical approach to self-destructive behavior.* Lanham, MD: Rowman & Littlefield Publishers, Inc.

Short, M. B., & Rosenthal, S. L. (2008). Psychosocial development and Puberty, *Annals of the New York Academy of Sciences, 1135*, 36-42.

Shulman, B. H. (1973). The use of dramatic confrontation in group psychotherapy. *Psychiatric Quarter, 36* (Suppl. Part I).

Shulman, B. H. (1997). Confrontation Techniques. In J. Carlson & S. Slavik (Eds.), *Techniques in Adlerian psychology*. Washington, DC: Taylor & Francis.

Shulman, L. (1979). *The skills of helping individuals and groups.* Itasca, IL: Peacock.

Siegel, L. J. & Welsh, B. C. (2015). *Juvenile delinquency: theory, practice, and law* (12th ed.). Cengage learning.

Silk, J. S., Steinberg, L., & Morris, A. S. (2003). Adolescents' emotion regulation in daily life: Links to depressive symptoms and problem behavior. *Child Development, 74*(6), 1869-1880.

Silverberg, S. B., & Steinberg, L. (1990). Psychological well-being of parents with early adolescent children. *Developmental Psychology, 26*(4), 658-666.

Smetana, J. (1988). Concepts of self and social convention: Adolescents' and parents' reasoning about hypothetical and actual family conflict. In M. Gunnar (Ed.), *21st Minnesota Symposium on child psychology* (pp. 79-122). Hilldale, NJ: Erlbaum.

Smetana, J. G. (2011). Adolescents'social reasoning and relationships with parents: Conflicts and coordinations within and across domains. In E. Amsel & J. Smetana (Eds.), *Adolescent vulnerabilities and opportunities: Developmental and constructivist perspectives* (pp. 139-158). New York, NY: Cambridge University

Press.

Smith, P. K., Cowie, H., Olafsson, R. F., & Liefooghe, A. P. D. (2002). Definitions of bullying: A comparison of terms used, and age and gender differences, in a fourteen-country international comparison. *Child Development, 73*(4), 1119-1133.

Smolak, L. (2004). Body image in children and adolescents: Where do we go from here? *Body Image, 1,* 15-28.

Sroufe, L. A., & Rutter, M. (1984). The domain of developmental psychopathology. *Child Development,* 17-29.

Stark, K. D., Hargrave, J., Hersh, B., Greenberg, M., Herren, J. & Fisher, M. (2008). Treatment of childhood depression: The ACTION treatment program. In J. R. Z. Abela & B. L. Hankin (Eds.), *Handbook of depression in children and adolescents* (pp. 224-249). New York, NY: The Guilford Press.

Steinberg, L. (2011). *Adolescence* (9th ed.). McGraw-Hill Education.

Stephenson, J. B. (1996). Changing families, changing systems: Counseling inplications for the twenty-first century. *School Counselor, 44*(2), 85-92.

Stice, E., Rohode, P., Gau, J. M., & Wade, E. (2010). Efficacy trial of a brief-behavioral depression prevention program for high-risk adolescents: Effects of 1- and 2-year follow-up. *Journal of Consulting and Clinical Psychology, 78,* 856-867.

Stice, E., Shaw, H., Bohon, C., & Marti, C. N., & Rohde, P (2009). A meta-analytic review of depression prevention programs for children and adolescents: Factors that predict magnitude of intervention effects. *Journal of Consulting and Clinical Psychology, 77,* 486-503.

Stolorow, R. D. (1995). An intersubjective view of self psychology. *psychoanalytic dialogues, 5,* 393-399.

Sullivan, P. F., Neale, M. C., & Kendler, K. S. (2000). Genetic epidemiology of major depression. *American Journal of Psychiatry, 157,* 1552-1560.

Sutton, J., & Smith, P. K. (1999). Bullying as a group process: An adaptation of the participant role approach. *Aggressive Behavior, 25*(2), 97-111.

Sykes, G. & Matza, D. (1957). Techniques of neutralization: a theory of delinquency. *American Journal of Sociology, 22,* 664-670.

Tamminen, A. W., & Smaby, M. H. (1981). Helping counselors learn to confront. *Personnel and Guidance Journal, 60,* 41-45.

Thompson, R. A. (2003). *Counseling techniques,* 김춘경 역(2007). **상담기법**. 서울: 학지사.

Thornberry, T. P. (1987). Toward an international theory of delinquency, *Criminology, 25,* 863-891.

Toth, S. L., & Cicchetti, D. (2010). The historical origins and developmental pathways of the discipline of developmental psychopathology. *Israel Journal of Psychiatry and Related Science, 47,* 5-14.

Trotzer, J. (1989). *The counselor and the group.* Philadelphia, PA: Taylor & Frances.

Vaihinger, H. (1911). *The philosophy of "as if".* New York, NY: Harcourt, Brace and World.

Vernon, A., & Al-Mabuk, R. (1995). *What growing up is all about: A parent's guide to child and adolescent development.* Champaign, IL: Research Press.

Vernon, A. (2002). *What works when with*

children and adolescents: A handbook of individual counseling techniques. Champaign, IL: Research Press.

Vickio, C. J. (1990). The goodbye brochure: Helping students to dope with transition and loss. *Journal of Counseling and Development, 68*, 575-577.

Watson, D., & Clark, L. A. (1984). Negative affectivity: The disposition to experience aversive emotional states. *Psychological Bulletin, 96*, 465-490.

Weishaar, M. E. (2007). *Aaron T. Beck.* 권석만 역. **인지치료의 창시자 아론 벡.** 서울: 학지사.

Werner, E. E., & Smith, R. S. (1992). *Overcoming the odds: High risk children from birth to adulthood.* Ithaca, NJ: Cornell University Press.

Wicks-Nelson, R., & Israel, A. C. (2000). *Behavior disorders of childhood.* Upper Saddle river, NJ: Prentice Hall. 정영숙, 손영숙, 양혜영, 정현희 공역(2001). **아동기행동장애.** 서울: 시그마프레스.

Wicks-Nelson, R., & Israel, A. C. (2013). *Abnormal child and adolescent psychology* (8th ed.). Upper Saddle River, NJ: Pearson. 정명숙, 박영신, 정현희 공역(2015). **아동·청소년이상심리학.** 서울: 시그마프레스.

Wicks-Nelson, R., & Israel, A. C. (2015). *Abnormal child and adolescent psychology with DSM-V updates* (8th ed.). Pearson.

Wills, T. A., Sandy, J. M., Yaeger, A., & Shinar, O. (2001). Family risk factors and adolescent substance use: Moderation effects for temperament dimensions. *Developmental Psychology, 37*(3), 283-297.

Wolpe, J. (1958). *Psychotherapy by reciprocal inhibition.* Stanford, CA: Stanford University Press.

World Health Organization. (2013). Comprehensive mental health action plan 2013-2020. Retrieved from: http://apps.who.int/gb/ebwha/pdf_files/WHA66/A66_10Rev1-en.pdf

World Health Orgarinzation. (2017). Depression. http://www.who.int/mediacentre/factsheets/fs369/en/

Yalom, I. D. (1995). **집단정신치료의 이론과 실제.** 서울: 하나의학사.

Yankura, J., & Dryden, W. (2011). *Albert Ellis.* 이동귀 역. **합리적 정서행동치료의 창시자 앨버트 엘리스.** 서울: 학지사.

Young, M. E. (1992). *Counseling methods and techniques.* New York, NY: Macmillan.

Yu, H., & Cho, J. (2016). Prevalence of internet gaming disorder among Korean adolescents and associations with non-psychotic psychological symptoms, and physical aggression. *American Journal of Health Behavior, 40*(6), 705-716.

Yuh, J. (2005). Ethnic identity and its relation to self-esteem and ego identity among college students in a multiethnic region. *Journal of Applied Social Psychology, 35*(6), 1111-1131.

Yuh, J., Maloy, K. A., Kenney, K. A., & Reiss, D. (2006). General psychiatrists and their patients' children: Assessment and prevention. *Psychiatric Quarterly, 77*(2), 97-118.

Yuh, J., Neiderhiser, J. M., Lichtenstein, P., Hansson, K., Cederblad, M., Elthammer, O., & Reiss, D., (2009). Temperament and character associated with depressive symptoms in women: analysis of two genetically informative samples. *Journal of Clinical Psychology, 65*(9), 906-924.

Zimmerman, J. L., & Dickerson, V. C. (1996). *If problems talked.* New York, NY: Guilford.

Zimmermann, P., Maier, M. A., Winter, M., & Grossmann, K. E. (2001). Attachment and adolescents' emotion regulation during a joint problem-solving task with a friend. *International Journal of Behavioral Development, 25*(4), 331-343.

Zuckerman, M., Kolin, E. A., Price, L., & Zoob, I. (1964). Development of a sensation seeking scale. *Journal of Consulting Psychology, 28*, 477-482.

Zunker, V. G. (2002). *Career counseling: Applied concepts of life planning* (6th ed.). Pacific Grove, CA: Brooks/Cole.

박은평(2017. 12. 22.). 형사미성년자 연령 13세로 조정 검토… 청소년 폭력 예방 차원. 이투데이. http://www.etoday.co.kr/news/section/newsview.php?idxno=1576920

윤승민(2017. 9. 8.). 지난 5년간 청소년 성매매사범 4000명 검거. 경향신문. http://news.khan.co.kr/kh_news/khan_art_view.html?artid=201709080953001&code=940100

찾아보기

〈인명〉

〈내용〉

저자 소개

이미리(Lee, Meery)

미국 University of Illinois at Urbana Champaign, Dept. of Human Development & Family Studies, Ph. D. (청소년발달 전공)

서울여자대학교 특수치료전문대학원 겸임교수

현 한국체육대학교 스포츠청소년지도학과 교수

〈주요 저서〉

청소년문제(공저, 한국방송통신대학교출판부, 2018)

K-PRQ 부모자녀관계검사 전문가 지침서(공저, 학지사, 2018)

청소년문제와 보호(공저, 교육과학사, 2014)

청소년학개론(공저, 학지사, 2014)

청소년문제론(공저, 한국방송통신대학교출판부, 2006)

아동연구방법의 이해(공저, 학지사, 2006)

김춘경(Kim, Choonkyung)

독일 Aachen University Ph. D. (교육상담 전공)

독일 Koeln University & Muenchen University 방문교수

미국 Wyoming University 방문교수

현 경북대학교 아동학부 교수

〈주요 저서〉

성격심리학의 이해(공저, 학지사, 2018)

아들러의 인간관계론(학지사, 2018)

상담학 사전 1~5권(공저, 학지사, 2016)

상담의 이론과 실제(공저, 학지사, 2016)

청소년집단상담 프로그램(공저, 학지사, 2015)

가족치료(공저, 정민사, 2014)

상담이론과 실제(공저, 학지사, 2013)

아들러 아동상담(학지사, 2006)

청소년상담(공저, 학지사, 2006)

아동상담: 이론과 실제(학지사, 2004)

아동집단상담 프로그램(공저, 학지사, 2004)

여종일(Yuh, Jongil)

미국 Oregon State University, Ph. D. (인간발달과 가족학 전공)

미국 George Washington University, Medical Center 박사 후 연구원, 연구교수

미국 University of Hawaii 발달장애연구센터 Specialist, 가족센터 Affiliate faculty

현 덕성여자대학교 아동가족학과 부교수

〈주요 저서〉

정신병리와 가족(학지사, 2017)

〈주요 논문〉

Do mothers and father perceive their child's problems and prosocial behaviors differently? (*Journal of Child and Family Studies*, 2017)

Ethnic identity and its relation to self-esteem and ego identity among college students in a multiethnic region (*Journal of Applied Social Psychology*, 2005)

Can prevention trials test theories of etiology? (*Development and Psychopathology*, 2002)

청소년 심리 및 상담

Adolescent Psychology and Counseling

2019년 1월 30일 1판 1쇄 발행
2022년 1월 20일 1판 5쇄 발행

지은이 • 이미리 · 김춘경 · 여종일
펴낸이 • 김 진 환
펴낸곳 • (주) 학지사
04031 서울특별시 마포구 양화로 15길 20 마인드월드빌딩 5층
대표전화 • 02) 330-5114 팩스 • 02) 324-2345
등록번호 • 제313-2006-000265호
홈페이지 • http://www.hakjisa.co.kr
페이스북 • https://www.facebook.com/hakjisabook

ISBN 978-89-997-1745-1 93180

정가 20,000원

이 도서의 국립중앙도서관 출판시도서목록(CIP)은 서지정보유통지원시스템 홈페이지(http://seoji.nl.go.kr)와 국가자료공동목록시스템(http://www.nl.go.kr/kolisnet)에서 이용하실 수 있습니다.
(CIP제어번호: CIP2019001628)